权威·前沿·原创

皮书系列为

“十二五”“十三五”国家重点图书出版规划项目

广元经济社会发展报告（2019）

ANNUAL REPORT ON ECONOMIC AND SOCIAL DEVELOPMENT OF GUANGYUAN (2019)

主　　编／赵文峤　彭　战
执行主编／蒲国春　彭　锦

社会科学文献出版社
SOCIAL SCIENCES ACADEMIC PRESS (CHINA)

图书在版编目(CIP)数据

广元经济社会发展报告．2019／赵文峤，彭战主编
．-- 北京：社会科学文献出版社，2019.12
（广元蓝皮书）
ISBN 978-7-5201-5849-7

Ⅰ．①广… Ⅱ．①赵… ②彭… Ⅲ．①区域经济发展-研究报告-广元-2019②社会发展-研究报告-广元-2019 Ⅳ．①F127.713

中国版本图书馆 CIP 数据核字（2019）第 283603 号

广元蓝皮书
广元经济社会发展报告（2019）

主　　编／赵文峤　彭　战
执行主编／蒲国春　彭　锦

出 版 人／谢寿光
组稿编辑／邓泳红　陈　颖
责任编辑／陈　颖
文稿编辑／陈　颖　陈晴钰

出　　版／社会科学文献出版社·皮书出版分社（010）59367127
地址：北京市北三环中路甲 29 号院华龙大厦　邮编：100029
网址：www.ssap.com.cn
发　　行／市场营销中心（010）59367081　59367083
印　　装／天津千鹤文化传播有限公司

规　　格／开 本：787mm×1092mm　1/16
印 张：29.25　字 数：441 千字
版　　次／2019 年 12 月第 1 版　2019 年 12 月第 1 次印刷
书　　号／ISBN 978-7-5201-5849-7
定　　价／198.00 元

本书如有印装质量问题，请与读者服务中心（010-59367028）联系

《广元经济社会发展报告（2019）》
编 辑 部

主　　编 赵文峤　彭　战

执行主编 蒲国春　彭　锦

副 主 编 付　尹　汪　明　黄　文　王克军

编　　辑 陈　洪　殷玉连　赵培智　解　钰　肖　欣

撰 稿 人 （以文序排序）

赵文峤　彭　战　宋明强　郭仕友　杜光举
谢东阳　王卉子　王克军　赵克林　陈　瑾
彭　瑶　张又文　岳大文　王开立　蔡万军
赵泽中　仲　斌　郭志耀　汪　明　姜友凯
陈永胜　李　赟　郑　娟　王仕伟　王　彦
何晓荣　李国忠　付　尹　刘志国　何自力
吴祥俊　白少强　侯　凯　张　斌　陈　格
李长青　胡春华　蒋　维　陈　勇　周耀强
仲思平　刘　磊　肖莉平　覃　敏　张沫濡
李兴红　李　群　程朝林　李万红　蔡　军
曾绘坤　詹仕凯　梁友三　彭仕扬　刘文杰
钱　彪　李　昆　闵小马　杨　涛　黄馨淇

何绍帅　肖雲峰　文凌云　王　娟　罗红明
苗　俊　杨　杰　蒲国春　王　泽　黄　文
王　晋　袁明胜　胡昌平　夏沛生　石剑锋
刘继洪　洪　莉　贺军花　梁勤彪　刘　爽
徐　骁　高　扬　朱国勇　刘　健　杨佳华
赵文勇　宋　刚　肖光健　张　利　杜嫣然
袁小勇　仲城成　王　洁　赵中剑　张　健
康永忠　叶枝繁　何光贵　陈明忠　刘　琪
刘保刚　李　波　马　骎　董红明　张天杰
肖永乐　龚贵宏　张海迪　冉　姗　喻代斌
王国章　张清林　马　磊　张　艺

主要编撰者简介

赵文峤　中共广元市委常委、宣传部部长。中央党校经济管理专业在职研究生，北京理工大学软件工程硕士。历任广元市朝天区委书记，广元市利州区委书记，广元市副市长，广元市委常委、宣传部部长等职。主要研究领域为宏观经济管理、生态康养旅游等。

彭　战　中国社会科学院数量经济与技术经济研究所副编审、《数量经济技术经济研究》编辑部主任。中国社会科学院技术创新与战略管理研究中心常务理事，中国数量经济学会常务理事、常务副秘书长。作为主编和主要撰稿人参与了《广元经济社会发展报告（2018）》编撰工作。

彭　锦　广元市社会科学界联合会副主席。中国社会科学院在职研究生学历，先后主持省市社科课题多项，《转变政府职能　优化发展环境》获第25届四川广播电视省级政府奖广播社科类特别节目一等奖。作为执行主编和主要撰稿人参与了《广元经济社会发展报告（2018）》编撰工作。

付　尹　主任记者，广元市哲学学会会长，广元第七届和第八届科技拔尖人才、广元市第二批市委市政府直接掌握联系高层次人才。先后在《人民日报》等媒体发表理论、评论文章500余篇，著有新闻业务研究及评论集3部并出版。作为副主编和主要撰稿人参与了《广元经济社会发展报告（2018）》编撰工作。

黄　文　中国科学院大学管理学博士，广元市招商引资服务中心六级职员。曾参与多项国家、省、市研究项目，撰写发表多篇学术论文，参与撰写了《区域发展政策模拟》等4部学术专著。作为副主编和主要撰稿人参与了《广元经济社会发展报告（2018）》编撰工作。

王克军　四川信息职业技术学院副教授，《旅游学刊》审稿专家。主要研究领域为旅游市场营销、旅游规划，先后主持参与并完成国家、部委、省厅级课题20余项，累计发表学术论文30余篇，出版专著1部。

摘　要

《广元经济社会发展报告（2019）》由总报告、综合报告、主题报告、特色报告、县域报告五部分构成，包含31篇研究报告。

总报告、综合报告总结了2018年以来广元经济社会发展情况，对经济成就、民生事业、乡村治理等方面有突出特色的亮点内容进行分析。2018年，广元经济再创辉煌，地区生产总值实现801.35亿元，同比增长8.4%，增速创近3年新高；增速分别高于全国和全省1.8个和0.4个百分点，居全省第9位，川东北地区第2位。2019年前三季度，广元经济增速与总量稳中有进，达到680.41亿元，预计全年有望在2018年基础上保持增长。2018~2019年，广元经济社会发展呈现以下特色：一是农业生产总体稳定；二是工业生产稳中有升；三是固定资产投资增长较快；四是消费市场增势平稳；五是居民收入持续增长；六是城镇就业形势稳定；七是金融运行稳健；八是消费价格温和上涨；九是新动能不断增强。战略性新兴产业、军民融合产业、高新技术产业显著增长，旅游产业、金融服务业等第三产业大幅增长。广元历史文化悠久，名胜古迹众多，旅游载体丰富。截至2019年11月30日，广元有A级景区47个，总量在地市州中，居四川第二，全国第五，其中国家5A级景区1个，4A级景区20个，3A级景区18个，2A级景区8个。2018年，含文旅产业在内的第三产业增加值325.19亿元，增长9.3%，和第一、第二产业相比，增速最快。主题报告、特色报告、县域报告，紧扣文旅经济这一主题，对广元文旅融合发展的要素、路径、方法、经验、问题、前景等进行了全方位的分析总结和展望。《大蜀道品牌塑造路径的调查与研究》报告，首次对“大蜀道”的概念进行了客观、科学的界定；《构建川陕革命老区“一干多支”红色旅游格局研究报告》，立足川陕革命根据地

振兴发展全局，根据广元红色资源优势，分析了广元红色资源在川陕革命老区中的独特地位，提出了推动川陕革命老区红色旅游发展的对策建议。《广元文化旅游发展中历史名人资源开发利用研究》对广元历史名人资源进行了系统收集、分类整合，摸清了广元历史名人资源的分布与利用现状，得出原创性的结论和对策建议。《武则天文化形象的演变研究》阐释了武则天文化形象在广元地域的演变及文化意蕴，并提出了武则天文化的地域研究应该规避的误区。县域报告个性突出，生态旅游、乡村旅游、全域旅游、特色旅游等展示了广元四县三区文旅融合发展特色与成就。

关键词： 经济社会　文旅融合　发展动能　广元

Abstract

Report on Economic and Social Development in Guangyuan (2019) consists of five parts: General Report, Comprehensive Reports, Theme Reports, Special Reports and County Reports, totally including 31 research reports.

The General Report and Comprehensive Reports summarize the status of economic and social development of Guangyuan since 2018, and analyze the highlights with prominent characteristics in economic achievements, livelihood undertakings and rural governance. In 2018, Guangyuan's economy achieved new heights, with its GDP reaching 80.135 billion yuan, up 8.4% year on year and the fastest growth rate in nearly three years. The growth rate was 1.8 percentage points higher than that of the whole country and 0.4 percentage points higher than that of the whole province, ranking 9th in the whole province and 2nd in northeast Sichuan. In the first three quarters of 2019, Guangyuan's economic growth speed and total volume made steady progress, reaching 68.041 billion yuan, and the whole year's is expected to keep growing on the basis of 2018. From 2018 to 2019, the economic and social development of Guangyuan presented the following characteristics: firstly, agricultural production held overall stability; secondly, industrial production increased steadily; thirdly, fixed asset investment grew rapidly; fourthly, consumption market grew steadily; fifthly, residents' income continued to grow; sixthly, the employment situation in urban areas was stable; seventhly, sound finance operations; eighthly, consumption prices rose modestly; ninthly, new driving force was growing. Strategic emerging industries, military and civilian integration industries, and new high-tech industries grew significantly, while the tourism industry, financial services and other tertiary industries achieved huge growth. Guangyuan possesses a long history and culture, numerous scenic spots and historical sites, and rich tourism carriers. Up to November 30, 2019, Guangyuan has 47 A-level scenic spots, ranking 2nd in

Sichuan and 5th in China, including one national 5A scenic spot, 20 4A scenic spots, 18 3A scenic spots and 8 2A scenic spots. In 2018, the added value of the tertiary industries, including the cultural and tourism industry, was 32. 519 billion yuan, up 9. 3 percent, the fastest growth rate compared with the primary and secondary industries. Theme Reports, Special Reports and County Reports, focusing on the theme of cultural and tourism economy, make a comprehensive analysis and summary of the factors, paths, methods, experiences, problems and prospects of the integrated development of cultural and tourism in Guangyuan. *Investigation and Research on the Brand Building Path of Da Shu Dao*, for the first time, gives an objective and scientific definition of the concept of "Da Shu Dao". *Research Report on the Construction of "One Trunk with More Branches" Red Tourism Landscape in Old Revolutionary Base Areas in Sichuan and Shaanxi*, conbined with Guangyuan's red resources advantage, based on the globle revitalization development of Sichuan-Shaanxi revolutionary base areas, shows the unique position of Guangyuan's red resources in the old revolutionary areas in Sichuan and Shaanxi, and puts forward the countermeasures to promote the development of red tourism in old revolutionary base areas in Sichuan and Shaanxi. *Research on the Exploitation and Utilization of Historical Celebrities Resources in the Development of Guangyuan Cultural Tourism* systematically collects, classifies and integrates historical celebrities resources in Guangyuan, finds out the distribution and utilization status of historical celebrities resources in Guangyuan, and draws original conclusions and countermeasures. *Study on the Evolution of Wu Zetian's Cultural Image* illustrates the evolution and cultural implication of Wu Zetian's cultural image in Guangyuan region, and puts forward some misunderstandings that should be avoided in the regional study of Wu Zetian's culture. County Reports has outstanding personality. Eco-tourism, rural tourism, all-area tourism and characteristic tourism demonstrates features and achievements of the integrated development of cultural tourism in the four counties and three districts of Guangyuan area.

Keywords: Economic and Social; Cultural and Tourism Integration; Developing Driving Force; Guanyuan

目 录

Ⅰ 总报告

Ⅱ 综合报告

Ⅲ　主题报告

Ⅳ 特色报告

Ⅴ 县域报告

皮书数据库阅读**使用指南**

CONTENTS

Ⅰ General Report

Ⅱ Comprehensive Reports

Ⅲ Theme Reports

V County Reports

总　报　告

General Report

B.1

广元经济社会发展报告（2018～2019）

——加快文旅融合发展增强广元发展动能的思考与建议

赵文峤　彭　战*

摘　要：　广元属于川东北经济区，2018年广元经济呈现稳中有进、稳中向好、稳中提质的良好态势。2018年，广元接待游客5028.86万人次，实现旅游总收入419.53亿元，接待人次与旅游总收入均排行全省第七。但仍存在文旅发展理念革新不够，文旅创新意识不够；文旅资源深度调查不够；旅游资源转换率低，初浅开发景区较多；增量“不增收”，提档“不提质”等问题。报告从转变理念、增强文化自信、加强组织领导、厘清文旅“关系”、构建文旅利益分成机制、聚焦文旅重点等方面提出了对

* 赵文峤，中共广元市委常委、宣传部部长；彭战，中国社会科学院数量经济与技术经济研究所副编审。

策建议。

关键词： 经济社会发展　新动能　文旅融合　广元市

2018 年，广元经济再创辉煌，地区生产总值实现 801.85 亿元，同比增长 8.4%，增速创近 3 年新高；增速分别高于全国和全省 1.8 个和 0.4 个百分点，居全省第 9 位，同比提升 2 位，居川东北地区第 2 位。城乡居民人均可支配收入分别为 30592 元和 11854 元，分别增长 8.7%、9.7%，城乡居民收入倍差缩小为 2.58∶1。年内，全市项目投资“大比武”活动实效明显。完成 672.21 亿元投资，同比增长 14.1%，增速较上年同期提升 2 位，居全省第 4 位，其中民间投资 367.46 亿元，同比增长 29.4%，增速居全省第 4 位。滚动梯次储备项目 4383 个、总投资 15096 亿元。共开工 927 个项目、总投资 1098.53 亿元，分别增长 17.2% 和 17.6%。省市重点项目完成 449.4 亿元，占全社会投资的 66.9%。引导金融机构创新 20 余种贷款产品，发放贷款 78.75 亿元，50 个项目经融资对接沟通会获贷 90 亿元。

2019 年前三季度，广元经济增速与总量稳中有进，达到 680.41 亿元，预计全年有望在 2018 年基础上保持增长。2018 ~ 2019 年，广元经济社会发展呈现以下特色：一是农业生产总体稳定；二是工业生产稳中有升；三是固定资产投资增长较快；四是消费市场增势平稳；五是居民收入持续增长；六是城镇就业形势稳定；七是金融运行稳健；八是消费价格温和上涨；九是新动能不断增强。

一　广元经济社会发展稳中有进

（一）产业发展持续优化，高质量发展取得新成效

1. 现代农业品牌创建丰硕，“6 +7”优特产业成效显著

2018 年，新建现代农业园区、村特色产业示范园和户办特色产业园，

分别实现8个、762个、7.1万个，苍溪县成为国家现代农业产业园创建单位。新增中国驰名商标1个、地理标志证明商标13个，唐家河蜂蜜获得国家级农产品地理标志创建示范样板资格。“6+7”优势特色产业中，粮油生产总值57亿元，茶叶产业综合产值39.5亿元，红心猕猴桃综合产值57亿元，核桃综合产值60亿元，中药材综合产值35亿元，土鸡、生猪、肉牛、肉羊综合产值190亿元，农业增加值增速居全省第1位。

2. 工业发展提速增效，高质量发展凸显

培育壮大“6+2”新型工业，规上工业总产值突破1000亿元大关，工业增加值突破300亿元，规上工业增加值增长10.8%、居全省第5位。工业税收增长31.9%，增速居全省第1位。规上工业主营业务收入增长18.0%，增速居全省第5位；利税总额增长25.6%，增速连续19个月保持25.0%以上。

3. 现代服务业全面开花，文化旅游业成效显著

现代服务业全面开花。2018年，广元着力加快实施“三百工程”，通过全力打造区域性商贸物流中心、着力培育壮大消费新热点、大力发展电子商务、奋力推进外贸等策略，全年实现餐饮零售额60.37亿元；社会消费品零售总额实现405.33亿元，同比增长11.6%；国家级、省级电子商务进农村综合示范县平台网络交易额55.1亿元，网络零售额18.3亿元；新增外贸企业16家；“广元造”产品首次直发欧洲，外贸出口增长161.9%。文化旅游业成效明显。2018年，广元文化产业法人单位共1736个，实现文化产业零售额282.99亿元，同比增长11.5%。年内，黑石坡森林康养旅游度假区等13个重大文旅项目得以快速推进，成功举办20余项重大文旅赛事活动，7个县区被纳入国家全域旅游示范区创建单位，新增7个省级旅游融合发展类示范基地，成为全省首批生态康养旅游示范市，全年旅游接待总人次和旅游总收入全省排名皆为第七位，在川东北旅游区内排名第二。

（二）教育与文化事业不断发展，人民群众获得感不断增强

2018年，广元继续深入实施“三大专项计划”和“四好四不让”扶贫

方略，广元教育环境得以再度优化。年内，完成学前及义务教育改扩及新建学校 8 所，基本消除超大班额（66 人以上），实施标准化中小学建设 3 所；完成边远贫困地区农村教师周转宿舍建设 991 套；评选命名“美丽乡村学校”37 所；共奖、助各教育阶段学生 15.88 万人（含民办学校），城乡经济贫困家庭及建档立卡贫困家庭学生受助覆盖率 100%。年内，广元共有各类文化机构 714 家，公共图书馆总藏书 218.5 万册，创作歌曲 73 首、舞蹈 60 个、小品 36 个，组织群众性文化活动 2400 余场次，近 9 年文化作品累计获省部级及国家级奖项 30 余次。

（三）各级医疗机构全部达标，公共体育发展迅猛

2018 年末，广元有各级各类医疗卫生机构 0.35 万个（含村卫生室），床位 2.21 万张，卫生技术人员 1.82 万人。全市每千人口拥有病床数达 8.25 张，每千人口拥有卫生技术人员 6.81 人。广元县级医疗机构与乡镇卫生院标准化建设达标率均为 100%。2018 年末，全市有大型公共体育场馆 22 个（不含学校）、国民体质监测站点 8 个、健身晨晚练点 233 个，人均体育场地面积 1.44 平方米，同比增长 75.6%。全年承办省级体育赛事 24 场，组织开展曾家山国际越野挑战赛等群众体育赛事活动 260 余次，其间，无任何重大失误；在四川省第十三届运动会中，获得金牌 38 枚，金牌数与奖牌获得数居全省第 2 位。体育系统所属场馆全年免费接待健身人数 121 万余人次，同比增长 44.05%。

（四）住房保障持续有力，城乡环境治理有效

持续以“三个到位”“三大注重”“四突出”“五级联动”为策略，扎实推进城乡住房保障工作。年末，广元累计投资 104.44 亿元用于各类保障性住房和棚户区改造，受益人数达 25.07 万人；累计竣工各类保障性住房和棚户区改造 4.166 万套，累计发放廉租住房租赁补贴 4.19 万户，累计向农民工分配公共租赁住房 0.39 万套；竣工市主城区老旧建筑电梯增设工程 150 栋；完成农村危旧房改造 10.82 万户，累计打造特色民居旅游村落 24

个，带动特色乡村旅游50余个。城乡环境治理有效。广元累计投入2.8亿元用于生活垃圾分类建设。截至2018年底，广元共建成智慧垃圾分拣点163座，广元市城区生活垃圾无害化处理率达99%；年内，完成油烟污染治理示范工程210家、累计淘汰黄标及老旧车2.5万余辆，广元工业烟粉尘达标率98%；全市农业乡镇和行政村100%建成并实行废弃农膜回收制，秸秆综合利用率达89.62%，全年农药使用量1654吨，较上年减少8.3%。广元累计建成国家卫生县城5个、国家卫生乡镇5个，省环境优美示范城市1个、示范县城2个。

（五）城乡就业充分，社会保障实现全覆盖

2018年，广元围绕创建省级创业型城市目标，按“以创带就、以培促就”思路，将城镇登记失业率成功降至4%以内，实现充分就业。年末，广元累计出台10余项就业性政策文件；累计发放小额担保或创业担保贷款11.8亿元；建成各类创新创业园区29家；完成各类职业技能培训12.3万人次；促成城乡劳动者就业共计9.4万人。2018年，广元以“社会保障无死角”总体指导思想全面开展社保工作。年内，城乡居民基本医疗保险参保率达97%；累计创建养老社会化服务示范社区19个、农村幸福院344个、医养结合机构15个，广元拥有城乡社区日间照料中心327个、养老床位9185张；共发放各类社会保障经费6.5亿元、受益人数达44.53万；为34.3万建档立卡贫困人口全额代缴基本医疗保险的个人缴费部分；帮扶残疾人及家庭3.236万人次；累计建成并投入使用的儿童之家1946所。

（六）脱贫解困集聚“众智”，乡村治理独具“慧眼”

广元在“治贫”中重视“治愚”先行，广聚各方力量，联合开展“扶贫先行，就创帮扶”系列活动，脱贫解困成效显著。2018年，广元建立工会定点培训基地6家，建立农民工培训基地2家，累计培训下岗职工、农民工1.85万人次；市内各级行政部门、市内外部分企业组织及个人以多种方式资助城乡困难职工和贫困农户子女就读18.76万人次；帮扶下岗失业人

员、农村劳动力实现转移、困难职工家庭失业人员及大学生实现就业和再就业约3.5万人次；为贫困人口开展1次免费健康体检服务6.89万人次。实现232个贫困村退出，共6.25万人口脱贫，贫困发生率降低到1.4%。广元在乡村治理方面，深入调研、积极探索、大胆创新，逐步由“依靠行政”转向“社会协同”的思路，以苍溪县元坝镇将军村为案例加以试点。2018年，成功探索出独具广元特色的“一会六员”乡村治理模式，并在市内外得以推广。《四川日报》《广元日报》等省内外多家媒体转载“一会六员”的特色做法，其经验在全省深化改革工作会议上交流。

（七）食药工作蝉联省优，平安广元业绩显著

2018年末，广元累计建设蔬菜基地3.5万余亩，应季自供率达70%以上，相比上年略有增长。年内，建成省级食品安全示范县1个，标准化基层所35个；广元餐饮单位“明厨亮灶”覆盖率达82%、全市学校100%覆盖；年内，共抽查食药及蔬菜安全3906批次，月均抽查325.5批次。近7年来，广元重大食药安全事故零发生，该类目标考核连续6年获全省系统先进单位，2018年获全省一等奖。全年，排查整改各类安全隐患3400条，及时治理地质灾害工程2处，妥善安置避险搬迁安置户85户；“四川省安全社区”建设超出既定目标40%。年内重大安全事故零发生。

（八）生态发展不动摇，环境问题零容忍

坚定“绿色发展”理念，坚持“生态立市”总体发展思路，坚守“生态环境问题零容忍”立场。广元在全省率先建立环境保护和产业发展协同机制，出台了《广元市重点流域水环境生态补偿办法（试行）》，市财政划拨1222.5万元专项资金用于“两湖”生态环境整治，全年共排查出河道“四乱”问题43个并强化整改责任落实。2018年，广元市城区环境空气质量优良天数比例为96.1%，可吸入颗粒物年均浓度56.3微克/立方米，生活污水集中处理率97%，集中式饮用水水源地水质达标率100%，环境功能区水质达标率100%，95.24%的耕地经过国家无公害土壤认证。目前，广

元是全省仅有的5个达标城市之一，成功创建国家森林城市，旺苍县和青川县被命名为全省生态屏障重点县，建成国家级生态乡镇5个、省级生态乡镇64个。

二 广元文旅融合发展成为新引擎

（一）政策预案未雨绸缪，规划引领业绩喜人

广元坚持绿色发展、规划引领、文旅互融发展思路，以“五位一体”理论为指导，坚定文化自信与文旅互融发展决心，紧密关注旅游市场环境动态，及时制定区域文旅发展的政策及专项规划，以应对“大众旅游时代”“高铁时代”“智慧时代”背景下旅游市场的人口结构、出行方式、信息搜索等变化。2013年，中共广元市委六届七次全会明确提出“生态立市、工业强市、文旅兴市、统筹发展”的总体思路。此后，又将其调整为“生态立市、工业强市、文旅兴市、融合发展”的思路。从“统筹”到“融合”体现了广元对文化与旅游发展辩证关系的思考，但不变的是在生态保护前提下的文旅良性协同发展观。为此，广元出台了《关于推进绿色发展实现绿色崛起建设中国生态康养旅游名市的决定》，在国内率先提出建设“中国生态康养旅游名市”目标，并相继出台了《关于全面加快推进文旅兴市的意见》《关于做好迎接高铁时代有关工作助推广元跨越发展的意见》《关于推进文化创意和设计服务与相关产业融合发展专项行动计划（2015～2020年）》《广元市旅游宣传促销优惠政策实施办法》等系列政策，先后编制了《广元健康产业发展规划》《大蜀道国际旅游目的地规划》等专项规划，从政策上引导、鼓励、支撑全市文旅快速发展，在规划层面将文旅互融“一张蓝图画到底”，对全市旅游供给侧结构大幅改革以应对当前旅游市场环境变化，从而全面加速推动“文旅兴市”思路的实施与目标的实现。

在这一系列政策保障与规划引领下，2018年广元文旅融合迎来空前业绩。

年内，全市旅游接待总人次突破5000万大关、旅游总收入近420亿元，创历史双高；截至年底，全市共建成国家5A级旅游景区1个、国家4A级旅游景区19个、省级旅游度假区6个、省级生态旅游示范区4个，A级景区数量位居全省第二。目前，市内拥有全国重点文物保护单位8处（2019年新增中子铺遗址和木门会议会址）、全国红色旅游经典景区5处、国家级非物质文化遗产4个、国家级传统村落10个、国家级历史文化名镇1个，建成全国生态文明先进县区、中国百佳深呼吸小城、全省首个生态康养旅游示范区1个。2010年来，广元涌现出大量优秀文化作品，共获省、部、国家级奖项30余次。其中，获四川省“五个一”工程奖4项、四川省级西部地区文化赛事奖项金奖7项、省级文艺赛事一等奖4项，登陆中央电视台文艺节目2项。

（二）拓展渠道宣传成效明显，文旅品牌意识增强

2010年以来，广元扬长避短、因势利导、实事求是地采用“借鸡下蛋”“借船出海”“借篷使风”等策略，借用省级刊物，先后推出了3期广元专刊《蜀道》，全面介绍蜀道的前世今生和业界研究蜀道的最新成果，取得了意想不到的社会效果；2016年来，广元先后邀请了余秋雨、李平、魏小安等著名专家、学者围绕“大蜀道”开展了系列专题讲座；在剑门关古蜀道沿线的13所学校设立了“剑门关古蜀道历史文化讲坛”，普及剑门关古蜀道历史文化知识；累计与周边省市开展重大旅游营销合作50余次。2018年，广元荣获央视2018《魅力中国城》“魅力城市”称号，唐家河入选“年度魅力生态景区”榜单，10余篇新闻报道在《中国旅游报》《四川日报》等媒体刊载。“借省刊平台”“借名人效应”“借高级别媒体效应”的营销方式令广元的知晓度与日俱增。

2010年以来，广元紧密围绕大蜀道文化和武则天名人文化，充分利用区内资源优势，广泛开展独具区域魅力的品牌建设活动。先后举办“女儿节”“蜀道文化旅游节”“蜀道半程国际马拉松”等重大旅游节会20余场次；成功举办“曌动广元”蜀道动漫音乐节、“致敬经典”女儿节群星演唱会、“女皇味道”美食嘉年华等文创专题节事；成功打造并推出了“女皇驾

到”系列表情包等独具广元特色的文旅知识产权项目（Intellectural Property，IP）；成功注册了“大蜀道”“女皇味道”“媚娘有礼”等10余个独具地域特色的商标。

（三）文旅融合亮点纷呈，文旅产业发展迅猛

2018年，广元实现国内旅游接待总人次5028.86万人次、国内旅游总收入419.53亿元。这两项相对于“十二五”起始年份分别增长了4328.28万人次和387.51亿元，分别增长了6.18倍、12.1倍。就表1、图1来看：近9年中，2011年的这两项增速为观测期内峰值，分别达106.62%、67.19%，2012年

表1　2010～2018年广元GDP与旅游经济运营情况

单位：万人次，亿元

年份	2010	2011	2012	2013	2014	2015	2016	2017	2018
GDP	321.87	403.54	468.66	518.8	566.19	605.43	660.01	732.1	801.85
国内旅游接待总人次	700.58	1447.57	1918	2414.96	2769	3252	3792.07	4514.47	5028.86
国内旅游总收入	32.03	53.55	82.88	112.58	158.71	207.16	264.22	334.56	419.53

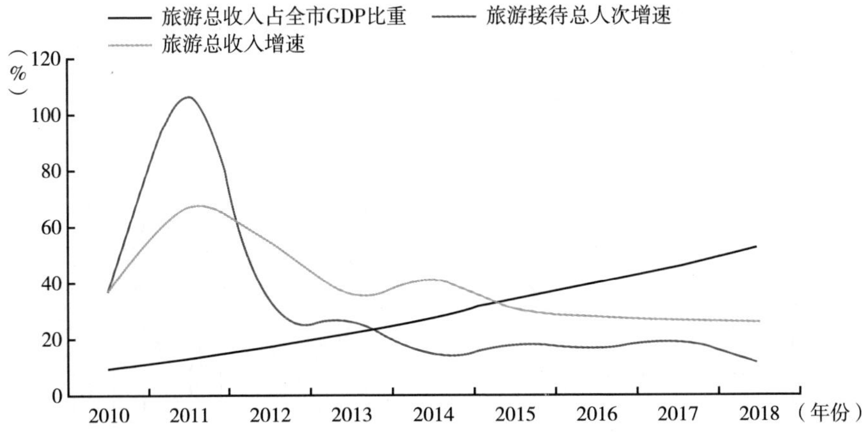

图1　2010～2018年广元旅游总收入占全市GDP比重及旅游接待人次、旅游总收入增速情况

资料来源：广元国民经济和社会发展统计公报。

开始逐年下降，2014 年后则分别保持在 16% 和 30% 水平，上下波动；从 2012 年始，广元旅游总收入增速一直高于旅游接待总人次增速，平均值达 14%；广元旅游总收入在全市 GDP 中的占比由 2010 年的 9.95% 增长至 2018 年的 52.34%，增长 4.26 倍，且 2015 年始这一增速皆超过区内旅游接待人次与旅游总收入的增速，整个观测期内该增速的平均值为 29.22%。这一系列数据表明：2010～2018 年，广元旅游整体呈现快速增长态势；2012 年始，广元旅游收入增速明显高于旅游接待人次增速，这可能是近年市内景区及旅游城镇环境不断优化的结果；广元旅游产业对广元国民经济的贡献度日益提高。

2010～2018 年，广元文化产业发展迅猛，成果异彩纷呈。2018 年，广元文化产业值增加 32 亿元。广元文化艺术表演团队由 2010 年的 3 个增加至 2018 年的 211 个，增长了 69.33 倍；社区文化中心由 2017 年的 8 个增加至 2018 年的 240 个；广元文化系统年度组织群众性文化活动场次由 2010 年的 1000 余次增加至 2018 年的 2400 余场；相对 2010 年，广元年度创作歌曲、舞蹈、小品分别增长 3.06 倍、1.14 倍、6.2 倍（见图 2）。2010 年来，广元编著了《农村知客宝典》《广元十古》《剑门关古蜀道文化遗存、遗址》等数十部科普及科研作品，共涌现出市级优秀精神文化作品 150 余件。

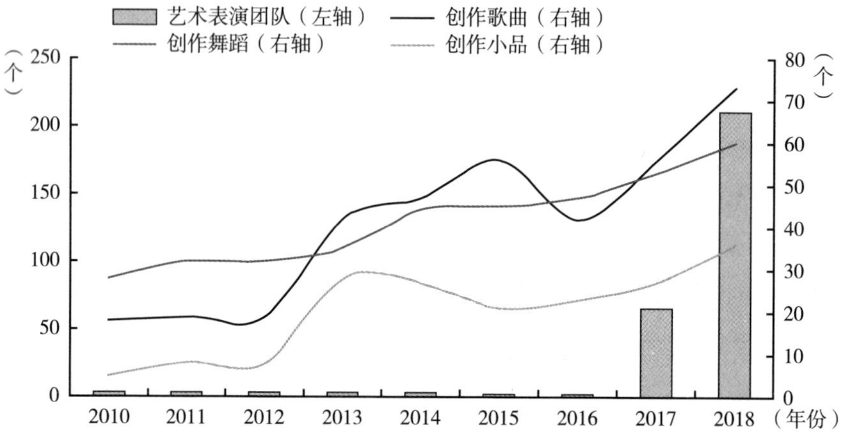

图 2　2010～2018 年广元艺术表演团队、歌曲、舞蹈及小品创作情况

资料来源：广元国民经济和社会发展统计公报。

（四）旅游供给喜忧交集

1. 餐饮销售增长稳定，特色菜品尚未形成

2018年末，广元共有各类餐饮企业11306家。其中，限上餐饮企业[①]15家。年内，全市餐饮销售额达60.37亿元，年均增长12%，其对广元经济增长的贡献率为2.3%，拉动经济增长0.2个百分点。麦当劳和肯德基的入驻填补了广元餐饮业国际快餐品牌的空白，也让业态更趋于完善。在本土特色菜品开发方面，“剑门山珍”逐步亮相市场、女皇味道餐饮管理有限公司正式成立，但“叫得响”“拿得出”“带得走”的本土菜品及特色小吃尚未形成。

2. 住宿业收入占旅游总收入近三成，全市酒店与旅游发展明显失衡

2018年末，广元共有星级酒店17家。其中，四星级2家、三星级9家、二星级6家。年内，星级宾馆接待人数86.86万人次，实现接待收入11.21亿元，其他住宿设施接待人数852.11万人次，实现接待收入103.02亿元；星级宾馆从业人员1310人，重点餐饮行业从业人员59933人。年内，广元住宿业总收入占全市旅游总收入的27.23%。但从近年广元年度旅游接待总人次及增速来看，广元住宿业与旅游发展明显失衡，且各区间的住宿结构不尽合理（见表2）。

表2　2018年广元星级宾馆结构情况

单位：家

星级	利州区	昭化区	朝天区	苍溪县	剑阁县	旺苍县	青川县
五星	0	0	0	0	0	0	0
四星	1	0	0	1	0	0	0
三星	2	1	0	1	2	2	1
二星	4	0	0	1	1	0	0

资料来源：广元市文化广播电视和旅游局统计数据。

① 指年销售额200万元以上的餐饮企业。

3. 立体交通形成，景区专线不足

2018 年底，广元境内公路总里程约 2 万公里，铁路运营里程 503 公里，拥有民航营运线路 5 条（2019 年已增至 11 条），已开通剑门关、昭化古城、唐家河旅游专线；已建成智能停车场 3 个，智能车位近 3 万个。年内，广元铁路旅客运输总量 643.4 万人次，共起降 2634 架次航班。这一交通体系及数据表明，广元大交通已趋于成熟并形成立体网状体系，但景区旅游专线数量与当前区内旅游发展严重不匹配。

4. 景区等级大幅提升，景区贡献各有所向

2008 年“5·12”特大地震后，广元灾后重建促使了市内旅游景区等级大幅度提升。时年，广元出台了《关于加快恢复振兴旅游业的实施意见》，编制了《广元汶川地震灾后重建旅游业恢复重建规划》，确定旅游业重点建设项目 16 个，先后投入建设资金 2.1 亿元，开展了 8 个重点旅游景区建设。在这一背景及相关政策的支持下，昭化古城、苍溪红军渡·西武当山、红军城等景区相继被评为国家 4A 级旅游景区。2015 年底，剑门关成功获评国家 5A 级旅游景区。截至 2018 年底，广元累计创建国家 4A 级旅游景区 19 个并跻身全省前列。

从表 3 可看出，2018 年以来，广元旅游景区中年度接待游客在 100 万人次以上的有剑门关、昭化古城、曾家山等 10 个景区；昭化古城和剑门关以绝对优势名列前茅。从近三年累计接待游客总量景区前 10 来看，主要分布在剑门镇、利州区、昭化区、朝天曾家山、青川唐家河等地，呈现地域过于密集的特征。这是今后广元旅游工作须突破的重点，以利于游客落地之后的扩散效应实现。从表 4 可看出，近三年广元收费旅游景区仅剑门关门票年收入过亿元，年均门票收入过千万元的景区有 3 个。这一数据结构表明，剑门关为广元旅游接待与旅游经济双绝对贡献型景区，昭化古城等则属于人气型贡献景区，红军渡属人气贡献及红色旅游外宣标志性景区，新店子等则属于带动小区乡村发展型内消景区。它们从不同层面、不同角度、不同领域直接或间接地推动了广元旅游事业及国民经济和社会的发展。

表3　2016～2018年广元主要景区接待游客人次一览

单位：万人次

景区	2016	2017	2018	累计	排名
昭化古城	413.2	505.55	542.61	1461.36	1
剑门关(含翠云廊)	385.5	386	387.33	1158.83	2
曾家山	141.25	164.7	228.59	534.54	3
平乐旅游区	118.69	139.95	143.34	401.98	4
明月峡	107.5	120.2	163.84	391.54	5
青溪古城	88.8	121.7	120.5	331	6
天曌山	81.9	108.78	118.45	309.13	7
红军渡	112.4	79.3	107.78	299.48	8
东河口地震遗址公园	80.2	98.5	105.2	283.9	9
大朝驿站	90.3	82.35	96.56	269.21	10
唐家河	76.5	90.6	95.2	262.3	11
龙门阁	58.07	71.4	100.25	229.72	12
梨博园	72.02	78.1	64.63	214.75	13
水磨沟	47.57	59.9	81.98	189.45	14
鼓城山－七里峡景区	58.38	65.07	52.18	175.63	15
柳池	29	35.8	39.39	104.19	16
狮岭	23.32	20.47	19.37	63.16	17
川北民俗文化园	24	16.9	12.9	53.8	18
新店子	16.5	15.14	17.5	49.14	19
千佛崖	8.89	20.96	10.2	40.05	20

资料来源：广元市文化广播电视和旅游局统计数据。

表4　2016～2018年广元主要景区门票收入情况

单位：万元

景区	2016	2017	2018	累计	排名
剑门关	20715.5	21000	21568.4	63283.89	1
明月峡	1413.9	1783.73	2464.28	5661.91	2
曾家山	859.9	1112.83	1550.85	3523.58	3
昭化古城	653.1	942.17	1035.9	2631.17	4
唐家河	652.7	795.9	793.3	2241.9	5
龙门阁	489.3	706.25	1010.5	2206.05	6

续表

景区	2016	2017	2018	累计	排名
天曌山	467.94	749.55	807.52	2025.01	7
皇泽寺	595.94	519.96	572.32	1688.22	8
鼓城山－七里峡景区	577.86	334.26	283.12	1195.24	9
梨博园	345.29	410.2	423.16	1178.65	10
千佛崖	327.45	353.98	376.11	1057.54	11
东河口地震遗址公园	169.8	217.1	260	646.9	12

资料来源：广元市文化广播电视和旅游局统计数据。

5. 旅游购物品种有所增加，但特色品质有待提升

2010 年来，广元旅游购物品由以剑门关袋装豆腐制品为主导逐步扩展至广元七绝、苍溪猕猴桃酵素、剑门石斛制品、利州百花石刻等 160 余种，涉及地方风味小吃、地方土特产、工艺品、图书资料、字画等 10 类。广元推出的“女皇有礼”系列文创产品较具地方特色，但其市场影响力尚未形成，也未形成真正意义上的品牌。总体来看，广元旅游购物品的地方特色欠鲜明、文化融入度不高、附加值欠缺。

6. 文旅体验项目日渐丰富，但文化内涵深度不够

2010 年来，青川唐家河、朝天明月峡及曾家山等景区先后投入文旅项目建设与升级。2018 年底，广元有野外漂流场 3 个、户外滑草场 4 个、大型演艺剧院 2 个。据近年市场反馈来看，唐家河漂流受消费者认可度较高；剑门关剧场较受游客欢迎，但其实景性及节目内容与景区所承载的历史文化内涵衔接性有待加强；阿拉丁滑草场与五峰峡漂流则仍处于初浅开发阶段。唐家河“梦幻天堂”篝火晚会、剑门关开关仪式武士巡演、昭化古城武士巡街等项目在一定程度上丰富了看点，为游客提供了视觉审美与体验点，但项目的文化内涵仍显不足。广元 252 项非遗中，仅女儿节得以大力打造。从本地文化融旅开发实情看，本地文化涉旅与融旅的横纵维度皆显过低。

（五）川陕渝等周边区域是广元的重要客源市场

为探究广元潜在的旅游市场空间结构，广元市审计部门在2018年的一专项调查中采用了百度指数区域对剑门关、昭化古城、皇泽寺、明月峡、曾家山实施了调研。该指数对景区的客源地分析有着重要参考价值。该次调研结果显示：按搜索人数的省份降序排列分别为四川、陕西、广东、重庆、甘肃；按搜索人数的城市降序排列分别为成都、广元、绵阳、西安、南充、重庆。此外，广元市审计部门据昭化古城景区智慧停车场2018年的停车数据进行了车辆归属地分析，结果显示：到昭化景区旅游的车辆来自全国各地，前6位分别是广元、成都、绵阳、汉中、西安、南充。从百度指数区域和昭化古城景区车辆属地指标分析结果来看，成都、绵阳、南充、西安、重庆、甘肃等地是广元的重要外来客源市场，本地游客是昭化古城的主要支撑（见图3）。这两组数据为今后广元的旅游营销及经营决策提供了重要参考。

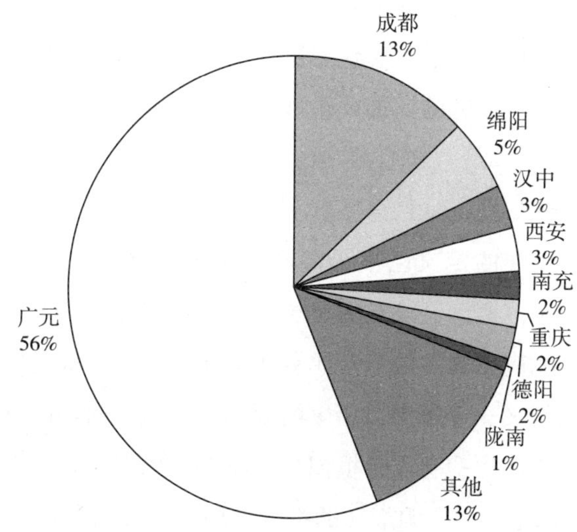

图3　2018年昭化古城景区智慧停车场车辆归属地结构情况

资料来源：广元市审计局：《广元市旅游业重大政策落实情况和产业发展情况专项审计调查》，2018年12月。

三　文旅融合发展中存在的主要问题

（一）文旅融合发展理念革新不够，创新意识有局限

1. 文旅产品不优

在广元文旅开发、经营与管理中，不时有有悖常理、有违市场动态、有失文旅发展规律的现象与行为发生。如某景区不遵循“先打扫屋子，再请客吃饭”的基本常识，经营者不顾景区道路不通、接待设施落后、服务功能不全的事实而开园待客，并大肆通过自媒体宣传造势，最终结果是造访游客的负面宣传。还有某景区，当地经济社会发展目前还处于落后状态，区内几乎无旅游看点，只因几株“百年”银杏和寥寥无几的凌霄花而被开发，其结局不言而喻。某在建景区，游程不足30分钟体量，区内本无真正意义文化，为了景区“有文化”强行将蚕母、句龙、二郎神、老子等10余位八竿子打不着的人物拉入其景区文化。这样的文旅产品注定是失败的。从某种意义上讲，广元该类景区的增加严重破坏了全市整体旅游形象和正在形成的旅游品牌基础。

2. 现代理念缺失

当前对旅游资源的定义已不再局限于传统意义上的湖光山色、气象景观、历史遗址等，该概念已被放大至旅游吸引物范畴。凡是能吸引人们前往参观游览并产生相应正向价值的资源皆可为旅游所有。提及广元旅游开发多数人总会提及剑门关、曾家山、唐家河等知名景点，而不能看到剑门关古蜀道沿线连片传统土坯房、苍溪县境内高密集存在的300余处人工石窟、全市252项非物质文化遗产等资源潜在的综合价值及开发前景。

3. 品牌影响不足

广元丰富的旅游资源、厚重的历史文化是文旅品牌在塑造与宣传中各自为政的客观原因之一。事实上，广元人文旅游资源的历史价值与市场吸引力不敌西安，自然旅游资源的竞争性不及九寨沟等精品景区，国民经济及社会发展度难显地区相对优势。为此，广元在文旅品牌塑造中应集中财力、物力、人力聚焦某一点实施系统工程，而非分割式地打造。如瑞士自1962年始，紧密围绕阿尔卑斯山，采用“统一品牌营销”替代行政区划的营销方式。这一战略使广大游客提及阿尔卑斯便想起瑞士。

4. 营销理念滞后

综观广元旅游业，个别新建景区简单地认为“旅游就是栽花种草”，多数旅行社还以门店销售为主，绝大多数宾馆仍希望能坐地分享政府旅游营销红利。他们并未意识到“80后”是当前旅游消费的主力军、“高铁时代”具有双刃性、融媒体已冲击到传统营销方式等问题，这主要是他们的营销理念革新过于缓慢所致。

5. 经营理念缺乏

1988年，美国著名旅游学家甘恩提出旅游系统论，即旅游经营须目的地供给与客源地需求两个庞大的系统有机组合方得始终。供给系统所提供的核心贡献价值是支撑其持续正常运转的关键所在。当前旅游经营应树立制造业“工厂化”般的经营理念，而非“画个圈子、挂块牌子、设个卡子、喊声号子、坐地赚票子”式的经营，这些思想理念会严重禁锢广元文旅创新意识。

（二）文旅资源深度调查不够

传统意义上的旅游资源与当前旅游吸引是发展旅游事业的重要凭借。广元过度依赖剑门关景区、对旅游资源的认知不足及高端旅游专业人才缺乏等原因致使对广元旅游资源深度调查不够。翻开广元有关旅游规划文本、宣传资料、主题报告，其共同点是：广元历史厚重、名人辈出、旅游资源丰富，但广元到底有多少位历史文化名人，多少类旅游资源，每类单体旅游资源的规模是多大……这些数据并不明确。这既不利于广元旅游横向的广度开发，也不益于纵向的深度开发。

（三）旅游资源转换率低，初浅开发景区较多

截至2019年11月30日，广元A级旅游景区数量已达47个，其中4A级及以上21个，居全省市州第2位。然而，2018年广元旅游总接待人次及旅游总收入均排全省第七位。从表3可看出，2018年以来，广元旅游景区中年度接待游客在100万人次以上的仅剑门关、昭化古城、曾家山等10个景区；昭化古城和剑门关的这一指标以绝对优势名列前茅，但剑门关则长期低于昭化古城100万人次以上；广元尚有55%的4A级旅游景区（含2019年新增4A级景区）年度游客人次未能突破百万大关。

科学地讲，旅游地不能将景区门票收入作为主要收入渠道，但这一数值情况能从侧面较为客观地反映收入地景区吸引力、游客对其消费偏好及旅游运营等情况。从表4可看出，2016～2018年广元收费景区仅剑门关门票年收入上亿元，年均门票收入过千万元的景区有3个，81%的4A级旅游景区（含2019年新增4A级景区）未能进入该序列。2018年，从赴广元游客的单位经济贡献横向比较来看，结果不容乐观。从图4可看出，广元的该项值低于全国水平91.36元/人，低于四川水平596.15元/人；在川东北旅游区中仅比达州水平高出96.48元/人，位居该区域倒数第二。单位游客经济贡献绝对值与比较水平间接从购买期望理论、顾客让渡价值、旅游地贡献价值理论等角度反映出来广元游客在此方面的态度倾向。近七成未实行门票制的景区中，除爱国教育、文化科普、市政公益型景（园）区外，初浅开发是致使其不具备要价力和收费力的关键所在。直接暴露出广元旅游资源转换率低、初浅景区开发较多等问题，导致赴广元旅游者长期停留于“点”，广元旅游未能形成“点—线—面”扩散效应。绝大多数游客游完剑门关后并非不想在广元继续游览，而是没有景点能给他们继续停留或游览的理由。

（四）增量“不增收”，提档“不提质”

为探究广元各景区在全市旅游中的经济综合贡献及类型归属，课题

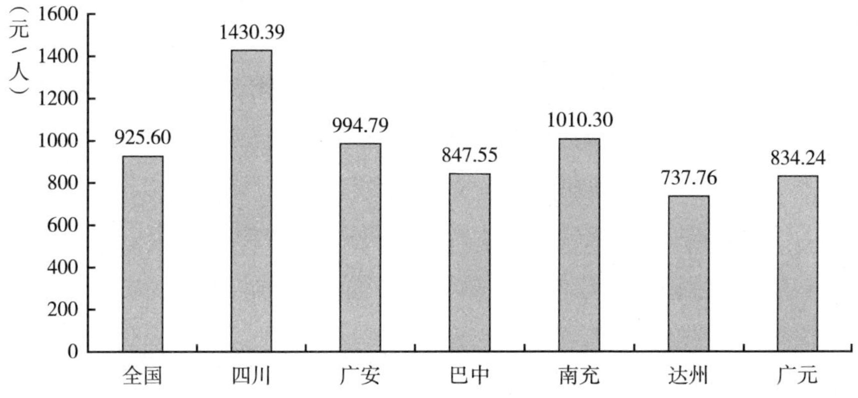

图4　2018年赴广元游客单位经济贡献与全国、四川、川东北地市比较情况

资料来源：广元市文化广播电视和旅游局统计数据。

组根据市文化广播电视和旅游局近三年的统计数据，对2016～2018年各景区的年度游客接待人次、门票总收入、单位游客门票经济贡献进行了归一化处理。从表5可看出，观测期内，广元旅游景区的单位游客门票经济贡献极低，广元旅游景区存在两种反差现象和五种聚类特征。长期以来，剑门关和昭化古城为广元对外宣传的两张“名片”，前者属于“高接高产”型景区，后者在观测期内累计接待游客总人次排名第一、累计景区门票收入排名第四、期内单位游客门票经济贡献排名第十一，故属于“高接低产”型景区。除两者在资源审美、区内旅游产品结构、门票收费方面的差异外，昭化古城近六成的游客来自本地是导致这一现象的重要原因。在未来的发展中，如昭化古城不能认识上述问题并采取系列有效举措，这一窘境将不会被打破。根据表5的综合指标排名，广元景区可分为“高接高产”“高接低产”“低接低产”“低接高产”“中接中产”四大象限五个聚类，且第一类和第四类景区数量极少。除本地游客居多、免票、网络折扣等因素影响外，景区自身品质未能得以提升是导致这一格局的关键所在。

表 5 2016～2018 年广元收费景区综合指标排名比较

单位：名，元/人

景区	累计接待游客排名	累计门票收入排名	单位游客门票经济贡献排名	单位游客门票经济贡献
剑门关	2	1	1	54.61
千佛崖	20	11	2	26.41
明月峡	5	2	3	14.46
龙门阁	12	6	4	9.60
唐家河	11	5	5	8.56
鼓城山－七里峡景区	15	9	6	6.81
曾家山	2	3	7	6.59
天曌山	7	7	8	6.55
梨博园	13	10	9	5.49
东河口地震遗址公园	9	12	10	2.28
昭化古城	1	4	11	1.80

资料来源：广元市文化广播电视和旅游局统计数据。

（五）景区热度与川内同类景区相差甚远，市内景区间的热度反差极大

一般来说，高热度型景区吸引游客前往游览的概率往往高于低热度型景区，但高等级旅游景区并不一定会产生高热度。在广元诸多高等级旅游景区中，剑门关、昭化古城、皇泽寺、明月峡属于蜀道文化、三国文化和武则天名人文化类型景区，开发较早，景区相对成熟且它们在空间上毗邻易形成完整的旅游线路；曾家山以优美的自然风光、鬼斧神工的天坑景观、特有的亚高原气候而闻名。2018 年广元市审计部门在《广元市旅游业重大政策落实情况和产业发展情况专项审计调查报告》中，对这 5 个景区的百度测评具有较强代表性与说服力。其测评结果显示，上述景区的日均百度热度值分别为 1169、383、179、173、155。整体来看，广元高等级景区的网络热度与川内同等级景区相差甚远，剑门关的这一数值仅相当于九寨沟的 8.36%、

峨眉山的25.5%、乐山大佛的26.72%、海螺沟的62.61%。而昭化古城、皇泽寺、明月峡、曾家山四个景区的日均热度总和仅相当于剑门关日均值的76.13%。这一结果与年度总接待人次排名、门票收入排名及单位游客经济贡献规律基本一致。这也从另一侧面反映出，广元高等级旅游景区中剑门关较具市场吸引力，其他景区吸引力整体偏低。综合来看，旅游资源转换率低、初浅开发景区较多以及增量“不增收”，提档“不提质”是造成这一问题的内在原因。

四 加快广元文旅融合发展的对策及建议

（一）用新时代理念加快文旅融合发展

“以文促旅，以旅兴文”是文旅共生存、同发展、并繁荣的大势所趋，应紧密围绕习近平新时代中国特色社会主义思想和习近平总书记对四川工作系列重要指示精神，针对市内当前主要问题，结合未来5年全市文旅总收入实现翻番、建成天府名县2～3个、国家级和省级旅游度假区10个等目标，将大学习、大讨论、大调研活动以目标化、主题化、实效化深入至全市旅游系统，逐渐改变广大文旅行政决策及投资主体的思想观念，为推动加快全市文旅融合发展提供核心动力。

（二）坚定文化自信完善文旅发展机制

近年来，广元旅游运营经济指标的情况虽与全国、全省、川东北等地区存在一定的差距，但广元具有资源禀赋优势、后发优势及相对优势。广元历史悠久、文化灿烂、旅游资源丰富。习近平总书记系列讲话中指出，“文化自信是一个国家、一个民族发展中更根本、更深沉、更持久的力量”；2018年8月，四川省委书记彭清华到广元调研时指出，“广元应大力发展生态、康养、红色旅游，应加快推动文旅融合发展”；2019年7月，广元市委书记王菲在“全市文化和旅游发展大会”上强调，“全市各级各部门要坚持以习近平新时代中国特色社会主义思想为指导，深入学习习近平总书记关于文化和旅游工作的重要论述，认真落实党中央、省委关于文化旅游发展的系列决策部署，顺应文化旅游发展大势，坚定文化自信、做好旅游文章、促进资源共享、推进融合发展，为推动治蜀兴川广元实践再上新台阶提供强劲支撑”。广元旅游资源富集、品质较高、开发起步晚，在川内可能成为继甘孜州之后的“后起之秀”；国家与省级相应规划将广元纳入专项战略体系；当前，各级政府旅游发展政策利好、国内居民出游需求剧增、广元文旅开发逐见成效，坚持文旅融合发展是广元高质量发展的新动能所在。

文旅产业是综合性强、关联度高、协调性强的跨横纵部门的综合性产业。在全面的文旅要点认知、科学的文旅理念指引、强大的文化自信支撑下，促成文旅多方联动、凝聚全民文旅合力、完善文旅发展机制尤为重要。一是建立文旅融合发展问责制。按实事求是、因地制宜、文旅兼顾的总体原则建立产业规划编制、项目审批、项目验收责任制，以防范文旅工作扯皮现象与行为的发生。二是实行市、县（区）级单一领导文旅负责制，以杜绝文旅工作“两张皮”。三是建立各级职能部门文旅融合追责制。将文旅行政、事业、企业等纳入考核与监督系统，在文旅资源调查、调研报告、方案设计、数据报送、要素建设等方面构建相应追责制度，以减少文旅融合工作中不负责任的行为发生。

（三）厘清文旅“关系”，推动文旅深度融合

自 2009 年以来，中央先后发布了十余个有关文旅融合的文件；2018 年 3 月，国家文化部和旅游局正式合并；此后，各省文化厅和旅游局相继合并；广元也陆续完成机构重组。中央层面文旅机构合并的初衷是显而易见的。当前旅游理论与实践的革新瞬息万变，“大旅游”“全域旅游”“旅游 +”……一个个鲜活而颇具理论研讨的概念应运而生。文旅深度融合是中央的指导要求，但到底是文旅融合还是旅文融合？如何表述在于两者的主次关系，就如同“旅游 +”与“ + 旅游”一样。在区域职能机构中，到底

是文化行政主导还是旅游行政主导？这涉及产业政策倾斜的问题。在区域文旅产业开发中，以文为主还是以旅为主？这涉及具体项目的产业主导问题……因为，各区域的历史文化承载、旅游资源赋存、自然气候条件等情况相差甚远。广元文化局和旅游局合并不久，市内人文与自然旅游资源难分伯仲，各县区文旅事业差异较大。因此，广元客观、科学地厘清文旅行政及产业关系是实现文旅合并初心的关键所在，是推动全市文旅融合的根本动力之源。

（四）客观认同各方利益诉求，构建文旅利益分成机制

区域文旅开发与经营离不开政府的引导与支持、社区居民的配合与参与、旅游企业的投入与经营、游客的认可与买单。客观来看，广元除市城区及剑门关景区外，其他景区（点）均涉及这些群体。有关研究表明，旅游利益相关者在旅游开发与经营中的利益角逐现象是客观存在的。旅游利益是一个相对旅游事业发展而言的概念，即没有旅游事业就没有旅游利益。因此，客观认同各方利益诉求，按图5合理构建文旅利益分成机制是推动广元文旅健康发展的外部引力所在。

（五）聚焦文化品牌，推动转型升级

广元文旅发展中面临的问题主要是思想理念的问题。一是文化聚焦的困惑。应聚焦于三国文化、武则天名人文化，还是红色文化已成为多年来困惑广元旅游发展的一个难题。从实践经验来看，红色旅游很难维系经营（中央财政专项拨款除外）；三国文化的国际市场主要来源于日本、韩国，但2012年后中日关系很难得到较快修复，且国内市场逐渐萎缩；武则天名人文化虽较具吸引力，但市内相关文化符号与文旅产品并不充分，仅注册了“女皇味道”“媚娘有礼”“俏媚娘”等公司名及商标。二是全市品牌的聚焦。“大蜀道”“三国文化”“女皇故里”已成为广元近年来旅游品牌塑造的热议话题。当前旅游消费的主力军为“80后”，旅游开发理应是以这一群体为主要目标市场。如果他们对“古蜀道”不感兴趣，或者申遗成功后不

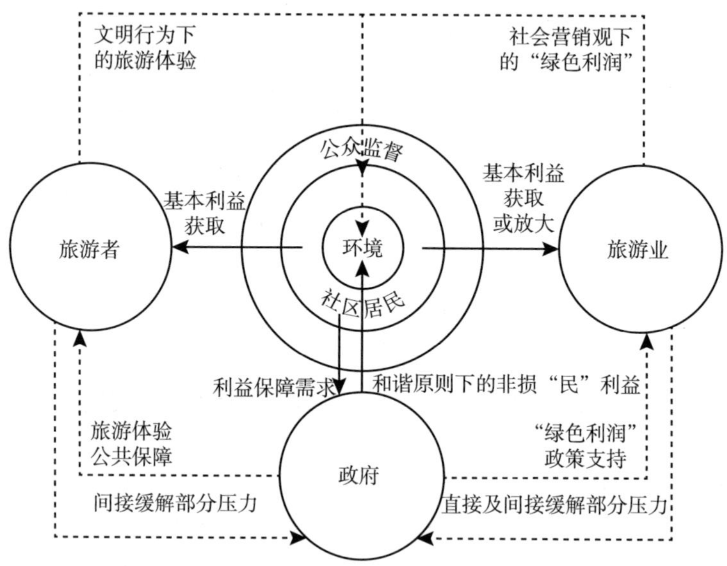

图5　基于旅游利益相关者理论下的文旅利益分成机制示意

资料来源：课题组统计资料。

能以此开发出符合他们“口味”的产品，那么“大蜀道”也就只存在申遗的意义了。事实上，广元旅游景区网络热度已验证了类似的观点。从“汉—广—阆”三国文化旅游线来看，汉中有三国文化却无相应“高颜值资源”及高品位产品，广元有“高颜值资源”却无高品位产品，阆中无“高颜值资源”但有特色产品——阆中古城。这便是形成广元文旅“比北不足，比阆有憾”及团队旅游“游广元，住阆中”局面的重要原因。为此，广元应按“思路—理念—规划—实施—优化”路径而行，今后侧重于“高接高产”“高接低产”“低接高产”类景区的品质升级，辅以“低接低产”和“中接中产”类景区局部转型，从而促进广元景区优化发展。

参考文献

《文旅融合模式创新的地方实践》，《国家治理》，2019年3月。

人民智库：《文旅融合高质量发展的新路径》，http：//baijiahao. baidu. com/s？id＝1648818356245256986&wfr。

张骏、车帮忠、郭志耀：《建市以来广元旅游发展分析与展望》，《广元经济社会发展报告（2018）》，社会科学文献出版社，2018。

政协广元市委员会：《广元十古》，《中国文史出版社》，2019。

综 合 报 告

Comprehensive Reports

B.2

广元经济发展报告（2018 ~2019）

宋明强　郭仕友　杜光举　谢东阳　王卉子*

摘　要： 2018 年，广元经济呈现稳中有进、稳中向好、稳中提质的良好态势。经济实力再上新台阶，脱贫攻坚再战再胜，项目投资持续增长，产业发展持续优化，城乡融合发展稳步推进，发展活力持续释放，绿色发展加快推进。但与高质量发展要求相比，面临着经济总量仍然较低、脱贫攻坚任务艰巨、项目投资后劲不足、工业较快增长压力大、现代服务业快速增长难度大、农村经济增长困难较多、县域经济突破发展短板突出等难题。2019 年，应坚持稳中求进的工作总基调，坚定不移地实施“三个一、三个三”兴广战略，聚焦打好精准脱

* 宋明强、郭仕友、杜光举、谢东阳、王卉子，广元市发展和改革委员会。

贫攻坚战、推动项目投资稳定增长、推进产业高质量发展、大力实施乡村振兴战略、加快建设区域性中心城市、蹄疾步稳全面深化创新改革、加快四川北向东出桥头堡建设、大力促进绿色生态发展等重点领域，综合施策、攻坚克难，确保主要经济指标运行在合理区间，促进经济持续健康稳定发展。

关键词： 脱贫攻坚　产业发展　改革开放　绿色低碳　广元市

2018 年，面对复杂多变的宏观经济形势，广元市以习近平新时代中国特色社会主义思想为指导，全面贯彻落实省委十一届三次、四次全会精神，坚持稳中求进工作总基调，践行新发展理念，丰富和完善“三个一、三个三”振兴广元战略，聚焦重点，靶向施策，奋力推动经济高质量发展，呈现稳中有进、稳中向好、稳中提质的良好态势。

一　广元经济发展现状

（一）经济实力再上新台阶

2018 年，广元地区生产总值迈上 800 亿元台阶，实现 801.85 亿元，连续两年跨越两个百亿元台阶；同比增长 8.4%，增速创近 3 年新高，增速分别高于全国和全省 1.8 个和 0.4 个百分点，居全省第 9 位，同比提升 2 位（见图 1）。城乡居民人均可支配收入分别为 30592 元和 11854 元，分别同比增长 8.7%、9.7%，城乡居民收入倍差缩小为 2.58∶1（见图 2）。地方一般公共预算收入实现 47.69 亿元、同口径增长 7.3%。

（二）脱贫攻坚再战再捷

聚力提高脱贫质量，广元 3 个贫困县区（青川、昭化、朝天）成功摘

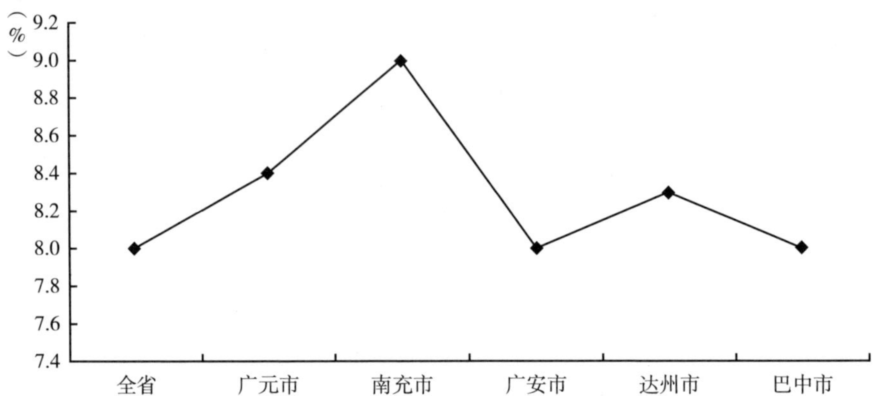

图1　2018 年广元与四川全省、川东北经济区 GDP 增速对比情况

资料来源：根据广元市发展改革委员会统计资料整理。

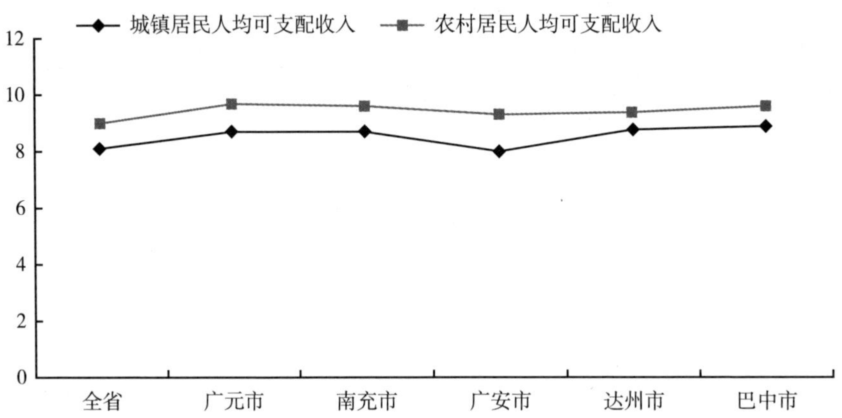

图2　2018 年广元与四川全省、川东北经济区城乡居民可支配收入对比情况

资料来源：根据广元市发展改革委员会统计资料整理。

帽，实现 232 个贫困村退出，共 6.25 万人口脱贫，贫困发生率降低到 1.4%。着力打好“四场战役”，纵深推进 26 个专项扶贫，整合资金 113.81 亿元，县级项目库建设经验在全国推广。突出稳定增收就业，3.26 万人依靠农业产业脱贫，3.5 万贫困劳动者实现就业。精准保障改善民生，完成易地扶贫搬迁 4.94 万人、危旧房改造 2.02 万户；义务教育、基本医疗分别惠及2.96万贫困家庭学生、34.82万贫困人口。盘活林地土地等资源，有效增加兜底保障贫困户收入。深化浙广扶贫协作，到位财政援助资金1.8亿元，实施帮扶项目84个、总投资4.05亿元，倾注习近平总书记深情的安吉白茶落户。加强扶贫领域腐败和作风问题整治，“十强十少十不准”作风建设经验在全省推广。

（三）项目投资持续增长

创新开展项目投资“大比武”活动，投资完成672.21亿元，同比增长14.1%，增速较上年同期提升2位、居全省第4位，其中民间投资367.46亿元，同比增长29.4%，增速居全省第4位（见图3）。充分发挥“六大中心”作用，推行“六大机制”，建立“负面清单”，滚动梯次储备项目4383个、总投资15096亿元。按季度组织项目集中开工，共开工927个项目、总投资1098.53亿元，分别同比增长17.2%和17.6%，有力地支撑了全社会投资快速增长。省市重点项目完成449.4亿元，占全社会投资的66.9%。广元动车运用所、中国西部绿色家居产业城等一批项目加快推进，西二环道路、万贯五金机电城一期等一批项目完工或运营。加大要素保障力度，大力破解融资“瓶颈”，引导金融机构创新20余种贷款产品，运用抵押补充贷款、支小再贷款等发放贷款78.75亿元，50个项目经融资对接沟通会获贷90亿元，实现直接债务融资余额69.8亿元。高效推进用地保障，用地会审会频率达145次，有效解决了354个项目建设用地。涉及土地利用方面取得行政审批和公共服务事项效率提高67%。

（四）产业发展持续优化

1. 工业发展提速增效

培育壮大“6+2”新型工业，规上工业总产值突破1000亿元大关，工业增加值突破300亿元，规上工业增加值增长10.8%、居全省第5位。现代工业体系加快构建，六大优势特色产业产值增长17.8%，战略性新兴产业产值增长21.5%，军民融合产业产值增长10.3%，高技术制造业产值增

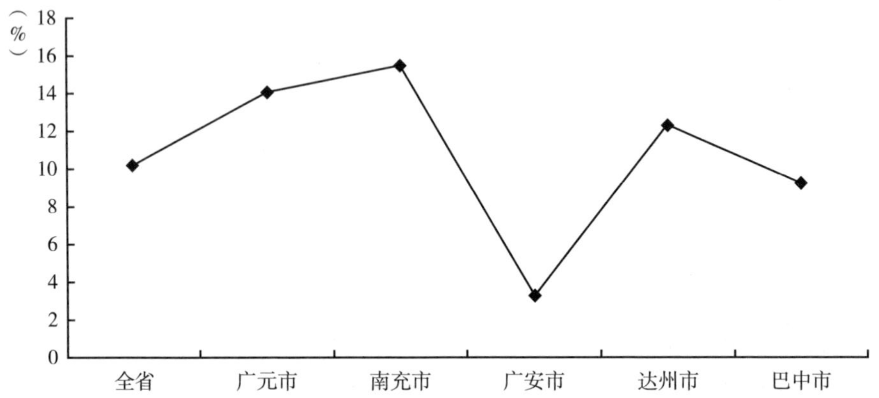

图3　2018年广元与四川全省、川东北经济区全社会固定资产投资增速对比情况

资料来源：根据广元市发展改革委员会统计资料整理。

长11.0%。铝基材料产业被纳入全省区域产业布局引导目录。工业投资增速加快，林丰铝电、娃哈哈第二生产基地等支撑性、引领性项目落地实施，工业投资增长19.9%，居全省第5位。园区拓面加快推进，新建成青川、昭化两个省级经济开发区，新增开发面积4500亩，新建成标准化厂房20万平方米。积极支持企业壮大，新增年产值亿元及以上企业31户，新增全省"高成长型"中小企业3户。米仓山茶业集团和百夫长清真饮品公司被评为全省优秀民营企业。高质量发展凸显，工业税收增长31.9%，增速居全省第1位。规上工业主营业务收入增长18.0%，增速居全省第5位；利税总额增长25.6%，增速连续19个月保持在25.0%以上。

2. 现代服务业加快发展

加快实施"三百工程"，第三产业增加值增长9.3%。区域性商贸物流中心基本形成，高铁快运物流基地、京东仓储物流等重点项目落户实施，苍溪一品天下、旺苍红鑫广场项目加快推进，川陕甘农产品交易中心、秦巴区域中药材仓储物流中心开工建设。积极培育壮大消费新热点，沃尔玛超市入驻广元，持续开展"广元造"产品推介活动，加快培育"女皇味道"地方特色餐饮，社会消费品零售总额实现405.33亿元，同比增长11.6%。大力发展电子商务，国家级、省级电子商务进农村综合示范县覆盖7个县区，网络交易额55.1亿元，网络零售额18.3亿元。外贸出口实现高速增长，成功争取设立广元海关，积极推进外贸综合服务试点，新增外贸企业16家，昭钢碳素进出口突破1000万美元。广元民族珠宝有限公司投资尼泊尔实现境外投资“零”的突破。“广元造”产品首次直发欧洲，广元商品展示馆在阿曼苏丹国开馆，外贸出口增长161.9%。

3. 文化旅游经济显著发展

加快建设中国生态康养旅游名市，7个县区被纳入国家全域旅游示范区创建单位，新增7个省级旅游融合发展类示范基地，成为全省首批生态康养旅游示范市，接待游客人次、旅游总收入分别同比增长11%和25%。旅游品牌日益彰显，剑阁县成为首批10个天府旅游名县。新增5个国家3A级旅游景区、2个省级生态旅游示范区，4A级及以上旅游景区数量保持在全省第二位。黑石坡森林康养旅游度假区等13个重大文旅项目加快推进。旅游综合营销影响力增强，成功举办“女儿节”“大蜀道文化旅游节”等重大节庆活动和20余个特色旅游节会。区域旅游协同推进，牵头成立川东北红色旅游联盟，与成都、西安等签订旅游合作协议。

4. 现代农业稳步发展

“6+7”优势特色产业加快发展，农业增加值增速居全省第1位。大力发展六大特色主导产业，实现粮油生产总值57亿元，茶叶产业综合产值39.5亿元。积极培育七大特色产业全产业链集群，实现红心猕猴桃综合产值57亿元，核桃综合产值60亿元，中药材综合产值35亿元，土鸡、生猪、肉牛、肉羊综合产值190亿元，新增特色产业基地20.1万亩，建成省级特色农产品优势区3个。分别新建现代农业园区、村特色产业示范园和户办特色产业园8个、762个、7.1万个，苍溪县成为国家现代农业产业园创建单位。全国有机产品认证示范市创建加快推进，发布地方标准8个，新认证绿色农产品和有机产品75个。成功创建第二批国家农产品质量安全市，分别新增中国驰名商标、地理标志证明商标1个、13个，唐家河蜂蜜成功创建国家级地理标志示范样板。三产融合发展加快，积极发展“农业+”新产业新业态，农产品产地初加工率达55%，农企利益联结机制覆盖面达85%，乡村旅游综合收入72亿元。

（五）城乡融合发展稳步推进

1. “多规合一”加速实施

加快城市总体规划修编，广元历史文化名城保护规划获省政府批复。先后完成18项专项规划、13项规划设计以及15个重点镇、29个扶贫村“多规合一”规划编制，广元镇乡总规覆盖率达96%、城镇控制性详细规划覆盖率达60%。

2. 新型城镇化加快推进

市中心城区建成区面积增加到60平方公里，城镇化水平提高至45.63%。三江新区建设取得初步成效，谋划储备项目94个，成功招引重点项目10个、资金达70.45亿元。“百镇建设行动”试点稳步推进，新增试点镇15个，昭化区昭化镇荣获“四川省十大最美小镇”。4个村获评首批“四川省最美古村落”，总量居全省第一。16个村被评为国家级传统村落，总量居全省第二。

3. 乡村振兴战略扎实启动

印发《关于实施乡村振兴战略加快建设美丽乡村幸福家园开创新时代“三农”工作新局面的意见》，制定“1+6+N”政策文件体系，形成“五个振兴”“十大行动”，市县乡村振兴战略规划全面启动，利州区、五龙镇、青溪镇被纳入省级规划试点。“美丽四川、宜居乡村”广元行动扎实推进，新建美丽幸福新村295个，创建省级“四好村”110个。农业项目获全省农田水利基本建设绩效考核第1名。持续改善农村人居环境，畜禽粪污综合利用率、废弃农膜回收率和农作物秸秆综合利用率分别达到70%、73%和89.62%，创建国家级卫生乡镇3个、省级26个。利州区创建为省农村人居环境整治示范县（区）和“农村污水治理千村示范工程”试点。

4. 县域经济不断发展壮大

各县区地区生产总值增速均在8.2%以上，4个县区经济总量超过100

亿元，其中利州区经济总量达 273 亿元，居省县级综合评价第 39 位。县区综合排位呈上升趋势，除旺苍县下降 16 位外，其余县区均实现了前移。产业结构调整步伐加快，规模以上工业增加值增速均高于全省平均水平，旺苍县、朝天区、利州区工业化率超过 40%。利州区、剑阁县被表彰为 2017 年省级县域经济发展先进县。

5. 门户型综合交通枢纽持续巩固

高速公路建设取得新突破，广平高速公路实现全线开工建设，绵阳至巴中高速公路前期工作基本完成，G5 京昆高速绵广扩容项目前期工作加快推进。干线公路升级改造稳步推进，国道 108 线严家湾隧道全面建成，省道 205 线上石盘至摆宴坝公路提前建成通车。农村道路加快畅通，新改建农村公路 2640 公里，建制村通客车率达 91.64%，高于省均水平 4.1 个百分点。公路客货运输总周转量实现 69.85 亿吨公里，排名全省第 6 位。广元港张家坝作业区、嘉陵江川境段航运配套工程等加快建设。

（六）发展活力持续释放

1. 全面改革多点突破

审议出台重点专项改革方案 52 个，其中自主研制出台 11 个。全面完成 191 项改革任务，有序推进 42 项重大改革试点，“苍溪县建立‘三大金融扶贫机制’破解脱贫攻坚资金瓶颈”等试点经验在全国、全省宣传推广。持续深化供给侧结构性改革。稳步推进去产能，19 户企业落后产能退出；因城施策去库存，商品房销售面积同比增长 26.9%；多措并举降低企业制度性成本 20 亿元。大力优化提升营商环境，出台优化营商环境 20 条措施，投资建设项目审批提速居全省前列，工程建设项目由 240 个工作日压缩至 65 个工作日。“最多跑一次”事项达到 91.8%、居全省第 1 位。政务服务网办率达 95%、居全省第 4 位。广元登记注册的市场主体比上年末增长 11.6%，民营经济对经济增长贡献率达 57.7%。深入推进农业农村改革，纳入全国农村集体产权制度改革整市推进试点市，利州区农村集体产权制度改革试点被列入全国 20 个试点典型，“农业信贷撬动金融投入 + 金融投入助力农业

经营主体发展 + 经营主体辐射带动贫困户增收致富”等广元新模式在全省推广。

2. 创新驱动催生新动能

大力实施创新驱动发展战略，科技进步对经济增长贡献率达 50%。创立国家技术转移西南中心广元分中心，实施科技成果转化项目 120 余项。国家级科技型中小企业培育认定 80 家。高新技术企业新增 10 家。申请专利 1466 件，授权专利 931 件，发明专利 288 件，产出重大科技成果 44 项。鼓励支持企业创新投入，企业研发投入占广元研发投入的 80%，较上年增长 10 个百分点。积极推进全省科技金融结合综合试点市建设，培育认定入库科技型中小企业 200 余家。广元市贵商村镇银行科技支行正式揭牌营业，科技银行实现零突破。

3. 四向拓展全面提升

区域合作联动频繁，成（都）广（元）合作承接产业转移项目突破 400 个、签约资金达 490 亿元以上。西（安）广（元）合作签约项目 13 个、签约资金 44. 8 亿元。浙（江）广（元）扶贫协作落地项目 39 个，到位资金 19. 41 亿元。协同推进川东北经济区发展，纳入区域协同发展的 6 个“三个十大”项目及平台建设稳步推进。与俄罗斯乌法市签订友好合作关系备忘录；与德国朗茨福特市建立友好城市关系。平台载体成效明显，精心参加重点投资促进活动，举办各类投资说明会暨经济合作项目签约仪式，全年签约招引项目 625 个、签约资金 1304. 97 亿元。引进到位市外资金突破 650 亿元，同比增长近 20%。

（七）绿色发展加快推进

1. 生态环境持续改善

在全省率先建立环境保护和产业发展协同机制。污染防治攻坚战扎实有效，城市空气质量优良天数比例达 96. 1%，是全省仅有的 5 个达标城市之一。嘉陵江干流稳定达到Ⅱ类水质，白龙湖持续保持Ⅰ类水质。95. 24% 的耕地经过国家无公害土壤认证。扎实筑牢嘉陵江流域上游屏障，森林覆盖率达到 56. 81%。成功创建国家森林城市。旺苍县、青川县被命名为全省生态屏障重点县。积极推进大熊猫国家公园建设和国家园林城市创建，建成国家级生态乡镇5个、省级生态乡镇64个。突出生态环境问题整改，中央环保督察反馈意见涉及任务整改完成率居全省前列，省环保督察发现问题整改完成率排全省第一位。积极推进生态环境补偿，出台《广元市重点流域水环境生态补偿办法（试行）》，探索推进重点流域县域间水环境生态补偿。强化区域环境风险联防联控，成功处置汛期垃圾入侵白龙湖等多起环境应急事件。

2. 低碳发展深入推进

大力构建清洁低碳能源体系，非化石能源占一次性能源消费的比重达55.5%。着力打造低碳产业体系，低碳农业稳步发展，建成低碳农业园区48个、面积49万亩，主要作物绿色防控率达33%。循环工业取得新进展，规上工业企业单位工业增加值能耗超省定目标任务3.99个百分点。广元经济技术开发区成为国家循环化改造示范试点园区，广元娃哈哈启力食品有限公司获评省级节水型企业。《广元市低碳旅游景区标准》成为四川省区域性地方标准，弥补了国内行业空白。加快推进“近零碳社区”创建，11个省级低碳试点社区中“近零碳社区”占5个。积极倡导低碳生活方式，新型墙材使用率达65%以上。城市公共交通分担率达26%。

二　经济社会发展面临的主要困难和问题

受宏观经济形势、发展阶段特征、内生动力不足等因素影响，广元经济社会发展仍面临以下突出困难和问题。

（一）经济总量仍然较低

经济总量仅占全省的1.97%，是全省5个未过千亿元的市州之一。在川东北五市居第4位，分别只有南充的40%、达州的47%、广安的64%。人均地区生产总值30105元，比上年增长7.7%，但仅为全国的47%、全省的61.6%。地方一般公共预算收入47.69亿元，仅为全省的1.22%，在川东北五市居第4位，分别只有南充的42%、达州的47%、广安的60%。

（二）脱贫攻坚任务艰巨

尚有贫困村97个，其中深度贫困村44个，贫困人口3.4万人，剩下的都是贫中之贫、困中之困，脱贫攻坚任务仍然艰巨。

（三）项目投资后劲不足

大项目、好项目支撑不力，广元5000万元以上的项目数量仅占全部投资项目的16.9%，低于全省平均水平15.1个百分点。新开工项目中，投资10亿元及以上项目22个，仅占全部开工项目的2.3%。储备项目中，总投资10亿~50亿元的项目个数仅占6.34%，投资50亿~100亿元的项目个数仅占0.87%，投资100亿元及以上的项目个数仅占0.23%。受市场、政策和前期工作深度等因素影响，部分重大项目推进落地困难。

（四）工业保持较快增长压力大

新进规入库企业规模偏小，在库企业产能空间不足。金属、煤炭等行业处于深度调整期，新的增长点短期内难以弥补传统产业收缩影响。高技术制造业产值仅拉动规上工业增长1.2个百分点。中小企业资金制约依然严峻。广元工业贷款余额较各项贷款余额增速低11.54个百分点；占全部贷款余额的比重较低，仅为14.5%。园区供地结构性矛盾突出，项目等土地、土地等项目并存。

（五）现代服务业快速增长难度大

社会消费品零售总额增速比上年回落0.7个百分点。6个服务业大类行业中有5个行业增加值增速低于服务业增加值增速。限额以上批零住餐单位中营业收入下降的企业占11.3%，规上服务业中营业收入下降的企业占比30.5%。外贸进出口企业中100万美元以上仅7家，1000万美元以上仅1家。外商投资企业仅12家。外经企业仅1家。

（六）农村经济增长面临困难较多

主导产业不强，基地、农产品及产业化经营水平不高。农产品精深加工能力不强，农业新产业新业态发展不足，一二三产业融合发展不深。农业科技支撑能力不强，基本公共服务和基础设施滞后。农民持续增收面临较大困难，新型农业经营主体发展滞后、示范带动乏力，电子商务各地发展不平衡，农村劳务输出缺乏增长潜力，农村集体经济仍然薄弱。非洲猪瘟对生猪产业发展影响持续。

（七）县域经济突破发展短板明显

经济总量偏小，各县区 GDP 均值仅为全省县区 GDP 均值的 51.5%。县域综合竞争力弱，全省县区综合排位中除利州区排在前 50 位外，其余县区均在 110 位后。县域产业结构不优，7 个县区中有 4 个县区的农业增加值占比在 20% 以上。80% 以上的县域工业还处于价值链中低端。城乡融合度不高，除利州区外，其余县区常住人口城镇化率均在 35% 左右、均呈人口外流趋势。县域之间协同发展不足，资源共享性较差，同质化竞争加剧趋势明显。

三　加快经济社会发展的对策建议

2019 年是新中国成立 70 周年，是全面建成小康社会关键之年。面对当今世界百年未有之大变局和国内外错综复杂形势的新考验，面对广元阶段发展的挑战和难题，我们需在习近平新时代中国特色社会主义思想指引下，准确把握我国发展仍处于并将长期处于重要战略机遇期的基本判断，坚持稳中求进工作总基调，坚持新发展理念，坚持深化市场化改革、扩大高水平开放，坚定不移地实施“三个一、三个三”振兴广元战略，深入开展“九项工作大比武”，进一步做好“六稳”工作，全面推动高质量发展，确保主要经济指标增速高于全省平均水平、居川东北经济区前列，力争地区生产总值增长8%左右，推动经济转型发展、创新发展、跨越发展，为治蜀兴川广元实践再上新台阶奠定坚实基础。

（一）打好精准脱贫攻坚战

深入实施脱贫攻坚三年行动，持续打好“四场战役”，高标准编制实施26个行业扶贫专项规划，全面完成3.2万贫困人口脱贫、97个贫困村退出和苍溪县、旺苍县、剑阁县摘帽任务。聚力政策精准确保“三保障”，大力实施易地扶贫搬迁、农村危房和土坯房改造。多渠道稳定增收，完善产业扶贫利益联结、带贫益贫机制。抓好就业扶贫，确保有劳动能力有就业意愿的贫困户至少有1人就业。巩固深化脱贫攻坚成果，完善返贫预警监测、重点领域补短、特殊群体帮扶等三大机制。深入推进“励志扶贫”“家庭能人培养计划”“村民积分制管理”等扶志扶智行动，激发群众内生动力。聚力浙广扶贫协作提质增效，打造浙川“白茶帮扶样本”，全面提升产业合作，加快项目实施，夯实5个产业园区，全力创建浙广东西部扶贫协作示范市。

（二）推动项目投资稳定增长

始终把稳投资摆到突出位置，持续深入开展项目投资“大比武”活动，创新完善“六大中心”作用，深化完善协调考评督查工作机制，梯次推动“四个一批”项目建设，确保全社会固定资产投资增长10%以上。聚焦强化基础设施投资补短板、产业投资稳增长、生态环保和公共服务投资惠民生，深度策划、高质量储备一批大项目好项目，确保常态化储备项目1万亿元以上，力争更多项目进入国省“盘子”。抓好240个省市重大项目建设，力促劳特巴赫精酿啤酒、何家山风电场项目竣工，加快推进广元康养示范产业园、中孚绿化铝材一体化等项目建设，力争完成投资500亿元以上。突出抓好重大项目集中开工活动，全年至少举行6次。

（三）推进产业高质量发展

1. 发展壮大新型工业

坚持发展“6＋2”新型工业体系，聚焦制造业高质量发展，持续做强六大优势产业，做大战略性新兴产业和军民融合产业，推动制造业与数字经济、现代服务业深度融合，强化企业项目协调服务，力促娃哈哈第二生产基地、林丰铝电等项目及早竣工投产，确保规模以上工业增加值增长10%左右。大力推动企业进规和新进规企业扩能壮大，实施大企业大集团培育计划，支持中小企业“专精特新”发展，新培育规上企业40户以上，新增高成长型企业10家以上。持续提升园区承载能力，加快中国西部（广元）绿色家居产业城、中国七盘关国际石材城等建设，新增开发面积2500亩以上，新建标准化厂房30万平方米以上。

2. 加快发展现代服务业

聚力中国西部商贸物流基地建设，优化提升城乡物流服务体系和重要物流节点，加快推进高铁快运物流基地、铁路枢纽综合物流基地等重点商贸项目建设，力争服务业增加值增长9.0%左右。实施“2348”电子商务发展战略，加快建设广元电子商务园区，健全完善市、县、乡、村四级电商服务体系。大力促进消费升级释放消费潜力，加快培育壮大一批新业态新增长点，确保社会消费品零售总额增长10%左右。实施服务业重点企业培育计划，加大外向企业提质增效，加快对外贸易进出口基地（园区）建设，做实中欧班列广元组货基地，巩固发展阿曼苏丹国广元馆。

3. 促进文化旅游经济深度融合

大力促进旅游业转型升级，着力发展五大生态康养旅游产业，力争全年接待游客5600万人次，实现旅游收入500亿元。青川县、剑阁县成功创建国家全域旅游示范区。剑阁县创成天府旅游名县。实施文旅融合战略，深度挖掘提升蜀道文化、武则天名人文化、三国文化、红色文化、民俗文化等特色文化内涵，突出打造大蜀道、大熊猫世界级文化旅游品牌，开发实施新华联曾家山国际旅游度假区、黑石坡森林康养旅游度假区等一批文旅深度融合

精品景区项目，加快建设大蜀道国际旅游目的地核心区。加大旅游服务体系建设，积极打造“美丽旅途”。大力抓好旅游宣传营销，高规格办好第九届大蜀道文化旅游节和中国（广元）女儿节，持续提升“剑门蜀道·女皇故里”“绿色广元·康养名都”品牌美誉度、知名度和影响力。

（四）大力实施乡村振兴战略

切实做好乡村振兴与脱贫攻坚有机衔接，高水平编制、高标准推进市县《乡村振兴战略规划》，形成城乡融合、区域一体、多规合一的规划体系。大力实施乡村振兴“十大行动”，深入推进乡村“五大振兴”，力争创建乡村振兴战略工作先进县区1个、先进乡镇10个。聚力做优做强“6+7”现代特色农业，实现第一产业增加值增长3.5%左右。坚持“三园联动”，高水准规划启动一批亿元现代特色农业园区，新建7个市级现代农业园区，创建2个省级星级现代农业园区。推进“农业+”深度融合，做精做细休闲农业、乡村旅游等新兴业态，力争农企利益联结机制覆盖面达90%。全面推进全国有机产品认证示范市创建，建成国家农产品质量安全市。扎实开展“美丽四川·宜居乡村”广元行动，大力推进农村垃圾、污水、厕所“三大革命”，深入实施村容村貌提升“八化”工程和农村居民文明素养提升行动。

（五）加快建设区域性中心城市

加快中心城区与三江新区、东部新城一体化发展，推进昭化区、朝天区与中心城区同城化发展，新增建成区面积5平方公里，常住人口城镇化率提高1.5个百分点左右。加快实施黑臭水体（二期）、南山隧道等一批完善城市功能、提升城市品质、促进产城融合的项目建设。开展公园城市建设试点，建成国家园林城市。深化“百镇建设行动”，积极创建一批省级及以上的特色小城镇。全力推动三江新区建设，坚持产城融合发展，实施“建设提速年”活动，加快建设宝轮环线（南段）、川陕甘农产品交易中心等项目。推动县域经济加快发展。研究制定推动县域经济高质量发展的实施意见，提高县域经济发展政策支持力度，建立差异化激励考评机制，促进县域经济体系现代化。坚持“一县一主业”，优化“一核四带六链”产业布局，支持县区培育壮大特色优势主导产业，推动建设错位发展、协同互补、主业突出、绿色生态的特色县。加快建设具有代表性的工业强县、农业强县、天府旅游名县和生态示范标杆县。深化扩权强县改革，提升县域综合承载力，支持剑阁县、苍溪县、旺苍县撤县建市。加快培育一批工业重镇、农业强镇、旅游名镇、商贸物流强镇等特色小城镇。支持符合条件的镇改街道、乡改镇、村改居。

（六）蹄疾步稳全面深化改革创新

持续深化供给侧结构性改革，着力“巩固、增强、提升、畅通”，多管齐下防止脱实向虚，切实增强实体经济活力。扎实推进以农村土地制度、集体产权制度、金融和集体林权等为重点的农业农村改革，突出做好全国农村集体产权制度改革整市试点，探索集体经济发展多种实现形式。深化“放管服”改革，对标持续优化提升营商环境，细化落实民营经济健康发展支持措施，促进民营经济活力迸发。统筹推进国资国企、财税金融、生态文明等重点领域与关键环节改革。大力培育经济发展新动能，继续深化全面创新改革试验。围绕产业链配置创新链，打造厅市合作、市校院企合作“升级版”，力争签订产学研合作协议30项以上，合作共建一批创新平台。建成川北大数据中心（一期）工程。推进高新技术发展，力争高新技术主营业务收入实现200亿元。促进科技成果转移转化，力争成果转化产值190亿元。积极推进成都－广元－西安军民融合产业带。推动广元经济技术开发区创建科技金融综合试点示范区建设。

（七）加快四川北向东出桥头堡建设

巩固提升进出川“门户型”交通枢纽地位。及早开工建设绵阳至苍溪至巴中高速公路，加快推进京昆高速绵阳至川陕界扩容、广巴铁路扩能改造等项目前期工作。持续推进嘉陵江航道整治和航运配套设施建设，加快广元机场改扩建，支持剑阁、青川等通用机场建设。聚焦四向推进区域合作，积极融入南向，主动对接北部湾经济区。突出东向，主动对接以浙江为重点的长三角地区和以深圳为重点的粤港澳大湾区。深化北向，加大与西安等地的战略合作力度，主动融入关天经济区发展。拓展西向，加大与兰州、乌鲁木齐以及丝绸之路经济带沿线城市的对接力度。着力扩展国际合作，加大与“一带一路”沿线国家和中东地区国家对接合作，持续落实与德国朗茨福特市合作协议，促成俄罗斯（广元）商品馆开馆。积极对接五区协同发展，深入开展“成广合作”，持续承接成德绵产业转移，加快建设融入成都平原经济区示范市。扎实推进川东北经济区“三个十大”项目和平台建设。强力推进招商引资工作。利用好各类重点投资促进平台，加大推介引荐、追商追资、选商选资力度，力争引进到位市外资金增长10%以上。

（八）大力促进绿色生态发展

统筹山水林田湖草系统和城乡环境综合治理，坚决打好蓝天、碧水、净土、嘉陵江保护等“八大战役”，巩固提升大气、水、土壤环境质量。高质量完成第二次全国污染源普查。巩固生态安全屏障。强化“三线一单”约束，加大生态脆弱区治理力度。大力建设嘉陵江流域国家生态文明先行示范区，扎实开展绿化全川广元行动，力争森林覆盖率达到57%。大力推进大熊猫国家公园建设，加快创建国家园林城市。推动绿色低碳发展。加快构建绿色低碳循环发展经济体系，开展绿色低碳循环经济“五大行动”，实施绿色低碳制造工程，实施工业园区循环化改造。推进生活垃圾分类试点城市、低碳试点城市、新能源示范城市和气候适应型城市建设。引导公众绿色生产、绿色生活。

参考文献

王菲：《王菲在市委七届一次全会上的讲话》，四川新闻网，http：//gy. newssc. org/

system/20160826/002000162. html。

邹自景：《2018 年政府工作报告》，《广元日报》2019 年 2 月 20 日。

广元市统计局：《2018 年广元市国民经济和社会发展统计公报》，《广元日报》2019 年 3 月 16 日。

广元市统计局：《2018 年广元经济运行情况及 2019 年走势分析》，广元市人民政府网，http：//www. cngy. gov. cn/govop/show/20190226174619 －35040 －00 －000. html。

B.3

广元民生事业发展分析报告（2018）

王克军　赵克林　陈　瑾　彭　瑶　张又文*

摘　要：　2018年，广元民生事业发展呈现多方协调、全面系统、持续有力的特征。在安居乐业景象下基本实现学有所教、病有所医、老有所养、困有所助。广元仍面临学前教育与高校教育师资不足、高校“双高”型师资流失现象突显、“就业难”与“招工难”结构性矛盾突出、医疗托老与康养旅游发展不匹配、农村交通发展不均衡养护与管理欠完善等挑战。在未来的发展中，应以解决上述问题为突破口，加大民生事业建设。

关键词：　民生成就　发展瓶颈　策略路径　广元

一　广元民生事业发展现状

2018年，广元坚持执政为民目标导向，深入贯彻科学发展观，全力践行以民为本思想，切实保障百姓基本权利，努力提高广元人民生活水平，致力辖区脱贫解困工作，着重关心弱势群体，民生工作整体取得了较为显著的成绩，部分工作再创历史新高。

（一）教育与文化

1. 教育环境再度优化，教育扶助成效显著

2018年，广元教育系统坚定贯彻习近平总书记新时代教育扶贫战略，

* 王克军、赵克林、陈瑾、彭瑶、张又文，四川信息职业技术学院。

深入实施“三大专项计划”和“四好四不让”扶贫方略，将优化教育环境作为年内重点工作，着力打造“多层级推动、多行业参与、全社会关注的教育精准扶助机制”。年内，完成学前及义务教育改扩及新建学校8所，基本消除超大班额（66人以上），实施标准化中小学建设3所；完成边远贫困地区农村教师周转宿舍建设991套；评选命名“美丽乡村学校”37所；相对上年师生比得到不同程度的改善（见表1），但幼儿园与高校在此方面与国家的要求差距较大。2018年，广元共奖、助各教育阶段学生15.88万人（含民办学校），城乡经济贫困家庭及建档立卡贫困家庭学生受助覆盖率100%。年内，教育扶助连战连胜，独具地域特色的教育扶助模式被《人民日报》、新华社、中央人民广播电台等媒体跟进宣传报道。

表1　2018年广元市学校及师生比结构情况

学校类型	数量（所）	在校生人数（万人）	专任教师（人）	师生比	
				年内值	相对上年
高校	3	2.15	692	1∶31.07	+0.91
中等职业学校	12	1.88	1141	1∶16.48	+1.19
普通高中学校	27	5.11	3986	1∶12.82	+0.56
普通初中	127	6.58	6456	1∶10.2	-0.21
小学	264	15.41	11555	1∶13.34	-0.35
幼儿园	308	6.86	2728	1∶25.15	+2.21

注：普通初中含九年一贯制67所。

资料来源：《广元市2017～2018年国民经济和社会发展统计公报》。

2. 文化事业欣欣向荣，社区文化增长迅猛

年内，广元共有各类文化机构710家（见图1），公共图书馆总藏书218.5万册，创作歌曲73首、舞蹈60个、小品36个，组织群众性文化活动2400余场次；广播覆盖率98.5%，较上年增长0.4%；广播电视综合覆盖率98.7%，较上年增长0.3%。相对2017年，公共图书馆总藏书量增长38.5万册，艺术表演团增长了2.19倍，社区文化中心增长了29倍，群众性文化活动增长9%。

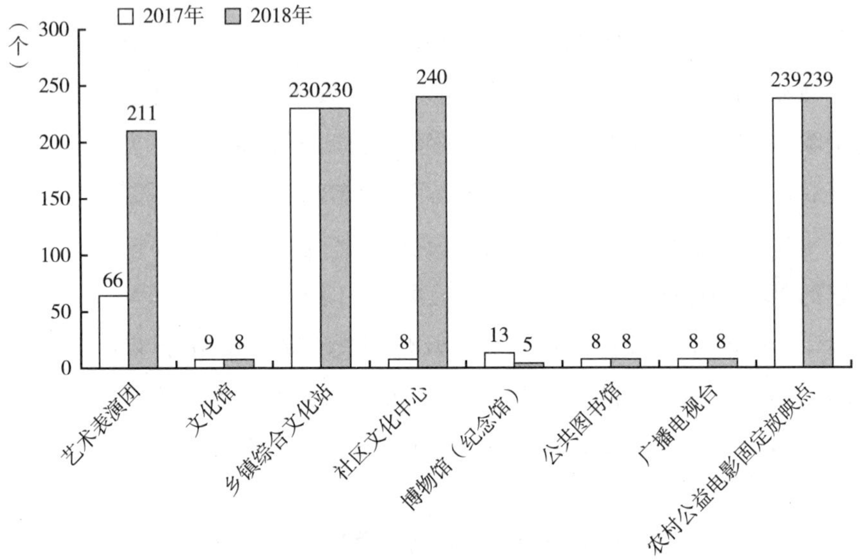

图1　2017～2018 年广元文化机构结构比较

资料来源：《广元市 2017～2018 年国民经济和社会发展统计公报》。

（二）百姓安居工程

近年来，广元市委、市政府以“三个到位”“三大注重”“四突出”“五级联动”为策略，扎实推进城乡住房安全保障工作。2013 年至 2018 年末，累计投资 104.44 亿元用于各类保障性住房和棚户区改造，受益人数达 25.07 万人。截至 2018 年末，累计竣工各类保障性住房和棚户区改造 4.166 万套（见表 2），累计发放廉租住房租赁补贴 4.19 万户（其中新增 0.53 万户），累计分配公共租赁住房定向农民工 0.39 万套；竣工市主城区老旧建筑电梯增设工程 150 栋；完成农村危旧房改造 10.82 万户，累计打造特色民居旅游村落 24 个，带动特色乡村旅游 50 余个。年内，城乡住房保障工作得到社会好评，成功经验被省电视台及住建部加以宣传报告。

表 2　2018 年末广元累计竣工各类保障性住房和棚户区改造结构情况

单位：套

类别	数量	类别	数量
公共租赁住房	13392	国有工矿棚户区改造	264
经济适用住房	5106	国有林区棚户区改造	467
限价商品房	30	中央下放煤矿棚户区改造	3812
城市棚户区改造	18589		

资料来源：据广元市住房和城乡建设局 2013～2018 年统计资料整理。

（三）就业和社会保障

1. 政策保驾有力，城乡充分就业

2018 年，广元紧密围绕创建省级创业型城市目标，按“以创带就、以培促就”思路，通过政策保障、建立就业良性互动机制、创建专项园区等举措狠抓就创业工作。截至 2018 年底，广元累计出台 10 余项就业性政策文件；累计发放小额担保或创业担保贷款 11.8 亿元；建成国家级创新创业示范基地 1 家、省级大学生创新创业园区（孵化基地）7 家、市级返乡创业园 21 家；开展各类职业技能培训 12.3 万人次；促成城乡劳动者就业共计 9.4 万人（见表 3）。年内，广元城镇登记失业率成功降至 4% 以内，实现城乡充分就业目标。

表 3　2018 年广元促进城乡劳动者就业结构情况

单位：万人

类别	人数	类别	人数
城镇新增就业	4.10	农民工等返乡创业培训	0.13
城镇失业人员再就业	1.33	青年劳动者技能培训	0.89
就业困难人员就业	0.33	残疾人居家灵活就业	2.35
劳务品牌培训	0.27		

资料来源：据广元市人力资源和社会保障局、残联 2018 年统计资料整理。

2. 持续深化社保改革，全面保障体系雏成

2018 年，广元在全国率先推行医保总额控制支付办法，积极探索按

病组（DRGS）分值付费制度，深化开展“五险统征”模式等有益尝试性改革。年内，城乡居民基本医疗保险参保率达97%，城乡居民基本养老保险年覆盖达180万人，各类参保人数达471.63万（见图2）；共发放各类社会保障经费6.5亿元、受益人数达44.53万（见表4）；为建档立卡贫困人口34.3万人全额代缴基本医疗保险的个人缴费部分，为贫困人口开展1次免费健康体检服务6.89万人次；帮扶残疾人及家庭3.236万人次；累计创建养老社会化服务示范社区19个、农村幸福院344个、医养结合机构15个，广元拥有城乡社区日间照料中心327个、养老床位9185张，城乡居家养老服务覆盖率分别达到87.5%、50%；累计建成并投入使用的儿童之家1946所；完成殡仪馆绿色环保标准化改造项目8个。广元社会保障改革初见成效，社会保障能力不断加强，社会全面保障体系已具雏形。

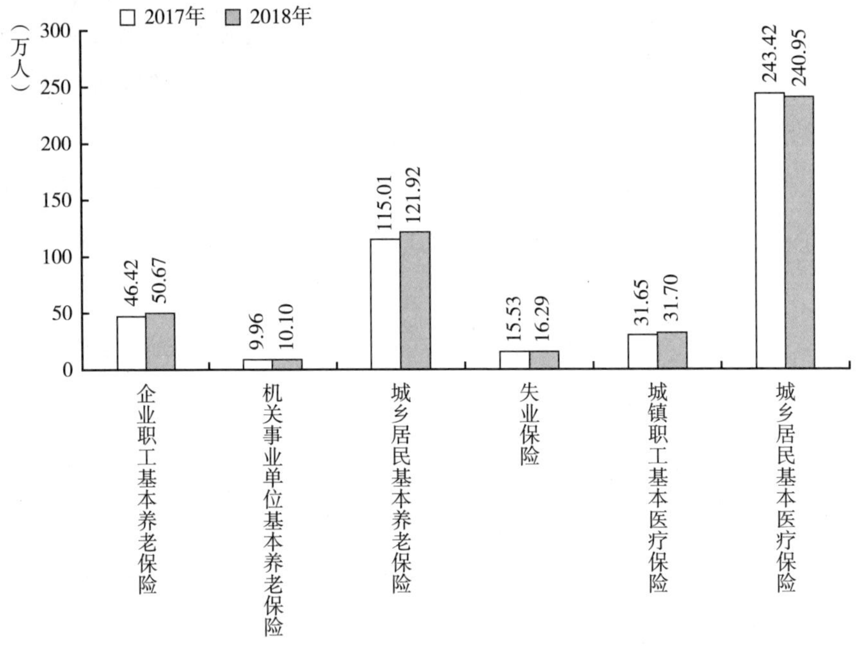

图2　2017～2018年广元参保结构比较

资料来源：广元市人力资源和社会保障局2018年统计资料。

表4　2017～2018年广元市社会保障金发放结构情况

单位：万人，亿元

年份 发放项目	2017年		2018年	
	受益人数	发放金额	受益人数	发放保障金额
享受城镇最低生活保障	9.44	3.11	9.32	2.60
享受农村最低生活保障	15.96	3.16	17.27	2.86
资助城乡低保、农村五保户参保参合	20.53	1.01	17.94	1.04

资料来源：广元市人力资源和社会保障局2018年统计资料。

（四）医疗与体育

1. 医疗基础设施趋于完善，各级机构100%规范达标

截至2018年底，广元有各级各类医疗卫生机构0.35万个（含村卫生室），床位2.21万张，卫生技术人员1.82万人。每千人口拥有病床数量超出年内全国平均水平（6.03张）2.25张，每千人口拥有卫生技术人员6.81人，与年内国内平均水平不相上下。整体来看，相对2017年广元各级各类医疗卫生机构总量减少17家，但床位数与卫生技术人员却分别增长0.09万张、0.15万人，每千人口拥有病床和卫生技术人员则分别增长0.3张、0.52人。年内，斥资100万元在广元市综合教育实践示范基地建成广元市红十字会应急救护体验馆，完成市中心血站业务楼项目主体工程建设；广元县级医疗机构与乡镇卫生院标准化建设达标率均为100%。

2. 高质完成各类赛事承办，体彩公益红利增幅明显

2018年，承办省级体育赛事24场次、组织开展曾家山国际越野挑战赛等群众体育赛事活动260余次，其间，无任何重大失误；在四川省第十三届运动会中，金牌数与奖牌获得数居全省第2位，获得金牌38枚。体育系统所属场馆全年免费接待健身人数121万余人次，相对上年增长44.05%，全年实现体彩公益金分成810余万元。

（五）扶贫解困工程

1. 助智引领，就创扶贫解困

广元市政府积极贯彻习近平总书记“治愚在先，治贫随后”的重要精神，组织各部门联合开展“扶贫先行，就创帮扶”系列活动，为城乡困难居民和贫困农户提供智力救助及就业帮扶。2018 年，建立工会定点培训基地 6 家，建立农民工培训基地 2 家，累计培训下岗职工、农民工 1.85 万人次；以多种方式资助城乡困难职工和贫困农户子女就读 18.76 万人次（见表 5）；帮扶下岗失业人员、农村劳动力实现转移、困难职工家庭失业人员及大学生实现了就业和再就业 3.47 万人次；为 1390 户创客发放创业补助，撬动贷（借）款 1.4 亿余元，带动大学毕业生、返乡农民工、下岗失业人员就业 1.85 万人；14.99 万贫困人口通过就、创业扶贫已实现脱贫，占贫困总人口的 65.23%。

表 5　2018 年广元资助城乡困难职工及贫困农户子女教育情况

单位：万人

资助形式	受助学生	资助形式	受助学生
免除相关费用	3.6	发放奖学金	0.02
减免相关费用	1.74	基金救助	1.78
发放生活补助	6.16	建档贫困户学生	0.70
发放助学金	3.26	圆困难职工农户子女大学梦	1.50

资料来源：据广元市教育局及广元市总工会 2018 年统计资料整理。

2. 产业推进，造血扶贫解困

年内，广元市坚持以市场为导向，引领贫困农户及移民库区住户主动由“他救”向“自救”“自强”转变，在用好四项基金的基础上，大力发展经济产业以增强扶贫解困户自身的造血能力。2018 年，广元 739 个贫困村产业扶持基金总规模达 2.98 亿元，平均规模 40 万元/村；引领移民库区农户发展优质粮油、茶叶、水果等特色种植业 12 万亩；“两湖”流域年产台湾泥鳅、大鲵、小龙虾等优质水产品 1004 吨，年总产值 3.8 亿元。

3. 多方协同，暖心扶贫解困

广元市妇联、市总工会、社会爱心企业及爱心人士，通过关“癌”行动、职业病救治、法律援助等专项帮扶做大“扶贫解困帮扶蛋糕”。2010 年以来，积极争取各类帮扶资金累计 2.386 亿元，帮扶职工群众 8.2 万户，先后慰问一线职工、劳模及困难职工 21.25 万人次，先后帮助 2.3 万户工会建档困难职工实现脱困出档，资助困难职工（农民工）子女 1.5 万名圆大学梦；2018 年，为困难群众提供法律援助共 1.67 万人次，使贫困人口合法权益得到应有保障；年内，农村特困人员分散和集中供养月基本生活标准分别增长 53.84%、28.2%，进一步保障特困人员的基本生活权益。2014～2018 年末，共为农村投入各类饮水安全巩固提升项目资金 3.2 亿元，有效解决了 55 万农村群众饮水问题，其中覆盖建档立卡贫困人口 18.5 万人。

（六）生态及城乡环境综合治理

1. 生态环境进一步优化

坚持“生态立市”首位总体发展思路。先后出台《关于加快推进生态立市的意见》等文件，明晰了绿色发展的目标、路径和举措，将“发生重大环境污染责任事故”纳入“一票否决”考核制度，严格建筑施工地扬尘污染、露天烧烤、餐饮业污染等管控。2018 年，市城区环境空气质量优良天数比例为 96.1%，可吸入颗粒物年均浓度 56.3 微克/立方米，生活污水集中处理率 97%，集中式饮用水水源地水质达标率 100%，环境功能区水质达标率 100%。

2. 城乡综合治理成效显著，城乡人居环境大幅改善

垃圾分类成效初显。2009 年来，广元累计投入 2.8 亿元用于生活垃圾分类建设。截至 2018 年底，共建成智慧垃圾分拣点 163 座，市城区生活垃圾无害化处理率达 99%。紧盯“无霾城市”建设目标，严堵污染源，强化人居品牌建设。2018 年，完成油烟污染治理示范工程 210 家、累计淘汰黄标及老旧车 2.5 万余辆，工业烟粉尘达标率 98%；广元获国家卫生城市，累计建成国家卫生县城 5 个、国家卫生乡镇 5 个，省环境优美示范城市 1

个、示范县城2个。种养殖防污管理规范，农业面源污染管控有效。坚持畜禽养殖区规划先行，实行畜禽养殖污染问题台账制度，大力开展绿色农业技术推广，严禁露天焚烧秸秆。年内，推广测土配方施肥面积260.3万亩、实现水肥一体化面积5.3万亩、推广使用有机肥38.2万吨；全年农药使用量1654吨，较上年减少8.3%；全年化肥使用量10.5万吨（折纯），较上年减少3.9%；农业乡镇和行政村100%建成并实行废弃农膜回收制；秸秆综合利用率达89%。

3. 河道防治并重，流域水质恒稳

以“美丽广元，幸福家园”为抓手，根据河道“河势稳定、行洪通畅”和“水清、岸绿、景美”的总体要求，严查严处河道“四乱”问题。2018年，广元共排查出“四乱”问题43个并强化整改责任落实；加大嘉陵江流域广元段河道治理，提升沿线河湖水源与堤坝安全；市财政投资1222.5万元专项资金用于“两湖”生态环境整治。当年，主要河流Ⅱ类及以上水质达到100%，白龙江流域断面水质继续保持Ⅰ类水体质量。

（七）民生基础设施工程

1. 农村路网显著改善，市区交通有效优化

2018年，市交通部门继续全面推进“四好农村路”建设。年内，完成农村路建设2640公里；全面完成西二环道路工程及市北入口道路及景观提升改造，启动了北二环东沿线路基建设工程，总投资514.42万元（含四川省第十三届运动会专项治理经费）完成市城区交通路牌及隔离防护等附属设施改造；启动智慧停车场建设1个，完成广元市城区停车位并投入使用618个。截至2018年底，广元234个乡镇和2499个行政村100%通油路或水泥路，建制村客车通达率达91.64%，农村实现交通脱贫攻坚兜底性任务全面完成。市城区“停车难”“上下班堵”“交通导视欠详”等问题得到有效缓解。

2. 生产生活供排保障加强，休闲健身场所进而优化

2018年，广元完成3座中型水库大坝枢纽主体工程建设，完成大寨、雷家河水库枢纽工程总工程量的61.56%，新建及整治渠道279公里，整治

病险水库69座、山坪塘774口；年底完成白龙水厂一期工程建设任务；新建及改造10千伏线路及配电变压器分别达19.19公里、60台，完成移民库区农网升级改造项目18个；启动实施村居民聚集点生活污水处理417个，广元新建公共厕所280座、改建公共厕所142座。年内，市政公园新、改扩建累计投资3.33亿元。截至年末，广元共建成各级森林公园10个，人均公园绿地面积逾10平方米。

（八）平安广元

1. 菜篮子工程稳中略升，食药安全蝉联省优

截至2018年底，广元累计建设蔬菜基地3.5万余亩、年自产量14万余吨、应季自供率达70%以上，相比上年略有增长。近三年，市财政用于特价菜补贴款累计达2247.6万元。年内，建成省级食品安全示范县1个，标准化基层所35个；餐饮单位“明厨亮灶”覆盖率达82%、学校100%覆盖；年内，监测蔬菜产品质量安全377批次、食品抽检2943次、药品抽检586批次，约谈食品药品生产经营企业负责人33家次，处罚没款555.8万元。广元连续7年未发生重大食品药品安全事故，该类目标考核连续6年获全省系统先进单位，2018年获全省一等奖。

2. 广元安全保障有力，平安广元成效明显

2018年，广元建立完善了12项安全管理制度，排查整改各类安全隐患3400条，及时治理地质灾害工程治理2处，妥善安置避险搬迁安置户85户；建成7个“四川省安全社区”，超出既定目标40%；新建安全责任单位的工作场所事故、道路交通事故、火灾事故起数和社会治安案件数量与建前相比，分别下降了22%、32%、20%和25%。年内重大安全事故零发生。

二　广元民生事业发展瓶颈和挑战

（一）“两极”师资数量不足，“双高”师资流失现象突显

图3显示，近5年来，广元幼儿园师生比呈逐年增长趋势，高校师生比

虽有所增长，但其在1∶30间上下波动呈现不稳定性特征。据我国教育达标要求及教育部《2018年全国教育事业发展基本情况年度报告》数据测算，广元的这两项数值分别低于国家标准3.7～5.2倍、1.55～1.72倍，分别低于全国均值1.4倍、1.8倍。即广元学前教育与高校师资数量严重不足问题突显。相关研究显示，2017年广元公办幼儿园教师缺口达1032人，高校教师编制短缺严重、紧缺教师引进数量极少且不稳定。继中小学优秀师资外流后，市内高校的部分高职称、高业务水准的双高型师资逐渐向成都及周边地区流动。客观来看，广元的城市地处边远、社会经济落后、教师待遇偏低是产生上述问题的共性原因，幼儿教师未能获得职业公平待遇则是导致该类师资紧缺的原因所在。

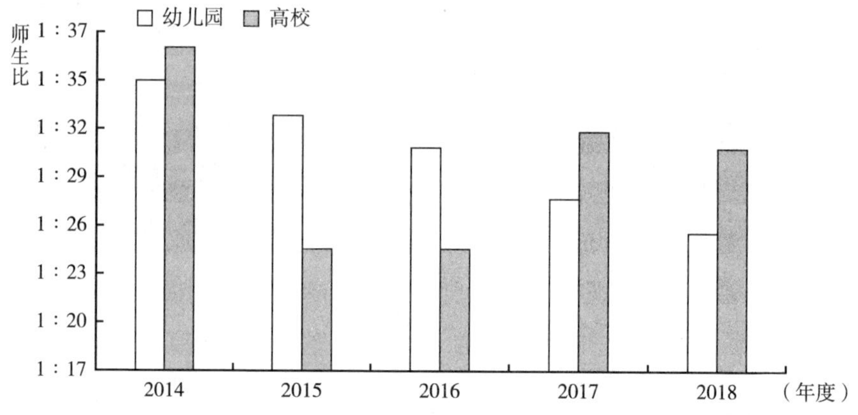

图3　2014～2018年广元幼儿园与高校师生比动态情况

资料来源：《广元市2017～2018年国民经济和社会发展统计公报》。

（二）“就业难”与“招工难”结构性矛盾突出

区内创业实体总量偏少偏小，部分重点群众就业压力增大，规模性失业风险可能存在，打赢就业扶贫攻坚战仍较艰巨。受国内外市场变化、区域产业战略调整、区间产业布局变化等因素影响，加之广元城乡就业主要群体年龄相对偏高、受教育程度整体偏低、对现代信息与自动化技术接受能力较弱等主客观因素，未来本地高龄及低学历群体“就业难”与外地高学历专业型“招工难”结构性矛盾将突显。

（三）医疗托老与康养旅游发展不匹配，“医疗 + 养老 + 康养”旅游体系尚未形成

2018 年是广元落实全国生态康养旅游名市建设任务的第三个年度，全年游客接待总人次较上年增长 514.39 万。无论是传统的观光旅游还是当前如火如荼的康养旅游都需要必备的医疗卫生机构作为配套保障，后者还需托老机构加以支撑。目前，市内医疗基础设施与养老机构虽得到明显优化但其与广元快速发展的旅游需求、建设生态康养旅游名市的需求仍不匹配。一是医疗及养老机构与康养旅游互动少，缺乏深入合作。虽有少数公办医疗机构主动向康养旅游切入，但多停留于医疗康养宣传或个别节事活动层面，并未深入开展实质性业务或合作。二是专业化机构数量少。当前，广元虽已建成市中医医院、市精神卫生中心、彩虹养老中心等 9 个医养结合项目，但均以医或养为主，缺乏旅游成分。这主要由这些机构的性质及其旅游专业、市场化专业缺失所致。三是“医疗 + 养老 + 康养”模式及服务体系尚未形成。如曾家山虽建成国家中医药健康旅游示范基地，但其医疗、康复、旅游基础设施及专业服务体系仍未形成。

（四）农村交通发展不均，养护与管理欠完善

一是发展不平衡。受工作力度、地理条件、建设难度等主客观因素影响，村道“窄路加宽”改造、通组路、贫困村与非贫困村的公路发展失衡。二是建设资金缺口大。广元地处山区，农村公路建设成本高，国家补助标准较低，加之市县（区）财政配套资金落实难，制约了农村公路事业的持续、健康、快速发展。三是技术等级普遍较低。农村公路结构不尽合理，排水、防护栏、错车位等必备及安保设施配套不全，抵御自然灾害的能力较差。四是管养水平较低。农村公路养护制度不完善、养护资金不足、人员配备不全、养护机械落后等问题未得到根本解决。

三　广元民生事业发展对策和建议

（一）提高幼师职业公平感，增强双高教师获得感

幼儿教育是整个教育体系的基础，是区域教育事业良好发展的基石所在，是促进儿童快乐成长、维系家庭与社会和谐的重要环节之一。高等教育是培养高级专业人才和职业技能型人才、推进科技创新创业、促进地方社会经济发展与繁荣、有效遏制贫困发生的重要阵地与堡垒。广元正全力打造“川陕甘结合部中心城市”，城市的未来在于年轻人、年轻人的未来得益于教育，教育的产出关键环节在于学前和高校教育两端。为此，广元以《国家中长期教育改革和发展规划纲要（2010 年～2020 年）》和《关于当前发展学前教育的若干意见》等文件精神为指导，以“公私一样”和“编内编外一样”的原则，在教师招聘、职称评聘、薪资待遇、社保福利等方面切实维护幼儿教师的利益和权益，以增强幼儿教师的职业公平感与获得感，从而壮大幼师队伍。政校协同，结合广元产业战略布局与院校发展定位，在提升教师待遇普适性政策基础上重视双高型高校教师的价值，通过组建市际高端人才工作室、建立特殊人才专项津贴制、设置专项人才荣誉奖、制定广元社会经济贡献奖励办法等方式增强高校双高型师资的获得感，以稳定该类人才留在广元，吸引更多优秀人才来到广元。

（二）提升就业政策地位，构建精准帮扶策略

进一步领会 2018 年中共中央政治局会议提出的“将就业优先政策置于首位”的战略要求，稳住就业“基本盘”，构建精准帮扶策略，以促进全面就业。一是实行“双向”调研，构建精准培训体系。在优化城镇失业登记信息的基础上广泛走访城乡，掌握各待业群体的文化程度、技能专长及就业诉求等信息，以提高就业帮扶的针对性。主动深入市内外企业积极开展用工调研，摸清各用人单位对应聘者的专业、技能及素质要求。针对用人单位、

岗位要求与求职群体求职差异，重构培训内容体系以提高求职方与用工方的需求对应性。二是搭建求职与用工“保姆式”信息平台，以提高信息的对接性并为“高龄”求职群体提供信息查阅便利。三是精准识别求职群体的个体差异，以“常规帮扶和重点帮扶”相结合、“批量帮扶和零星帮扶”相结合、“组织帮扶和个人帮扶”相结合原则探索差异性帮扶模式，提高就业满意度。创业方面，在原有政策、资金、生产技术帮扶基础上新增市场营销帮扶内容，形成行业选取、产品生产、产品商业化、市场基本运营全程帮扶链，提高创业成活率与成效率。

（三）切实推进医疗托老与康养旅游深度融合，全力构建“医养+”康养旅游体系

强化组织领导，压实建设责任，推进医养互通。紧密围绕生态康养旅游名市建设目标，优化市县级专项工作组，加强组织领导，根据建设目标之须、结合广元医疗及养老机构等级与专长划定医养旅游建设责任，采取问责制推进广元医疗、养老、托老机构实行医养互通。强化政策保障，营造友好环境，吸引医养互动。在合法合规基础上，本着“用好”“用活”“用尽”中央及省政府有关政策原则，从土地利用、费税减免、红利分成、生产基础保障等方面出台省内外系列医养专项优惠政策，营造政策环境良好、投资环境友好、经营环境纯洁的招商与投资环境，吸引更多实力强、品牌硬、专业精的各类医疗、养老、托老企业或机构入驻广元。强化示范带动，注重品牌共建，带领医养互融。树立品牌意识，经营好现有品牌使之实现变现及区域带动功能；充分利用市内优质康养旅游资源，做好潜在优质品牌开发与打造，促进康养资源优势向康养资本优势转变；注重区内品牌建设中的医养建设互动、元素互融、功能互补，实现彼此互融。强化“领袖”地位，建立反哺机制，形成医养共荣。高度肯定和支持为广元康养做出杰出贡献的医疗、养老、托老等企业、机构、组织与个人，建立相对完善的医养收益分红及奖励机制，正视医养旅游中主要利益相关者既得利益，促进医养旅游共同发展与繁荣。在确保绝对服务地方社区就医与养老的基础上，大力发展理

疗、康复、疗养等康养机构；重点在朝天曾家山、青川唐家河及白龙湖景区、苍溪县三溪口和玉带峡区间，按“一馆一格，百馆百态”原则，采取景区依托型、森林依托型、田园依托型、滨水依托型模式，从市级战略层面打造系列康养旅游基地；以市场为导向，因地制宜开发森林疗养、SPA 水疗、中医药康养等产品系列；以“六度理论”为支撑，借鉴国内外康养旅游先进理论与实践成果，结合市内综合实情建立体现产业发展前沿、顺应市场需求、符合广元实情、利于行业指导的“广元医养旅游标准”及“康养旅游名市标准（广元版）”，以推动广元康养旅游规范化、标准化发展并为实现优质化夯实基础。

（四）加大农村公路养护资金投入，规范农村公路管理

一是加大农村公路养护资金投入。建立以地方各级公共财政为主的农村公路建设养护管理投入机制，多渠道筹集建设养护资金，加大资金使用监督管理，严格专款专用，确保农村公路健康可持续发展。二是创新农村公路养护模式。积极探索固定人员的专业化养护、签订合同的公司化养护、群众分户的承包制养护等农村公路管养模式，推进公路养护市场化进程。三是强化农村公路安全保障。大力实施路侧护栏，逐步实现农村公路安保工程全覆盖，及时消除危病桥梁安全隐患，加大“双超”治理力度，保护农村公路建设成果。四是建立完善农村公路质量责任追究制度。将农村公路工程质量和施工安全纳入政府考核目标，实行统一领导、分级负责，并将建设、设计、施工、监理和试验检测等单位纳入质量责任追究范围，落实奖惩。

参考文献

冯磊、彭战：《广元经济社会发展报告（2018）》，社会科学文献出版社，2018。

广元市统计局：《广元市 2014 年国民经济和社会发展统计公报》，《广元日报》2015 年 3 月 1 日。

广元市统计局：《广元市 2015 年国民经济和社会发展统计公报》，http：//stats. cngy.

gov. cn/news/detail/ddabc994 - b0b9 - 4ebd - 9bc4 - 96198886aa56。

广元市统计局：《广元市 2016 年国民经济和社会发展统计公报》，http：//stats. cngy. gov. cn/news/detail/0ba81478 - f8b3 - 4cae - 87e4 - 32d3428a9020。

广元市统计局：《广元市 2017 年国民经济和社会发展统计公报》，http：//stats. cngy. gov. cn/news/detail/ddabc994 - b0b9 - 4ebd - 9bc4 - 96198886aa56。

广元市统计局：《广元市 2018 年国民经济和社会发展统计公报》，《广元日报》2019 年 3 月 16 日。

B.4

广元乡村社会治理发展报告

——以苍溪县元坝镇将军村“一会六员”机制为例

岳大文　王开立　蔡万军*

摘　要： 乡村社会治理是国家行政管理体系的重要基础，是维护基层社会和谐稳定的重要抓手。近年来，在习近平新时代中国特色社会主义思想指引下，广元积极探索乡村社会治理的有益措施，推动构建乡村社会治理新体系机制，防范基层社会风险，着力提升乡村社会治理能力水平。苍溪县元坝镇将军村“一会六员”机制以村民自治为基础，经过不断发展创新，形成了乡村社会治理可复制、可借鉴的样板。本文通过对“一会六员”机制的深入调研和剖析，为广元乡村社会治理未来的着力方向提供指导意见和建议。

关键词： 乡村社会治理　“一会六员”　村民自治　广元市

一　广元乡村社会治理现状分析

近年来，广元坚持因地制宜、务求实效，充分发挥和调动基层群众的主动性、积极性和创造性，在系统治理、依法治理、综合治理、源头治理等方面进行了一系列探索和实践，取得了一些实实在在的成效。

---

* 岳大文、王开立、蔡万军，广元市司法局。

（一）系统治理

在全国率先提出“树立大政法理念，构建大政法工作格局”。“大政法”的主要内容就是坚持在各级党政领导下，在整合政法资源的基础上，有效地把社会各方力量和作用充分发挥和调动起来，协同有序地推进社会治理工作。将社会治理模式从“一元主体”转向“多元共治”、从“依靠行政”转向“社会协同”。通过近几年的实践，“大政法”工作格局在广元基本构建，社会治理工作的着力点由过去以亡羊补牢为主调整为建立未雨绸缪、构建长效机制，把工作措施由过去的“见子打子”调整到现在的谋篇布局上来，把工作机制从过去的各部门各自为政调整到现在善于组织协调上来，社会各界和各级各部门主动成为社会治理工作的参与者、社会稳定的维护者和经济社会健康有序发展的推动者，从而调动各方资源、凝聚各方智慧、体现各方要求，做到系统化、协同化、持续化，从整体上提升社会治理工作科学化水平。在整合各方力量参与社会治理工作的过程中，妇女儿童维权工作“1123 广元模式”最为典型，取得了良好的效果。

（二）依法治理

加快推进依法行政，持续深化“放管服”改革，企业和群众办事提供证明材料减少 32%，出台《重大行政决策程序规定》，严厉查处了一大批危害安全生产、食品药品安全、违法建房等方面的案件。高效推进公正司法，“社区法庭”、基层监察室等做法分别受到省法院、省检察院的高度肯定；未成年人犯罪预防帮教体系建设经验入选全国“未成年人健康成长法治保障”最佳制度创新奖；创新实施四型“民意警务”效果良好；探索推行涉案财物跨部门一站式管理新模式，经验做法得到公安部肯定并推广；全面整治“消极执行、选择性执行、乱执行”，执行案件各项核心指标均居全省前列。深入推进“七五普法”，促进全民学法知法。出台了《广元市完善国家工作人员学法用法制度的实施方案》《广元市关于实行国家机关“谁执法谁普法”普法责任制的实施意见》，深化“法治基层行”活动，开办《法在身

边》电视专栏，开通“广元普法”“两微一端”，精心打造的法治文艺节目在广元组织巡回演出。旺苍县、朝天区被评为第四批“全国法治县（市、区）创建活动先进单位”，广元市被评为全省“六五”普法先进城市，法律进学校“三养”模式被纳入全省教育改革试点，创建全国民主法治示范村（社区）8个，省级法治示范县2个，依法治理工作取得了阶段性成效。

（三）综合治理

各县区部门创造出不少在省内领先的经验。利州区创新社会治理“543”攻坚工程、朝天区矛盾纠纷化解“五式”工作法都受到省市领导高度肯定；剑阁县“五覆盖一畅通”、客运行业“三创新三转变”经验在广元推广；苍溪县推进“2+1”模式构建社会治理新格局和重点工程“三长共管”等工作法受到全社会普遍赞誉，并被媒体广泛宣传报道。务实开展大调解工作，其经验和做法在全省推广；市医疗纠纷人民调解委员会被司法部评为全国模范人民调解委员会。

（四）源头治理

加强网格化服务管理，建成县区监管中心8个，乡镇街道网格化服务管理中心250个，社区（村）网格化服务管理站294个，划分网格2948个，配备专兼职网格员3000余名，网格化服务管理全覆盖。全面推广“五建五强”群众工作法。即加快推进“三大中心”建设，强化乡镇职能转变服务群众；加快推进“六位一体”社区大党委工作格局建设，强化城乡新型社区统筹功能凝聚群众；加快推进“十大”救助制度建设，强化保障托底能力帮扶群众；加快推进“两个互动”格局建设，强化网络问政沟通群众；加快推进“三通四联两倒查”机制建设，强化干部作风转变贴近群众。

（五）典型示范

除上述四个方面外，广元还探索出苍溪县元坝镇将军村“一会六员”

机制、朝天区转斗乡黎明村“边界人民调解联动联调机制”、青川县三锅镇“法治微社区”等众多广元特色做法。其中，“一会六员”机制最具推广价值，其特点可以概括为“三个统筹”，即统筹党建和发展两个目标、统筹治理和服务两项职能、统筹内部和外部两种资源。

二 将军村“一会六员”治理机制分析

（一）发展历程

乡村社会治理要形成一种新的有效机制，必将经过漫长实践，通过不断完善才能达到有效调控和治理的目的。将军村“一会六员”治理机制经过近 30 年的发展，经历三个阶段，由最初的乡贤带动，逐步演变为村民自觉进行自我教育、自我管理、自我约束、自我发展、自我服务的村民自治组织。

1. 第一阶段

20 世纪 90 年代，苍溪县元坝镇将军村乡土文化人陈冶仙为改变人居生态环境，说服三户乡邻率先组织开展净化、绿化、美化人居生态自然环境行动。周边群众自发参与，形成全村群众追求美好幸福生活、实现安居乐业、崇尚和谐文明的群众自觉行动。

2. 第二阶段

2006 年，村容村貌、精神文化生活、产业发展出现大幅改观，为巩固建设成果和持续推进，村民自发组织成立生态庭园文化促进协会，初步形成自我教育、自我管理、自我约束、自我发展的村民民主管理方式。

3. 第三阶段

2013 年，为推动协会转向自我服务，结合幸福美丽新村建设，正式形成以生态庭园文化促进协会为主导，乡村规划管理员、庭园经济发展员、清洁卫生监督员、乡土文化辅导员、乡风民俗引导员、矛盾纠纷调解员共同推进的乡村社会治理“一会六员”村民自治新模式。

（二）组织架构

“一会六员”设会长1人、副会长1人，下设六员（见图1）。协会的最高权力机构是会员代表大会，设理事会，由会长和“六员”组成。

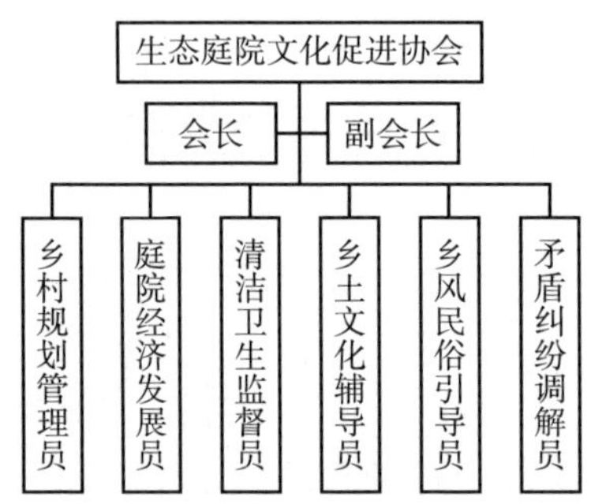

图1　“一会六员”组织架构

资料来源：苍溪县元坝镇人民政府统计资料。

协会实行会员制，由本村籍无职党员、德高望重的老同志、离退休老干部、在外成功人士、回乡创业人员、热心庭园文化建设的群众代表及驻村干部、大学生村官等组成。

（三）运行机制

1. 民主协商

“一会六员”以协会为主导，承担乡村社会治理事务的统筹、协调（见表1）。重大事项提交会员代表大会审议，2/3以上的会员代表出席方能召开代表大会，其决议须经到会会员半数以上表决通过方能生效。协会每届三年。因特殊情况需提前或延期换届的，须由会员代表表决通过，报村党支部批准同意。延期换届最长不超过一年。

2. 运行模式

协会理事会每月召开一次会议，情况特殊的，采用通讯形式召开，主要负责会员代表大会决议的贯彻执行，“六员”根据自身职责落实理事会的工作安排部署（见表2）。

表1　“一会六员”运行服务情况

学习教育	组织会员学习宣传贯彻习近平新时代中国特色社会主义思想和党的十九大精神，弘扬优秀传统文化，引导村民积极践行社会主义核心价值观，逐步提高村民文化素质和文明素质
挖掘传承	挖掘和弘扬本村水泥字画、根雕艺术、花卉园艺、川北剪纸、民间狮舞等特色民间文化，培养民间艺术爱好者和项目传承人
促进发展	协助村党支部开展生态庭园文化规划咨询、建设推进、考察联谊等活动，积极与市场接轨，促进本村文化旅游产业大发展
倡树新风	开展“身边好人”评选活动，对本村助人为乐、见义勇为、诚实守信、敬业奉献、孝老爱亲等方面表现突出的会员予以表扬，引导村民除陋习、树新风，守孝道、知礼仪，淳民风、扬正气
反映诉求	加强与会员的交流联系，畅通村党支部同会员联系沟通的渠道，维护他们的合法权益，反映他们的意见和诉求
建言献策	围绕全村经济发展和社会治理中心工作，积极建言献策，促进村党支部科学决策、民主决策

资料来源：苍溪县元坝镇人民政府统计资料。

表2　“一会六员”工作职责情况

职务	工作职责范围
会长（理事长）	1. 组织引导协会开展工作； 2. 协调监督“六员”的工作； 3. 制定建设规划并组织实施； 4. 定期向村党支部汇报工作
乡风民俗引导员	1. 挖掘本地形成已久的良好生活习俗，结合现代生活元素有机融合推陈出新，使民俗更具乡土气息和现代特色； 2. 引导教育村民破除陈规陋习，培养健康向上的生活习惯； 3. 保护独具川北民居特色的民间建筑； 4. 教育引导村民尊重科学，自觉抵制封建迷信； 5. 培养村民树立尊老爱幼、家庭和睦、邻里团结、社会和谐的新风尚
庭园经济发展员	1. 协助主导产业发展规划并组织实施； 2. 负责村民技术指导和技术培训； 3. 加强对产业科学管理的指导，协助每户建成一个年收入10000元以上的经济园； 4. 及时发布农产品市场行情和供求信息，做好农产品产销服务

续表

职务	工作职责范围
矛盾纠纷调解员	1. 以治安户长、“平安大喇叭”、“十户联防”机制为平台，协助抓好农村社会治安综合治理； 2. 开展农村法治学习宣传教育，让村民知法、尊法、守法、用法； 3. 协助建立矛盾纠纷调解制度，及时对矛盾纠纷进行调解，做到小事不出组、大事不出村； 4. 推动落实矛盾双方当事人回访制度，做到件件有着落，事事有回音； 5. 协助建立矛盾纠纷排查制度，把矛盾纠纷消灭在萌芽状态
清洁卫生监督员	1. 协助制定清洁卫生管护制度； 2. 协助开展清洁卫生检查评比活动； 3. 协助做好垃圾清运和公共区域卫生维护； 4. 培养村民养成人人爱清洁、讲卫生的良好习惯
乡村规划管理员	1. 协助制定村级新农村建设规划； 2. 协助做好建设图纸设计，指导村民按规划、规定建设； 3. 协助监督建设工程质量； 4. 协助做好建设安全防范措施； 5. 协助镇、村做好违章违法建设查处
乡土文化辅导员	1. 组织村民开展形式多样、内容健康、喜闻乐见的民俗文化活动，丰富村民的精神文化生活； 2. 收集、整理、挖掘民族民间优秀文化艺术遗产，建立本村民间艺人档案，组织引导民间艺人创作具有地方乡土特色的文艺作品； 3. 做好本村民间优秀文艺培育和传承，向本村或外来人员传授创作技能，交流创作经验； 4. 做好村图书阅览室、民俗文化活动室的日常管理，引导开展好图书进农家活动

资料来源：苍溪县元坝镇人民政府统计资料。

三　“一会六员”乡村治理模式的推广价值

“一会六员”乡村治理模式，在助推将军村“农业强、农村美、农民富”方面发挥了重要作用，使该村社会治理实现“三保护、三配套、三改变、三丰富”。这种乡村治理模式，为幸福美丽新村建设构筑了“防护网”“防护墙”，在广元具有极其重要的推广价值。《四川日报》《广元日报》等省内外多家媒体转载“一会六员”特色做法，其经验在全省深化改革工作会议上交流，被确定为2015年省依法治理特色创新工作试点村。

（一）带动产业高速发展

带动全村共发展种植猕猴桃400多亩，现已投产300多亩，年产值达100多万元。庭院经济收入高于该镇其他村平均收入6.5%，高于全县平均收入10.3%。乡村旅游快速推进，2015年，被四川省列为乡村旅游精品村寨。2016年，“将军驿”成功创建为国家AA级旅游景区。

（二）传承地方特色文化

传承水泥画、水泥字艺术建成“将军村庭院文化小区”。“龟鹤延年”“福寿和庆”“孔雀展翅”“丹凤朝阳”等精艺根雕作品造诣超绝。“唤马剪纸”非物质文化遗产传承项目融入法治、精神文明建设内容。匾帘文化结合遵纪守法、孝老爱亲等高悬村民房屋中，覆盖率达70%。全村家家建书房、学文化、学绘画、学雕刻、学园林等知识技艺，已成为名副其实的川北艺术特色村。被中宣部、文化部授予“全国服务农民、服务基层文化工作先进集体”，文化带头人陈冶仙被中宣部、文化部授予“全国文化大户”。

（三）助推乡村环境整洁

打造生态庭园，依山傍水、阡陌交通，房前屋后干净整洁、错落有致。2017年，被中宣部策划的“砥砺奋进的五年·绿色发展绿色生活”主题活动宣传报道，被环境保护部命名为“国家级生态村”、被四川省爱卫委会命名为“十佳卫生村”、被四川省建设厅命名为“四川省园林村庄”。

（四）促进社会和谐稳定

制定村规民约三字经，培育乡风文明，开展尊老爱幼、好儿媳、好公婆等道德评选活动……形成了“勤劳、质朴、笃学、尚美”的醇厚民风，多年来刑事案件发生率为“零”。2017年，被四川省命名为首批“四好村”。

被文化部、全国妇联授予“美德在农家”先进村，被中央文明委授予“全国文明村”称号。

四　乡村社会治理及存在的问题分析

（一）农村人口的流失使乡村社会治理主体弱化

以将军村为例（见图2），青壮年人口净流出逐年加剧，这其中包括大量的农村精英，只剩下老人、妇女、儿童以及其他弱势群体。就“一会六员”在职人员的组成来看，年龄普遍偏大（见表3），最高年龄81岁，最小55岁，平均年龄71岁。从长远看，农村人口向城市转移，大量乡村社会治理自治组织面临人才短缺等主体弱化问题，乡村社会治理自治组织面临逐步消失的境地，这也是推动村民自治面临的最大挑战。

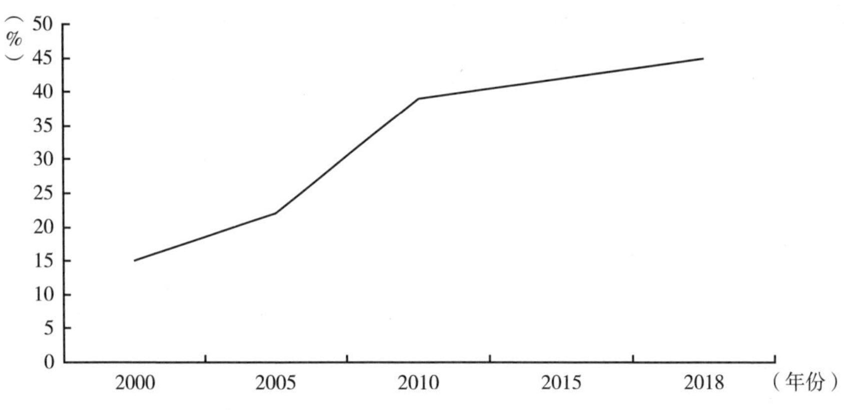

图2　2000～2018年将军村青壮年外出人员流出趋势

资料来源：苍溪县元坝镇人民政府统计资料。

（二）集体经济薄弱使乡村社会治理长效机制面临困境

通过对将军村的调查，“一会六员”在职人员的工作经费采取集体经济自筹、上级补助、社会资助三方面解决，但主要由集体经济给予经费补助

表 3 "一会六员"年龄结构情况（2019 年）

会长	副会长	乡村规划管理员	庭园经济发展员	清洁卫生监督员	乡土文化辅导员	乡风民俗引导员	矛盾纠纷调解员
79 岁	81 岁	64 岁	63 岁	74 岁	79 岁	76 岁	55 岁

资料来源：苍溪县元坝镇人民政府统计资料。

（见表 4），占比高达 70% 左右。2017 年，广元对四个县区的部分村进行了抽样调查，统计显示：有集体企业的村仅占 6% 左右，有招商引资企业的村占 23% 左右，无任何企业的村占 71%，这无疑给乡村社会治理复制"一会六员"治理模式带来困难。

表 4 "一会六员"在职人员 2019 年工作经费补助标准参考

单位：元/年

会长	副会长	乡村规划管理员	庭园经济发展员	清洁卫生监督员	乡土文化辅导员	乡风民俗引导员	矛盾纠纷调解员
2500	2000	1200	1500	1000	1300	1200	1600

资料来源：苍溪县元坝镇人民政府统计数据。

（三）群众精神文化需求与乡村社会治理现状不相适应

从"一会六员"机制的文化建设来看，基层群众的精神文化生活有了较大提升，乡村文化建设日趋完善。但从广元的总体来看，乡村文化建设与新时期乡村社会治理的新要求不相适应。在调研中，一些地方的干部和群众反映，乡村文化建设没有摸准老百姓的喜好，脱离了农村实际。

五 乡村社会治理发展对策与建议

（一）把产业发展作为乡村社会治理的基础保障

1. 发展农业产业

抓牢脱贫攻坚和乡村振兴战略契机，突破惯性思维，科学把握广元各地的地理生态特性，找准区域差别，加强科技指导，因地制宜发展特色种植业和特色养殖业，让村村都有支柱产业、户户都有致富产业，彻底改变农民打工致富的“独木桥”困境。

2. 创新发展思路

变山区劣势为生态优势，大力发展生态农业、体验农业、民俗农业等新兴业态，激活乡村旅游，促进“一三产业”互动发展，培育农村经济新增长点。

3. 注重产品开发

树立农业工业化经营理念，广泛推行“公司＋农户”发展模式，积极引进农产品深加工企业，开发农业产品，延伸和扩大精深加工链条和规模，实现农业工业化发展，带动农民就地演变成农业“产业工人”，致富增收。

（二）把文化建设作为乡村社会治理的重要抓手

1. 加强乡村文化队伍建设

挖掘保护民间艺术人才，发现和培养扎根农村的乡土文化能人和民间文化传承人，特别是广元朝天麻柳刺绣、苍溪唤马剪纸等非物质文化遗产项目代表性传承人。建立乡村文化志愿者队伍，发挥农村退休干部、教师、文艺工作者作用，解决乡村文化建设人员缺乏的问题。

2. 推动乡村特色文化发展

充分利用历史资源、地方习俗特色、优秀传统文化等，加大系统发掘、整理和保护力度，让农村文化充满“地方味”。依托地方民俗文化资源，举办“民俗文化节”等群众性文化活动，传承地方民俗文化、推广民间技艺。

3. 发挥乡村法治文化作用

实践证明，完全依赖法律约束不能达到乡村社会治理的理想状态，唯有文化共识才有约束力。因此，要积极推进乡村法治文化长廊、广场等法治文化阵地建设，常态化开展法治文艺演出活动。重点发挥村规民约（乡规民约）的作用，往往村规民约比民事诉讼效果更明显，既化解了矛盾，又维系了感情。

（三）把信息化建设作为乡村社会治理的着力方向

1. 推行电子村务，提升乡村社会治理服务水平

推进乡村网与政府专网链接，推动惠农政策、惠农资金、惠民项目、基层组织、平安建设等内容全面公开，将地理信息、人口基础信息、农户基础信息等全部纳入信息管理范畴，实现全方位、动态式社会服务进村入户。

2. 加强新技术运用，推进乡村社会治理主体多元化

发挥司法行政部门乡村治理“法律顾问”免费微信工作群作用，推动法律政策、法律服务等及时满足群众需求。发挥文化部门乡村治理网络电视作用，开设农村实用技术信息、在线专家咨询、致富典型案例等频道开展农技推广，引导农民特别是偏远山区农民对接多元信息。发挥政法部门“雪亮工程”“网格化”优势，预防乡村刑事治安犯罪，服务社会民生。

3. 建设电子商务平台，维护基层群众共同利益

乡村社会治理应建立在共同利益的基础上，村民“各种各的地、各干各的活、各吃各的饭”的模式已不能适应新形势下乡村社会治理需要。坚持以贫困村为突破口，发挥第一书记和技术扶贫干部优势，建设农产品销售、一站式缴费等电子商务平台，以村特色生态食品、生态养殖产品为样板，推动农业产品在互联网销售，解决群众难题，维护群众利益。

（四）把党的领导作为乡村社会治理的战斗堡垒

1. 健全制度机制

健全完善新型农村社区、专业合作社、流动人口聚集地等基层建立党组织体系，努力扩大党组织在乡村的覆盖面；特别是注重“两新”组织建党，围绕投入保障不足、联系指导不够、保障激励不好等突出问题，采取配套措施，强力推进乡村“两新”组织党的建设。健全完善乡村党组织联系服务群众“最后一公里”机制，推动落实“五建五强”工作法，把服务触角向

基层延伸，把服务送到群众家门口。

2. 推动职能转型

紧扣功能转型、方式转变，区分农村党组织服务重点，科学制定乡村服务型党组织标准，明确功能定位，配套组织职责。强化示范带动转型，在乡村服务集中区、产业园区、乡村旅游环线等建设一批基层服务型党组织示范带和示范点，辐射带动广元基层服务型党组织建设，发挥党组织在乡村社会治理中的战斗堡垒作用。

3. 强化队伍建设

采取“六个一批”选拔使用、“六有六不”预警甄别等办法，选优配强村（社区）党组织书记，组织开展全覆盖培训，落实机关干部“一对一”帮带培养，促进党员干部人才重心到基层。组织开展志愿服务等活动，帮助解决村民实际困难，加强对贫困人口、低保对象、留守儿童和妇女、老年人、特困人员等人群的关心关爱和服务，引导基层群众自觉听党话、感党恩、跟党走。

（五）乡村社会治理趋势与主要方向

1. 坚持乡村社会治理主体由政府主导和社会共同参与同步

政府在乡村社会治理中应发挥好引导作用，始终不能越位、错位和缺位。在涉及民生、社会公平以及社会安全与稳定的领域，政府要起主导作用，积极行使政府职能，提升政府公信力。同时发挥社会组织作用，支持和鼓励社会各方面参与，整合社会治理资源，推动建立政府行政功能同社会自治功能互补、政府管理力量与社会调解力量互动、政府调控机制同社会协同机制互联的乡村社会协同治理机制，拓宽公众参与渠道、创造公众参与条件，把广大乡村人民群众有效组织动员起来，形成乡村社会治理人人参与的局面。

2. 坚持乡村社会治理方式以法治保障为主

大力推进“法律进乡村”，加强基层宪法法律宣传教育，弘扬法治精神，使乡村群众人人成为自觉学法、尊法、守法、用法的践行者。强化依法治理理念，努力在乡村形成办事依法、遇事找法、解决问题用法、化解矛盾靠法的良好法治环境，推动用法治思维和法治方式治理乡村社会。严格要求各级党委依法执政、各级政府依法行政、各级执法、司法机关严格执法、公正司法，对危害乡村群众利益的各种刑事犯罪严厉打击，让法治固根本、稳预期、利长远的保障作用在乡村社会治理中得到具体体现和运用。

3. 坚持乡村社会治理多种手段综合运用

通过规范社会行为，加快建立和完善行为规范体系，修改完善村规民约（居民公约），把乡村群众的个人行为纳入共同遵守的行为准则轨道，形成既有统一意志、又有个人思想表达，既维护社会公共权益、又尊重个人合法权益的和谐乡村社会环境，形成他律、互律、自律互补。通过调节利益关系，平等沟通、对话、协商解决乡村社会治理问题，利用基层人民调解委员会职能，发挥人民调解员化解社会矛盾的作用，解决乡村社会不同利益主体之间的利益冲突；建立有效的利益协调机制，更好地调节和保护乡村群众和各方面的利益。通过强化道德约束，运用道德的软力量，使乡村社会治理自治、法治、德治三治有机融合，运用评述道德好人、传承家风家训、表彰道德模范等活动形式，发挥道德力量的示范和引导作用。

4. 坚持乡村社会治理向源头治理前移

把改善民生、守住基本民生底线作为一项基础性任务，更加重视乡村社会治理中民生和制度建设，更多地把乡村社会治理工作重心从治标转向治本、从事后临时处置转向源头治理。着力提高乡村群众收入，缩小收入和分配差距，使乡村群众实际收入增长和经济增长同步。着力提高社会保障的质量和层次，将更加公平可持续的乡村社会保障制度和财政投入制度充分运用到乡村社会治理中，为乡村群众的住房、社保、就业、养老服务提供可靠保障。着力提高公共服务均等化水平，把医药卫生领域、教育领域等的综合改革成果重点向农村和贫困地区倾斜，让乡村群众更公平、更直接地享受到社会公共服务。

参考文献

中共中央办公厅、国务院办公厅：《关于加强和改进乡村治理的指导意见》，新华社，2019 年 6 月 23 日。

张国庆：《发挥文化在乡村治理中的重要作用》，《农民日报》2018 年 10 月 08 日。

李宽：《农村社会治理的形势转变及未来趋向》，《学习时报》2017 年 9 月 25 日。

卢福营、王子豪《把握农村基层治理新趋向》，《中国社会科学报》2019 年 4 月 18 日。

B.5

广元文旅经济发展分析报告（2018）

赵泽中　仲　斌　郭志耀*

摘　要： 2018 年，广元文旅产业规模不断扩大，项目投资持续增加，公共服务日益完善，品牌影响大幅提升，文旅经济持续向好、健康发展，但也还存在着经济规模偏小、发展不平衡，创意能力较弱、精品力作不多，产品附加值低、高端产品业态不足，政府投入多、社会参与不够，营销方式传统、品牌影响较小等问题。面对四川省大力发展文旅经济的重大机遇，建议 2019 年重点做好加快文旅重大项目建设、提升文旅产品开发水平、推动优秀文化保护传承、增强文旅公共服务效能、加大文旅品牌宣传推广、强化文旅产业发展保障等方面工作，推动文旅经济转型升级、高质量发展。

关键词： 文旅经济　高质量发展　广元市

2018 年，广元坚持“生态立市、工业强市、文旅兴市、融合发展”总体思路，以建设川陕甘结合部区域性文化中心和中国生态康养旅游名市为目标，突出项目投资、产业发展、文化遗产保护、公共服务、宣传推广等重点工作，实现了文旅经济持续健康发展。

* 赵泽中、仲斌、郭志耀，广元市文化广播电视和旅游局。

一　广元文旅经济发展现状

（一）产业发展稳步提升

2018 年，广元接待游客 5028.86 万人次，实现旅游总收入 419.53 亿元，分别增长 11.39%、25.4%，过夜游客增长 22.7%，游客人均花费 834 元。广元旅游产业增加值 64.72 亿元，占广元 GDP 总量的 8.1%，接待游客和旅游总收入均居全省第 7 位，川东北经济区第 2 位。培育文化产业法人单位 1736 家，其中规模以上企业 22 家，文化产业总体增长 32 亿元，占 GDP 4% 左右（见表 1、表 2）。

表 1　广元近三年旅游接待人次和总收入情况

单位：万人次、亿元

项目	2016 年	2017 年	2018 年
接待人次	3792.07	4514.47	5028.86
总收入	264.22	334.56	419.53

资料来源：广元市国民经济和社会发展统计公报。

表 2　广元近三年文化产业增加值占广元 GDP 总量比重情况

单位：亿元、%

项目	2016 年	2017 年	2018 年
文化产业增加值	26.49	29.4	32
占广元 GDP 总量比重	4.01	4.02	4

资料来源：广元市统计局统计资料，2018 年为预测数据。

（二）项目投资持续增加

坚持“大项目促大发展”思路，紧盯行业领军企业、产业龙头企业招大引强，新签约新华联曾家山国际旅游度假区、玉龙湾生态康养小镇、凤凰小镇项目等一批重大项目，广元共招引30个文旅项目、签约资金441.36亿元。大蜀道剑门关旅游区、康养示范产业园等一批在建招商项目加快建设，广元54个在建招商引资项目年度完成投资45.25亿元。共争取国家、省文化旅游专项资金8807.1万元，千佛崖摩崖造像保护利用设施、苍溪县黄猫垭战役遗址、青川全域旅游示范区创建等项目完成建设（见表3）。

表3　广元近三年来旅游招商引资和项目投资情况

单位：亿元

	2016年	2017年	2018年
签约项目金额	353.57	440	441.36
在建项目完成投资	52.85	61.27	71.36

资料来源：广元市文化广播电视和旅游局统计资料。

（三）艺术创作百花齐放

围绕党的十九大、改革开放40周年等重大主题，创作了《奔跑吧！蜀道》《乡路》等40余首歌曲，《温暖》《站训之光》等50余个舞蹈，《我爱你中国》《致富明灯》等20余个戏曲曲艺作品，《遗韵摩崖造像系列组画》《扶贫路上》等美术书法作品60件。公益广告《我是第一书记》等50余件作品在国家、省级媒介发表或展演，《四川盘子》《康养曾家山》等10件作品获省级以上奖项，《古道情思》等2件作品获四川省“群星奖”，微电影《云绣月坝》荣获第三届美丽乡村国际微电影艺术节最佳故事片奖，杂技《轮滑》登上2018央视春晚。

（四）公共服务不断改善

市县乡村四级公共文化服务体系实现网格化管理，广元“五馆一站”常态化免费开放，全年服务180万余人次。评定3个国家一级图书馆、3个二级图书馆、1个三级图书馆（见表4）。5个县区（乡镇）被命名为全省民间文化艺术之乡，朝天区入选中国民间文化艺术之乡。完成广元公共文化服务数字平台建设。广元公共文化服务标准化率达75%以上。开展“市民大舞台”“书香广元”等群众公共文化活动，共举办1100余场次“百千万”文化活动，放映31769场农村公益电影。完成杭州航线加密，全年共起降2634架次航班，服务旅客25万人次。新增旅行社及分设4家，服务网点9个。新建33座、改建22座旅游厕所。

表4　广元公共文化服务设施及设备情况

单位：个、万册

	广元	市级	苍溪	旺苍	剑阁	青川	利州	昭化	朝天	经开区
公共图书馆数	8	1	1	1	1	1	1	1	1	
文化馆	8	1	1	1	1	1	1	1	1	
博物馆数	8	1		1		2	1	1	2	
美术馆	4	1		1	1	1				
剧场、影剧院数	35		4	2	13	2	10	2	2	
乡镇综合文化站	230		39	35	57	36	9	28	25	1
村（社区）综合文化服务中心	1672		419	97	375	229	69	216	221	46
公共图书馆藏书	151.7	25.5	19.2	26.5	23	29.3	4.6	10	13.6	

资料来源：广元市文化广播电视和旅游局统计资料。

（五）遗产保护有序推进

10处文保单位成功申报为省级重点文物保护单位，10处文保单位成功入选国家级重点文物保护单位名录。编制完成广元革命文物保护名录。扎实推进武则天名人传承创新工程，联合川师大发起成立了四川省武则天研究会和四川省武则天研究中心，武则天名人文化主题街区凤街项目主体完工。完成第五批省级非遗项目申报及第五批市级非遗代表性传承人评审命名，新增3项省级非遗项目，2名非遗传承人入选国家级传承人名单，麻柳刺绣入选首批国家传统工艺振兴目录。

（六）品牌建设再添成绩

印发《广元市创建国家全域旅游示范区工作方案》，全面启动创建国家全域旅游示范区。推进旅游景区品牌化建设，青川白龙湖、苍溪三溪口建成省级生态旅游示范区，朝天岭上荷塘，青川竹溪谷，旺苍南阳山，昭化红军山、桃博园等6个景区建成国家3A级旅游景区。评选命名第二批4家市级文化产业示范园区（基地）、21家市级龙头企业、30家市级培育企业。积极推动剑阁县、青川县、朝天区等县区建设天府旅游名县。

（七）文化扶贫成效明显

建成232个贫困村文化室、15个乡村学校少年宫、18个贫困村阅报栏，实现贫困村广播“村村响”、1.99万户贫困户电视“户户通”、体育健身设施全覆盖，建设完成率100%。组织739场贫困村送文化下乡活动，放映8868场公益电影，补充更新2425个农家书屋图书。朝天区创建为省级旅游扶贫示范区，新建12个省级旅游扶贫示范村和77家乡村民宿达标户。

（八）宣传营销创新突破

高质量完成省第十三届运动会开幕式文艺表演的组织策划和演出工作。荣获央视2018《魅力中国城》“魅力城市”称号，唐家河入选“年度魅力生态景区”榜单，纪录片《大蜀道》、广元旅游形象片在央视播出，以广元美食美景为主题的网络剧《吃货拯救世界》引起较大反响。《四川广元：倾力打造中国生态康养旅游名市》等10余篇新闻报道在《中国旅游报》《四川日报》等媒体刊载。在杭州、台州、丽水三个东西部扶贫协作市开展主题营销活动，推广广元疗休养特色文旅产品。

二　存在的主要问题

（一）经济规模偏小，发展不平衡

接待游客数量和旅游总收入仍居全省中游，经济规模总量较小，在广元经济中支柱产业作用不明显。各县区发展不均衡，接待人次和旅游总收入均存在较大差距（见表5）。广元旅游景区中，剑门关景区一家独大，门票收入超过所有其他售门票景区票款总量（见表6）。文化产业规模以上企业数量不足，发展增速不大。城乡之间和区域之间文化公共服务设施分布不平衡、不均等，旅游集散服务体系不完善，文旅公共服务效能不足。

表5　各县区旅游接待人次和总收入

单位：万人次、亿元

	苍溪	旺苍	剑阁	青川	利州	昭化	朝天
接待人次	688.05	315.4	891.2	467.56	1522	691.2	453.45
总收入	46.06	29.81	110.5	36.6	97.51	48.55	50.5

资料来源：广元市文化广播电视和旅游局提供。

表6　广元售票旅游景区接待人次及门票收入

单位：万人次、万元

景区	接待人次	门票收入
剑门关	387.33	21568.39
昭化古城	542.61	1035.9
天曌山	118.45	807.52
皇泽寺	13	572.32
千佛崖	10.2	376.11
明月峡	163.84	2464.28
唐家河	95.2	793.3
东河口地震遗址公园	105.2	260
鼓城山－七里峡	52.18	283.12
曾家山	228.59	1550.85
龙门阁	100.25	1010.5
梨博园	64.63	423.16
水磨沟	81.98	219.14
柏林古镇	66.3	90.3

资料来源：广元市文化广播电视和旅游局统计资料。

（二）市场主体弱小，社会参与不够

项目投资规模普遍较小，重大项目建设进度总体缓慢。招商项目和投资项目多以资源开发和基础设施类项目为主，结构不合理。缺少行业龙头企业，骨干企业规模较小，快速推动产业转型升级能力有限，带动作用严重不足。民营企业、小规模企业投资意愿不强烈，创新创造能力弱。产业投融资模式较单一，企业投融资渠道较少。

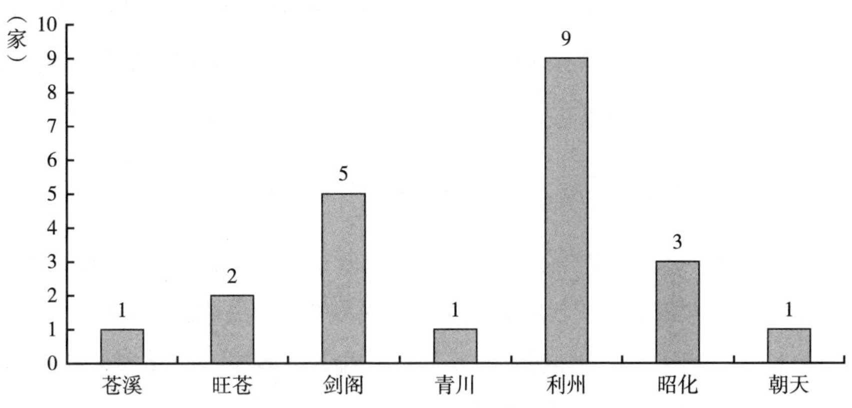

图1　规模以上文化产业单位情况

资料来源：广元市文化广播电视和旅游局统计资料。

（三）产品附加值低，产业要素不全

旅游产品仍以观光型为主，休闲游、体验游、自助游、深度游等类型产品较少。住宿、餐饮、娱乐等产业发展质效仍有待提高。文化旅游与一、二、三产业融合力度依旧不够，旅游产品新业态、新技术应用少、无特色，新业态、新产品不足，游客参与性、体验性不强。“月光经济”发展弱，缺少代表性了文化旅游休闲街区和夜间消费项目。

（四）创作能力较弱，精品力作不多

文化资源挖掘利用不够，缺少系统的文化研究，没有标志性的文化符号。专业艺术创作人员较少，缺少高等级专业技术人才。文化艺术创作门类较单一，集中在歌舞、书画、摄影等方面，戏剧、电影、电视、曲艺等方面创作较少。缺少反映广元优秀传统文化和现代经济社会发展的代表性作品。

（五）营销方式传统，品牌影响较小

核心品牌市场影响力不大，市场辐射仍集中在周边省市，远程游客和入境游客较少。来自周边近程市场的游客占全部自驾游游客的80%以上。资金投入有限，与高端媒体、平台合作少，宣传营销活动分散，目标不聚焦、效果不明显。运用新媒体、新技术不多，多以推介会、资料发送等方式，游客参与较少、吸引力不足。

（六）保障措施不足，引导政策较少

缺少产业发展扶持政策、专项招商引资政策，对社会资本参与产业发展缺乏引导。社会资金参与产业发展的途径较为单一。人才总量偏少，结构不优。专业人才有限，平均学历水平不高，高端人才较少。广元229名导游员中仅有35人具有中、高级导游员资格，仅占15.28%。基层文旅工作人员配备不足，工作能力亟待提升。

三　对策建议

（一）推动文旅经济整体发展

加快推动“一核一极两带四区五廊”文化旅游产业布局，打造五大文化旅游目的地。建设大蜀道文化旅游目的地。提升蜀道精品景区、沿线城镇、特色村落遗产保护和利用水平，建设核心展示区、展示带和特色展示点，建成国内外知名自然文化遗产旅游目的地。建设武则天文化旅游目的地。推动武则天名人文化与城市建设、文旅产业有机融合，建成国内知名名人文化旅游目的地。建设秦巴山地生态康养旅游目的地。推进生态、康养、

山地、冰雪、温泉等文旅资源内涵共融，促进唐家河、米仓山、曾家山景区之间以及周边景区的联动发展，建成国内生态康养旅游、山地冰雪运动的重要旅游目的地。建设嘉陵江山水人文旅游目的地。依托嘉陵江流域厚重的历史文化和优美的自然生态，建设沿岸特色文化旅游城镇和精品景区，建成宜居宜游、“产城港”融合发展、江河湖聚合的滨水休闲旅游度假示范区。建设川陕苏区红色文化旅游目的地。深入挖掘红军精神、抗震救灾精神和东西部扶贫协作等红色文化内涵，加强红色革命遗址遗迹保护，创新红色文化表现形式，建成红色文化深度体验旅游目的地和国内知名乡村旅游目的地。

（二）加快文旅重大项目建设

向规划要项目、向产业要项目、向市场要项目，围绕新业态新产品、旅游餐饮住宿、文游商品开发等产业发展短板和重点，精心包装储备一批文化旅游重点项目，建立了种类全面、周期合理、效益可期的产业招商引资项目库。通过“请进来”、“走出去”和网上招商、以商招商等多种方式，瞄准重点地区、重点平台、重点企业，加大招商引资力度。加快剑门蜀道文化旅游度假区、武则天文化旅游度假区、曾家山国家级旅游度假区、米仓山大峡谷国家5A级旅游景区、大熊猫旅游度假区等引领性项目建设，充分发挥重大项目的拉动作用，形成新的文旅产业热点和文旅经济增长点。持续推动广元文旅重点项目建设，加快大蜀道剑门关旅游区、昭化古城旅游度假区、黑石坡森林康养旅游度假区、智慧旅游综合体等重大文旅项目建设进度，实现新华联曾家山国际旅游度假区、宝龙山森林康养小镇等项目开工建设。落实“四个一”项目工作机制，强化重点项目督查考核，每月通报项目进度，每季度调查研究问题，切实加快项目进度。

（三）培育文旅产业市场主体

坚持把文旅经济高质量发展与文化传承创新、生态文明建设、乡村振兴、新型城镇化和县域经济发展相结合，建成一批天府旅游名县，形成县域文旅经济竞相发展的浓厚氛围。挖掘提升特色文化内涵，提升文化旅游配套服务，引导培育文化旅游业态，打造一批文化主题鲜明、宜居宜业宜游的文旅特色小镇。提升国家A级旅游景区、旅游度假区、生态旅游示范区建设管理服务水平。挖掘景区文化内涵，创新策划一批符合游客消费需求的参与性文旅体验项目，整体提升旅游景区的吸引力、竞争力。培育一批以文化旅游业为统筹、产业融合特征明显、对区域文化旅游发展具有示范带动作用的新型产业园区。大力培育文旅龙头企业，支持市文旅集团、市交旅集团等企业，通过资源整合、技术创新、兼并重组等方式，打造集团化、规模化、品牌化的大型现代文旅集团。推动文化旅游资产实现管理权、经营权分离，培育一批文化旅游产业优秀骨干企业。引进国内知名文旅企业参与资源开发和品牌运营。加大对民营和中小微文旅企业支持力度，培育一批有影响力的艺术团体。

（四）提升文旅融合发展水平

做大做强医疗康养、文化装备生产、广告会展等优势产业，加快推动广播影视、印刷复制等传统产业转型升级，积极扶持文博非遗、体育赛事、创意设计、游戏动漫、超高清视频、音乐等潜力产业，推动发展数字产业。推进“文化+”“旅游+”融合创新发展。结合“6+7”特色农业产业发展，建设一批农旅文融合产业园区，打造“美丽田园十乡百景”。推动农家乐向精品民宿、乡村酒店转型升级，建设一批美丽休闲乡村、农业公园、森林公园、水利风景区、乡村文旅示范村。推动109厂、三堆821生活区、荣山矿山工业遗址、东河印制公司旧址等工业遗址保护利用，开发工业文化旅游产品。大力支持户外运动装备、康养智能化穿戴设备、康复医疗器械、智慧旅游、通用航空等旅游装备、用品制造。培育“广元造”文化旅游商品品牌。培育“女皇味道”特色餐饮品牌。推动品牌酒店、星级旅游饭店建设，打造高品质主题文化酒店。建设一批环境优美、个性鲜明、业态丰富的文化旅游街区。发展“月光经济”，开发特色夜游、休闲娱乐、灯光秀、旅游演艺等产品，打造文化旅游演艺品牌。

（五）加强优秀文化保护利用

建设文物保护利用示范区、文物旅游融合发展示范区和川陕苏区革命文物保护利用示范区。抓好文物平安工程，市级以上文物保护单位“四有”工作实现100%。实施博物馆提升行动，加强博物馆陈列展览、社会教育、文创开发等工作。推动非物质文化遗产保护传承，开展非遗“五进”活动，加快非遗传统工艺振兴。开展武则天名人文化研究，丰富武则天名人文化内涵。推动武则天名人文化与城市规划建设有机融合。优化提升皇泽寺博物馆，丰富展陈方式，提升展陈效果。推出武则天名人文化主题演艺，建设影视创作基地、研学旅游示范基地，推广女皇故里传奇之旅精品旅游线路，扩大武则天名人文化影响。实施文艺精品创作、文艺精品数字化、优秀戏剧传承等项目，优先扶持反映广元地方特色以及具有示范性、导向性、影响力的文艺作品创作生产。做好《中国作家》剑门关文学奖、广元市优秀精神文化产品奖评奖工作。支持一批文旅融合文艺精品项目，在旅游景区开展文艺表演、民俗娱乐项目，打通文艺创作、生产、展演、消费的中间环节，搭建优秀作品多元化传播展示平台。

（六）加大文旅品牌宣传推广

大力实施广元文旅宣传营销推广计划，围绕周边省会城市、高铁沿线城市、通航城市等重点客源市场开展宣传推广活动，开拓京津冀、长三角、珠三角等远程客源市场，培育港澳台、韩日、欧美等地区和国际市场。发挥大蜀道旅游联盟、川东北片区旅游合作、嘉陵江流域文化旅游合作、川陕甘渝黔晋蒙文化“百馆联动”等文化旅游交流合作机制作用，实现资源共享、市场互推、共同发展。力争把大蜀道文化旅游节和广元女儿节上升为省级节会。创新节会举办方式，提升节会文化内涵，丰富节会活动内容，打造节会特色品牌。把大蜀道文化旅游节和广元女儿节办成彰显蜀道三国文化、武则天名人文化和旅游大融合、大提升、大发展的重要平台。支持各县区举办文化旅游节会活动，开展山地马拉松、攀岩、垂钓、自行车、赛艇等山地水上体育赛事。结合资源项目推介、文化旅游商品展销、特色美食品鉴，丰富节会内容和文化内涵。建立广元多层次、全产业链的文化旅游地方特色节会品牌体系。运用互联网等新兴媒体，打造全方位立体化营销矩阵。

（七）增强文旅公共服务效能

实施市县公共文化设施标准化建设工程，市有“五馆一院”，县有“四馆”，乡镇（街道）、村（社区）有综合性文化服务中心。实施公共文化服务效能提升工程，加强数字文化建设，发展“互联网+公共文化服务”，推进县级文化馆、图书馆总分馆制，建设一批省级现代公共文化服务体系示范县。加快广元旅游目的地运营项目建设，提升旅游信息化、智能化水平。建成市、县、景区三级旅游集散服务体系，建立健全交通枢纽、城镇、景区之间的接驳服务体系。推进交通标识和旅游引导标识一体化配置。持续开展旅游厕所革命。持续实施文化馆、图书馆、博物馆、美术馆、爱国主义教育基地等错时延时开放。推动重点国有景区逐步降低门票价格，设置景区免费开放日。加大“剑门关旅游卡”发行力度。严格落实景区门票减免、优惠政策，加强对老年人、残疾人等特殊群体的文化旅游服务。畅通旅游志愿者参与渠道，加强对文化旅游志愿者队伍培训管理。开展文明旅游宣传教育，树立“处处都是旅游环境、人人都是旅游形象”的理念。

（八）完善产业发展保障体系

充分发挥市文化和旅游产业领导小组职能，市级相关部门分工负责、协同推进，形成党政统筹、齐抓共管的文旅工作新格局。把文化和旅游发展作为各县区、市级相关部门绩效目标考核的重要内容，作为领导班子和干部实绩考核的重要依据。依法落实国家、省有关支持文化和旅游发展的税收、土地和水电气等优惠政策。支持通过政府和社会资本合作、投资补助、贷款贴息、政府购买服务等方式，引导各类资金参与投资文化旅游领域。建立市文化旅游专家委员会，大力发展文化和旅游职业教育，实施好高层次文旅人才公开引进招聘计划、乡村文化能人支持计划、基层业务骨干轮训计划。推进文旅市场信用体系建设，加强对新业态新主体新群体的引导、服务和管理。全面落实安全责任制，确保意识形态、自然生态、文物保护等重点领域安全。畅通文化旅游投诉处理和服务质量监督渠道。强化交通、食品、卫生等重点领域联合执法。强化“放管服”改革，加快推进政务服务“网上办”，打造平等竞争市场环境，依法保障市场主体和企业家合法权益。

参考文献

广元市统计局：《2018 年广元市国民经济和社会发展统计公报》，《广元日报》2019 年 3 月 16 日。

中共四川省委、四川省人民政府：《关于大力发展文旅经济加快建设文化强省旅游强省的意见》，《四川日报》2019 年 4 月 30 日。

B.6

建设生态康养旅游名市加快构建区域中心城市研究报告

汪 明 姜友凯 陈永胜 李 赟*

摘 要： 广元作为秦巴山区城市，具有生态环境优良、交通区位优越、文旅资源富集、医护设施完备等比较优势，这既是建设生态康养旅游名市的客观前提，也是加快建设川陕甘结合部区域中心城市的基础条件。要把“生态立市”发展理念摆在首要位置，充分发挥自身的比较优势和资源禀赋，转变发展思路、补齐发展短板、加快创新转型，推动生态资源、医养资源、文化资源有机融合和有序组合，注重污染防治与生态保护相结合，科学推动建设生态康养旅游名市，以生态优势发展康养旅游新业态、引领休闲养生新模式，有效夯实产业基础、集聚发展动力、强化物质保障、增强吸附能力，推动实现构建区域中心城市目标。

关键词： 生态康养旅游 区域中心城市 广元市

新时代谋求追赶超越、后发赶超，广元做出推进绿色发展实现绿色崛起建设中国生态康养旅游名市的决定，是加快建设川陕甘结合部区域中心城市

* 汪明、姜友凯、陈永胜、李赟，中共广元市委政策研究室。

的最佳路径和现实选择。这一发展路径符合广元实际、具有广元特色、凸显广元优势，突出生态康养旅游名市建设的中心地位，在改革开放的新征程中推动广元实现转型发展、创新发展、跨越发展，助力加快建设川陕甘结合部区域中心城市。

一 建设生态康养旅游名市是对广元发展历程的准确把脉

自 1985 年建市以来，历届广元市委、市政府都在为推动广元经济社会发展不懈努力，做出了一系列战略谋划和部署安排。回顾广元建市以来发展战略思路的演变轨迹，以对生态发展理念的把握为主线，深入分析当前广元提出建设生态康养旅游名市的历史脉络。总体上划分为三个阶段。

（一）以商兴市阶段（1985～2000年）

广元地处川陕甘结合部、历史形成了具有生产生活物资集中疏散中心的地域特点，为充分发挥地理环境区位优势，广元以发展商贸为突破口，于 1986 年提出了“以商兴市”发展战略，每年“女儿节”搭建“秋交会”平台，邀请各地客商来广元做生意、搞贸易。1991 年提出“科技兴市”发展战略，坚定不移地把教育与科技放在首要发展地位；1992 年提出“小人字形”发展构想，以期实现小城镇建设辐射带动南北两翼发展；1994 年学习借鉴山东、浙江两省发展先进做法，提出了“3333110”发展战略，进一步推动社会经济全面发展。这一阶段，广元的发展战略虽一直在不断调整，但从总体来看，是以发展商贸基础经济为主，发展理念尚未触及生态建设发展层面，还处于生态文明建设探索阶段。

（二）生态保护阶段（2000～2012年）

2000 年，广元市第四次党代会提出把广元建成川陕甘毗邻地区的经济强市、山水园林型大城市、区域商贸流通中心和旅游中转中心的目标。大会按照地理特征将市域版图划分为“中部走廊、南部丘陵、北部山区”三个经济区，并特别提出把北部山区建成嘉陵江上游生态屏障。这是广元首次把生态保护和绿色发展理念纳入市委重要决策部署当中。2002 年提出加快生态环境建设，重点推进退耕还林工程，把广元建成生态市和嘉陵江上游生态屏障。2008 年“5·12”特大地震灾后重建中，广元率先提出低碳重建、低碳发展的战略构想，积极构建以天然气为主的清洁低碳能源体系。2010 年广元市荣获“全国首批低碳发展突出贡献城市”称号。这一阶段，广元发展战略思路初步提及低碳发展和生态环境建设，将污染防治和生态保护有机结合，着力构建生态保护与经济发展的共赢格局，步入生态文明建设初级阶段。

（三）生态立市阶段（2012年以来）

2012 年，党的十八大做出了包含生态文明建设在内的“五位一体”总体布局。中共广元市委六届七次全会紧紧围绕中央战略部署，把“生态立市”摆在广元总体发展思路的第一位，对广元发展战略具有里程碑重要意义。2014 年，中共广元市委六届八次全会做出全面深化改革安排部署，统筹推进环境保护与经济发展相结合，深化生态文明体制改革，形成人与自然和谐发展新格局。2016 年，中共广元市委七届二次全会做出推进绿色发展实现绿色崛起建设中国生态康养旅游名市的决定，这是推动广元跨越发展的全新发展思路。这一阶段，广元更加突出对生态资源的开发利用，变生态资源优势为发展优势，生态发展实现了由量的积累到质的跨越，进阶到生态文明建设高级阶段。

回顾广元生态发展思路的历程变化，从建市初期主要以区位优势发展商贸物流经济，到注重污染防治和生态环境保护，再到利用特有的优势资源发展生态康养旅游，从最初的“以商兴市”发展到“生态立市”，广元在推动经济社会更好发展的历史实践中不断探索与创新，生态文明建设发展理念逐步深化，战略思路和发展理念更加科学合理。广元做出建设生态康养旅游名市的正确判断，是新常态下经济社会高质量发展的必然要求，更是广元加快建设川陕甘结合部区域中心城市的现实选择。

二　建设生态康养旅游名市对构建区域中心城市的重要意义

《川陕革命老区振兴规划》提出要把广元建成川陕甘结合部区域中心城市，支持广元合理确定中心城市功能定位，推动产城融合发展。2018 年，四川省委十一届三次全会提出，支持广元打造川陕甘结合部区域中心城市和北向东出桥头堡，要构建“一干多支、五区协同”发展新格局。广元市第七次党代会、市委七届六次、七次全会对建设川陕甘结合部区域中心城市做出了具体安排部署，并将此作为今后一个时期的奋斗主题。广元要增强建设生态康养旅游名市的发展自觉和战略自信，突出历史文化、自然生态、地理区位等优势资源，加快建设川陕甘结合部区域中心城市。

（一）建设生态康养旅游名市与构建区域中心城市相辅相成

广元市委在准确把握现发展阶段特征和比较优势的基础上，做出了建设中国生态康养旅游名市和建设川陕甘结合部区域中心城市的决定，有其理论合理性和实践可行性，两者之间是相互促进、相辅相成的。

1. 建设生态康养旅游名市是构建区域中心城市的重要载体

围绕构建区域中心城市战略定位，广元谋划提出“一枢纽、一名市、三基地、两中心”的发展规划。在发展规划的四个方面内容中，建设生态康养旅游名市是重中之重，对其他三方面内容起到统筹引领作用。发展生态康养旅游产业，是对传统观光旅游模式的优化与创新，在破解单一“门票经济”困境的同时，拓展旅游消费空间，有效带动经济活力增强、人流物流集聚、产业转型升级。建设生态康养旅游名市，对提升城市吸附能力、扩大城市人口规模、增强产业承载能力、增加经济总量有极大的带动作用，将有效支撑广元建设川陕甘结合部区域中心城市战略目标。

2. 构建区域中心城市是建设生态康养旅游名市的战略引导

国家和省委从战略全局的高度出发，给广元未来发展的准确定位是加快

建设川陕甘结合部区域中心城市。要准确把握这一战略定位，广元必须找准在川陕甘结合部这个区域空间范围内的优势所在。与汉中、绵阳、南充等毗邻地区以及成都、重庆、西安、兰州等省会城市相比，广元的优势不在人口规模、经济总量、财政收入等方面，而在于优良生态环境、综合交通枢纽、富集文旅资源、完善医疗服务和现代化城市建设等方面。这些优势代表了广元发展的软实力，是构建区域中心城市的基础前提。所以，利用广元自身比较优势来推动建设区域中心城市，这是从全局战略的高度引领建设生态康养旅游名市，确保生态康养旅游成为城市形象的新名片、广元发展的新引擎。

3. 建设生态康养旅游名市与构建区域中心城市相互促进

建设区域中心城市是广元今后较长时期经济社会发展的战略谋划和奋斗主题，建设生态康养旅游名市就应该着眼实现此目标做出战术上的具体安排。从某种意义上讲，建设生态康养旅游名市的过程，也是建设区域中心城市的过程，建成了生态康养旅游名市，意味着建设区域中心城市的大部分目标任务也将实现，两者在时间和空间上同向而行、同步前进，必将共同推动治蜀兴川广元实践迈上新台阶。

（二）建设生态康养旅游名市对构建区域中心城市的积极影响

1. 有利于夯实区域中心城市的经济基础

一个地区经济基础的好坏，主要体现为产业发展水平的高低。广元虽然已经形成了“二三一”产业结构，但工业化率较低，难以有效支撑经济的稳定增长，夯实经济基础的关键还在于第三产业。培育发展生态康养旅游产业是一项系统工程，不仅有旅游业与工业、农业、医疗、文化等的横向融合，还有旅游基础设施、集散服务、产品推广、品牌营销等产业链的垂直整合。建设生态康养旅游名市，是广元培育新兴产业、实现产业转型升级的重要选择。作为新兴先导型服务业，市场前景广阔，产业联动强劲，必将推动广元现有产业集约、集聚、高效发展，提升整体经济发展水平。

2. 有利于强化区域中心城市的物质保证

城市基础设施建设是经济社会正常运行的基础，对构建区域中心城市具有重要作用。建设生态康养旅游名市，要以创建康养旅游示范基地为目标，从旅游产业“吃住行游购娱商养学闲情奇”等要素着手，全面补齐生态康养旅游产业基础配套设施短板，构建康养旅游核心区与康养旅游依托区联动发展格局，为产业发展提供前提条件。而建筑风貌、业态布局、道路交通和公共设施等配套基础设施建设，将为教育医疗、休闲旅游、信息服务、社区生活等公共服务体系提供有力保障，大力提升广元城市建设现代化水平，为建设区域中心城市提供坚实的物质基础。

3. 有利于增强区域中心城市的吸附能力

广元的自然生态、交通区位在吸引生产要素方面具有一定的天然优势，推动各要素加快物理集聚不足以促成各要素间发生从量到质的变化，对推动经济社会发展没有起到应有的作用，原因在于广元没有把比较优势转化为发展优势。广元建设生态康养旅游名市，将充分发挥生态康养旅游产业的融合带动作用，不仅能最大限度地增强广元在招才引智、招商引资等方面的吸引能力，还能够以生态康养旅游产业为载体，对各类要素进行合理配置、系统整合，进一步提高生产要素的使用率，吸引更多生产要素集聚，极大地增强广元城市区域中心的吸附能力。

4. 有利于积聚区域中心城市的发展动力

目前，广元发展路径还惯性依赖劳动力价格、环境容量和资源大规模开发等传统要素，经济增长动力仍严重不足。生态康养旅游不仅具有行业关联度高、产业链条长等特点，还具有生态资源的稀缺性、旅游产品的多样性、消费需求的投资性等特征。建设生态康养旅游名市，将有效推动消费结构由物质消费向精神消费提升，城乡结构由二元固化向融合发展改变，产业结构由传统粗放向集约高端转变，区域结构由发展失衡向统筹协同演进，有效增强经济社会发展动力。

三　以建设生态康养旅游名市为载体加快构建区域中心城市的对策建议

无论是从历史与现实相交汇的角度，还是从理论与实践相结合的层面看，建设生态康养旅游名市都是广元实现后发赶超的最佳选择，也是推动高质量发展、破解当前经济发展不充分不平衡难题的动力源泉，更是加快构建区域中心城市的实现路径。必须明确生态康养旅游优先战略，用改革创新的办法破解建设难题，形成以建设生态康养旅游名市为载体加快构建区域中心城市的强劲态势。

（一）打造国际旅游目的地，构建区域中心城市大格局

四川省委十一届三次全会强调，要打造一批世界级旅游文化品牌，提升四川旅游文化在全世界的影响力，提升大熊猫和大蜀道等“五大一古”市场影响力。广元具有大蜀道核心区和大熊猫国家公园的生态康养文化旅游资源双重优势，应以打造大蜀道、大熊猫世界级旅游文化品牌为引领，优化空间布局，推动构建大蜀道、大熊猫国际旅游目的地，提升广元区域中心城市的知名度和美誉度。

1. 加快建设生态康养旅游名市核心区

建设生态康养旅游名市核心区，本质上就是增强广元中心城区生态康养旅游服务供给能力。依托广元城区及周边地区优良的公共服务设施和康体疗养条件，以自然生态为基础，以蜀道文化、武则天名人文化为核心，以文旅融合为纽带，着重培育大蜀道、武则天等独具广元特色的文旅知识产权项目（Intellectural Property，IP）。按照国家级康养旅游示范基地标准，加快推进蜀道植物动物园、天曌山旅游景区、康养示范产业园等三大重点项目建设，促进以温泉康养、森林康养为代表的生态康养旅游产品开发，有序夯实生态康养旅游名市核心区物质基础，从而实现辐射带动全面发展，推动区域中心城市建设。

2. 着力打造两条生态康养旅游经济带

生态康养旅游产业作为新兴产业、朝阳产业，是推动广元经济跨越转型发展的关键所在。结合广元历史文化和自然地理状况，打造以古蜀道和嘉陵水道为依托的生态康养旅游经济带，将有效串联资源禀赋和地理版图，增强广元区域协同发展能力。以古蜀道为纽带，连接西安、成都，依托西成客运

专线、108国道等交通大通道，发挥昭化古城、剑门关旅游景区引领作用。以嘉陵江为纽带，串联亭子湖、白龙湖山水资源，连通大熊猫国家公园和大蜀道旅游区，辐射带动利州、苍溪、昭化等县区旅游资源，建设沿岸极具特色精品景区风貌和乡土风情旅游城镇，建设宜居宜游融合文旅发展的休闲观光旅游产业经济带。打造生态康养旅游经济带，旨在推动广元生态旅游资源全域开发、释放活力，增强广元经济发展潜力。

3. 全面做优四大生态康养旅游示范区

全面做优生态康养旅游示范区，是丰富生态康养旅游实质内涵、夯实提升区域中心城市辐射和吸附能力水平的底部基础的必然要求。一要统筹唐家河国家级自然保护区、青溪古城、东河口地震遗址公园、白龙湖风景名胜区等精品景区建设，打通唐家河大熊猫栖息地与九寨沟的旅游通道，实现交通对接，建立唐家河野生大熊猫特色游憩区。二要充分发挥曾家山避暑气候、高山氧吧、绿色有机食品等优势，加强体育旅游、乡村旅游与康养产业的深度融合，重点开发滑雪运动、康体运动、休闲度假、养生养老产品，加快曾家山康养旅游观光休闲度假区建设。三要以米仓山为旅游品牌，整合旺苍盐井河、鼓城山、苍王峡、七里峡等旅游景区，积极开发森林观光、峡谷探险、地质科普、温泉疗养等休闲生态旅游产品，打通北部与陕西宁强、东部巴中光雾山两条旅游通道，建成米仓山高端生态旅游示范区。四要整合旺苍中国红军城、木门景区和苍溪红军渡等旅游资源和特色农业产业园区，做靓红色旅游、做精乡村旅游，推进红色旅游和乡村旅游的联动发展，创建一批乡村旅游特色乡镇、精品村寨和乡村旅游特色示范户，建成一片红色经典与乡村旅游示范区。通过推动优化四大生态康养旅游示范区建设，夯实生态康养旅游产业发展基础，增强集聚资源要素能力，形成构建区域中心城市的产业支撑合力。

（二）聚焦产城融合，凸显生态康养旅游名市中心地位

生态康养旅游是需求导向型产业，具有生产与生活双重属性，在满足人民日益增长的健康养生休闲需要的同时，有助于加快推进产业结构优化升

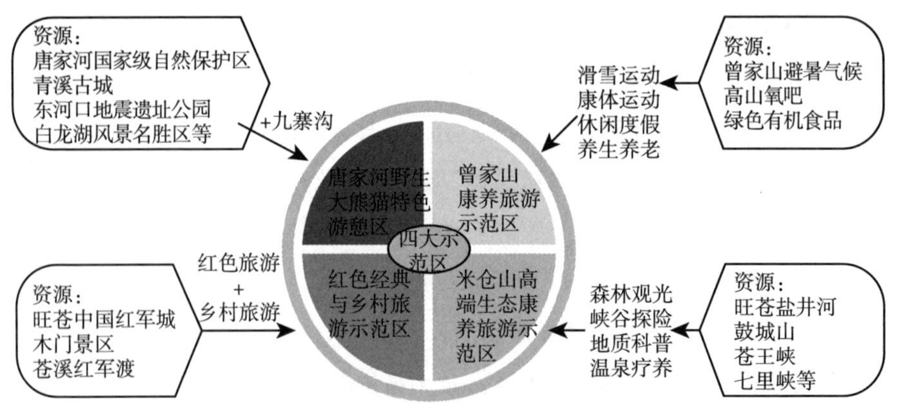

图1　广元市构建四大生态康养旅游示范区示意

资料来源：课题组统计资料。

级，从而带动城市本身的更新完善。发展生态康养旅游产业，不断丰富观光休闲度假旅游产品体系，有序推动产业融合升级、产城一体发展。

1. 发展生态休闲旅游，打造自然生态之城

以天曌山国家森林公园、苍溪森林公园、黑石坡森林公园为示范基地，建设广元近郊森林公园集群。积极开发森林沐浴、森林休闲、森林疗养、森林茶道、温泉疗养等康养系列产品。大力建设公益性森林自然教育体验基地、公益性森林教育路线，建成一批省级森林小镇、森林康养基地，进一步发挥广元自然山水优势，打造生态城市广元名片。

2. 发展健康养生旅游，打造康养运动之城

紧盯市场需求，挖掘广元自身资源禀赋，推动中医理疗和健康运动有机结合。重点推进曾家山、米仓山、光雾山等创建具有广元特色的中医药健康旅游示范基地，开发中医理疗、温泉疗养等健康养生旅游产品，推动旅游观光与康养理疗相结合。引导旅游景区拓展徒步、太极、滑雪等健身休闲项目，鼓励旅行社开发水上运动、冰雪运动、山地户外运动等健身休闲旅游线路和产品。推动蜀道国际马拉松、环白龙湖亭子湖自行车赛、嘉陵江凤舟赛、米仓山国际定向越野锦标赛等大型休闲体育赛事活动常态化举办、产业化发展，把体育经济培育成广元城市发展的新动能。

3. 发展文化传承旅游，打造魅力文化之城

创新旅游园区开发模式，深度挖掘开发广元三国文化、红色文化、石窟艺术文化和武则天名人文化，充分发挥文化旅游资源开发潜力。主要以广元著名的皇泽寺、剑门关、红军渡、昭化古城等文化旅游景点为重点，建设国家级历史文化研学游基地和红色文化爱国主义教育基地，大力整合区域旅游资源，培育文化创意、影视创作、教育培训、手工品加工等新型业态，开发不同历史阶段文化主题服饰、影视剧、工艺品和出版物，创建广元文化旅游纪念品品牌，增强广元旅游发展的文化内涵和市场吸引力，彰显广元城市文化魅力。

4. 发展蜀道乡村旅游，打造全域旅游之城

突出广元“蜀道乡村、康养福地”品牌定位，以生态康养旅游为引领，打造漫游蜀道、川北乡野、水上蜀道等乡村旅游带，多方位、多角度谋划建设乡村旅游关键节点项目。加强基础配套设施建设，开发推广民宿养生、旅游观光、休闲度假、民俗文化体验型等乡村旅游产品，提升乡村旅游服务接待能力，努力建设全域旅游广元大景区，发展农旅文融合新业态、新模式，带动和促进广元城乡统筹协调发展。

（三）注重配套建设，提升城市承载服务质量水平

从供给侧角度分析，城市在规划、建设、管理的过程中主动迎合经济活动的需要，逐步完善基础设施和公共服务，将有效推动城市整体经济的发展。要着眼建设生态康养旅游名市和构建区域中心城市的需要，大力推进基础配套建设，提升区域中心城市服务接待质量水平。

1. 推动精品城市建设

坚持以人为本核心理念，科学规划推动城市生活空间、生产空间和生态空间的科学布局与有机融合，全面高质量建设三江新区，从拓展城市空间、美化城市外观、扩大城市骨架等方面着手，积极完善市政基础设施建设，大力推动地下综合管廊建设、主城区道路拓展。建设嘉陵江山水休闲体验廊道，以园林城市创建为引导，加快推进蜀道特色植物园等标志性绿地建设，

开发利用好文化遗迹、工业遗存、历史建筑，打造一批特色景观、城市亮点、建筑精品，凸显广元城市品质与形象。

2. 树立旅游城市形象

加快推动广元旅游“快进”交通服务建设，抓好高铁站、机场与景点、景区、城市的无缝衔接，完善广元旅游客运互联网售票系统，加快四川省旅游北环线广元段建设，提升旅游交通服务质量。打造以广元城区为中心，辐射全域的“米字型”旅游通道格局。启动广元旅游大数据库建设、广元市区和景区无线网络全覆盖工程等智慧旅游项目，开发“广元旅游”移动终端，在商贸街区、餐饮酒店、交通枢纽等游客相对集中的区域规范设置旅游标识，营造旅游引导服务的良好环境。依托南河滨江和嘉陵江休闲带，以嘉陵江广元段为轴线，将沿江各县区、景区串联，打造休闲生活绿道，实施好“剑门关旅游年卡”和4A级景区免费开放政策，继续开展“厕所革命”。不断构建完善旅游服务体系，提高广元城市人气和吸引力。

3. 完善城市载体功能

挖掘整理和创新研发广元本土食材食谱，推广“十大名菜”和“广元十佳名小吃”，开发“广元味道”特色菜系，做强做优广元山珍宴、剑门关豆腐宴、两湖生态有机鱼等代表性美食，研发中医药养生膳食，积极培育“广元味道”餐饮品牌。每年定期举办旅游商品设计大赛和商品展销会，增强旅游产品本土化研发和生产能力，塑造“广元造”旅游商品品牌，做好麻柳刺绣、白花石刻、剑门手杖等非物质文化遗产的产品转化，做好土蜂蜜、红心猕猴桃、青川黑木耳等特色农产品的包装开发，大力推广剑门石斛、猕猴桃酵素等健康养生旅游商品。积极招引知名星级酒店和高端连锁酒店入驻广元，将大熊猫生态元素、蜀道三国文化、武则天名人文化与酒店管理建设运营有机结合，大力支持精品民宿和农家客栈发展，形成多层次、多类型的旅游住宿体系。以“食、宿、游、购”为切入点，不断健全完善城市宜游宜居载体功能，推动广元区域中心城市价值升级。

（四）坚持开放合作，增强区域中心城市集聚能力

广元深入实施“大开放大合作”战略，是借势借力实现更大发展，实现构建区域中心城市发展目标的必然要求。坚持政府引导、市场主导，在开放合作过程中，通过打造强势旅游品牌，增强旅游市场活力，不断增强广元的区域中心地位和城市吸引力。

1. 以市场化手段发展生态康养旅游产业，增强城市发展潜力

在理顺政府旅游部门管理和旅游景区市场化运作关系的基础上，充分发挥市场对资源配置的决定性作用，多元化培育旅游企业和市场，实现旅游景区和文化旅游资产的市场化改革。充分利用国有企业投融资便利条件，将市本级文化、旅游、体育、康养等优质资源资产统筹整合到市文旅集团，扩大其资本金总量规模，发挥龙头带动作用。强化旅游行业协会建设，充分发挥行业协会纽带作用，为旅游企业发展提供平台，互助合作开发旅游产品，助力企业发展壮大，通过协调企业间利益矛盾，平抑过度竞争，保证行业健康发展，共同维护广元生态康养旅游形象。市场化的手段和规则，有效增强生态康养旅游产业生命力，推动形成具有广元特色的城市竞争力。

2. 以大营销理念拓展市场空间，扩大城市影响范围

树立大营销理念，建立“政府主要引导、市场主体经营、市县两级联动、整合多方资源”的营销机制，加强与中央省市各大主流媒体、专业旅游门户网站、微博微信等新媒体的合作，通过拍摄宣传纪录片、专题片，开展高铁营销、航线营销和重要客源地营销，不断增强广元女儿节、温泉冰雪节和大蜀道文化旅游节等活动影响力。建立营销品牌体系。以“绿色广元、康养名都”“剑门蜀道、女皇故里”核心品牌为统领，塑造“熊猫天堂生态青川”“醉美梨乡水墨苍溪”“蜀道雄关大美剑阁”“绿谷红城幸福旺苍”等特色县域品牌，形成市县统分结合的旅游品牌体系。培育多层次客源。充分利用文化山水生态、避暑温泉赏雪等有较强吸引力的资源优势，实施东出、北向、南拓三方位辐射发展营销行动，全方位拓展国内外游客市场，不断提高广元城市知名度和影响力。

3. 以大合作战略实现联动抱团发展，提升城市区域引领力

加强广元与毗邻地市合作，充分发挥优良生态环境基础，构建水污染、土壤污染、大气污染三大联防联控机制，共同推动川陕甘区域生态文明试验区建设。广元应借助蜀道申遗这一有利时机，依托地域共同历史文化底蕴基础，带头发起“大蜀道”国际旅游目的地建设协作会，与毗邻地市共同推动旅游产品和蜀道遗产保护开发，提升“大蜀道”旅游品牌市场影响力和价值认同感，构建“大蜀道”生态康养旅游大市场。广元应站位于四川北向东出桥头堡，推动唐家河融入大九寨、阆苍南一体化，共建米仓山、光雾山、诺水河红叶观赏地，以产业联动为纽带，在配套基础设施建设、产业结构整体布局、各项政策相互协调等方面加强与毗邻地市的开放合作，共建东西南北纵横联动发展新局面，在“引进来、走出去”中全方位增强发展能力和水平，持续提升广元区域引领力和首位度。

参考文献

广元市地方志编纂委员会：《广元市志（1985～2004）》，方志出版社，2016。

四川省委：《中共四川省委关于全面推动高质量发展的决定》，《四川日报》2018 年 7 月 2 日第 5 版。

陈光浩：《坚定开放发展战略定力，着力提升四川开放型经济水平》，《四川日报》2017 年 7 月 3 日第 5 版。

B.7

广元县级融媒体中心建设研究报告（2018～2019）

郑娟 王仕伟 王彦 何晓荣 李国忠*

摘　要： 2014年8月，中央全面深化改革领导小组第四次审议通过《关于推动传统媒体和新型媒体融合发展的指导意见》，媒体融合正式上升到国家战略层面。广元在县级融媒体中心建设中对标中央、省委要求，加快建设步伐，不断完善创新，探索走出广元发展路径。但是，广元在县级融媒体中心建设过程中，面临的问题、挑战也不容忽视，如何确保宣传思想文化工作“最后一公里”落实见效，报告从体制机制、平台建设、运营管理、资金人才等方面进行了梳理分析，以推动县级融媒体中心全面发展。

关键词： 县级融媒体中心　创新发展　广元市

一　广元县级融媒体中心建设路径

广元于1985年建市，辖利州、昭化、朝天三区和苍溪、旺苍、剑阁、青川四县，2398个行政村，338个社区，123个乡，107个镇，9个街道办事处，辖区面积16319平方公里。2018年底，全市常住人口266.7万人，登记的户籍人口300.68万人。

建设县级融媒体中心是党中央重大决策，是夯实巩固党的意识形态工作

* 郑娟、王仕伟、王彦，中共广元市委宣传部；何晓荣、李国忠，四川省有线广播电视网络股份有限公司广元分公司。

根基的重大举措，是巩固拓展基层宣传文化阵地，更好服务群众、满足群众对美好生活需要的迫切要求。县级融媒体中心的建设主要是整合县级传媒资源，按照“媒体+”模式，把面向基层群众的信息服务与政务服务、生活服务完美融合，为基层群众提供多样化综合服务，满足基层群众多样化需求，通过对资源、内容、技术、人才等各层面的整合、升级，巩固提升壮大主流思想舆论，提高基层媒体传播力、引导力、影响力、公信力，更好地引导群众、服务群众。近年来，广元深入推进媒体融合发展，加快建设县级融媒体中心，探索走出了一条特色鲜明的新路。

（一）坚持系统谋划，科学制定实施方案

坚持“谋定而后动”，三次召开专题会学习传达中央和省委有关会议精神，到各县区开展广泛调研，对广元县级融媒体中心建设工作进行深入研究、系统考虑。鼓励和组织县区到省内外已建成县级融媒体中心的县（市、区）学习考察，开阔视野，借鉴经验，推动工作。在充分学习调研和考察的基础上，制定《广元市加快推进媒体深度融合发展实施方案》，印发《关于加快推进县级融媒体中心建设的通知》，召开现场推进会，对广元县级融媒体中心建设的总体思路、工作目标、主要任务、时间进度、工作保障等做出了全面安排。各县区按照广元部署和要求，因地制宜制定各地建设方案，明确各自路线图、任务书、时间表，主动作为，精心实施，全面开启县级融媒体中心建设改革征程。

（二）坚持统筹推进，合作统建技术平台

根据中宣部《关于加强县级融媒体中心建设的意见》和省委宣传部《关于加强县级融媒体中心建设的实施意见》，针对各县区在建设中普遍存在的“等靠要”思想问题，按照“一步到位”要求，统筹确定由四川广播电视台和四川广电网络公司合作共建广元县级融媒体中心技术平台，并成立以省广电网络广元分公司为责任主体的项目推进小组，迅速全面实施建设，形成了强强联合、优势互补的合作统建高效建设模式。该模式在确保达到国

家技术规范的基础上，不仅在后续对接省级技术平台、后期良好运营维护等方面具有前瞻优势，还有效解决了建设进度缓慢、各地资金困难等方面问题，是又好又快建设县级融媒体中心的最优路径选择。

（三）坚持对标对表，合理布局系统构架

严格对标全国《县级融媒体中心建设规范》、参照《县级融媒体中心省级技术平台规范要求》，进行系统设计和软件开发，建设覆盖中央、省、市、县四级主流新闻媒体，融合资讯、党建、政务、公共需求、增值业务等服务，打造传播、服务、运营三位一体的融媒体平台，建立充分涵盖全媒体管理、流转、内容整合、分发、运维、营销等多个方面的综合体系，能较好地与App、微博、微信、网络互动、政务、智慧城市等其他业务系统对接（见图1）。设计开发中，紧紧围绕“服务”做文章，积极推动把能在网上呈现的政府服务事项全部入驻融媒体中心，积极协调各民生服务企事业单位把能在网上提供的民生服务全部聚合到融媒体平台，设计多形式问政平台，搭建网上网下交流圈，为群众提供贴心优质服务。同时，根据县区各自特色、个性化需求，单独设计了各县区独有的板块内容，增强本地用户黏度。并与电信、移动、联通三大网络运营商同时进行合作，邀请三大网络服务商便民平台入驻中心各平台，共同保障后台运营，共享网络技术平台，确保用户在不同的网络条件下均能正常使用中心各大网络平台。

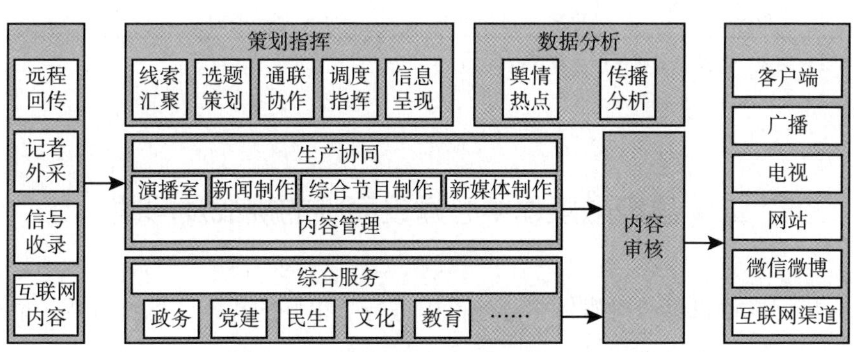

图1　广元县级融媒体中心系统架构设计

资料来源：中共广元市委宣传部统计资料。

（四）坚持先行先试，精心打造苍溪试点

县级融媒体中心建设工作启动后，正确选择一条适合广元实际与发展需求的建设模式、发展路径是首先要解决的问题。为积累经验、打造样板，2018 年 10 月，广元确定在苍溪县试点建设县级融媒体中心。苍溪县对机构、编制、人员、建设资金、平台内容等方面进行深入分析研究，在资金筹集模式、机构人员融合、平台内容整合等方面进行大胆改革，探索出了“三主动”、“三创新”、“三融合”的有效做法，于 2019 年初率先在苍溪建成融媒体中心。今年 5 月，制定县级融媒体中心建设国标的舒兴勇专家在对该试点项目初验时，对苍溪建设模式给予了极高的评价（见表 1）。据初步统计，苍溪融媒体中心建成后，已接待 100 余个县区来苍溪考察调研，为广元乃至全省提供了较好的示范及经验借鉴。

表 1　融媒体中心建设前后对比情况

内容＼时间	建设前	建设后
受众用户	全县范围	全国范围
媒体资源	单打独斗	有效整合、高效使用
传播途径	有线电视、网站	手机移动端、电视端、网站、应急广播
传播速度	1～2 天	1～2 小时
舆情控制	无此功能	可管可控
呈现内容	单调、服务民生少	全面、各行各业

资料来源：苍溪县融媒体中心统计资料。

二　县级融媒体中心建设面临的挑战及问题

广元在推进县级融媒体中心建设中进行了很好的探索，思路清晰，举措得力，取得了阶段性成效。但目前 7 个县区仅有 1 个县建成挂牌，建设进度严重滞后，而且在建好用好融媒体中心上还存在诸多问题和挑战。

（一）体制机制有待完善

县级融媒体中心建设是县级媒体格局的深刻变革，是一项艰巨复杂的系统工程，涉及方方面面。一些地方和部门没有充分认清这项工作的政治要求和形势任务，把融媒体中心建设等同于一般改革工作、常规性任务，对融媒体中心机构设置、职责权限划分、资源配置、队伍配备等考虑不够系统、不够充分，没有打破部门壁垒、行业壁垒，这将影响融媒体中心后期顺畅运营和作用优势的有效发挥。另外，不管是建成的融媒体中心，还是当前县域主流媒体，均未建立起科学高效的运行机制，需要创新外部协作联动机制和内部高效运转机制，建立完善相关制度，对不适应的体制机制予以调整，为融媒体中心的发展保驾护航。

（二）资源整合不到位

县级融媒体中心是一个为区域群众提供综合服务的平台。当前，县级融媒体建设在实践发展过程中，只做到县域各类媒体机构的简单整合、融媒体中心流程的再造，没有完全整合县域各乡镇、各部门单位的网站、新媒体阵地，没有做到广泛聚合和有效运营各类本土资源，没有构建起有效的海量用户数据、丰富的生活服务类项目和有影响力、引导力的内容资讯。

（三）运营短板十分突出

没有造血功能全靠输血的县级融媒体中心，是不可能具备强大发展能力的，其传播力、引导力和影响力均难以提升。目前，苍溪县、旺苍县、剑阁县、利州区、昭化区把县级融媒体中心确定为县委直属的公益一类事业单位，青川县、朝天区把县级融媒体中心确定为县委直属的公益二类事业单位，从总体保障上看都很难满足运维成本的需要，从长远看青川县、朝天区运营将更加有活力、有前景。另外，各县区现有的人才队伍缺乏市场化运营能力，融媒体中心的造血功能难以实现，需要加强业务培训和人才引进。同时，融媒体中心现有的负责人员对运营管理的意识还比较欠缺，对当前新媒体的运营管理能力还有待提高，怎样解决运营瓶颈是当前需要研究的最重要问题之一。在苍溪县融媒体中心运营中用户活跃度不高，县域媒介融合和资源利用更多是一种相加，而不是相融，远远没有达到“1 +1 >2”的预期效果。构建科学运营机制，进一步优化系统设计和服务项目，强化人才队伍培训，县级融媒体中心才能实现运营优良和长足发展。

（四）人才匮乏资金困难

各县区融媒体中心人才缺乏，特别是专业技术人才、跨媒体跨行业高层次复合型人才严重匮乏，导致融媒体中心运营管理效能低下、内容生产黏性不够、一些业务无人接手、拳头产品精品难实现等，严重制约了融媒体中心功能作用的发挥和运营发展。另外，各县区融媒体中心建设投入资金基本超过500万元，截至目前除中央、省级财政补贴支持广元162万元外，其余都靠县区自筹，各地财政紧张、资金短缺，用于建设融媒体中心的资金非常有限，面临“巧妇难为无米之炊”的困境。

三　县级融媒体中心建设对策与建议

广元位于川陕甘结合部，是北向进出川重要通道，县域广阔、多民族聚集，舆论环境复杂，县区媒体基础水平差异较大，建好县级融媒体中心任务艰巨、责任重大。下一步，需要坚持问题导向、实践导向、效果导向，紧扣引导群众、服务群众两大功能定位，进一步优化建设路径、深化体制机制改革、完善功能运用、强化资金人才保障，全力推进县级媒体“横向融合”“纵向融合”“跨界融合”，一步到位建成有效开展媒体服务、党建服务、政务服务、公共服务、增值服务的一流融媒体平台。

（一）革新体制机制

体制机制是制约媒体融合建设的根本障碍，不断创新完善体制机制改革，激发县级融媒体中心建设的内生发展动力，是有效推动县级融媒体中心建设的关键保障。针对当前重视不够、机制不完善等客观现实问题，需要从转变思想观念上下手，再进行机制制度流程方面的建立和完善，用科学有效的体制机制增添动力、激发活力。

1. 加大政策支持

县级融媒体中心建设是一项系统工程，涉及方方面面的工作，任何地方和部门单位都不能置身事外，应把此项改革项目摆在突出位置，认真研究、合力攻坚、加速推进，在融媒体中心机构设置、职责权限划分、经营模式等方面给予政策倾斜。特别是广元各级党委要提高认识、统一思想，把全面推进县级融媒体中心建设真正作为“一把手工程”，“一把手”亲自谋划、亲自参与，指挥协调县域各部门协同配合，拆除藩篱，共同建好融媒体中心；强化政策配套、工作保障，出台专项政策文件，全面支持县级融媒体中心优先承建和参与本地区智慧政务、智慧城市等建设，全力支持县级融媒体中心承办本地重大活动，以不断增强县级融媒体中心的权威性和影响力。

2. 加强机制创新

融媒体中心要做到很好地引导群众、服务群众，就必须要打破县域内部门壁垒，打破管理界限和媒体分隔，围绕组织机构一体化、内容生产一体化、传播体系一体化的目标，建立高效工作机制，改变权限规则，重构管理体系，重塑内容生产流程，促进县域各部门资源充分共享、县域媒体互联互通，通过在内容信息、技术应用、人才队伍、平台终端的共享融通，最终形成管理体制、组织结构、内容生产、传播体系等方面的一体化发展。

3. 强化制度建设

实现融媒体中心运营优良，必须建立完备的管理运行制度，以制度保营运、保效益。在纵向联络上，建立联动对接制度，畅通平台接口、打通信息渠道、连通服务项目；在横向协作方面，成立融媒体服务工作领导小组，建立工作联席会议制度，定期召集成员单位沟通情况、安排工作，更重要的是共同研究、全面参与、深入执行市级融媒体平台及渠道建设、内外宣传作品制作、文体活动策划等；在内部管理上，坚持新闻、经营“两分开”，分类建立严密的规章制度和科学的考核体系，明确目标任务、职责分工、纪律要

求，激励先进、淘汰落实，做到内部管理有章可循、有据可依，确保融媒体中心运行顺畅、功能发挥良好。2019 年 6 月，建成融媒体中心的苍溪县，组织人员到中国传媒大学学习借鉴媒体行业内部管理规范，拟定出了《融媒体中心岗位职责》《新闻信息采编制度》《新闻宣传考核激励制度》等 100 余条管理规范，积累了很好的经验，值得广元全市借鉴。

（二）有效整合各类资源

有效整合各类资源，打造县域融媒体 App。县级融媒体中心是一个强大的综合服务运营平台，强大的职能职责和功能运用，需要合理配置各种资源和有效整合各方力量，让县域内所有资源流动起来、互联互通，这样才可能实现引导群众、服务群众的目标。

1. 大力度整合媒体机构

广元域内真正运营的新媒体有近百个，但下载量、关注度都很低，有些仅仅几十号人关注，媒体过多过散、影响十分有限。县级融媒体中心不仅应归并本地广播电视台、记者站、内部出版物、微博号、微信号、手机报等媒体单位，关停并转、优化整合一些不带流量的媒体，还要努力整合县级党委报道组、新闻中心和县政府有关部门、乡镇街道所属的政务信息网站、“两微一端”等信息发布机构及传播媒介，做到能融则融、能并则并、能弃则弃，彻底消除县域内媒体同质化现象，优化调整县域媒体结构布局。

2. 努力构建全媒体传播体系

产品是试金石，融媒体中心的功能发挥最终体现在产品上。坚持移动优先和重质不重量，重点打造以移动客户端为核心，以本地微博号、微信号、头条号、抖音号、手机报、门户网以及内部刊物、资讯资料为支撑，以县域各乡镇、各单位网站、新媒体平台为补充的融媒体传播矩阵。积极主动融入中央、省、市主流媒体，根据不同地方、不同职业、不同年龄段受众需求，综合运用广播电视、农村大喇叭、新媒体、电子阅报栏、户外大屏幕等多个终端和本地民间网络媒体、场景媒体，形成资源共享、优势互补、差异发展、协同高效的立体式全媒体传播体系，实现传播效果最大化，最广泛地宣传群众、凝聚群众、引导群众、服务群众。

3. 因地制宜建设采编中心

资源整合后，高效利用资源是关键。努力破除各媒体自成一体的藩篱，设立统一新闻信息采集中心、编辑中心，加快重构采编发网络、完善采编发流程，统一指挥调度，实现“一次采集、多种生成、全媒传播”和从“物理反应”到“化学反应”变化。采编中心建设要符合当地经济社会发展实际，不好高骛远、贪大求全，不搞豪华配置，符合融的要求、统的要求。

（三）做强做优平台

牢固树立用户思维，做强做优平台功能运用。融媒体中心建设不是简单的整合机构、优化流程、开发产品等，最终是为区域群众提供一站式综合服务的互联网端口，要以用户（群众）为中心，在平台技术建设和功能设计上下足功夫，有效聚合、运营各种传播资源，做大做强主流媒体品牌，增强其传播力、影响力和综合实力。

1. 高标准建设技术平台

融媒体技术平台是以互联网技术为底层构架的新技术系统，不仅要考虑技术的更新迭代，更要考虑其安全性、实用性、智能性和稳定性。要在严格按照中宣部等发布的《县级融媒体中心建设规范》标准建设技术平台的基础上，瞄准前沿、自加压力，充分依托云计算、大数据、人工智能等技术，适应移动互联网特别是5G、IPv6发展，高标准建设技术平台。建设应考虑长远，兼顾产业发展的技术支撑，为更大范围的对外资源整合、互通共享做好规划，留足空间和接口，以适应规模化、跨域化、集约化的发展趋势，突破孤岛、单一式发展的制约。要将新技术、新应用融入新闻信息生产、传播、服务全过程，运用数据新闻、可视化新闻、互动新闻等新的报道形式，运用好语音和短视频产品，使个性化定制、精准化投放、智能化推送等技术更好地服务群众，更好地满足群众对精神文化生活的需求。

2. 特色化设计功能板块

首先，融媒体中心的功能设计必须以本土化为重心，要与群众的日常生产、生活贴切、接近，在确保优质新闻信息生产和传播服务的同时，创造性地开展“媒体+政务”、“媒体+服务”等综合性业务，架起沟通政府、服务群众生活的智能型桥梁纽带，使这个平台成为群众用得上、连得紧、离不开的综合服务载体，牢固粘连原有用户，加快网罗新用户，以至吸引和粘连县域内所有群众。政务服务方面，联网实现网上政务受理、接件、办理一站式服务，让群众从“最多跑一次”到“一次都不跑”；生活服务方面，打造囊括群众衣、食、住、行、游、乐、娱、购等各项便民服务特色栏目，让群众生产生活的各项需求都能在融媒体中心“一机实现”。其次，要提升系统的智能化技术支撑，分析地域受众特点，特色化设计软件系统和独特板块，寻找到适合当地群众个性化需求的内容，实现精准分发；比如利州区要根据受众不同，重点考虑比较集中的社区居民服务引导，青川要兼顾少数民族群众的服务引导等。最后，要运用大数据抓取、分析技术，在服务群众的过程中实现用户、数据和资源的有效聚集、整合，探索对本地不同类型市场资源的开发和运营，如电商、文化、旅游、教育等，构建起依托市场资源良性循环的有效运行模式。

3. 突破性提升引导能力

在引导群众功能板块设计上，应充分考虑“两个好、两个突出”。即设计好决策参考报信息功能，搭建网络互动交流平台，突出社区化、互动化，为网民表达诉求提供出口，使之成为解民意的“传感器”，汇聚民智的“助力器”，把本地网民留在本地；设计好解决问题发点球功能，走好网上群众路线，针对网民投诉、爆料、咨询等，第一时间将信息传递到有关部门，加强跟踪办理，切实解决关系群众切身利益的突出问题、难点问题。突出正面引导把方向，锁定本地用户，注重本土化生产、可视化呈现、互动化传播，准确把握受众接受习惯，善于运用网络话语体系和网络新闻形态，推进点对点精准传播，让党的创新理论“飞入寻常百姓家”；突出热点引导防风险，加强对社会热点和本地信息的分析处理，把不实信息、低俗内容等化解阻隔在萌芽状态。

（四）保证“人”“财”资源

开动脑筋灵活方式，努力破解“人”“财”难题。人才是第一资源，资金是建设基本保障，两者是制约县级融媒体中心建设发展的重要因素，需要开动脑筋，采取灵活多样的方式，解决困难、攻克难题，为县级融媒体中心顺利建成和长远发展提供坚强保证。

1. 人才保证

人才问题要在选用育留各个方面发力，吸引人才、激励人才积极投身融媒体中心建设发展。根据需要，引进一批急需的专业技术人才，并积极培养项目带头人、骨干成员等结构型人才队伍，为融媒体建设提供稳定的、全方位的人才队伍。保障教育培训，选送年轻人才到中央省级媒体、相关软件企业等学习提升，举办媒体融合专题培训班，逐步将各县区融媒体中心打造成为宣传干部的培训基地。建立完善正向激励机制，推行特殊人才年薪制、“双特”考核机制等，有效解决核心岗位人才不足和人才流失等问题。

2. 资金保证

从不断增加财政投入和提升融媒体中心自身“造血”功能两方面入手，解决资金不足问题。财政投入上，各县区一次性投入是有困难的，可采取建设方垫资、政府通过购买服务或分期支付方式落实资金，也可采用融媒体中心自筹一点、上级财政补助一点、本级财政负责一点的方式落实资金；自身“造血”上，要围绕“市场”做文章，成立融媒体中心市场运作机构，积极开展便民服务、拓展广告服务、专题片制作、现场直播、大型活动承办等业务，探索后期运营良性发展模式。

参考文献

中宣部：《县级融媒体中心建设规范》，中国文明网，http：//www. wenming. cn/bwzx/jj/201901/t20190115_ 4973720. shtml。

朱春阳：《县级融媒体中心建设：经验坐标、发展机遇与路径创新》，《新闻界》2018 年第 9 期。

王晓伟：《长兴模式：县级融媒体中心的建设探索》，《新闻与写作》2018 年第12 期。

宋建武：《县级融媒体中心建设的现状、问题及路径》，《新闻战线》2019 年第 6 期。

主题报告 

Theme Reports

B.8
构建川陕革命老区“一干多支”红色旅游格局研究报告

付　尹*

摘　要： 按《川陕革命老区振兴发展规划》要求，要把川陕革命老区建成爱国主义教育、革命传统教育和红军精神教育基地，建成全国知名的红色旅游和生态旅游目的地。但目前现状是，川陕革命老区红色旅游呈无核心红色旅游区和无核心红色旅游品牌的“两无”现状。在建设川陕甘结合部区域中心城市和四川北向东出桥头堡的机遇下，原川陕革命根据地后期首府地旺苍老城（现旺苍红军城）具有成为川陕革命老区红色旅游核心区和知名品牌的资源与基础优势，红色文化资源独特并富集，在整个川陕革命老区中，红色旅游发展特具潜力。

* 付尹，主任记者，广元市哲学学会会长。

通过高度重视，科学规划，整合资源，突出亮点，培养特色红色旅游介质，集中人力物力财力全力打造，把旺苍红军城建成川陕老区红色旅游中心和核心品牌、建成川陕甘结合部红色文化中心必然水到渠成。

关键词： 红色旅游　旺苍红军城　核心旅游区　广元市

一　发展川陕老区红色旅游的价值与意义

按国务院出台的《川陕革命老区振兴发展规划》界定，川陕革命老区的范围应该包括四川巴中市、广元市、达州市、南充市、绵阳市，陕西汉中市、安康市、商洛市、宝鸡市，重庆城口县，共3省9市68个县。川陕苏区的核心地区东起重庆的城口县，西至嘉陵江东岸广元、南充一线，北至陕西镇巴、宁强等县，南达营山、渠县等县，控制区域有20多个县，面积达到4.2万平方公里，根据地人口约700万。

1932年底，红四方面军战略转移由陕西进入四川东北部，创建了土地革命战争时期第二大苏区——川陕革命根据地。川陕苏区的创建与发展，扩大发展了革命根据地，还有力地支持了中央苏区的巩固与发展，为后来的长征胜利积累了力量和能量，对中国革命做出了重大贡献，功不可没。毛泽东对红四方面军创建川陕革命根据地做出了高度评价：“由于红四方面军的远征，在遥远的中国西北部，开展了广泛的群众斗争，把苏维埃的种子广播到革命形势比较落后的区域中去了……川陕苏区在争取苏维埃新中国伟大战斗中具有非常巨大的作用和意义。”

广元，作为川陕革命根据核心区之一，在长达两年零四个月的时间里，不仅是红四方面军反敌“三路围攻”“六路围攻”西线主战场，而且还是川陕苏区的后期首府（见表1）。从1934年底起，西北革命军事委员会、川陕省委、川陕省苏维埃政府、红四方面军总指挥部、红三十一军军部等川陕苏区主要党政军机关迁至广元旺苍坝一带。张国焘、陈昌浩、徐向前、王树声等川陕苏区党政主要领导人随同住进了旺苍坝。在这里，红四方面军开始了西渡嘉陵江长征与中央红军会师的准备，打响了陕南战役、广昭战役、强渡嘉陵江战役，组建了直属红四方面军总部的妇女独立师、少共国际先锋师、水兵连，巴山游击队，开启了川陕革命根据地和红四方面军发展史上最为辉煌的岁月，为广元建成川陕革命老区红色文化中心和红色旅游中心提供了事实支撑。

2018 年，四川省委十一届三次全会确定把广元建设成川陕甘结合部区域中心城市和四川北向东出桥头堡作为战略目标，为把广元建设成为川陕革命老区红色文化旅游中心提供了有力的政策支撑。

表 1　土地革命战争时期有影响力的苏区对比情况

单位：万平方公里，万人

苏区名称	面积(万平方公里)	人口	年代	创建军队
中央苏区	8.45	453	1933 年起，约两年	红一方面军
湘赣苏区	2～8	100	1932 年	红一方面军
湘鄂赣苏区	不详	约 300	1932 年	红一方面军
鄂豫皖苏区	4	350 余	1932 年	红四方面军
川陕苏区	4.2	约 700		红四方面军
湘鄂西苏区	不详	约 370	1932 年	红二军团
广西左右江苏区	5	100 余	1930 年	红七军 红八军

资料来源：根据瑞金中央革命根据地历史博物馆陈列资料整理。

二　川陕革命老区红色旅游现状分析

（一）核心红色旅游区域缺乏

因各种原因，川陕革命老区的红色文化发掘与红色旅游发展还处于起步阶段，基本呈碎片化状态。全国 30 条红色旅游精品线，无一涉及川陕革命根据地；中国 12 个重点红色旅游景区中，虽提及了“川陕渝红色旅游区”，但却没突出川陕革命老区的品牌价值。这从处于川陕革命老区核心区域的地区中能进入省级以上的红色文物保护单位和红色旅游景区的数量对比上就可以看出。能进入国家级文物保护单位的，巴中有两个，即红四方面军总指挥部旧址、通江红军石刻标语群（含巴中红军石刻标语群）；达州有一个，即列宁街石牌坊及红军标语；广元有一个，即旺苍木门会议旧址①。它们只是个案，呈单一性，代表性不高，整体性不强，无法形成核心红色旅游景区。

能进入国家5A级景区代表核心红色旅游景区的，要说有，也只是5A级景区中的一个元素，如剑门关景区中纪念红军攻克剑门关战斗的纪念馆、纪念碑，阆中古城景区的红军旧址等，可以说，目前川陕老区还没有一家完整的上了5A级景区榜单的红色旅游景区。要想做大川陕革命老区的红色旅游，没有一个与井冈山、延安类似的上级别上档次的大型红色旅游景区，实在难以想象。

（二）核心旅游品牌缺乏

川陕革命老区巴蜀文化源远流长，地质奇观无数，自然风光独特，风景名胜众多，致使区域内很多红色旅游品牌被淹没在其他知名品牌中。如红军激战剑门关遗址与纪念场所，却包含在剑门关风景区中，人们只知里面的蜀道文化和三国文化，却不知其中还有彰显红军智慧的夺取剑门关战斗。阆中古城旅游区包含红军渡、红四方面军旧址等许多红色文化景点，但都淹没在古城这块牌子下。走进汉中勉县武侯祠，才知道当年红四方面军发起的陕南战役指挥部就设在这里，旧址依然，让参观者感觉意外。要建成全国知名的红色旅游和生态旅游目的地，要使川陕革命根据地走向全国、走向世界，达到振兴的目的，就需要整合资源，根据价值提炼品牌，推广品牌，宣传品牌，使之成为全国知名品牌。

（三）竞争力缺乏

同样是红色旅游，广安的邓小平故居，南充的朱德故居，在川陕革命根

① 旺苍木门会议旧址：2019年10月被列入第八批全国重点文物保护单位。

据地或在川东北经济区内都是出类拔萃的旅游景点，值得借鉴。名人文化本来就是一种效应，就是一种无声的品牌。要提高川陕革命老区的知名度，增强品牌效应，还得在挖掘内涵、挖掘特色上多做文章，以提升川陕老区红色旅游的竞争力。中央苏区是“老大”，有一种天然的优势。在革命老区的对比中，要打其他老区没有的牌子，还得从深刻的思想内涵和强大的精神力量入手。红四方面军有一幅石刻标语，刻写的是“赤化全球”。别小看这幅标语的价值，喊出了当时中国共产党人的最强音，这是信仰的坚定，这是理想的坚持。只有深入挖掘其他老区没有的而且能成为基因性的东西，川陕革命根据地发展红色旅游才有竞争力。

（四）红色旅游产业龙头与产业链缺乏

川陕革命老区的红色文化发掘与红色旅游发展起点不一，快慢不一，层次不一，重点不一，对外宣传各唱各的调，产品塑造各打各的牌，各自为政，导致川陕革命老区红色旅游产业发展基本呈碎片化状态，削弱了川陕革命根据地整体形象与社会效应。如巴中只以川陕革命根据地红军烈士陵园、川陕苏区将帅碑林、川陕革命根据地博物馆为宝，广元只以中国红军城、旺苍木门会议旧址、苍溪红军渡为荣，达州只以万源保卫战陈列馆、宣达战役纪念馆、王维舟纪念馆为贵等，没有像井冈山那样形成产业龙头和系列的产业链，削弱了川陕苏区的整体形象，更说不上更大的经济社会效益。要建成全国知名的红色旅游和生态旅游目的地，就需要整合资源，抱团发展，有自己的红色旅游龙头，有以红色旅游龙头为中心辐射整个川陕革命老区的产业链。

三　以旺苍中国红军城为中心构建川陕革命老区“一干多支”红色旅游格局

要解决川陕革命老区旅游出现的无核心、无品牌、无龙头的困境，就得解决核心区域与核心品牌的问题。纵观整个川陕革命老区，具有核心区域和核心品牌优势的景区，当属旺苍中国红军城，它有川陕革命老区其他景区景点无法相比的优势与基础。

（一）红色文化资源优势

把旺苍红军城打造成为川陕革命老区红色文化旅游中心并辐射发展，形成“一干多支”红色旅游空间格局是本课题的主题与重点。理由有以下四点。

1. 旧址整体保护完好

旺苍红军城原名旺苍坝，占地面积约 1.5 平方公里。老城三条街成“丁”字形，总长 13000 余米：向北有文昌街、向东是龙潭街、向西是王庙街。街道基本保持清末民国时期建筑风格，穿斗木架瓦房约 15 万平方米，砖混结构约 15 万平方米。由旺苍县委党史研究室编辑出版的画册《红色记忆——旺苍县革命遗址要览》[①]，真实再现了这个难得的具有唯一性的川陕革命老区后期首府红色遗址群。据统计，仅有的 3 条街上，就有川陕苏区党政军机关旧址 46 处，加上黄洋、加川等郊区的兵工厂、造币厂、红四方面军总医院、红军大学等，红色旧址多达 60 余处。作为川陕革命根据地后期中心旧址，形成群落，基本反映了川陕苏区时的军事与政权组织结构，这在川陕老区早期中心的通江、中期的巴中是看不到的。现在旧址群落保存完整，其壮观，其声势，就是川陕革命根据地政权格局的一个全貌、一个系统。一览旺苍红军城，就能体验到当年川陕革命根据地政权力量的强大、气势的磅礴。

2. 资源稀缺珍贵

很多党史专家以为，在中国革命历史上以“列宁市”命名的城市只有一个，那就是土地革命战争时期湖北红安县的七里坪。事实上，旺苍坝也有过“列宁市”的名字。1934 年底，红四方面军集结旺苍坝后，根据当年旺苍坝繁荣兴旺的景象，驻守旺苍坝的红 31 军政治部正式发文将旺苍坝命名

① 中共旺苍党史研究室：《红色记忆——旺苍县革命遗址要览》，中国戏剧出版社，2012。

为“列宁市”，并在政治部大门挂上写有“列宁市”三个大字的木匾。1935年3月，潜伏于国民党三十八军的中共地下党员武志平前来旺苍坝送情报，他在《川陕行役日记》中对列宁市的热闹有这样的记载：“至旺苍住市外一巨宅内，市内旌旗如林……此间现为川陕甘边区军事、政治中心。”[①] 可见，列宁市在当时的确存在。

资源稀缺，还表现在妇女武装上。人们只知红四方面军创建了中国人民解放军建军史上最大建制的妇女独立师，人数在2500人左右，却不知红四方面军在女兵数量上还创造了一个奇迹。据党史资料《红军妇女独立师》数据，“妇女参加机关、部队、学校、工厂、脱离生产的约在1万人以上，红军西征离开苏区过嘉陵江时，有8000余名妇女和各机关工厂部队随军行动。”[②] 可见，8000名川女走上长征路并非空穴来风。

再一个稀缺资源，就是旺苍红军城还是巴山游击队的组建地。虽说巴山游击队长期在巴中市南江县一带活动，但部是从旺苍出发的，饮水思源，不能忘记。稀缺的红色资源，价值弥足珍贵，其品牌的价值可想而知。

3. 价值意义特殊

旺苍是川陕革命根据地的核心区域之一，中央党史研究室第一研究部副主任李蓉有这样的评价：“当年，红四方面军反敌‘三路围攻’‘六路围攻’及配合中央红军入川北上的许多重大战役，都是在旺苍部署和展开的。”[③] 红四方面军对旺苍的贡献有特殊价值，反“三路围攻”胜利后召开的木门军事会议是红四方面军的里程碑会议，有红四方面军的“遵义会议”之誉；在此基础上，喊响了“赤化全球”的口号，并留下了唯一一条石刻标语，成为川陕革命根据地时期最豪迈的红军标语；旺苍成为川陕革命根据地后期政治军事中心后，从部队扩编增设建制到陕南战役、实施“川陕甘计划”扩大根据地，从政权巩固到挥师西进走上长征路，可以说成就了川陕革命根

① 《红军在旺苍》第三辑，第35页。

② 《红军妇女独立师》，大众文艺出版社，2009。

③ 《纪念木门会议召开80周年学术研讨会论文集·在纪念木门会议召开80周年学术研讨会上的讲话》，中共党史出版社，2014年1月。

据地发展史上的顶峰期。

4. 有着成熟的川陕革命根据地红色文化中心标志

按中外专家对文化文明中心的定义及标准，要成为一种文化形态的中心要有成型的城市结构、完整的政权组织，有规模性的经济、军事、生活等显著的文化文明要素等。拿这些条件来衡量川陕革命老区的红色文化中心，川陕革命根据地核心区内的巴中没有、达州没有、南充没有、汉中没有，只有旺苍的红军城符合红色文化中心的特征，有保存完整的城市建筑群和多达50多处的旧址群落。川陕革命老区的政治建设、军事建设、经济建设、社会建设、文化建设等，都能在旺苍红军城中找到见证，并且这些建筑群落保存完好，基本都是当时的原址原貌，没有人为破坏与新建，是留存典型和成熟的川陕革命根据地红色文化中心标志。

（二）区位与基础优势

区位及交通优势突出。广元地处川陕甘三省结合部，东邻巴中市、西连绵阳、南靠阆中，北与陕西宁强、甘肃文县接壤，处于川陕革命根据地红色旅游富集区的中心地带，交通方便，辐射能力较强。

广元已经初步形成连接西南西北、通江达海的立体综合交通枢纽，境内有京昆、兰海、广巴达3条高速公路，有宝成、兰渝、西成、广巴达4条铁路，有“一带一路”的渝新欧铁路、蓉欧班列；广元机场已开通到达北京、杭州、广州、深圳、上海、贵阳、石家庄、昆明、济南、南宁、乌鲁木齐11个城市的航线；广元港已经开港，完全通航后1000吨轮船可直抵重庆、上海等地。

旺苍中国红军城距广元中心城区只有60余公里，又处于川陕革命根据地中心区域，北邻陕西，东接巴中，南下苍溪、阆中，充分享有川陕老区和川东北经济区中心区位，其交通优势明显。

（三）旺苍中国红军城规划到位，保存完整，可视化程度高

2007年，旺苍投入6.9亿元，实施保护开发中国红军城项目。项目按

照国家5A级旅游景区标准，坚持修旧如旧，坚持保护为主，开发为辅，落脚红色基因传承，方便观光旅游，对旺苍老城进行保护性改造。项目从2007年5月开始到2011年6月结束，前后用了4年多时间对外围景观和基础设施进行改造，工程面积达到6.3万平方米。

中国红军城保护改造项目对老城文昌街、龙潭街、王庙街、木市巷"三街一巷"按照民国初年川北古镇建筑风格实施了整体风貌改造，修旧如旧，一如当时川陕苏区后期时党政军机关在旺苍驻地原样。项目还对26处重要的川陕苏区后期党政军工作活动旧址实行了整体回购，实施重点保护，并在此基础上，建立起红色旧址陈列主体群。项目还注重恢复古镇原有业态及场景，引导居民恢复民俗文化，开办老字号商店，配套发展旅游产业链。

2017年11月16日，中国红军城第二期改造工程完成并对外开放。中国红军城第二期工程重点对核心区进行了升级改造，改造提升了财神庙、上清宫、工农剧团、红军剧场等重要景点的功能，完成了城区引水工程与街面店招店牌的统一。

四　构建川陕革命老区"一干多支"红色旅游格局的对策建议

（一）走出认识误区，增强川陕革命老区红色文化自信

受张国焘问题的影响，长期以来，广元在传承弘扬川陕革命老区红色文化和发展川陕革命老区红色旅游中，没站在历史唯物主义的立场，思想受缚，认识片面，信心不足，决心不够，导致该区域红色文化建设滞后，甚至到了今天，一些地方还不敢面对历史。从历史唯物主义的角度出发，还原一个历史的、真实的川陕革命老区，那才是川陕革命老区红色文化红色旅游最大的魅力，也是通过红色旅游振兴川陕革命老区最好的切入点。

（二）成立川陕革命老区红色旅游联盟，以“一干多支”格局共谋协同发展

1. 做好以旺苍中国红军城为中心的川陕革命老区红色旅游整体发展规划

在成立川陕革命老区红色旅游联盟的基础上，共同谋划以旺苍红军城为中心的川陕老区红色旅游空间格局。也就是说，要以旺苍红军城为“干”，以川陕革命老区核心区域景区景点为中轴，以川陕革命老区边沿区域为辐射，构建“一干多支”的川陕革命老区红色旅游空间格局。

抛开中心看中心。在1932年底到1934年10月前相当一段时期内，川陕革命老区政治军事的事实中心，应该说是以通江和巴中为主。但要确定旅游中心，就应该从遗址保存的完整度、辐射性、稀缺性和主题性来考虑。如前文所分析，以旺苍红军城为中心复原川陕革命老区历史进程和展示川陕革命老区整体风貌，是川陕革命老区内任何景区、任何景点都无法替代的。因而规划要体现以下几个原则：一是做到历史资料的完整性；二是做到历史资料的共享性；三是做到品牌塑造的一致性；四是做到旅游景点的联动性；五是整合资源提质增效。

红四方面军在川陕革命老区开辟的战场多，战斗多，建立的政权遍布川北山区，留下的遗址遗迹数不胜数。景点建设应该站在川陕革命老区的整体角度上全盘考虑，统一部署，科学布局，以求得价值最大化。这就需要从川陕渝三省市的角度考虑建立一个川陕老区红色旅游的管理开发机构，统一规划开发川陕革命根据地的红色旅游发展。避免遍地开花，造成资源重叠与浪费。以广元为例，市区目前已经建有南山红军文化园和红星公园两个红色基因传承基地，又在规划建设一个红色文化产业园。如果这个产业园放在旺苍红军城，与旺苍红军城产旅融合发展，把红军城的品牌做强做大，说不定效果更好。

2. 集中人力物力财力打造旺苍中国红军城，争创5A级景区，开创川陕革命老区智慧红色旅游中心

（1）集中各方力量，按照国家5A级景区的标准，加快把旺苍红军城建设成国家5A级景区，从软硬件方面改善加强提升旺苍红军城旅游环境的条

件与质量，使之成为川陕革命老区第一个成规模、有品质的国家5A级景区，并在全国著名革命老区中占有一席之地。同时，把旺苍红军城正式命名为“列宁市”，在全国红色旅游景区中成为独特性、稀缺性资源，使之成为马克思主义理想信念实践教育的一面大旗，以提升红色旅游价值与知名度。

（2）运用现代科技，打造川陕革命老区最大川陕苏区革命历史文化博物馆和红四方面军军史馆。旺苍红军城具有川陕革命老区所有的政权要素和军事要素，加上是长征战略集结地与出发地，以及列宁市、木门军事会议等品牌因素，可以在现有的川陕革命老区后期中心旧址区建立一个更加完整完善的川陕苏区革命历史文化博物馆和红四方面军军史馆。巴中现有一个川陕革命根据地博物馆，但内容展示还不全面，对巴中的内容介绍多而强，对其他地方内容的介绍相对简单而弱。如果再有详细介绍红四方面军前世今生的一个军史展馆，配合川陕革命苏区历史文化博物馆，珠联璧合，提升中国红军城规模，那么宣传教育效果和旅游价值就更加突出。

（3）建立中国红军精神培训与研究学院。红四方面军制定统一的全军训词“智勇坚定，排难创新，团结奋斗，不胜不休”，被川陕革命老区人民和今天的党史研究者直接归结为红军精神。红四方面军能在无比艰苦的环境中创建起川陕革命根据地，能把进川时15000人的队伍发展到长征时10万人的队伍，就是这一精神的成功。红军这一精神源起红船精神，是川陕革命老区人民培根铸魂的宝贵精神食粮。建立中国红军精神培训与研究学院，能把红色基因传承下去，能把红军精神与新时代的奋斗精神有机结合起来，以激励更多的人不忘初心，奋进新时代。

（4）申报升级现有文物单位保护等级，争取进入全国重点文物保护单位序列，以提升红色旅游品位与档次。理由有二，其一，红四方面军在准备长征时集中在旺苍坝期间，创建了中国人民解放军建军史上若干第一，其唯一性具有全国价值；其二，现在的旺苍中国红军城作为川陕革命老区后期中心旧址，保留着当时的建筑群落，原址原貌，没有人为破坏，其整体性、规模性、集中性在全国革命老区中也不多见。从价值、旧址规模上讲，申报全国文物保护单位并扩展成中国红军城大有希望。

（5）建立“川陕革命根据地纪念碑”。川陕革命根据地应该有自己鲜明独特的标志。在旺苍红军城印月潭等显要位置建立一座“川陕革命根据地纪念碑”，作为川陕革命老区的标志，显示川陕革命老区的存在与尊严，更是川陕革命老区红色旅游的导航牌。主题字可请中央主要领导人题写，内容分两大部分，一是红四方面军创建川陕革命根据地的过程，二是川陕革命根据地的面积、范围、人口、政权组织概述等。设计要大气、精美、主题突出，要个性鲜明、别具一格。

（三）做好以旺苍红军城红色旅游为中心的精品旅游线路设计

根据川陕革命老区和红四方面军在当时的建设进程、重要会议、重要事件、重大战役、行动节点的具体情况，结合川陕革命老区当今红色旅游景区景点布局，设计以旺苍红军城为中心的精品旅游线路。

1. 红四方面军出入川线路游

红四方面军到达陕西后，原计划建立陕西革命根据地，后发现因四川军阀混战而川北空虚，即决定进军川北建立川陕革命根据地。红军从通江入川进入南江、巴中后，迅即向西扩大至旺苍、苍溪、广元等地，向东扩大至万源、重庆城口一带，向南扩展到营山、渠县一带。进广元的第一站是旺苍县的大德乡，离开广元的最后地点是剑阁秀钟乡和青川青溪、房石二镇。然后继续长征，三次过雪山草地，于1936年底出川，与三大主力红军会师。据此设计旅游线路，不仅能扩展红色旅游范围，还能深入体会红军坚定的信念和不胜不休的精神。

2. 川陕革命根据地中心游

红四方面军创建川陕革命根据地后，随着形势的不断变化，根据地中心也随着调整变化。相对地说，早期在通江，中期在巴中，后期在旺苍坝。在反“三路围攻”和反“六路围攻”中，为配合收缩阵地、诱敌深入、各个击破的战略，根据地中心一度在通江或巴中之间置换。要理解政权和军队建设的不易，要对川陕革命根据地的政权建设和军队建设有一个全面深入的了解，可以设计川陕革命根据地中心游。

3. 重大战役战场游

以东西线战场分，红四方面军在川陕革命根据地时主要分东西线战场，东西线战场又体现在反“三路围攻”、反“六路围攻”上，如东线通江空山坝决战、万源保卫战，西线旺苍三江坝激战、苍溪黄猫垭歼灭战等；以重大战役分，红四方面军在川陕革命根据地的主要战役有：反“三路围攻”、反“六路围攻”、仪（陇）南（部）战役、营（山）渠（县）战役、宣（汉）达（县）战役、广昭战役、陕南战役、强渡嘉陵江战役等，可以据此设计旅游线路。

4. 重要会议旧址游（见表2）

表 2　创建川陕革命根据地重要节点会议情况

会议名称	时间	地点	主要内容
小河口和钟家沟会议	1932 年 12 月 9 日 1932 年 12 月 15 日	陕西城固县小河口和西乡县钟家沟	确定建立根据地目标
木门军事会议	1933 年 6 月底	旺苍县木门镇青龙寨木门寺	由 4 个师扩编为 4 个军
毛浴镇会议	1934 年 11 月 1 ~9 日	通江县毛浴镇	通过部队党务政务文件、统一全军训词
清江渡会议	1934 年 11 月中旬	巴中县清江渡	总结反“六路围攻”经验、提出扩大根据地的“川陕甘计划”
中共川陕省第一次党代会	1933 年 2 月 7 日	通江县城	组建中共川陕省委员会
川陕省第一次工农兵代表大会	1933 年 2 月中旬	通江县城	成立川陕省苏维埃政权
中共川陕省第二次党代会	1933 年 6 月 23 日	通江县新场坝	成立新的省委
川陕省第二次工农兵代表大会	1933 年 8 月 1 日	巴中县城	通过《目前政治形势和川陕省苏维埃的任务》决议
中共川陕省第三次党代会	1933 年 12 月 11 日	宣汉双河场	动员反“六路围攻”斗争
中共川陕省第四次党代会	1934 年 10 月下旬	巴中县城	成立了新的省委
川陕省第三次工农兵代表大会	1934 年 12 月 11 日	巴中	贯彻落实川陕省第四次党代会精神

资料来源：根据四川人民出版社《川陕苏区·总卷》资料整理。

（四）红绿融合发展，打好组合拳

依托整个川陕革命老区红色文化资源为基础的旺苍红军城要成为川陕革命老区红色旅游中心，还有一个优势基础，就是广元地区的综合旅游基础。广元现有20个4A级国家景区，1个5A级国家景区，数量为四川第二，全国第五。其中，历史文化生态旅游最具特色。旺苍红军城所在地的旺苍县，更有人间仙境之誉。境内有米仓山国家自然保护区，保护区内的鼓城山、七里峡、旺苍大峡谷、檬子大峡谷等闻名遐迩，境内还有举世罕见的地质奇观仓王峡、川北名泉鹿亭溪温泉、嘉川恐龙化石群等。因而荣誉不断加身，是国家重点生态功能区、全国首批有机产品认证示范县、中国名茶之乡、中国最具影响力的生态红色旅游示范县、全国文化先进县……如果做到“红绿”融合发展，再结合乡村振兴，把红色旅游链条延伸到川陕革命老区的山山水水，融入全域旅游中，川陕革命老区旅游致富就更有优势。

参考文献

四川省老区建设促进会、中共四川省委党史研究室：《川陕苏区》，四川出版集团、四川人民出版社，2012。

赵小波、陈杰、裴亮亮：《长征文化资源（四川段）集萃》，四川人民出版社，2013。

杨先农、向自强、欧亚：《长征路线（四川段）文化资源研究·广元卷》，四川人民出版社，2012。

李后强、王承先：《长征精神与川陕革命老区振兴发展学术研讨会论文集》，四川人民出版社，2016。

《红四方面军在绵阳广元斗争纪实》，四川省社会科学院出版社，1986。

B.9
提升广元城市文化品位的对策与建议

刘志国　何自力*

摘　要：　党的十八大以来，广元走生态立市、文旅兴市、绿色崛起的战略发展之路，坚持弘扬中国传统文化精神，努力提升广元城市文化品位，取得了引人瞩目的成绩：坚持顶层规划引领，城市文化品牌意识显著增强；坚持高标准建设，城市文化品位效应不断扩大；坚持精细管理保护，城市文化品位明显提升；坚持理念创新，城市文化与旅游融合发展加快。但也存在不少影响城市文化品位进一步提升的瓶颈性问题，如城市文化元素提炼不够、城市文化品牌影响力不强、城市文化设施不够完善、文化旅游深度融合发展不足、专业技术人才严重短缺等。针对这些问题，报告从六个方面提出了应对策略与办法。

关键词：　城市文化　文化品位　广元市

一　研究背景与方法程序

广元于2019年4月组织部分省、市政协委员、市级相关部门、有关专家围绕“提升广元城市文化品位”主题，深入市级有关单位、市城区有关地方开展专题调研，广泛听取有关方面的意见建议，并召开界别协商座谈会

* 刘志国、何自力，广元市政协。

协商建言，结合政协委员对提升广元城市文化品位的意见建议，形成本研究报告。

二 提升广元城市文化品位成效概述

（一）坚持顶层规划引领，城市文化品牌意识显著增强

党的十八大以来，“生态立市、工业强市、文旅兴市、融合发展”成为广元市委市政府战略发展重点。其中，又以文旅融合发展为突破口，特别是在城市文化品位的提升上下大功夫（见表1）。

表1 广元市城区文化体育设施建设情况

年份：2018年

全国重点文保单位（处）	文化艺术中心（处）	文化展示长廊（处）	城市公园、（个）	城市雕塑（个）	标志性文化建筑（楼、台、塔）（处）	城市广场（处）	体育场（馆）（个）
3	1	2	9（含4个在建）	26	7	12	6

说明：文化艺术中心包括市博物馆（含市纪念馆）、市图书馆、市文化馆、市美术馆、市非遗保护中心、市文化艺术研究院。

资料来源：广元市文化广播电视和旅游局、广元市住房和城乡建设局相关统计资料。

1. 高起点谋划主题文化

结合广元城市发展和文化品位提升，对城市文化进行科学定位，明确以武则天名人文化、蜀道文化、三国文化、红色文化等齐头并进的多元文化，纳入了新一轮广元市城市总体规划修编。提出了建设“川陕甘结合部区域中心城市，四川北向东出门户型综合交通枢纽，生态康养旅游名市，历史文化名城”的城市发展目标，文旅融合，大力发展文化旅游产业。并对历史城区、历史文化街区、历史风貌区等重点保护片区提出了综合性的保护控制

措施。依托山水格局、景观资源和文化资源，打造“山水秀城、蜀道名城、时代新城”的城市风貌。

2. 高质量编制专项规划

结合武则天名人文化和蜀道文化主题，高质量编制完成了广元历史文化名城保护、城市色彩、城市雕塑、夜景照明、城市天际轮廓线等专项规划和大唐利州女皇城、三江新区核心区等城市设计，从历史文化保护、城市色彩、建筑风貌、夜景照明、雕塑小品、天际轮廓等方面对城市文化进行充分展示，再现城市工业文化记忆和历史遗址遗迹，展现大唐利州古城和广元新城新形象。按照文旅兴市要求，将城市文化内涵植入项目规划设计中，完成了栖凤湖、城市出入口、美丽旅途等文化景观项目及黑石坡森林公园、川陕苏区红军文化园、大华纱厂烟波坊美食城、瓷窑遗址公园、乌龙山皇泽禅院禅修养生园等重要文化产业节点规划。还依托特色文化资源打造了蜀道诗歌大道、凤凰山女儿诗墙、凤冠广场、凤羽广场等城市文化展示项目。以项目为载体，充分展示了广元中心城区武则天名人文化、市域范围蜀道文化的广元城市文化主题格调。

（二）坚持高标准建设，城市文化品牌效应不断扩大

城市文化品位，重在顶层设计，重在起点高，发展空间大，标准科学化，广元在此走在了前列。

（1）加大城市配套文化项目建设。高标准建设了展示武则天名人文化的水上公园观景平台等市政项目，谋划女皇产业园项目，启动了皇泽禅院、利州凤街、平桥市政广场等一批城市文化广场建设，充分彰显城市以武则天为代表的女儿文化意蕴。在站前广场、平桥等城市节点建起了一批展示城市地域特色文化的雕塑，突出了广元的文化特色与亮点。

（2）凤凰山公园“女儿诗墙”景观建设、“宿凤亭”、“凤凰楼文化馆”的打造，使武则天名人文化与公园的整体风貌相协调，体现了集休闲、娱乐、文体活动等多功能融于一体的综合公园布局。

（3）在嘉陵江右岸将军桥段至摩尔天成段打造了蜀道诗歌大道，配合

嘉陵江生态步行道，把诗词楹联融入城市，让城市更赋诗韵。

（4）按照“绿化、彩化、美化、香化、亮化”标准，建成了滨河北路带状公园，营造出自然、通透、开阔的水岸绿色风光，建成“水清、岸绿、花香、鸟鸣”的亮丽风景线，增加了以“康养、孝道”为主题的园林小品。在广场以人物群雕和地面浮雕的方式呈现老城故事、城市变迁和广元地域文化。

（5）完成了红星公园改造。红军塔、红军礼赞雕塑、红星乐章、红星墨韵以及画卷长廊，分别以诗歌、书法、音乐、图画等文化艺术形式传承红军精神。红军塔成为市城区东部的地标。

（三）坚持精细管理保护，城市文化品位明显提升

1. 严把审查审批关

完善了审查、审议的“两会”制度，将文化部门纳入规委会成员单位，邀请文化类专家作为专委会专家，全面推行规划管理信息平台和多部门多管齐下的项目并联审批机制，重点对文化内涵进行严格把控，有效保障了项目的各类文化建设内容落实。

2. 强化源头管控保护

认真执行《广元市规划管理技术规定》《建筑风貌设计导则》《广元市历史乡土建筑和传统村落保护办法》等标准规定，强化对空间布局、建筑风貌、历史文化建筑保护等刚性约束，严格控制嘉陵老城、凤凰山、皇泽寺等保护范围周边建筑高度及风貌。开展了市级历史文化街区、传统村落及历史、乡土建筑普查，制作了文保标识标牌。加强文化符号载入，在雕塑、路灯设计中，融入凤凰、蜀道诗歌等文化元素，塑造城市文化印象。加强城市记忆保护，在推进旧城改造、棚户区改造过程中，积极做好古民居、古建筑的保护和修缮工作，积极实施街道风貌打造工程，进一步彰显文化特色。

3. 加强城市生态文化保护

坚持城市建设与生态建设相结合，培育城市鲜明的生态文化。建成自行车步行绿道和城市生态休闲廊道100余公里。目前正在加快南河滨河、长滩河和嘉陵江两岸待建绿地和水岸华府至碧桂园绿化景观建设等。

（四）坚持理念创新，城市文化与旅游融合发展加快

1. 树立文化优先发展理念

2008 年“5 · 12”特大地震灾后重建伊始，许多开发商把目光放在了利州广场和万缘新区的黄金地段，想在这个地方开发商业用房。时任市委主要领导与班子达成共识，决定将这两个黄金口岸用于新建市文化艺术中心和传媒中心，成为城市中心最醒目最壮观的文化标志。同时，争取灾后重建的机会，协调促成宝成铁路、108 国道改道，让皇泽寺、千佛崖、剑门关、明月峡等国家重点文物保护单位得到更加有效保护，创造了“拿最好的口岸办文化”“千难万难不让国家文物保护单位为难”“公路铁路为文化让路”的文化发展奇迹。

2. 树立文化经济一体发展理念

坚持把文化工作当经济工作来抓，把文化产业作为广元后发优势的核心竞争力培育，充分做好“文化 +”文章。“文化 + 规划”。在战略发展策略上，提出了“生态立市、工业强市、文旅兴市、融合发展”的战略发展思路，坚持把文化符号融入城市重要节点和干线，让“剑门蜀道、女皇故里”的文化内涵和对外形象日益丰满。“文化 + 旅游”。坚持以文化为魂，旅游为体，大景观体现地域文化品牌，小品件体现地域文化元素，推动形成产城一体、景城一体、园城一体格局。“文化 + 科技”。建设数字图书馆、博物馆、文化馆，建成网络广播电视台，开通广播电视直播互动节目，大幅提升文化传播能力。“文化 + 产品”。把文化变产品，礼品变商品，推进文化创意和设计服务与相关产业融合，大力开发文博、非遗、奇石等文化创意产品，不断扩大本地特色产品市场份额。

三　城市文化品位提升存在的主要问题

（一）城市文化元素提炼不够

广元拥有蜀道文化、三国文化、武则天名人文化、红色文化、民俗文化

等多种文化类型，但缺乏系统梳理和提炼，城市形象未充分传承历史文化，城市街道、建筑和景观缺乏系统化的文化元素与符号组织，在建筑风貌和空间关系上与历史建筑缺乏有机联系，城市建设发展与文化元素有机融合不足，规划设计理念有待进一步提升。如城市街道的命名，显得杂乱无章。片区与片区之间关联性差。上西街道的命名，基本突出了武则天名人文化的传统元素。南河片区的北京路、上海路、南京路、幸福巷等，都是复制名，舶来品，毫无地域文化特色可言。老城基本按传统的方位命名延续外，加进了新华街、建设路等具有现代意义的新名词，但缺乏章法。东坝片区的利州路、苴国路、兴安路、绵谷路等，本想突出广元的历史沿革变迁，却又加进了电子路、文化路、教育路等，街名文化就变得不伦不类了。总之，就街名文化而言，其缺乏整体规划，缺乏统一性、科学性与特色性，显得随意性太大。在将来调整街名时，可考虑据武则天名人文化、蜀道文化、三国文化、红色文化、广元历史沿革等地方文化主题，按分区集中原则命名。

（二）城市文化品牌影响力不强

广元虽提出了建设“中国生态康养旅游名市”之目标，但有影响力的文化及旅游品牌较少。“剑门蜀道、女皇故里”的城市旅游形象宣传口号属于“资源性主题标识”，影响力不够大，不能满足“生态康养旅游名市”建设的需要。“康养名都”的提法，更是远离实际，基础设施、康养条件都还处于创建阶段，还不如“山水园林城市”来得实在，来得现实，更具文化旅游魅力。再就是，缺乏集文化艺术、人文历史、文旅服务、地域景观等元素为一体的“城市文化会客厅”功能，城市文化宣传不到位，城市文化品牌效应缺乏。

（三）城市文化设施不够完善

缺乏标志性文化建筑。广元以“剑门蜀道、女皇故里”、“三国文化”、“女儿文化”、“红色文化”等为主要文化名片，但目前广元城市内具有这些代表性的文化标识少之又少，更不用说成片成带成规模的文化标识、文化街区了。东山上的凤凰楼在后起的高楼大厦映衬下已经不如过去高大壮观了。一踏进广元西大门，迎面而见的是马踏飞燕的雕塑，不是一代女皇武则天的塑像，不是“蜀道难”的雕塑，不是“红四方面军强渡嘉陵江开始长征”的群像，没有体现广元历史文化特征，哪怕是与广元文化特色有关系的任何创意也可以，随意性让广元的城市文化形象矮化了。广元城区现有雕塑类别单一，从体量上看以小型和中型雕塑为主，艺术手法和材质较为单一，缺乏代表性作品。还有就是地方文化元素开发利用不够。如凤凰山公园、红星公园等文化主题公园，大多满足于游园、休憩等基本功能，缺乏对文化进行深度挖掘和全新演绎。就以红军文化园和红星公园为例，既然是以红色文化为基调，以弘扬红军精神为目的，公园的气氛，公园的环境就更应该具有红色文化的味道。红军文化园题材不少，可惜隐藏在南山之上，上去的路窄而陡，弯路多，标识也不明显，就是作为休闲之地，开车上去也不方便。红星公园呢，题材少，规模也不大，影响力可想而知。如果作为川陕革命根据地的西大门，建一座规模宏大的“川陕革命根据地纪念碑”矗立在那儿，作为东进川陕革命老区的门户，意义和效果就不言而喻了。

（四）文化旅游融合发展不足

一是现代公共文化服务体系尚需完善，文化馆、图书馆、博物馆提档升级工作还需进一步加强。二是文旅产业实力不强，文化旅游企业规模存在小、散的格局，文化市场以传统业态为主，产业层次总体水平不高，新兴业态培育进展缓慢，难以满足消费者多样化、多方面、多层次的精神文化需求。三是文化资源转化形式较为单一，深入挖掘文化、创造文化、利用文化还处于初级阶段，文创产品市场化机制不够，与互联网、移动多媒体等新业态融合不够。

（五）文物保护专业技术人才和经费严重不足

目前广元有全国重点文物保护单位 6 处，省级文物保护单位 67 处，市县级文物保护单位253处。有文物库房10个，文物收藏单位19家，馆藏文物5155件（套）（其中一级文物25件，二级文物194件，三级文物3004件）。有博物馆（纪念馆）12家，其中5家列入国家免费开放名录，皇泽寺博物馆为国家三级博物馆。广元历史文化厚重，文物众多，又面临蜀道申遗，但人才和经费却难以适应文保工作的需要。更为重要的是，专业人才的严重缺乏，影响着文旅融合进一步深入发展。市文物局、县区文管所为数不多的管理人员很少专业出身，而且流动性大，严重影响到文物保护的质量。再说文物保护经费，326处国家、省、市、县重点文物保护单位，每年预算经费和文物保护专项经费与文物大市不相匹配，甚至在原有经费上还要打折，不能不引起思考（见表2）。

表2　2018年广元市文物管理单位人员和经费情况

单位	国保（处）	省保（处）	市保（处）	县保（处）	在编职工人数（人）	中级以上职称人数（人）	2018年各级财政预算及文保专项经费（万元）
皇泽寺	1	1			18	13	747.54
千佛崖	1				18	11	560
市博物馆					10	7	144
苍溪县		18	10	39	21	3	662
剑阁县	2	12	17	30	8	3	77
旺苍县		14	8	52	4	1	84.3
青川县	1	4	7	4	12	5	388.8
利州区	1	3	8	9	2	0	15
昭化区	1	10	8	27	8	1	471
朝天区	1	5	11	23		0	

资料来源：广元市文化广播电视和旅游局相关统计资料。

四　提升城市文化品位的对策建议

城市是文化的载体，文化是城市的灵魂。城市的文化品位是一个城

市的文化品质、文化地位以及由此产生的文化影响力的一种城市形态。建议在今后的工作中，广元进一步加大力度，紧紧围绕建设中国生态康养旅游名市、川陕甘结合部区域文化中心城市和国家历史文化名城目标，驰而不息地抓好广元城市文化品位的提升工作，充分彰显城市特色与魅力。

（一）进一步明确城市总体形象定位

要突出广元地域特色、文化传统、人文特征和文化底蕴，进一步深化历史文化脉络的梳理和提炼，加强对城市总体形象定位的系统性研究，纳入国土规划编制中并进行顶层设计，强化规划引领和刚性约束。基于广元文物古迹众多，历史文化厚重，生态资源优良等特征和建设中国生态康养旅游名市的战略，借鉴杭州市等城市形象定位的成功经验，运用特色定位、比较优势定位等方法，将广元的城市形象提炼为“蜀道核心，女皇故里，古游天堂”或“蜀道核心，女皇故里，古游天堂，康养名市”，并在下一步城市规划、景观设计、街区打造中更多匹配和融入体现广元城市总体形象的主题文化元素。

（二）进一步融入文化元素打造城市名片

文化构成城市的内核，彰显城市的个性和魅力。在城市规划建设中要将广元特有的武则天名人文化、蜀道文化、三国文化、红色文化等文化元素巧妙地渗透融入城市公园、广场、绿地、景观灯、建筑、街道及公共设施中，形成“片区 - 街道 - 节点 - 建筑 - 小品”的文化展示系统，充分展示城市文化。着力做好老城历史文化老街保护与恢复以及古民居和古建筑的保护和修缮工作，从严控制凤凰山公园周边建筑高度，保护好广元地标建筑凤凰楼及视线通道。建设一批有文化品位、有思想内涵、有艺术观赏价值的城市雕塑，精心打造城市文化会客厅，加大城市文化宣传力度，真正让广元成为一个有灵魂、有记忆、有特色、有品位、有认同感的城市。

（三）进一步完善城市文化设施与功能

一是高水平规划打造南河万缘段至栖凤湖沿岸文化亮化景观。进一步提升沿江绿化景观，控制新建建筑外立面色彩，加快老旧建筑外立面色彩和屋顶改造，规划实施滨江滨河亮化工程，增加水上文化娱乐项目，使城市滨江滨河沿岸绿化、亮化、建筑立面色彩以及水上文化娱乐项目和谐统一、相融互促。二是在城市公园、广场建设中要更加注重配套健步道、自行车道、路面标识系统、防灾避险等便民游憩设施，更多引入亲子、益智、健身、怡情的活动项目，致力于为市民打造清新、亲切、舒适的游玩环境。三是增设具有休息、宣教等功能的城市园林小品。四是提升城市文化景观。搞好凤凰山公园、红星公园等主题文化的深度挖掘和演绎提升。按照“公园城市”建设要求，在黑石坡森林公园、蜀道植物园、莲花公园、水柜公园等公园建设中，做到“一园一品一主题”，让公园既有“颜值”，也有“气质”。

（四）进一步推动文旅深度融合发展

继续抢抓打造大蜀道世界级文化旅游品牌契机，加快大蜀道国际旅游目的地核心区建设，做好“文化+”“旅游+”文章。狠抓华侨城剑门关旅游区、昭化古城旅游度假区、新华联曾家山旅游综合开发等“十大项目”建设。精心实施皇泽寺博物馆改造提升及千佛崖文保项目，推动皇泽寺、千佛崖、栖凤湖联动发展。加强广元历史文化资源挖掘、研究、保护和利用，推动优秀传统文化创造性转化创新性发展。积极抓好蜀道申遗、国家历史文化名城申报工作，加快历史名镇、名村、街区、村落、古民居、古建筑的抢救保护工作。实施非遗保护传承发展工程。进一步推动文化馆、图书馆、博物馆提档升级和数字化建设。

加快建设大蜀道博物馆和新石器博物馆。中国蜀道看广元，四川 4 条蜀道申遗，广元就占 3 条，而且是包含陕西、甘肃在内的整个蜀道保存最为完整的部分，特别是历史最为悠久的金牛道，开辟于商周，至今有 3000 年以上的历史。沿途古建筑、古石刻、古树木等文物星罗棋布，涉及重点文物保护单位12处，中国历史文化名镇1处，中国传统村落10处，国家风景名胜区2处，国家自然保护区2处。以此为基础，修建大蜀道博物馆，将蜀道的不同类型构建及历史沿革、重点文物展示于其中，让中国蜀道浓缩于此，对保护好和利用好大蜀道具有深远的意义。同时，广元在20世纪末对广元境内早期人类活动遗址进行了考古发掘，在中子铺、张家坡等地采集到大量的石核、石叶、石片等新石器时代的细石器，经碳14测定，距今有7000年的历史。这说明，7000年前广元就有了人类活动，蜀道形成的历史更加久远。可在大蜀道博物馆开设新石器博物馆，或单独成馆，用以展示广元的古老文明。

（五）倾力打造"中国古游天堂"品牌

世界旅游城市联合会首席专家魏小安指出：广元"古城古镇古村落，古关古道古街区，古树古崖古驿馆古渡口，全国独一"。感叹"广元就是古游天堂"。市委、市政府及有关部门应该高度重视打造"古游天堂"这张名片，并纳入工作规划、计划，积极争取国家文化旅游部、省文化旅游厅纳入国家和省的有关发展规划，力求在项目、资金等方面获得支持。在此基础上，有关部门可考虑建立"广元市十古旅游联盟"，继续做好广元"十古"的深入研究和开发利用的创意策划工作，大力做好广元"十古"等现有文物古迹遗存的科学保护与开发利用这篇大文章，并应用于实践。如考虑建立"广元十古旅行社"，实地做好"十古"旅游开发。再就是利用现有"十古"旅游资源，以点带面，做好"全古旅游"的推介工作，让身临现场的游客每看"一古"就立刻能体会到"古游"的魅力。比如在昭化古城设立"十古旅游基地"，昭化古城在广元"十古"中就占有"七古"，本身就是古城、古镇的规模，古驿站、古街、古村自在其中，古关有葭萌关、天雄关，古渡口有桔柏渡，古墓有费祎墓、鲍三娘墓等。加上其他古游内容，如古院落、古考棚、古衙门、古书院、古牌坊、古城墙等，昭化就是现成的"全古旅游基地"。通过建设昭化这一"全古旅游基地"，加大对外宣传营销工作力度，大力提升广元文物古迹游的知名度和美誉度，努力使广元成为名副其实的中国古游天堂。再就是，对广元“十古”进行一次全面清理普查，对有文物价值和观赏价值的文物古迹进行编号，并配于统一的标识，挂牌进行保护和宣传，营造“古游天堂”氛围。

（六）着力提升市民文明素质

一是设立专门的城市文化建设研究机构，加快广元人才高地建设，积极创造条件引进文化、旅游、城市规划、建设等方面紧缺的高层人才。创新方式，加强本地人才培养。大力支持高校发展。二是深化市民素质教育提升，大力推动第六届全国文明城市创建，浓墨重彩讲好“广元故事”，大张旗鼓弘扬“广元精神”，不断提升市民文明素养，在全社会着力形成价值引领、信仰立身、遵法守纪、崇德向善的良好风尚。

参考文献

政协广元市委员会：《广元十古》，中国文史出版社，2019。

杨宏海：《提升城市规划的内涵与品位——读蒋遵玉、冯现学主编〈为了美好家园〉》，《特区经济》2001 年第 4 期。

徐立华：《用文化之“魂”提升城市发展品质》，《群众》2010 年第 11 期。

B.10
广元乡村旅游发展现状研究（2018）

吴祥俊　白少强　侯　凯*

摘　要： 广元把创建中国生态康养旅游名市作为与全国同步全面建成小康社会、实现乡村振兴战略的重要抓手，把发展乡村旅游作为经济社会发展的战略规划项目。报告对广元乡村旅游发展现状、优势与不足进行了系统梳理与分析，并立足实际提出了广元发展乡村旅游的对策建议。为广元创建中国生态康养旅游名市、国家全域旅游示范区，打造川陕甘核心乡村旅游目的地提供决策依据。

关键词： 乡村旅游　基础优势　广元市

发展乡村旅游是我国全面建成小康社会、实现乡村振兴战略的重要抓手，中央、省、市都对发展乡村旅游高度重视，将其作为经济社会发展的战略规划项目。2016 年，中共广元市委第七次党代会提出“生态立市、工业强市、文旅兴市、融合发展”总体思路和“实施全域旅游带动、建设中国生态康养旅游名市”战略目标。2017 年，中共广元市委七届二次全会做出了《关于推进绿色发展实现绿色崛起建设中国生态康养旅游名市的决定》，确立了把广元建设成为中国生态康养旅游名市、国家全域旅游示范区和大蜀道国际旅游目的地总体目标。发展好乡村旅游对于创建生态康养旅游名市具有重要作用。因此，摸清广元乡村旅游发展现状，分析清楚发展优势与不

---

* 吴祥俊、白少强、侯凯，中共广元市委党校。

足，找准发展对策，对于推动广元乡村旅游更快、更好发展有着极为重要的积极意义。

一　广元乡村旅游发展现状

（一）广元乡村旅游发展的潜在优势

1. 乡村旅游资源丰富多样

广元有得天独厚的生态康养旅游基础，气候资源、生态资源、自然资源、文化资源、旅游资源、温泉资源、农产品资源等都较丰富，资源等级高，组合性好。其中，文化资源中既有传统文化资源，又有现代文化资源；生态资源富集，森林覆盖率高达 56.18%，生态环境良好，动植物资源十分丰富，珍贵野生木本植物 832 种，大山大水大森林特征突出；高品质农产品苍溪红心猕猴桃和雪梨、米仓山牌富硒富锌绿茶、青川黑木耳、朝天核桃、剑门关豆腐、广元油橄榄等具有较高知名度。

2. 交通条件大为改善

广元地处川陕甘三省结合部，为四川的北大门，位于重庆、成都、西安、兰州四大区域中心城市交会的中心位置，作为四川省八个交通枢纽之一，基本形成了海陆空便捷的立体交通网络，是成（都）西（安）高铁线上的重要城市，是中国北部入川通往世界著名旅游目的地九寨沟最便捷的城市。随着广元到成都、重庆动车的开通，广元旅游进入高铁时代，成都、重庆、西安、兰州四大城市将实现 2 小时到达广元，可进入性明显提升。同时，广元市中心城区与各县区之间已基本形成 1 小时交通圈，市内各重要乡村旅游景点交通连接性较好。这些市内市外交通的便捷为广元发展乡村旅游提供了坚实的基础。

3. 农业休闲产业基础良好

截至 2018 年底，广元共建成 100 个现代农业园区，核心区面积 103 万亩，其中苍溪县整县创建成为国家现代农业示范区、国家现代农业产业园、首批中国特色农产品优势区，旺苍三合、苍溪三会、朝天中子、昭化百安、苍溪青龙、剑阁抄手、青川白龙湖幸福岛7个园区，成为省级现代农业示范园区。园区建设突出农旅文一体发展，建设7个国家级农业公园、20个省级农业公园、100个休闲农业示范村、1000个休闲农庄，建成文化休闲和旅游观光点244处、游客接待中心16处、农资和农产品超市60个。

4. 乡村旅游发展政策机遇良好

发展休闲农业与乡村旅游已上升为国家战略，中央先后出台《国民旅游休闲纲要（2013～2020年）》《关于促进旅游业改革发展的若干意见》《国家乡村振兴战略规划（2018～2022年）》《促进乡村旅游发展提质升级行动方案（2018～2020年）》等多个政策文件，明确提出关于“实施休闲农业和乡村旅游精品工程”的要求。四川省委、省政府先后出台《四川“十三五”旅游业发展规划（2016～2025）》《关于大力发展乡村旅游合作社的指导意见》《秦巴山区旅游发展规划（2016～2025）》等扶植乡村旅游新政策。广元市委、市政府在市七次党代会上把建设“生态康养旅游名市”作为战略目标，先后制定《广元市旅游发展规划（2016～2025）》《广元市旅游业“十三五”发展规划（2016～2020）》，全力推动旅游发展。同时，2015年，广元倡导川陕甘三省八市州建立了川陕甘区域旅游合作体创新发展试验区，共建新兴区域旅游目的地。这些政策机遇是广元发展乡村旅游的有力“引擎”。

（二）广元乡村旅游发展基本情况

广元乡村旅游自20世纪90年代起步，经过近20年的发展，虽然在生态休闲、观光度假、餐饮娱乐等方面取得了一定的成绩，但仍未真正形成乡村旅游产业。

1. 精品乡村旅游区打造初步成型

广元已初步建成6条乡村旅游带，即苍溪“百里香雪海”乡村旅游带、剑门蜀道乡村旅游带、朝天曾家山乡村旅游带、青川青竹江流域乡村旅游带、利州龙潭—泥窝乡村旅游带和旺苍木门三合乡村旅游带（见表1）。6

大乡村旅游带总长超500公里，面积3200平方公里，有星级农家乐200余家。

表1　广元主要乡村旅游资源分布情况及特点

类别	旅游资源
乡村自然风光	山地景观:摩天岭、米仓山、大剑山、小剑山、天曌山、云台山、官帽山、栖凤峡等; 水域风光:嘉陵江、白龙江、青竹江、东河、木门河、菖溪河、白龙湖、亭子湖、紫兰湖、鹿亭温泉、卡尔温泉等; 地质奇观:石林、溶洞、喀斯特地貌、断崖等
乡村民居建筑	川北民居、生态庭院、吊脚楼、伊斯兰建筑等; 昭化古城、柏林沟古镇、青溪古镇、大朝驿、剑门关古镇、古蜀道、杜家大院等; 旅游新村:阴平村、柳桥村、建设村、响水村、将军村、狮岭村、文家角村、泥窝村等
乡村农业产业	农业旅游示范点:梨博园、曾家山; 现代农业园区:曙光现代农业园区、狮岭现代农业园区、柳池现代农业园区、白桥坝现代农业园、青龙现代农业园区、剑阁普安园区、剑阁抄手园区、桑蚕园、草莓园、羊木—西北休闲农业园、龙潭山地农业公园、昭化区临港现代农业园区等
传统手工与工艺品	白花石刻、唤马剪纸、皮影、麻柳刺绣、根雕、剑门手杖等
乡村菜品饮食	女皇蒸凉面、剑门豆腐宴、酸菜面鱼儿、核桃脆薄饼、肉蛤蟆、曾家山十大碗、酸菜豆腐、火烧馍馍、老腊肉、平乐素斋、嘉陵江河鲜等
乡村农副产品	黑木耳、香菇、蜂蜜、竹荪、七佛贡茶、米仓山茶叶、核桃、苍溪雪梨、猕猴桃、杜仲、天麻、柴胡、川明参、土鸡、腊肉等
乡村休闲度假	五星级农家乐(乡村酒店):利州区华宝山庄。 四星级农家乐(乡村酒店):旺苍县林山外山农家乐、旺苍县林苑休闲山庄、旺苍县唐家河民俗园、利州区花卉园会议接待中心、含笑山庄、红星公社、龙源乡村大酒店、花家坝乡村大酒店、青川县蜜园乡村酒店、昭化汉寿客栈、昭化区古渡人家、朝天区曾家大院、昭化春秋苑四星级乡村酒店等
乡村民俗文化	民间宗教活动:观音会、文昌会、财神会、药王会、开斋节、古尔邦节等; 民间演艺:薅草秧歌、灯戏、傩戏、唢呐、各种灯舞、木偶、皮影、山歌等; 红色文化:长征精神、抗震救灾精神等; 节庆活动:女儿节、白龙湖野钓节、苍溪梨花节、米仓山采茶节、剑门关豆腐节、泥窝桃花节、菖溪河露营节、平乐荷花节、大朝年猪节、青牛国际钓鱼节等

资料来源：根据广元市文化广播电视和旅游局资料整理。

2. 旅游品牌创建初见成效

在“蜀道原乡、康养福地，女皇故里、美丽乡村”的品牌定位下，广元先后成功创建全国休闲农业与乡村旅游示范县和示范点各1个；在国家旅游局评定的“百千万品牌”中，广元有中国最美乡村1个、全国农业旅游示范点2个、中国乡村旅游模范村4个、模范户2个、致富带头人16人、金牌农家乐15家；建成省级乡村旅游强县3个，省级乡村旅游示范乡18个、示范村24个，省级乡村旅游特色乡镇8个、省级旅游“十佳”品牌3个、精品村寨13个、特色业态经营点79个；建成省级休闲农庄3家；建成乡村旅游类国家4A级景区4个、国家3A级及以下景区18个。

3. 农旅互动生态红利初步释放

依托广元特色农业园区，建成52个农业园区型乡村旅游点。农副产品成功转型升级，农副土特产品就地加工生产成“有特色、便携带、精包装”的旅游商品，实现“一头连着地头，一头连着口头”。广元开发特色旅游商品400余种，培育区域性地方品牌“广元七绝”。曾家山、唐家河、剑门关等一批旅游景区发展乡村旅游吸引部分农村劳动力就近务工、回乡创业，实现了新城镇建设、群众增收致富、区域经济提升的综合效益。市文化广播电视和旅游局相关数据显示，2018年广元乡村旅游接待游客2415.45万人次，同比增长12.6%，实现乡村旅游收入75.92亿元，同比增长11.2%。促进本地农民人均增收85元，新增直接就业人数4700余人，间接就业人数15000余人。

二　广元乡村旅游发展的不足

（一）乡村旅游发展规划落实不力

1. 县区乡村旅游项目同质化现象严重，特色不“特”

广元在《广元市乡村旅游规划（2016～2025）》中结合各县（区）实际有针对性地进行了乡村旅游区定位设计，如“养生天堂”朝天乡村旅游区、“秘境氧吧”青川乡村旅游区、“曌城田园”利州乡村旅游区等，但从调研的情况看，各地的旅游项目建设仍然是局限于接待近郊游客一日游的低档次“农家乐”，特色不凸显。如朝天区曾家山“亚高原”养生、利州区“三线建设”印象等，虽然资源独具特色，但是没有得到充分开发，体现不出“亚高原”和“三线建设”的内容及文化。

2. 乡村旅游景区规划建设理念相对滞后

大多数乡村旅游景区农房建设无统一格调，民俗气息不浓。个别乡村旅游景区建设在规划上无明显功能布局分区，农民乱搭乱建情况存在，这将为景区长远发展留下严重隐患和障碍。

（二）乡村旅游产品文化内涵不够丰富

1. 乡村旅游景区文化融入形式过于简单，个别景区有“面子”无“里子”

许多景区在挖掘利用当地自然资源和民俗文化上做得不够，简简单单修几座房子、搭几个亭子、立几块牌子来装点景区，有内涵的、能体现地方独有文化的景观很少。如青川竹溪谷，景区内作为核心吸引物的竹子种植覆盖面很小，不足1/10，围绕“竹”开发的竹编、竹食等相关产业还未起步，竹文化在景区的体现更是少之又少。

2. 旅游产品文化元素融入不够

目前广元乡村旅游产品以观光为主，大多数地区旅游产品层次低，旅游参与度不深，仅限于吃饭、打牌娱乐等简单的消费方式；地方文化元素融入不够，旅游产品设计缺乏新意，旅游的各个要素尚未形成紧密联系的产业链条。旅游产品无法满足游客多样化需要，因此带动村民致富增收的产业链不够长，无法实现良好的经济效益。

（三）特色资源挖掘和利用不够

如朝天区曾家山平均海拔 1200 米，森林覆盖率达 74%，年均气温12℃，夏季平均气温 23℃，是典型的亚高原。据四川省社会科学院李后强教授“六度理论”可知，曾家山在温度、湿度、高度、优产度、洁静度、绿化度这六个自然指标上表现良好，适合发展生态康养产业。在这个环境

中生活1～3个月，体重会减轻15～30斤，非常有利于人体健康。因此曾家山完全可以凭借这一得天独厚的自然资源进行养生、养老项目的综合、深度开发。调研中发现，曾家山乡村旅游项目仍然以低档次的农家乐为主，客源大多是夏季短期避暑的近郊游客，与康养有关的项目开发还比较少，对“亚高原养生”的好处介绍少、喊出的口号还不够响亮，宣传效果差。

（四）旅游基础设施建设需要加强

1. 个别地区交通条件亟须改善

广元对外交通通达性好，但内部交通道路等级低，部分旅游地区道路无法实现旅游车辆双向通行，通达性和舒适性没有完全解决。如，天曌山景区因道路狭窄，规定只准七座以下的车辆通行，限制了旅游大巴的进入，导致大型旅游团只能“望洋兴叹”，从而成为该景区扩大旅游市场的“瓶颈”。再如，朝天区李家乡望月山观日出的景点目前还无可通达的道路，上山要靠当地群众带路，观景台地势险峻，也无安全防护设施。

2. 乡村旅游区住宿条件档次不高

目前，大部分乡村旅游住宿点主要是“家庭式”住宿，各地在住宿标准上没有明确规定，也缺乏指导，使用器具档次低，卫生条件差。还有一些农家把原有的茅坑、旱厕作为厕所，严重影响周边环境和服务质量。乡村旅游区配套设施不完善。游客集散体系、公共厕所、旅游标识系统、自驾游服务设施、安全救援体系建设等尚不完善，旅游标准化、智慧化、人性化服务仍有待提升。

（五）乡村旅游专业人才队伍建设滞后

1. 从业人员整体素质不高

随着广元市乡村旅游的发展，从业人员的素质问题逐渐凸显，多数为文化素质较低、无技能留守在家的中老年人，服务意识和服务技能均不能达到要求。

2. 管理人员、讲解员、导游较缺乏

相关旅游院校培养的旅游人才还没有真正进入农村，乡村旅游人才匮乏、人才培养问题长期被忽略。很多旅游景点无固定专业导游，讲解多由当地文化干部临时救场，对旅游景点的内涵和特点讲解不清、宣传不够，影响乡村旅游目的地品质提升和人气增加。

（六）资源和环境保护力度不够

现代化进程和旅游业的迅猛发展，加大了乡村地区旅游业的承载负荷，增加了生活垃圾对环境的污染，严重影响旅游景观，失去旅游资源的独特吸引力。调研过程中，我们发现相当一部分乡村旅游区的环境整治几乎无人监管，垃圾储存设备缺乏，许多农家乐业主随意排放生活污水、倾倒生活垃圾和建筑垃圾，游客随意丢撒垃圾，对环境造成了一定的破坏，制约了一些地区乡村旅游的可持续发展。

三　关于广元市乡村旅游产业发展的对策建议

（一）加大政策支持和引导力度

1. 加大政策支持力度

落实省委“千村万户”旅游富民工程，制定特色旅游示范村和民宿旅游达标户创建标准和评定办法，通过财政资金“以奖代补、先建后补”的方式，创建特色旅游示范村、民宿达标户。通过政策引导、资金鼓励，支持各类人员到农村开展乡村旅游创业。在乡村旅游景区建设上，发展初期可采取“放水养鱼”的政策，鼓励其发展；在乡村旅游接待地整体打造、局部统一规划中，可采取“政府补助一点、经营者自己出一点、有关部门免收一点”的办法，以保证其发展风格的统一性。

2. 注重规划前瞻性

一是发展规划注重差异性。高起点统筹规划广元乡村旅游发展布局，指导各县区紧密结合本地区乡村资源特色深度发展，努力形成各县区乡村旅游“一主几辅”的发展格局，避免旅游产品同质化（见表2）。如苍溪突出农业园区观光旅游、旺苍突出红色旅游、朝天突出亚高原度假养生、剑阁突出剑门蜀道体验、利州突出三线建设印象体验和女皇文化体验、青川以原始生态资源体验为主、昭化突出古城文化体验，把主打项目做大做深做强，从而带动其他项目发展。二是发展规划注重科学性。乡村旅游景区规划要避免因“短视”和无序发展为后期发展留下“后遗症”。政府在各地旅游景区前期建设上要主动介入，引导投资商或业主与专业旅游开发公司合作，对景区建设进行富有前瞻性的规划，对景区风貌打造、文化植入、功能区布局等进行科学论证、合理考虑。同时在景区建设过程中，要坚决避免当地群众在景区内“抢占地盘”搞突击性建设，破坏景区的整体规划。

表2　广元乡村旅游发展SWOT策略矩阵分析

外部因素 内部因素	优势	劣势
	★资源优势:类型丰富,文化底蕴深厚 ★区位优势:川陕甘金三角,交通枢纽作用强 ★产业优势:休闲农业发展态势良好 ★生态优势:生态环境得天独厚	★乡村旅游产品单一,缺乏品牌 ★基础设施和服务设施不完善 ★缺乏乡村旅游专业人才
机遇	SO策略(发挥内部优势,抓住外部机遇)	WO策略(抓住外部机会,克服内部弱点)
★国家与地方政府重视乡村旅游扶贫 ★秦巴山片区区域发展与扶贫攻坚战略机遇 ★广元进入高铁时代 ★古蜀道被列入世界自然与文化遗产预备名录	★挖掘资源优势,对接市场需求 ★利用好政策,积极塑造品牌 ★发挥区位优势,加强区域合作,共建旅游市场 ★发挥产业优势,积极实施旅游扶贫	★整合资源,共建共享,塑造品牌 ★落实优惠政策,加快基础建设

续表

挑战	ST 策略（发挥内部优势，规避外部威胁）	WT 策略（减少内部弱点，规避外部威胁）
★同类产品竞争压力大 ★个性化旅游需求，市场对旅游产品要求更高 ★区域竞争日益激烈，社会投资难度增大 ★生态环境造成破坏	★融合资源、突出特色，开发具有竞争力的旅游产品 ★品牌引领、差异发展，形成核心竞争力 ★产业导向、链条发展，形成发展集群	★配套完善的旅游要素，重点从交通、环境等方面实现突破，将基础先行、要素配套作为重点工程推进 ★培育旅游业态，重点从文化、农业、生态等方面实现突破，将产业发展形成广元发展的核心支撑 ★构筑生产力格局，重点从生产、生活等方面实现突破，将文化、生态、农业的场景转化为旅游

资料来源：广元市文化广播电视和旅游局资料。

（二）注重“旅游+”开发，积极培育乡村旅游新业态

1. 注重“旅游+生态”发展精品度假村

针对青川阴平村、朝天曾家山和李家、利州天曌山和月坝、昭化大朝等生态环境优越、区位交通便利、旅游资源丰富的区域，打造集文化体验、慢生活休闲、亲子度假、养老疗养等功能于一体的综合型乡村旅游目的地。

2. 注重“旅游+农业”发展休闲农场

针对雪梨之乡苍溪、米仓山茶基地旺苍、优质有机蔬菜基地曾家山等空气环境优、农业发展基础好的区域，坚持推进旅游与生态农业、传统农业、高效农业等相融合，打造集农业科研、农业深加工、文化创意农园等新业态。

3. 注重“旅游+农户”发展民宿客栈

以景区景点为依托，坚持“产村相融、农户参与、共同开发”的原则，充分发挥村委会、农家乐协会等组织的自治功能，鼓励周边农民改造农家庭院，打造农园民宿、传统建筑民宿、景观民宿、艺术文化民宿、运动民宿、乡村别墅、木屋别墅等高品质民宿客栈，参与旅游接待服务。目前，昭化古城景区辜家大院、曾家山景区云顶美墅等民宿小有名气，但尚未形成推动旅

游景区与村庄建设互动发展的民宿群。

4. 注重“旅游 + 教育”发展研学基地

针对旺苍、苍溪、剑阁等拥有红色革命遗迹、历史文化遗址、爱国主义教育基地、现代农业体验基地、工业生产基地资源的区域，深入挖掘打造研学旅游产品，大力建设研学旅游基地并推动联合发展，积极串点成线，形成规模效应。

（三）加大基础配套设施建设，提升配套服务功能

1. 着力解决“交通瓶颈”

加快进入核心景区、重点景区的道路建设，扩宽升级，对景区道路沿线进行绿化、美化，增加进入景区核心区沿途的舒适度和吸引力。

2. 指导乡村旅游业主提高住宿档次

建议制定乡村酒店、民宿民居、农家乐硬件配套标准，以乡镇为责任单位，由专业人员指导相关业主对住宿条件进行改造升级，满足多样化、个性化需求。

3. 加大乡村旅游景区卫生条件治理

在景区内建设一定数量的公厕，严格要求开办农家乐的农户进行厕所达标改造。建立景区公共卫生管理员队伍，对农家垃圾堆放、废水排放等进行规范管理，确保乡村旅游景区可持续发展，坚决守住清洁、美丽的底线。

（四）制定科学营销策略，加大广告宣传力度

1. 加强市场调研制定科学营销策略

充分利用报刊、互联网等媒体，举办展示会、新闻发布会，推出旅游精品。

2. 调动旅游企业积极性

调动旅游企业的积极性，鼓励旅游企业积极参与旅游宣传营销，使广元成为更多游客的目的地。

3. 精心制作广告宣传词

立足各地资源禀赋特点，深入挖掘其内涵，精炼宣传标语，打造朗朗上

口、接地气能入脑入心的宣传口号。如曾家山可考虑使用“夏日里盖着被子睡觉”等口号，以突出曾家山夏日度假的优势等，吸引成都、重庆、西安、兰州等大城市几十万，甚至上百万退休老人夏天常住。

（五）加大乡村旅游人才队伍建设

1. 加快建设专业化人才队伍

积极引进急需的旅游专业管理者和经营者，通过政策引导、机制激励，加大对本地户籍在外学习、创业的专业人才回乡创业的招引力度，培养更多的专业管理人才。

2. 加强管理人员培训

要加强现有管理人员、服务人员的在岗培训，提高他们的管理水平和服务技能。广元市文化广播电视和旅游局、市市场监督管理局等相关部门要建立乡村旅游服务质量标准，对乡村旅游从业人员进行培训。

（六）强化生态环境保护意识，促进乡村旅游可持续发展

1. 重视环评工作

乡村旅游项目在规划设计时必须对当地进行环境影响评估和环境审计，确定合理的环境承载力和游客容量，并以此确定其是否具备开发经营的能力和权利。

2. 建立环卫管理制度

环境卫生要分片负责，要有专人管理，对生活垃圾要实行分类收集并统一处理，在部分乡村旅游地建立“生态定位站”，监测旅游活动对乡村生态环境变化产生的影响。

参考文献

广元市统计局：《2018 年广元市国民经济和社会发展统计公报》，《广元日报》2019

年 3 月 16 日。

徐琪：《我国乡村旅游的发展现状、存在问题与对策》，《贵州农业科学》2009 年第 10 期。

单琼华、王琨、葛冬：《乡村旅游的特点及在民族地区开发中的意义》，《安徽农业科学》2008 年第 20 期。

邱海蓉：《关于乡村旅游发展的思考》，《武汉科技学院学报》2005 年第 5 期。

B.11

广元文化旅游发展中历史名人资源开发利用研究

张 斌 陈 格 李长青 胡春华 蒋 维*

摘 要： 广元历史悠久，人才辈出，涌现了一大批政治、军事、教育等多个领域的历史名人，形成了具有广元特色的历史名人和历史名人群体。在文旅融合发展的大背景下，应进一步摸清广元历史名人家底，认识广元历史名人资源的文化价值，了解广元历史名人资源的开发利用现状，在遵循文旅融合发展理念基础上，建立广元历史名人资源保护机制，构建历史名人资源开发体系，活化历史名人文化资源，创新历史名人文化旅游产品营销模式，促进广元文化旅游提质升级。

关键词： 文化旅游 历史名人资源 广元市

本文收录的历史名人特指广元历史名人，主要由以下四部分人组成：一是在广元出生的历史名人；二是虽不在广元出生但祖籍是广元的历史名人；三是在广元成长起来的非广元籍历史名人；四是在广元有过重要的历史活动并产生了重要影响、留下重要历史印记或做出过重要贡献的历史名人。本文对广元历史名人的时间断限：上限始于古蜀文明，下限止于中华人民共和国成立。有鉴于中国工农红军中不少名人卒年虽在中华人民共和国成立之后，

* 张斌、陈格、李长青、胡春华、蒋维，川北幼儿师范高等专科学校。

但他们在广元境内的历史功绩主要发生在民国时期，因此为了方便表述，不设“民国名人”，而将他们通归入近代历史名人之列。

一　广元历史名人资源基本情况分析

（一）广元历史名人资源概况

广元地处四川盆地北部边缘，自然生态良好，大巴山东西横亘，自古是南北交流的自然险阻。自战国后期，随着蜀道的不断扩展完善，南北勾连，广元成为联系南方与北方、中原与西南的枢纽。蜀文明和中原文明在此交融碰撞，古蜀道沿线成为中华文明的重要走廊，涌现出较多的政治家、军事家、科学家、文学家、艺术家、教育家等。他们不仅为广元的发展做出了巨大贡献，在巴蜀大地乃至中国文化史上也留下了浓墨重彩的一笔（见表1）。

表1　广元历代重要历史名人资源开发利用情况

时代	名人	出处	载体	开发情况	传承与活动	备注
东周	杜葭萌	华阳国志	吐费城、苴国路	有一定开发		古苴国侯
汉	谯玄	后汉书				公孙述据蜀称帝，“连聘不诣”，《华阳国志》称其为“高洁”之士
三国	刘备	三国志	葭萌关、剑门关	开发		剑门关是5A级景区（下同）
	诸葛亮	三国志	剑门关	开发		
	黄忠	三国志	葭萌关、明月峡	有一定开发		
	邓艾	三国志	阴平古道、邓艾墓	有一定开发		邓艾墓存剑阁白庙乡
	魏延	三国志	明月峡			
	姜维	三国志	剑门关、牛头山	牛头山有一定开发		
	费祎	三国志	敬侯祠	开发		

续表

时代	名人	出处	载体	开发情况	传承与活动	备注
唐	颜真卿	新唐书				书法家
	武则天	新唐书	皇泽寺	体系成熟，文物保存完好，国内外影响大	皇泽寺景区扩建工程，广元女儿节	中国历史上唯一的女皇帝
	李白	新唐书	嘉陵江岸	有一定开发利用	巨型雕塑	诗仙
	杜甫	新唐书	嘉陵江岸	有一定开发利用	巨型雕塑	诗圣
	何易于	新唐书	昭化古城廉政文化馆	有一定开发		廉吏
宋	黄裳	宋史	兼山书院、黄裳墓	有一定开发		官至礼部尚书、理学家、世界天文学家、词人
	陆游	宋史				爱国诗人
	张成行	宋史				易学家，著有《皇极经世观物外篇衍义》
明	赵炳然	广元市志	赵炳然夫妇合葬墓			官至兵部尚书，著有《重修剑州城记》
清	王淑昭	清诗纪事初编				著有《王太孺人遗稿》
	杨古雪	民国《遂宁县志》				著有《古雪集》
	蒋玉龙	《广元县志》	墓葬			封“勇果将军”
	贾儒珍	苍溪县志	寻乐书岩	开发		乡贤
	李榕	清史稿	故居、压舱石、碑刻	有一定开发		官至湖南布政使，著有《十三峰书屋全集》《剑州志》、蜀中名士
	陈步鳌	青川县志				三代诰封大夫
	梁清芬	《广元县志》		已开发利用		著有《诵芬小榭诗草》

续表

时代	名人	出处	载体	开发情况	传承与活动	备注
近代	张国焘、陈昌浩、徐向前、王树声、张琴秋、李先念、许世友、罗青长等红军名人		木门寺会议旧址、红军渡、红军城等150余遗迹遗址	有一定开发利用		红军城被评为全国第二批红色旅游经典景区;广元四县三区被纳入全国第一批革命文物保护利用片区名单

资料来源：根据《后汉书》、《三国志》、《新唐书》、《广元市市志》，四县三区县（区）志、党史等史料整理。

（二）广元历史名人文化资源的内涵与特征

从总体上看，广元历史名人文化资源具有以下三个方面的特点。

1. 具有涉及面广、交相辉映的总体特征

作为巴蜀、荆楚和川陕文化的交汇点与结穴处，广元孕育形成了一代又一代历史文化名人。他们大多是兼收并蓄的复合型、多能型人才。如南宋礼部尚书黄裳既是一位著名的理学家、天文学家，又是有名的词人；李榕既是清代中期著名的能官廉吏，也是学有所成的著名学者。就广元历史名人所属领域而言，虽以诸葛亮、武则天为代表的政治家最为出名，但在军事、学术、教育和艺术方面亦代不乏人，具有涉及面广、交相辉映的总体特征。

2. 具有代不乏人、连续产出的群体性特征

广元历史名人具有群体性产出的显著特征，主要有三国历史名人群体、以武则天为代表的女性名人群体、蜀道诗人文化群体和以红四方面军主要领导人为代表的红色文化名人群体。这些历史名人群体是规模化打造具有个性化、标志性的文旅融合景区、文化旅游线路以及产业链的重要文化资源。

3. 历史名人文化资源分布不均匀，差异明显

就历史名人分布而言，主要分布在交通大动脉蜀道沿线和米仓走廊一

带；就行政区划而言，剑阁、苍溪为名人富集区，利州区、昭化区为名人重点区，旺苍、青川、朝天为名人一般区；从名人所属领域分，红军名人集中在旺苍、苍溪，三国名人集中在剑阁、昭化，军事名人集中在剑阁、朝天、青川，教育文化名人集中在剑阁、利州，具有区域特性。

从个体考察，广元历史名人文化资源又有以下五个方面的特点。

1. 重德善政

汉代的谯玄，拒绝公孙述厚礼之聘，体现了维护大一统的家国情怀；明代的赵炳然，铁面无私，整肃纲纪，匡扶正义，保边卫国立下汗马功劳，晚年返乡重视家乡建设，在《重修剑州城记》表达了孝悌为先、清正廉洁、光明磊落、热爱家乡的人格魅力；清代的李榕重民生，爱惜民力，不畏权贵，虽夺职归里，但无怨无悔，致力于乡邦学术研究和兴学育才。充分体现了他们作为广元人特有的重事功更重道义、关注现实契合时代所需的精神特质。

2. 风华绝代

巴蜀自古多才女，不仅有精诗词、善书画的清代女诗人王淑昭、杨古雪，以及近代诗人梁清芬，还有麻柳刺绣一代代女传人，更有中国唯一的女皇帝武则天。她们异彩纷呈的人生故事，演绎出广元女儿们巾帼不让须眉的独特魅力与绝世风华。

3. 逐鹿三国

广元曾是蜀魏战争的主战场，其中以诸葛亮、邓艾、姜维等为代表的一系列三国历史名人，留下了诸葛亮六出祁山、姜维痛失剑门关、张飞昭化战马超、邓艾偷渡阴平道等传奇故事以及昭化古城、明月峡、牛头山、翠云廊等三国名人遗迹遗址多达140余处。可以说，三国历史名人文化无疑是广元一张靓丽的文化名片。

4. 诗意蜀道

广元是古蜀道上文化最厚重的地域。剑门关乃中国十大著名军事雄关，是古蜀道最险峻的关隘，历代无数英豪为之折腰，文人墨客到此凭吊，李白、杜甫、陆游等文人留下了《蜀道难》《剑门》等传颂千古的著名诗篇，

成为“蜀道难，难于上青天”的诗意标识。

5. 智勇红军

广元是川陕革命根据地后期中心，是红四方面军长征的出发地，作为红军西进北上的主战场，产生了以张国焘、陈昌浩、徐向前、王树声、张琴秋、李先念、许世友、罗青长等为代表的红军名人群体，铸就了“智勇坚定、排难创新、团结奋斗、不胜不休”的革命军魂，留下了旺苍中国红军城、木门会议遗址、苍溪红军渡等150多处革命遗址，成为红色文化旅游开发的独特、重要资源。

（三）广元历史名人资源分类

参照中华人民共和国国家标准《旅游资源分类、调查与评价》（GB/T18972－2003），经专家咨询，整合名人人文活动和建筑遗迹两大资源类型，分为名人自身的文化价值、名人载体及活动的可利用价值和名人旅游开发价值三个维度，每一个维度下设多项评价目标，每一项评价目标下赋予多重评价标准，并给予参考分值，名人资源价值总分100分，建立“名人资源评价量表”。经专家打分，可将广元重要历史名人资源分成独特级、优先级、潜在级三个等级（见表2）。

表2　广元重要历史名人资源分类情况

名人(群体)等级	主要标准	评价参考分值(分)	具体名人(群体)
独特级	历史地位显著、成就巨大、影响深远；有成规模的、比较完整或系统的遗迹、遗物，至今有传承的文化活动；与周边旅游资源的结合良好，有良好的交通条件；区域价值特征明显	≥90	苴国候杜葭萌；女皇帝武则天；三国历史名人群体；红军历史名人群体
优先级	具有一定历史地位，在本领域具有较大成就和影响力；有部分遗迹、遗物；有一定开发规模和较好交通环境	75～89	姜维、费祎、邓艾、谯玄、何易于、黄裳、赵炳然、杨玺杨古雪父女、贾儒珍、李榕、蒋玉龙、梁清芬等

续表

名人(群体)等级	主要标准	评价参考分值(分)	具体名人(群体)
潜在级	具有一定知名度,有一定影响力;有少量或没有遗迹、遗物	≦74	陶泽焜、李显威、陈维新、罗敬三、赵继、刘光汉、张明秀、孙养泉、曹大伦、唐世宦、杨雪晴、王良佐等

资料来源：参考中华人民共和国国家标准《旅游资源分类、调查与评价》（GB/T18972－2003），整合名人人文活动和建筑遗迹两大资源类型，分名人自身的文化价值、名人载体及活动的可利用价值和名人旅游开发价值三个维度，经专家打分确定名人等级。

二　广元历史名人资源的文化价值分析

（一）影响深远的历史价值

古往今来，在广元境内留下传奇生平的历史名人众多，有征战在古蜀道上的各路三国名将，如挑灯夜战马超的张飞；率三万将士扼钟会二十万大军于剑门关外的姜维；行侠仗义镇守南中的鲍三娘（关羽儿子关索之妻）；经阴平道奇袭成都的邓艾；等等，他们见证了蜀汉政权的兴衰，也是广元深厚三国文化积淀的重要体现。

出生广元的女皇帝武则天，作为我国古代杰出的女政治家，其首创殿试和武举制度，不拘一格笼络人才；整顿吏治，完善法律法规；重视农业，轻徭薄赋，兴修水利；稳定边疆，实行开放包容的国家政策等，政启“开元”，治宏“贞观”，种种伟大创举，在中国古代经济发展和文化交流史上有重大意义，有些甚至沿用至今。

另外，像李开湘、吴忠等为新中国成立做出过巨大贡献的广元籍开国大将，以及无数的川陕红军英雄先烈，对我国的革命历史进程也影响深远。

（二）凝聚精华的艺术价值

广元历史名人丰富，遗存资源数量繁多，既有姜维墓、钟会故垒、关索城、费祎墓、邓艾父子墓、鲍三娘墓等祭祀墓祠；又有瞻凤门、战胜坝、葭萌关、拦马墙等三国古战场；还有以纪念武则天为核心的延续近千年的女儿节习俗，形成了独特的地方女性特色文化景观；以及独具特色的皇泽寺龛窟石刻造像；反映红军宣传工作的近2000幅标语、红四方面军强渡嘉陵江遗址红军渡、太公红军山遗址群等革命碑记雕塑。这些遗址、遗迹资源，既能昭示特定的历史特征，也凝聚了名人所处时代物质文化和精神文化的内涵与特质的精华，具有较高的艺术观赏价值和开发利用价值。

（三）领先时代的科学价值

在漫漫的历史长河中，广元在医学、天文等科学领域不乏名家。医学上有青川的赵俊文名医，其撰写的《治疗肝炎病的临床体会》《肝硬化的中医论治》《肿瘤临床初探》等著作造福一方，影响后世。特别是被后人誉为剑阁文化符号的南宋礼部尚书、制图学家——黄裳（广元剑阁），所绘制的天文图（星图）、地理图和帝王绍运图流传至今，其中属天文图的科学和艺术造诣最高，为我国古代恒星观测和现代恒星的论证提供了宝贵的科学史料，走在了当时世界天文学的最前沿，被世界著名科技史专家、剑桥大学李约瑟博士写进《中国科技史》，具有领先时代的科学价值。

（四）内涵丰富的精神价值

溯古思今，在广元2300多年的建城史上名人辈出，留下众多的宝贵精神财富。古有赵炳然（明太子太保、兵部尚书）整肃纲纪，大义灭亲，匡扶正义，保边卫国的民族大义；李榕（清代）不畏权贵，为官清廉，致力教育事业的高尚节操；蒋玉龙（清“勇果公”）“家国一理，忠孝同源”的家风及陈步鳌（清代）“耕读、勤俭、实事、谨言”教化世人的家风、家训传世。近有权章夷，重教兴学，发展实业，勇担民族复兴之责；以及无数红军英雄、先烈们传承下来的，迎难而上、坚忍顽强的优良传统和革命精神。以上种种，既是广元历史名人精神丰富内涵的重要体现，同时也是后世传承、发扬的精神财富。

三　广元历史名人资源的开发与现状分析

（一）开发利用取得的成效

1. “文旅兴市”战略确立，文旅融合初显成效

广元市委市政府在“文旅兴市”等战略中高度重视区域内历史名人文化资源开发与利用，出台了《关于全面加快推进文旅兴市的意见》，以历史名人文化为魂，引领新时代广元文旅融合发展方向，凸显历史名人文化资源在文旅融合发展中的重要作用。先后建成剑门关5A级旅游景区1个、唐家河等4A级旅游景区19个，获得“中国优秀旅游城市”“全国森林旅游示范市”“国家森林城市”“全国十佳生态休闲旅游城市”等称号。2018年，广元共接待游客5028.86万人次，实现旅游总收入419.53亿元，同比分别增长11.39%和25.4%，居川东北经济区第2位、全省第7位。

2. 四县三区积极行动，名人文化争相登场

在“文旅兴市”战略指引下，各县区积极行动，挖掘历史名人文化资源，实施文化旅游大融合。已开发利用的历史名人文化旅游项目有：利州区皇泽寺景区扩建工程，嘉陵江畔的李白、杜甫巨型雕塑；剑门关景区名人诗、书、画廊，李榕纪念馆；青川战国木牍博物馆；苍溪寻乐书岩，黄猫垭战斗遗址；旺苍的木门寺、中国红军城；昭化的太公红军山、昭化古城蜀汉军臣园、何易于廉政文化馆等。已开展的名人文化活动有：以纪念武则天名人文化为主的广元女儿节，剑阁李榕文化教育思想研究年会、旺苍名人评选活动等。即将推出的名人文化旅游项目还有利州区的“则天雕塑群”、朝天区明月峡民族英雄曹友文雕像、旺苍名人文化长廊等。

3. 发掘乡贤名人资源，乡村旅游再添特色

根据《广元市旅游扶贫行动计划》，在充分挖掘农业文化资源的基础上，积极发掘名人乡贤文化资源，推动乡村特色旅游发展。如苍溪县挖掘名人贾儒珍“兴学助教”“乐善好施”的事迹，利用保留完整的省级重点文物

保护单位——寻乐书岩，成功打造以乡贤文化为主题的乡村旅游景区，成为引领广元乡村旅游的典范和样板。

（二）开发利用存在的问题

广元历史名人文化资源的开发利用虽然取得了明显成效，但还存在一些问题，主要表现在以下方面。

1. 缺乏完整科学的整体规划

一是市县两级都没有关于名人资源保护和开发利用的总体规划。各县区的旅游发展中长期规划主要限于景区目标建设、旅游要素融合等内容，缺少对名人资源开发利用的应有关注和专项设计。二是县区各自为政，史实不准，真假混淆，大大降低了名人资源对游客的吸引力。

2. 缺乏专业人才的强力支撑

一是缺乏既懂文化又精通旅游的高级专门人才，缺少精通广元历史名人文化的专业人员参与旅游规划整体设计，旅游管理与文化管理相互脱节、融合不足。二是缺乏一支高素质、专业化的文化旅游从业人员队伍。三是缺乏对广元历史名人资源进行系统深入研究的专门机构和人才。

3. 缺乏科学高效的管理机制

一是管理模式单一。各县区名人文化类旅游景区的经营管理，从政策制定、资金投入到景区运营大多由政府包揽。二是统筹力度不够。不少名人文化资源归属文保单位管理，未能在保护的前提下科学合理地开发利用。三是各县区打造依托名人文化资源缺乏共建共享、抱团发展意识，联动机制不健全。

4. 缺乏后续资金支持

资金投入渠道比较单一，除了近年来引进的为数不多的几个大的项目外，各县区用于保护发展名人文化旅游专项资金甚少。

5. 缺乏完善的旅游配套设施

部分旅游景区虽然凭借其独有的名人文化资源优势脱颖而出，但整体配套设施仍然不够完善，主要表现为各景点之间交通不能实现快速转移，文创产品比较单一，高质量产品严重不足，景区电子商务、信息化和智能化水平尚需提升。

6. 缺乏足够的知晓度和影响力

调查发现，广元民众除了对武则天等几个影响较大的名人有所耳闻外，对其他历史名人的了解程度非常低。可见向外界宣传推介的工作还需要加大力度，并创新传播方式。

7. 缺少“活化”历史名人的文创精品

在利用高新科技、现代艺术方式让久远的历史名人“活”起来，连接当下人们的精神文化需要，满足游客的消费和审美需求方面，广元还缺少能够叫得响、传播远、衍生广、受追捧的文创精品。

四　广元历史名人资源的开发思路与策略

（一）立足文旅融合理念，做好历史名人资源开发顶层设计

随着消费的升级，人民群众对精神文化的需求越来越高。新时代发展文旅融合产业，必须在更新理念，转换视角基础上做好顶层设计，既“金玉其外”满足游客以感官体验为主的基本需要，又要“凝神聚魂”满足游客以内在精神愉悦为目的高级需要。

1. 全域旅游发展理念

全域旅游实际是升级版的“旅游 +”概念，本质是旅游产业发展模式的转型，从孤立的建设景点到重视区域整体环境的营造。广元历史名人资源的开发利用应该跳出纯景区纯景点的发展模式，将其纳入整个广元旅游区域环境中整体思考，进行旅游景点建设 + 整体旅游环境营造，旅游服务产业 + 多产业构建，最终实现名人文化旅游空间形态多样化和旅游便利化。

2. 多种业态发展理念

随着市县区文化和旅游部门的合并，文化旅游正向纵深融合。隶属于广元文化旅游资源的名人资源，其开发利用应抓住文旅融合的发展契机，以人

文精神统领各旅游载体，这不仅有助于丰富文旅融合的内涵而且有助于通过旅游的方式，将广元历史名人文化资源的价值升级、效益扩大，进而催生出一系列的新型文旅融合发展业态，比如研学旅行、文旅特色小镇、民宿、康养旅游、工业旅游、旅游文化园区、文化主题化的酒店及餐饮、博物馆旅游、旅游演艺、文化节庆等。

3. 体验旅游发展理念

伴随着体验经济与体验旅游时代的到来，旅游者对旅游的要求越来越高，广元历史名人文化旅游资源的开发要由传统的观光旅游模式向新型的体验旅游模式转变，在旅游景点的打造和旅游项目的设置上，摒弃部分传统的静态观光旅游方式，更多地融入参与性强、体验性足、新奇趣味多和精神指引的感悟性项目。

（二）深挖名人资源价值，构建历史名人资源开发利用体系

1. 一级开发层次——规划先导

在进行市域文旅融合规划之前，必须先做好文旅融合的概念规划，突出文化特别是历史名人文化在其中的价值引领作用，补齐单纯重旅游规划缺乏人文精神这一短板。第一，市域层面。制定广元《历史名人文化旅游资源开发总体规划》，建构“一核（武则天名人文化）四区（苍旺红色名人文化片区、剑昭三国名人文化片区、利剑教育名人文化片区、剑青朝军事名人文化片区）四廊（三国风云军事名人文化线路、红色名人文化旅游线路、名人传统教育文化旅游线路、名人家风文化旅游线路）多点（主题名人文化景区景点）”的发展格局，为广元文旅融合指明方向与划出重点。第二，县域层面。制定各县区《名人文化旅游资源开发详细规划》，须分门别类梯级开发，注重名人资源特色打造。第三，景域层面。以社会公众需求为导向，系统设计出单个名人的保护规划和利用方式，突出差异化、个性化。

2. 二级开发层次——项目驱动

结合各类型名人资源，以旅游新要素“商养学闲情奇”为引导，开发各种形式的旅游项目：借助工业名人开发工业旅游、借助医疗名人开发康养

旅游、借助教育名人开发研学旅行等。名人文化旅游项目打造，要突出以名人生活、学习、工作情景等内容为主的场景再现。面对人文资源不足、名人吸引力不强的情况，要坚持“跳出名人做名人、整合文化做文化”的思路，建造主题公园、文化广场、纪念馆、雕塑园等，打造有时序性的主题节庆项目。

3. 三级开发层次——产品支撑

第一是核心产品，立足历史名人文化资源开发的名人故居、名人博物馆、名人雕塑、名人活动场所、名人事迹等产品。第二是延伸产品，以历史名人为基础，深挖其文化元素，延伸产业链条，形成民间手工艺品、特色食品、人物像章等名人文创产品等系列产品。第三是辅助产品，借助现代信息技术、现代科学技术等，打造“名人文化＋”产品系列，如名人文化＋互联网，结合5G时代，开发可感知、可触摸、可互动、可体验、可分享的全息影像游乐产品、VR沉浸式体验场景、MR体验式导览、随车智能导览播报等系列体验类创意产品。

（三）强化名人资源管理，完善历史名人资源开发管理体制

1. 健全管理机制

需要明确“谁来管”，就历史名人资源的旅游利用而言，目前仍然有许多地方存在具体的管理主体不明确、重建设轻管理、重数量轻质量等问题。因此首先需要激活文化旅游市场活力，坚持政府引导、企业主体、市场运作的模式，建立“文旅牵总、部门协同、社会参与、景区实施”的多方联动机制。

2. 明晰管理职责

需要明确“管什么”，各主体的管理权限以及职责的划分。历史名人文化资源的保护主体是政府，开发利用主体是企业。政府的职责是承担名人遗迹资源的保护、修缮及资金保障，文旅部门的职责是负责名人资源旅游化项目的规划、招商、引资等，文管部门的职责是监督政府与文旅部门在保护、利用名人资源过程中有无不妥事项。

3. 创新管理制度

需要明确“怎么管”。首先需要制定涉及历史名人资源尤其是遗迹类资源的保护、名人资源旅游化利用等各项制度，包括“优化人才结构体系”相关制度、“拓宽融资渠道”相关制度、“优化运营模式”相关制度等。

（四）活化历史名人资源，标注广元文化旅游醒目易记符号

1. IP 形象打造

深度挖掘历史名人的元素，吸取其中最典型的元素做延伸，通过真实还原、虚拟人物、故事演绎、符号化、以吉祥物为载体的形象人格化等方式，形成历史名人的 IP 形象。其打造的重点在于形象化 IP 的产业衍生，即 IP 和商业的结合，将前期生成的 IP 形象融入旅游的吃住行游购娱中，所有设备设施、旅游纪念品、土特产品、文创商品、酒店、交通工具等均围绕 IP 形象来做，目的在于在提升旅游文化价值的同时进行商业价值变现，最终提升旅游品牌形象。

2. 品牌形象塑造

在名人 IP 基础上，运用科技、动漫、艺术、影视等活化手法，使名人文化资源活起来，再从产业、文化、环境、服务四个方面对其“名人品牌基因”进行整体分析、规划设计与合理开发利用，转化生成品牌，实现广元历史名人文化的活态传承。

（五）加强历史名人宣传，构建文化旅游产品新型营销模式

1. 加强宣传创意力度

综合利用传统媒介与新媒介进行立体式宣传，一方面创新利用电视、广播、报刊、宣传书籍、画册、风光明信片、光盘等进行宣传，另一方面加强新媒体的宣传力度，运用互联网技术推动线上线下深度融合，与大企业联合开展主题节庆、大型旅游推介会和会展活动。同时邀请专家和组织专人进行宣传促销的策划，多出奇招、妙招、巧招，进行造势，在全省乃至全国脱颖而出。

2. 推行新型营销模式

一是共享模式，以商业项目为依托，打造共享经济试点，通过运用担保、融资、信托、贴息等金融手段，让社区居民特别是低收入困难群体，实现“资源变资产、资金变股金、市民变股东”，参与到商业项目的运营中并获得收益，通过这种社会效益进行营销，吸引社会关注。二是交互式合作营销模式，集合整合营销、数据库营销、绿色营销、一对一营销、体验营销等方式，让消费者参与广元历史名人文化的开发、利用、发展和管理过程中，成为经营者，然后带动身边人成为消费者，进而成为经营者，这样良性循环不断扩大名人文化旅游市场。

3. 实施时尚营销方式

一是体验营销，采用让消费者观摩、聆听、尝试、试用等方式，与消费者的感官、情感、思考、行动和联想等五个方面相结合，使其亲身体验历史名人文化产品和服务，实际感知产品或服务的品质，从而促使其认知、喜好并购买。二是网络视频营销，将历史名人拍摄成视频，例如微电影、纪录片、舞台剧等，再整合贴片广告、品牌专区、主题征集、植入广告等多种形式进行综合互动营销。三是网络社区营销，建立广元历史名人网络社区，设置聊天室、讨论组、博客、回复即时通知、电子公告牌、电子邮件、会员注册等功能，通过成员间相互沟通，最终达到营销效果。四是节庆营销，整合资源，举办主题性的名人节事庆典，提高名人品牌的知名度；同时可配合事件营销，巧妙地借助正在发生的重大事件和制造震撼人心的重大事件，更大地提高名人品牌的知名度。

参考文献

张赓谟等：《广元县志》，清乾隆二十二年（1757 年）刻本。
罗映湘、王克礼、谢开来等：《重修广元县志稿》，民国 10 年（1921 年）刻本。
张绍龄等：《重修昭化县志》，清道光二十五年（1845 年）刻本。
李元纂：《昭化县志》，清乾隆五十年（1785 年）刻本。

四川省苍溪县志编纂委员会:《苍溪县志》,四川人民出版社,1993。
陶淑礼:《苍溪县志》,乾隆抄本,北京图书馆藏。
青川县志编纂委员会:《青川县志》,成都科技大学出版社,1992。
张政:《民国剑阁县志》,民国 15 年(1926 年)刻本。
常明修、杨芳灿:《四川通志》(第七册),巴蜀书社影印本,1984。

B.12

高铁时代下广元旅游业的适应性发展研究

王克军　陈　瑾　彭　瑶*

摘　要： 高铁时代到来，就市内主体在高铁对广元旅游影响的预判来看，各级政府“先知先觉”，旅游企业则“感知不全”。高铁在增长广元旅客份额、增加人均日游览景点数、提升远离火车站县区住宿率与住店客人人均停留时间方面产生了积极影响，其在稳定本地游客就地游览、提高落地游客相对过夜率、提升紧邻火车站周边住宿业的入住率方面则呈负面影响；目前，高铁未引发景区“爆棚”现象，对广元景区旅游的一日游结构影响不明显。高铁为广元旅游创造了发展机会也带来了挑战，在各主体应对高铁时代策略中，各级政府基本全面适应、旅游企业局部初浅适应、广元旅游业未能整体适应。本文针对广元近年现状提出了相应对策。

关键词： 高铁时代　旅游业　适应性战略　广元市

近年来国内高铁建设数据不断被刷新。2016 年，我国高铁发送旅游约 15 亿人次，占全国铁路发送旅客总量的 53.3%；截至 2018 年底，我国高铁

* 王克军、陈瑾、彭瑶，四川信息职业技术学院。

营运里程达2.9万公里，位居全球第一；2019年，“复兴号”CR400BF型动车组创造了420公里/小时的速度记录，位列世界第二；2016年修编的《中长期铁路网规划》显示，“十四五”期末，我国铁路网规模将达15万公里，其中高铁将覆盖80%以上的大城市。这一系列数据标志着我国已进入高铁时代。2017年12月6日，西成高铁正式开通运营，将“成都－重庆”和“关中－天水”两大经济区连通。自此，广元实现1.5小时内到成都、2小时达西安、2小时40分到重庆、8小时抵北京。同年，12月28日起，由成都－西安、重庆－北京、太原－重庆等途径广元的动车新增至53对/天，这意味着广元步入了高铁“公交车”时代。

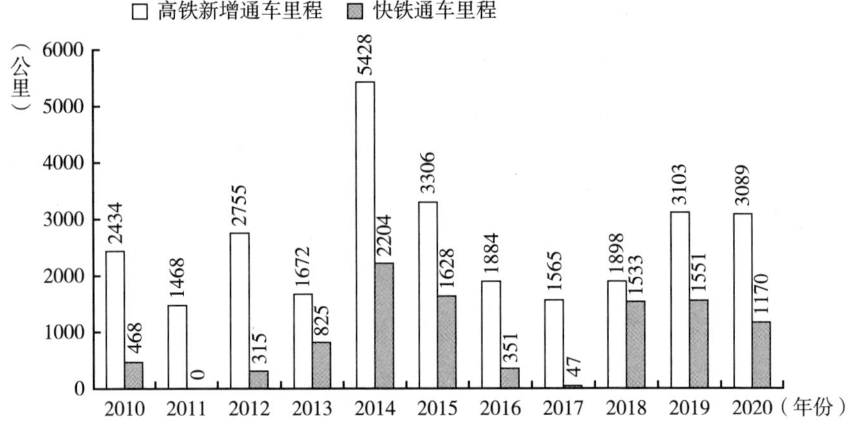

图1　2010～2020年我国高铁新增里程及快铁通车里程情况（含规划数据）

资料来源：《2019年中国高铁新增通车里程、快铁通车里程及铁路基建投资规模分析预测》，中国产业信息网，http：//www.chyxx.com/industry/201905/736231.html，2019年5月8日。

2017年，广元旅游总收入334.56亿元，占广元GDP总额的45.7%，成为广元绝对型支撑产业。因此，广元旅游产业经济的稳定与健康发展直接关系广元经济的安全与持续性。高铁“缩短”了旅游客源地与目的地的距离、节约了游客旅行交通成本、创造了巨大单位时间价值，但其也会在增加本地游客外流、降低过夜游客比重、加速落地游客外流等方面产生影响，即高铁对区域经济的影响具有双面性。广元进入高铁时代已近两年，在此期间，广元旅游是否适应新时代下的变化，高铁是否对区内旅游产生了影响，产生了哪些影响？为探究这一系列问题，课题组开展了研究。

一　面临高铁时代广元旅游的适应性反应分析

（一）政府部门“先知先觉”，全面应对高铁旅游时代

自2008年以来，广元市委市政府已察觉到这一新型交通将对区域经济带来积极带动作用及其对区内旅游环境的特殊要求。时年，广元市委、市政府迅速铺开广元旅游的整改、扩建与升级工作，在推动地方旅游发展的同时积极应对高铁开通后的可能变化。一是大力完善基础设施，全面提升旅游接待能力。“十二五”以来，广元不断加大广元交通优化力度、鼓励广大社会资本开办宾馆、积极筹措资金建设智能停车场，以适应高铁开通后游客可能产生的“井喷”之需。截至2018年底，广元境内公路总里程约2万公里，铁路运营里程503公里，开通民航营运线路5条；至2018年三季度末广元住宿床位数增加至5.6万张；已建成昭化古城、利州区和昭化区市中心城区智能停车场3个，新建智能车位近3万个。二是加速旅游产品体系开发，备足卖点满足多群体需求。2018年末，广元累计建成高等级旅游景区20个、省级旅游度假区6个、省级生态旅游示范区4个，景区数量居全省第二，形成“昭化古城－剑门关”三国游、“苍溪红军渡－旺苍红军城－旺苍木门会议遗址”红色游、“汤山－天赐－鹿泉”温泉游等系列主题游览观光休闲产品；先后开发“广元七绝”“苍溪闺猕饮品”“白花石刻”等旅游购物品近百种；初步形成“广元女儿节”“苍溪梨花节”“剑门大肉会”等极具区域知名度与影响力的节事旅游。三是加强旅游人才培养，注重专业化队伍建设。西成高铁项目纳入规划建设之年，广元市委、市政府当即指示四川信息职业技术学院开设旅游管理专业，以确保广元旅游未来发展的人才之需。四是积极开展旅游营销，全力争取高铁时代下的客源。近十余年来，广元先后出台了《广元市旅游宣传促销优惠政策》《广元市旅游宣传促销优惠政策实

施办法》《关于做好迎接高铁时代有关工作助推广元跨越发展的意见》等相关政策及文件十余个，累计与周边省市开展旅游营销中心合作50余次，积极与成都和西安铁路局磋商高铁车厢广告植入、列车冠名、增加列车停靠点次、增设区域专线等活动。

（二）旅游企业较乐观感，“双重依赖”心态明显

为了解广元旅游企业关于高铁对广元旅游影响预判及自身预先应对策略，课题组对市内1个典型景区、4家旅游酒店及6家老牌旅行社分管营销工作的管理人员实施了专题访谈。统计结果显示，被调研企业均认为高铁对广元旅游具有明显的积极影响。他们高度一致地认为，随着高铁开通，广元的游客流量将剧增、酒店入住率将绝对上涨、旅行社将迎来更大的散客市场。在高铁对广元旅游的消极影响方面仅1家企业认为，因高铁的快速与广元交通的便利，西安与成都来广元的游客在当地的相对入住率将会大幅度降低。这一结果表明，广元旅游企业在高铁对区内旅游影响预判方面主要倾向于乐观感知，对其中的危机感知缺乏或不足。在被调查企业应对高铁时代预先策略方面，1家企业未做任何反应；1家旅行社主动调整线路产品并积极开发与高铁运营线路较为匹配的新型线路产品以应变化之需；其余9家企业则主要依靠增加广告投放、实行价格折扣、增设预定平台或点数等营销手段试图争取高铁即将带来的客流份额。在广元旅游应对高铁时代主要宏观策略倾向方面，72.7%的受访者主要希望政府加大宣传力度。从被调查企业的预先策略及其在区域宏观政策的倾向来看，他们过度依赖初浅营销手段而忽视经营环境变化下的目标市场重锁、产品革新、服务质量提升等策略构建，且过于依赖政府“营销红利”而缺乏自我市场开创与深度应对策略思考。

二　高铁对广元旅游业的影响分析

（一）总体影响

2018年，广元铁路发送及达到旅客量1031.30万人次，较2010年增长

了597.4人次；广元游客接待总人次由2010年的700.58万人次增长至5028.86万人次，增长了6.18倍；广元旅游总收入由2010年的32.3亿元增长至419.53亿元，增加了387.23亿元，增长了12.1倍。

1. 广元铁路客运量与广元旅游人次及总收入相关分析

为检测近年来广元铁路客运量与广元旅游增量是否存在相关性，课题组借助SPSS19.0软件对广元2010～2018年的铁路发送及达到总人次、广元游客年总人次及旅游总收入进行了Pearson双侧相关检验。2015年下半年，广元火车站封闭改造部分列车限停或停运。为此，研究为避免该年数据对总体分析的干扰与影响而将其剔除。表1显示，分析期内这三项指标均呈正相关关系。即长期以来，广元铁路客运对本地旅游客源获取、旅游经济增长起到正向促进作用。为探究西成高铁开通后，高铁与广元旅游是否存在高度相关关系，研究将上述数据关系分析锁定在2018年月份单位变量下。分析结果显示，三项指标在0.01水平双侧的相关显著性值均为1。即高铁在此方面的影响更为显著。

表1　广元铁路总运量与广元旅游接待总人次及旅游总收入相关性检验

单位：万人，亿元

	总运量	游客总人次	旅游总收入	
总运量	Pearson 相关性	1	0.789*	0.871**
	显著性(双侧)		0.02	0.005
游客总人次	Pearson 相关性	0.789*	1	0.982**
	显著性(双侧)	0.02		0
旅游总收入	Pearson 相关性	0.871**	0.982**	1
	显著性(双侧)	0.005	0	

注：* 表示在0.05水平（双侧）上显著相关，** 表示在0.01水平（双侧）上显著相关。

2. 广元铁路客运与广元旅游主要指标动态关系分析

近9年间，广元铁路客运发送与到达年度总量呈“一谷”“一峰”“两分离”特征。2010～2014年，到达量高于发送量；2016年后，这一局面出现持续扭转且两者差额日益增大，2018 年达到 7.9 万人次，这是广元高铁便利下的负面作用所致；2018 年广元铁路客运总量达到期内峰值 1031.30 万人次，较上年增长 418.4 万人次。

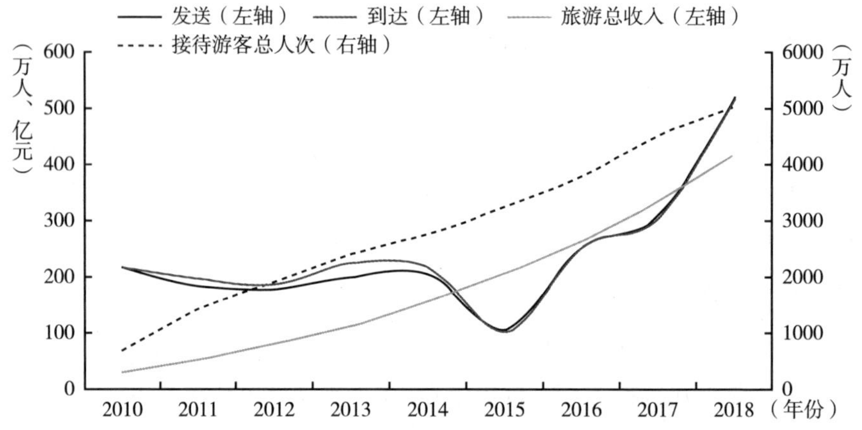

图 2　2010～2018 年广元铁路客运与广元旅游主要指标变化情况

资料来源：根据广元市文化广播电视和旅游局及广元市火车站 2010～2018 年统计资料整理。

从图 2 可看出，2010～2018 年，广元年旅游总人次及旅游总收入均呈持续增长趋势。2015 年广元火车站修建并未明显影响广元旅游经济发展。这是广元市政府科学周密有序的应对措施、广元近年来交通条件及设施综合改善、旅游区位优势共同作用的结果。2016 年、2017 年、2018 年三个年份中，广元铁路客运总量分别出现了 294.4 万、106.8 万、418.4 万人次的增长。对应年份，广元接待游客总人次与旅游总收入则分别出现 540.07 万、722.4 万、514.39 万人次增长，57.06 亿、70.34 亿、84.97 亿元高速增长。其中，2016 年 4 月广元迎来动车时代，2017 年 12 月广元进入高铁时代，2018 年广元站实现每天 53 对列车对开。广元这三年的旅游人次接待量及旅游总收入迅猛增长离不开区域高速铁路的建设与发展。综上所述，广元高铁对广元旅游发展的正面影响是直接的、明显的、持续的，但就发送与到达客运量的扭转局面来看其也存在本地游客及到境游客大量快速外流的负面影响。

（二）高铁对广元旅游行业影响分析

1. 对景区业的影响

高铁未引发景区“爆棚”现象。剑门关和昭化古城景区紧邻市城区，具有区内得天独厚的高铁红利机会。故这两个景区在高铁通车前后的游客人次增减能反映高铁对广元景区接待量的影响情况，具有代表性。2018 年，广元所有景区共接待游客 3195.03 万人次，相对上年增长 715.13 万人次。年内，广元龙头景区剑门关的游客人次仅增长 1.33 万。当年，该景区虽受绵广高速维修和强降雨影响但景区临时关闭时限极短，年内市政府已开通火车站至此景区直通车，全年剑门关火车站共运入旅客 42 万人次。故剑门关景区 2018 年的这项增值不应低于 2017 年的 83.17 万人次。2017 年昭化古城游客增长 92.35 万人次，但 2018 年却仅出现 37.06 万人次的增长。这一数据关系表明，目前高铁并未引发景区“爆棚”预期。

高铁对广元景区的一日游游客结构影响不明显，但人均日游览景点数有微弱增长。从图 3 可看出，在“本地与外地”变量下，测算期内广元市景区的游客结构相对稳定，本地游客基本保持在 56% 水平上下微弱增减、外地游客则长期保持在 43% 水平左右。除 2015 年广元火车站修建性影响外，这一特征未发生明显改变。观测期内，一日游游客在广元人均日游览景区数量方面，外地游客自 2016 年始连续高出本地游客 0.13 个。这一数据特征及变化表明：自广元进入高铁时代以来，高铁对广元景区游客的客源地结构（本地与外地变量）未产生明显影响。随着高铁对旅途时间的缩短，来广元一日游游客人均游览境内景点数有所增长但并不显著。本地一日游游客的该水平不及外地游客，并在 2015 年后呈显著下降，这主要是广元进入高铁时代后为本地游客外流提供了较大便利因素所致。

2. 对住宿业的影响

高铁使远离火车站区县住宿业入住率提高，人均住店停留时间延长。在自然气候、旅游资源特征、法定节假日等综合因素影响下，国内旅游已形成“一月淡、三月抬、八九旺、十一月降”的规律。广元主要县区代表性酒店

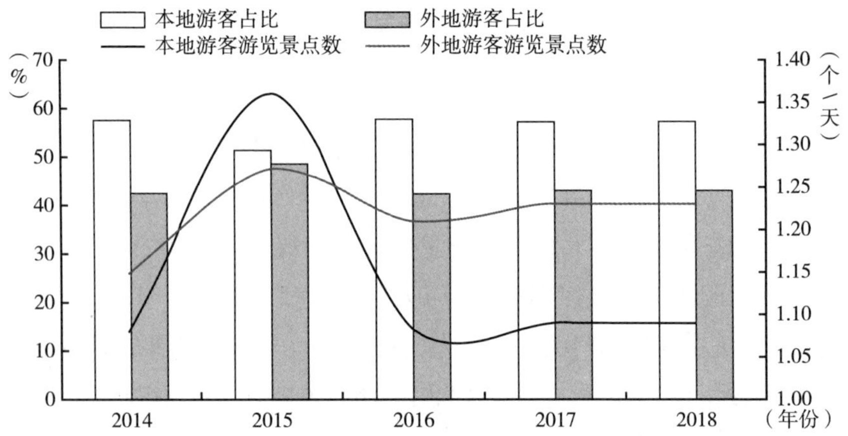

图 3 2014～2018 年广元景区本地、外地游客占比及人均游览景点变动情况

资料来源：根据广元市文化广播电视和旅游局及广元市火车站 2010～2018 年统计资料整理。

2018 年的月度入住人次与历史同期动态比较能反映该年经营情况，历史动态规律对比能说明高铁对入住的影响。从图 4 来看，抽取样本基本符合国内旅游规律。数据对比结果显示：2018 年 1～10 月，苍溪国际大酒店和旺苍宾馆入住人次均高出观测年同期值，广元国际大酒店和剑门关酒店仅在8～9 月超出或接近历史同期值。剑阁与市城区距离市火车站极近，旺苍和苍溪距离则相对较远。即广元高铁时代下，超强的运输能力使远离市区的酒店获得了较多客源并提升了入住率，便利的交通条件对紧邻火车站周边的住宿企业存在降低游客入住率的危机。从图 5 可看出，2014 年以来，广元过夜旅客的平均停留时间整体水平低但总体呈增长趋势，其中 2018 年增幅最大，星级酒店住客和其他住宿住客分别达 0.59 天和 0.58 天。这主要得益于广元便利的“高铁公交”福利。

3. 对旅行社业的影响

调研结果表明，自高铁开通以来广元旅行社业受到明显影响。一是客源结构发生变化，接发团量明显增加。高铁开通后中远程团队地接相对减少、外来散客拼团逐步增加、组织本地居民参团外出量逐渐增加。二是部

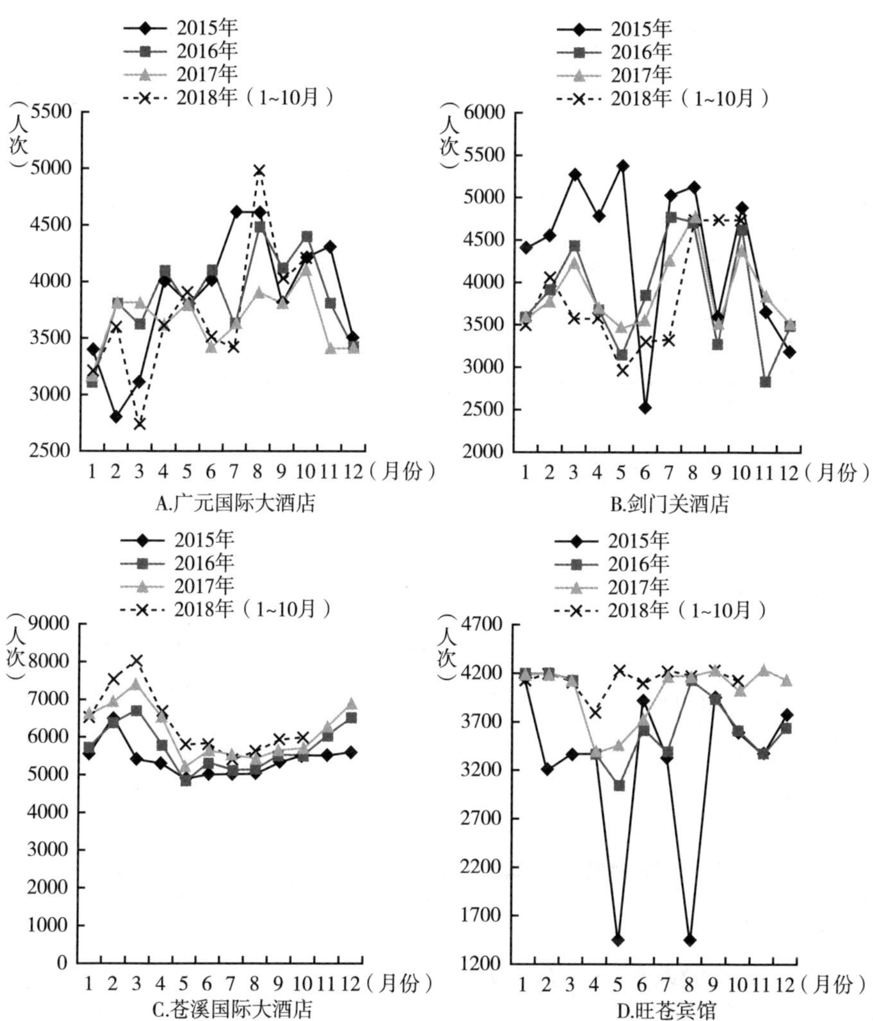

图 4　2015 年 1 月至 2018 年 10 月广元代表性酒店入住动态对比

资料来源：广元市审计局：《广元市旅游业重大政策落实情况和产业发展情况专项审计调查》，2018 年。

分业务细节发生变化，企业经营成本降低。广元进入高铁时代后，市内旅行社的接送团地点由之前的本地及异地机场、车站转向本地火车站和机场。这无疑为旅行社节约了接送团成本。三是游客需求及行程发生改变。

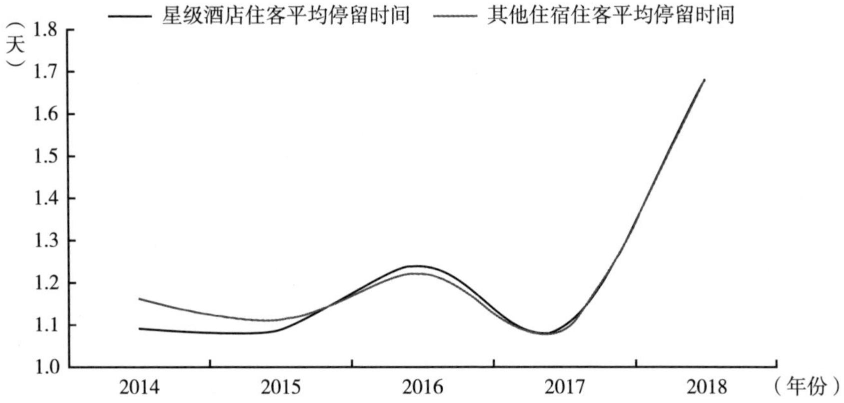

图 5　2014～2018 年广元过夜旅客在酒店中的平均停留时间动态趋势

资料来源：根据广元市文化广播电视和旅游局及 2010～2018 年统计资料整理。

来广元旅游的团队游览空间由之前的剑门关、昭化古城逐步扩展至皇泽寺、千佛崖、曾家山、红军渡，人均在广元停留时间由 6 小时左右提升至 12 小时左右。本地游客能接受国内中远程旅行，其中 3～4 天高铁短线出游备受欢迎。

三　高铁时代下广元旅游业的适应性判定

（一）各级政府反应快，基本全面适应

事实上，高铁对广元旅游的影响并非是 2017 年通车后一蹴而就，而是在其 2012 年开工之时便已开始。然而，广元各级政府的应对工作则比其整整早了 4 年。2008 年，广元借助灾后恢复重建，共投资 17 亿元完成剑门关景区重建等 29 个项目，对后续旅游发展产生深远影响。2012 年，广元全面开展旅游标准化建设，共编制 8 部旅游服务类地方标准以积极推动区内行业标准化发展。2013 年，广元市出台了《关于全面加快推进文旅兴市的意见》，广元上下形成“文旅兴市”发展共识。2015 年创建国家 5A 级景区 1

个，2017 年新增国家4A 级景区 3 个，2018 年末广元共有各类景区 40 余个。近年来，广元连续两年旅游招商引资签约金额超过 300 亿元，成功招引 30 亿元以上重大旅游项目 7 个、5 亿元以上项目 3 个。从上述大事记来看，各级政府能在区域旅游发展战略方向定位、旅游环境治理、高等级旅游景区创建、重大旅游项目开发建设等方面做出全面反应。在区域旅游适应高铁时代的发展中，广元各级政府团队“先知先觉”特征明显，反应快速、主动性强、行动全面。因此，其在适应高铁对旅游环境变化要求方面达到基本全面适应等级。

（二）旅游企业感知不全，局部初浅适应

旅游企业关于高铁对广元旅游的影响预判方面，持以过于乐观态度倾向，认为随着高铁的开通大量游客将涌入广元，届时景区游客将暴增、大量旅游团队将赴广元、酒店出租率一定出现增长。然而，他们不愿或不能以辩证思维方式看待高铁对广元旅游的负面影响或潜在的危机。高铁开通后，绝大多数旅游企业主要以价格折扣和就地或异地投放小额广告方式企图从中获取更大市场份额，而在企业发展战略调整、针对性产品开发与革新、服务提升品牌塑造等方面的必要策略缺乏。即广元的旅游企业在高铁对广元旅游影响预判方面感知不全特征明显，在应对高铁时代下的旅游环境变化过程中观念落后、方式单一、策略初浅，故其在适应高铁对旅游环境变化要求方面仅属于局部初浅适应等级。

（三）广元旅游高品质供给不足，未能整体适应

从高铁开通前后两个年份的关键数据比较来看，赴广元游客总量增长 300.51 万人次（不含 2018 年新建和新增统计景区数量），较 2015 年增加 53.71 万人次；来广元的游客人均住宿停留天数虽增长 0.5 天，却仍未突破 2 天/人；人均每天游览景点数未得到明显增加，仍停留于 1.1 个。这主要是广元旅游高品质供给不足所致。自 2015 年以来，剑门关景区在百度中的日均热度指数为 1169，在全省景区排位十名之后；截至 2018 年末，广元无

五星级酒店、四星级酒店仅2家、无任何星级酒店区县1个；年底，广元拥有各类艺术表演团队211个，但能承接接待游客的专业组织仅有2个。近年来，广元旅游在资源整合、产业建设、市场开发等方面取得了显著规模效益，但在对客源高品质供给方面却明显不足。从区内旅游企业表现出的应对策略及高铁对广元旅游关键指标的直接和间接影响来看，广元旅游业未能整体适应高铁时代变化之需。

四　基于研究结论的适应性发展战略构思

（一）科学认知，转变观念

客观地讲，在区域旅游发展中高铁是把“双刃剑”，其为区域旅游发展带来了机会与挑战，对区域旅游发展的正负影响并存。为此，各旅游行政及经营主体应从影响认知、应对行为及经营策略方面树立辩证观以实现适应快速、优质、全面发展之目标。一是科学看待高铁对区域旅游的影响与作用，由“机会观”转向“危机首要下的机会与危机并存观”。从管理决策理论来看，缺乏危机感的领导者其本身就是企业生存与发展中的最大危机源。因此，广元在看待高铁对区内旅游的影响方面，应首要分析其对广元旅游发展潜在的危机源、影响方式、影响程度等内容并做出应对策略，从而探寻“保底”之下的抓高铁机遇发展路径。二是企业主动革新，由“政府救助观转向企业自力观”。各旅游企业主体应在市场主导原则下，结合自身发展目标，针对高铁时代下经营环境变化之需，从目标市场调整、产品对路开发、经营策略体系构建等方面主动革新，在提高自我当前适应性发展的同时增强企业未来的综合竞争实力。三是联合经营，由“行业及地区竞争观转向行业及地区竞合观”。高铁无疑“缩短”了旅游客源地与目的地的空间距离，无形之中将原本分离的旅游区域连为一体。综观当前国内外商业经营之道，地区与行业间的竞合关系已成为国际主流。为此，广元旅游应通过功能错位互补、市场区隔共建、营销捆绑共享等方式与“成都—重庆”和“关中—

天水”两大高铁经济区建立市际层面竞合战略关系，从而形成区域旅游共建、共享、共赢格局。各旅游企业应打破观念禁锢、破除行业壁垒、突破空间局限从产品开发、客源共享、平台共建等方面与两大高铁经济区内旅游企业建立竞合营销体系以筑就共同发展之路。

（二）由规模化向优质化发展战略转变，防止落地游客流失，培育“高质”市场

客观地讲，任何国家和地区的旅游接待规模皆不会出现无限递增，否则接待国（地）将会为此“惨重买单”。在游客接待总量不变的情况下，区域旅游的经济收益大小取决于每一位游客的经济贡献。2018 年，来广元的游客人均经济贡献 834.24 元，这一指标比同年全国国内游客人均贡献低 90.74 元、比旅蓉游客低 712.68 元（含入境）。广元高等级旅游景区位居全省第二、游客绝对规模较大但相对单位游客贡献较低。专家认为，企业需提供贡献价值才可以称雄市场。旅游目的地为游客提供的效价贡献直接决定了他们在此的消费欲望及回馈程度。高效价旅游供给不足是导致大量来广元游客“带着期待而来攥着钱包而走”现象的关键所在。高铁告别了“有钱人坐飞机，工薪阶级乘火车”的时代，其客流中带有或潜在为数不少的高质量游客。为此，广元旅游发展战略应由以往的“游客总流入”向“单位客流就地贡献”转变，加速优势资源开发，加强知名旅游品牌提档升级，集中力量打造高质量、高性价、高品位的旅游产品体系，从而以对客源高品质贡献争取“高质量”客源、刺激落地游客的就地消费欲望、提升本地居民就地旅游消费意愿，最终为实现高铁时代下旅游的“保量”“增值”“创造或培育高质量旅游市场”提供可能。

（三）由扩建向重点完善战略转变，提高来广元游客单位时间价值

经过十余年的建设与发展，广元的旅游基础设施、旅游供给、人力资源保障等在规模上取得显著成效，能确保正常运营。但在设施等级、产品品质、高端人才方面还存在些许问题。因而，广元在此方面应由以前的大力扩

建向重点完善战略转变。一是完善市城区和广元重点景区交通服务体系。开设火车站－皇泽寺－千佛崖－汤山温泉－万达广场－广元国际大酒店－南河湿地公园－天成大酒店“绿皮”旅游公交以提高游客便利度。增设曾家山、柏林沟、雪溪洞等重点景区旅游直通车以提高游客在广期间的扩散度。二是着力完善旅游供给链。以品牌创建为推手，彻底消除无高星级酒店区县现象；以当地文化及非遗资源为抓手，深化旅游纪念品及购物品开发；以本地土特产及农副产品为主材，积极推进“广元味道”开发。

（四）由“我有”向“我能”营销战略转变，推进“交通便利”向“交通变现”转变

高铁缩短了异地来广元游客旅程时间，高频次动车组、四通八达的公路及多条航线给旅客带来了极强的进出便利。这既是广元发展旅游的优势也是其“命门”所在。当代，持以“我有”心态下的生产营销观及供需错位的产品体系，势必导致游客“用脚投票”现象，促使游客产生“哪里好玩哪里耍，这里无聊别处耍”行为。当前旅游买方市场着实成为“80后”“90后”乃至“00后”的“天下”，“进庙磕头，遇佛烧香”的旅游消费现象已成历史。他们更偏好追新猎奇、惊险刺激、省心好玩的旅游产品或目的地。为此，近年“网红打卡景点”备受这一群体追捧。广元进入高铁时代后，其潜在客源市场的空间尺度也得以拉长。即当前广元的客源市场在年龄、需求倾向、空间尺度方面发生了重大改变。故广元旅游应认清这一局势，深入分析高铁时代下旅游新市场的购买诉求焦点，充分利用域内优质或特色旅游资源，采取资金与市场双集中原则，从产品开发、服务配套、心理迎合等方面全力构建以“消费者为中心”的营销策略体系，从而提高广元旅游在高铁沿线地区的市场影响力、吸引力与竞争力，推进交通便利向交通变现转变。

（五）由“白天”向“夜间”经济战略转变，提升落地游客过夜率增加旅游二次收入

长期以来，广元旅游停留于“白天爬山，晚上睡觉”或“白天爬山，

晚上泡澡”局面。因独具特色的夜市卖点缺乏，致使西安、成都、南充等周边游客不愿在广元留宿。多数旅行社将涉阆团队行程安排为“游广元住阆中”，其缘由为阆中晚上可以逛古城。夜市旅游经济的缺失是导致来广元游客过夜率偏低的另一主要原因。因此，广元旅游经济建设的重点应逐步由“白天经济”转向“夜间经济”。政府可将旅游夜市经济列入重点发展战略，以市场为导向，按“景点引人，夜市留人”思路，深入挖掘地方文化，激励多方创新，鼓励多方参与，以“打造一台戏”“兴建一条街”“做好一桌饭”等方式构建旅游夜市经济体系，从而增强广元旅游吸引力、刺激落地游客过夜欲望、增加旅游二次收入、创造旅游三次消费机会。

参考文献

邹勇、陈波、危敏：《城际高铁对城市旅游的影响及对策——以成绵乐高铁为例》，《绵阳师范学院学报》2018 年第 7 期。

杜传健、谢小平、牟宗强：《个性旅游前瞻下的“小众”旅游及其适应性思考》，《曲阜师范大学学报》（自然科学版）2016 年第 3 期。

冯磊、彭战：《广元经济社会发展报告（2018）》，社会科学文献出版社，2018。

王克军：《主要客源国对中国入境旅游市场的贡献分析》，《旅游学刊》2017 年第 1 期。

王克军、马耀峰：《近 14 年中国入境旅游市场的自然性增长分析》，《资源开发与市场》2017 年第 5 期。

B.13
广元文化旅游产业生态链建设研究（2018）

陈 勇 周耀强 仲思平 刘 磊 肖莉平*

摘 要： 2017 年以来，广元在文旅产业生态链建设上致力于构建电影、演艺、文创、绿化、体育、康养、旅游、广告传媒、电子商务、环保建材等全产业链条。截至 2018 年底，累计实现营业收入 11052.98 万元，完成投资 3.2 亿元，融资 12.4 亿元，上缴税收 544.47 万元，文旅产业生态链建设取得较好成效。由于广元文旅集团成立较晚，除电影放映产业较成熟外，其他相关产业门类还处于起步阶段，存在总量弱小、体量单薄、抱团支撑乏力等问题，未形成良性生态系统。广元文化旅游体育康养等产业要在更高视野、更广范围、更深空间进一步科学整合，推动各自产业上、下游链条向纵深延展，探索良性循环的产业生态链建设之路。

关键词： 文旅融合 产业生态链 广元市

广元文化旅游资源富集，中共广元市委六届七次全会提出了“工业强市、生态立市、文旅兴市、统筹发展”的理念，之后又调整为“工业强市、生态立市、文旅兴市、融合发展”的总体思路，由“统筹发展”调整为

---

* 陈勇、周耀强、仲思平、刘磊、肖莉平，广元文旅集团。

“融合发展”，变化的是由“统筹”到“融合”，不变的是对于绿色生态的崇尚和坚持。在此思路指引下，广元组建了广元市文化旅游投资集团有限公司。两年来，接收和组建了 11 个全资子公司、3 个参股子公司，产业门类涵盖电影、演艺、文创、康养、旅游、养老、体育、家居绿化、环保建材等，相关产业在各自上、下游产业延伸拓展和相互契合方面进行了大胆探索，市场潜力和发展前景喜人。广元文化旅游发展驶入快车道，以剑门蜀道剑门关国家 5A 级景区的挂牌为标志，实现由自然观光旅游向休闲度假旅游转变，广元旅游发展进入 3.0 时代，在全省旅游梯队中也由第三梯队靠后位置上升到第二梯队。

一　广元文化旅游产业生态链发展现状

广元一直致力于构建文旅全产业生态链条建设。从组建武则天文旅公司、大蜀道体育公司、女皇味道餐饮公司、九龙山开发公司、黑石坡开发公司、凤宝宝电商公司、俏媚娘文创公司，到参股智同环保科技公司、文旅开发公司、省广电网络公司，再到合资组建高铁广告传媒公司，广元在文化旅游资源融合发展的大框架下，搭建起文旅全产业链条（见图 1），从内部实现文旅产业门类齐全、布局优化、契合度高、竞争力强的大集团态势，从而在整体上达到抱团发展、效益优先的目标。

（一）文旅产业发展呈现竞相发展的蓬勃态势

随着国民经济和人民群众收入增长，旅游消费逐渐成为国民的刚需，国民经济的快速发展和百姓生活质量的提高，以旅游出行为主要代表的大众休闲时代快速到来。广元抢抓“5·12”特大地震灾后重建机遇，为文旅产业发展打下了坚实的基础。地震前，全市国家 4A 级景区仅有 6 个，2014 年国家 4A 级景区达到 16 个。广元文旅产业发展在 2015 年前后达到新高潮，以 2014 国际文化旅游节的举办为标志，拉开了广元旅游 3.0 版的序幕。2015 年 6 月，剑门蜀道剑门关 5A 级景区正式挂牌，加速了广元作为女皇故里和

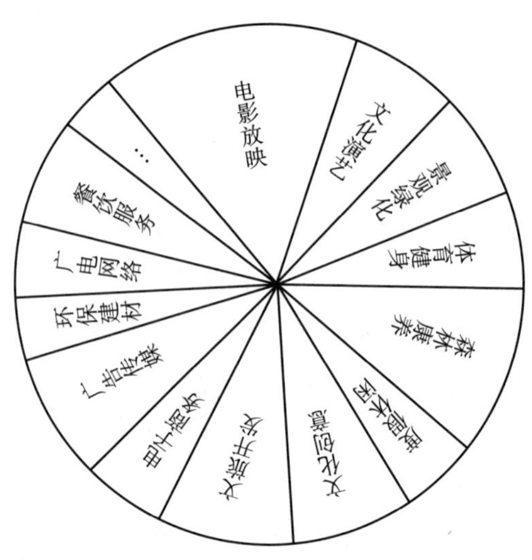

图 1　广元文化旅游产业生态链结构

资料来源：广元市文旅集团资料。

大蜀道国际旅游目的地的形成。一时间，全国各地的旅游投资商不断涌入广元，华侨城投资 80 亿元收购剑门关国家 5A 级旅游景区，中青城投控股集团有限公司投资 270 亿元打造昭化古城度假区，投资峨眉半山度假区的金杯集团入驻广元投入 50 亿元打造康养产业，朝天曾家山以其独特的气候条件吸引了重庆、南充等大量投资客投入巨资发展旅游产业。曾家原乡项目首期面世的 200 套分时度假酒店被一抢而空。2017 年 12 月初，西成高铁正式开通，广元进入高铁时代，使得本已具备四川次级综合交通枢纽这一优良交通区位和条件的广元更加如虎添翼。广元这座国家旅游城市的宣传名片也在“剑门蜀道、女皇故里”的基础上丰富为“剑门蜀道、女皇故里、绿色广元、康养名都”。

（二）文旅产业生态链建设具备扎实的产业基础

1. 以电影、演艺为主要代表的文化消费已经成为市民和群众精神文化生活的重要内容

一是电影产业蓬勃发展。“十三五”以来，广元电影市场先后经历了爆

发式增长、减速换挡期，逐渐步入了发展新常态，规范市场、提质升级成为电影产业新的发展目标。国家、省市系列政策文件的发布，大大推进了广元电影产业的发展。2018 年，广元电影产业收入接近 5500 万元，电影文化产业快速推进、文化市场蓬勃发展。随着广元影院新技术应用更加普及，越来越多的观众感受到更加震撼的视听效果，影院发展日趋成熟。截至 2018 年 12 月，广元影院增至 17 家，座位数达 10418 个。广元居民较高的消费能力和较为充足的市场空间为高端影院的建设提供了发展契机。与此同时，随着在线购票技术日趋成熟，用户线上购票更为便利，消费体验指数上升，推动电影产业朝着网络化发展，广元票房平稳增长。2018 年广元市全年总票房为 5449.63 万元，放映 15.29 万场次，观影人次达 182.5 万，在全省票房排名为第 15 名，竞争实力较弱（见表 1）。

表 1　广元电影产业发展统计（2016～2018 年）

项目 / 年度	影院（家）	座位数（个）	放映场次（万场次）	观影人次（万人次）	票房收入（万元）
2016	12	6404	11.40	129.88	2240.40
2017	16	8753	13.63	157.32	4582.00
2018	17	10418	15.29	182.5	5449.63

资料来源：广元市文旅集团资料分析。

二是演艺产业开始起步。2018 年，广元演艺场次约 1000 场，同比增加 10%，收入 1500 万元，同比增长 15%。

三是文化产业贡献率上升。根据《2018 年广元市国民经济和社会发展统计公报》显示，GDP 全年实现 801.85 亿元，比上年度增长 8.4%，其中第三产业增加 325.19 亿元，增长 9.3%，对经济增长的贡献率为 43.2%。文化产业投资增长 50.9%，消费升级类商品增长较快，体育和娱乐用品类、家用电器和音像器材类零售额分别增长 14.6% 和 13.9%。年末广元有艺术表演团 211 个，文化馆 8 个，乡镇综合文化站 230 个，社区文化中心 240 个，博物馆（纪念馆）5 个，美术馆 4 个，公共图书馆 8 个，公共图书馆总藏书218.5万册。全年创作歌曲73首、舞蹈60个、小品36个，全年组织群众性文化活动2400余场次。

2. 以康养为主要特点的旅游业发展空前加快，康养旅游产业投资呈井喷态势

一是文旅经济发展形势喜人。截至2018年底，广元共有2A级及以上旅游景区46个，其中5A级景区1个，4A级景区19个，3A级景区18个，2A级景区8个。2018年广元接待游客5028.86万人次，实现旅游总收入419.53亿元，分别同比增长11.39%、25.4%，过夜游客增长22.7%，广元旅游产业增加值64.72亿元，占GDP比重达8.1%，接待游客和旅游总收入均居全省第7位。文化旅游业已经成为广元市经济社会发展和全省旅游多点多极支撑的重要组成部分（见图2、图3）。

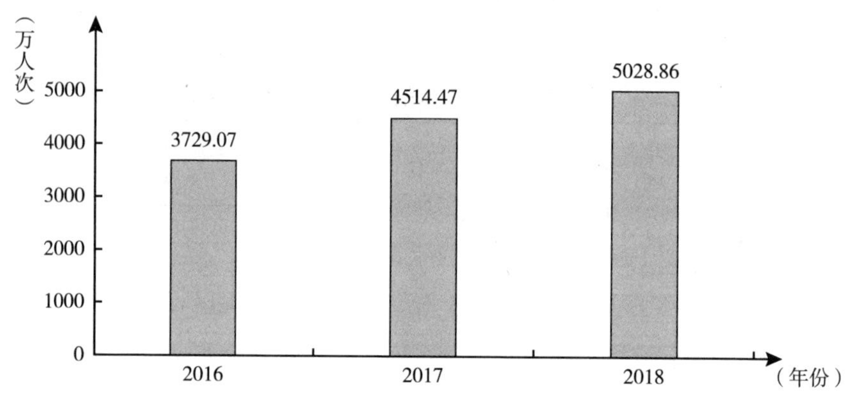

图2　2016~2018年广元旅游接待人次比较

资料来源：广元市文化广播电视和旅游局数据资料。

二是文旅项目成投资热点。坚持“大项目促大发展”思路，紧盯行业领军企业、产业龙头企业招大引强，2018年招引文旅项目30个、签约资金441.36亿元，在建文旅项目完成投资71.36亿元。华侨城、新华联、中青城投、川旅投等一批国内知名企业入驻广元，大蜀道剑门关旅游区、天曌山旅游区、昭化古城旅游度假区等一批重大项目开工建设，为文旅产业发展注入新动力。

三是文旅品牌影响力快速提升。广元在西安、兰州、成都、重庆等重点

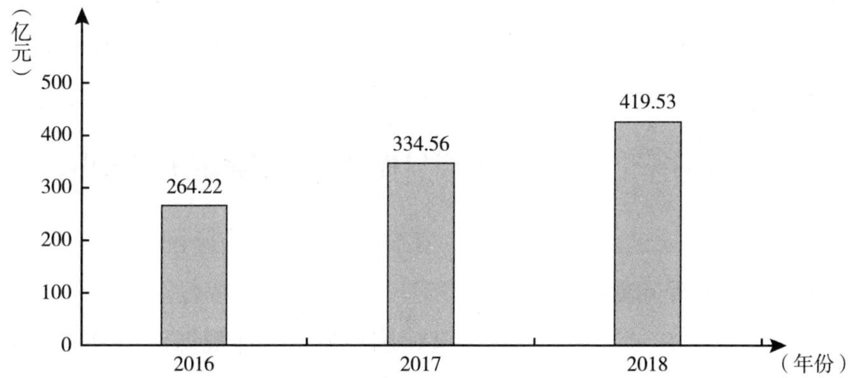

图3　2016～2018年广元旅游总收入比较

资料来源：广元市文化广播电视和旅游局数据资料。

客源城市开展宣传推广活动，《大蜀道》《魅力中国城》等节目大大提升了广元的知名度，“大蜀道”“大熊猫”品牌形象加快树立，“女儿节”“大蜀道文化旅游节”等20余个重大旅游节会成功举办，康养旅游、冰雪温泉旅游成为极具人气的新产品，“剑门蜀道 女皇故里　绿色广元 康养名都”文旅品牌影响力显著提升。

3. 体育健身休闲消费渐成时尚，体育产业发展潜力巨大

一是体育设施得到极大改善。截至2018年底，先后投资5.3亿元修建体育场6座、体育馆7座、训练馆1座；投资1.38亿元建设的游泳馆项目于2018年8月全省第十三届运动会上正式投入使用，澳源体育中心功能加快完善；投入500余万元在城区公共区域修建了195处大众健身场所，安装了一大批全民健身路径器材；沿河沿江修建健身步道70余公里；广元实施了45个乡镇全民健身工程。

二是赛事承办成效明显。截至2018年底，共承办四川省第十三届运动会、全国青年篮球联赛等国家、省级以上大型体育比赛活动20余次，参加国家、省级体育比赛交流80余次，举办体育赛事活动1000余次。

三是体育产业加快发展。市政府出台《关于加快发展体育产业促进体育消费的实施意见》，在引导培育市场主体、牵线搭桥引进项目、引领企业

进军体育产业等方面发挥了积极作用，体育产业发展体系逐步完善，体育市场结构逐步多元化，体育消费明显增加，体彩销售再创新高，体育产业增加值逐步提升。

（三）环境绿化水平和能力明显提高，城市旅游生态吸引力不断增强

1. 城市绿化骨架基本形成

按照“生态广元”建设总体部署，围绕城市总体规划，坚持城市绿地系统规划与城市总体规划相统筹、老城区绿化与新城区绿化相统筹、现有绿化与未来发展目标相统筹的“三统筹”原则，确立了“四山四水”（“四山”即南山、黑石坡、天曌山、牛头山，“四水”即南河、嘉陵江、白龙江、青江河）的市建城区园林绿化总体框架，着力建设具有山水特色的生态园林城市。目前基本形成了以“四山四水”为绿化骨架，构成了点、线、面相结合的绿地景观格局，改善了城市生态环境，实现了生态化、园林化、山水化、人文化的融合统一，为建设生态园林城市打下了坚实基础。

2. 城市总体绿量大幅提升

截至2018年底，广元市建成区绿化覆盖总面积25.2506平方千米，绿化覆盖率39.30%；绿地面积24.1716平方千米，绿地率40.09%，公园绿地面积合计683.58公顷，人均公园绿地面积为12.77平方米/人；万人拥有综合公园指数达到0.07；公园绿地服务半径覆盖率为85.02%；绿化覆盖面积中乔、灌木所占比例为82.5%；新建、改建住宅小区绿地达标用地面积553.87公顷，绿地达标率88.71%；园林式居住区达标率54.75%；建成区道路绿化普及率95.05%；城市道路绿地达标率达到41.42%；建成区防护绿地实施率为90.98%；林荫路推广率为72.64%；建成45.5公顷植物园1个。

3. 生态环境明显改善

按照“城郊森林化、城市园林化、道路林荫化、农田林网化、村庄公

园化”的大环境绿化理念，以改善生态环境为目标，以造林绿化为重点，努力实现人与自然相互协调。到2018年底，广元森林面积达1391万亩，森林蓄积达5811万立方米，森林覆盖率达到56.81%，道路、水系绿化率达92%和95%，基本形成了城区森林成片、周边森林围城、通道林网连线、乡村绿树掩映的森林生态系统。

（四）餐饮产业百花齐放，“女皇味道”区域公共餐饮品牌初步树立

1. 餐饮结构逐步优化

目前，广元餐饮业从小吃，到快餐、中餐、火锅；从本土特色到外来品牌；从国营，到集体、个体；从全新模式到传统技艺等如同百花齐放，应有尽有，丰富多彩。在所有业态中，中餐依然占据主导地位，火锅最受市民喜好，快餐深受年轻一代青睐，农家乐、渔家乐发展势头迅猛，康养、健康、绿色餐饮逐渐成为新兴业态和发展趋势。“刘一手”“肯德基”等一批连锁餐饮企业落户广元，同时广元特色餐饮品牌向外“走出去”扩张的力度也在逐步加大，“川葵”广元特色店2018年在成都落地；广元本土“蒸凉面”向全国各地销售；剑阁土鸡菜系影响力不断扩大。“计算机管理”“互联网+营销革命”和“新兴移动支付”加速了餐饮行业的智能化。据市场监管局数据，广元餐饮业食品安全监督量化分级管理评定为A级的餐饮服务单位48家，B级6892家，良好及以上安全等级达71.6%。

2. 区域品质特色鲜明

广元市政府印发《关于加快广元餐饮业健康发展聚力打造“女皇味道”公共品牌的通知》，明确提出要围绕建设中国生态康养旅游名市的目标，大力实施“女皇味道”餐饮公共品牌战略。朝天区以“曾家山菜系”为抓手，打造“曾家山菜系”和曾家养生食材；利州区多以中高档餐饮、精品餐饮为主；苍溪县城重点发展特色餐饮街区；剑阁县依托其独特的旅游资源重点打造独具地方特色的“剑门豆腐”“剑门土鸡”“剑门山珍”三大菜系；青川县推进餐饮与生态、康养、旅游的深度融合，深度挖掘和包装地方特有的餐饮文化，以纯天然有机食品和天然名贵中药材为特色美食原材料，打造

“食养”系列康养产品；旺苍县在滨河路、电影院步行街等区域形成小规模集中的餐饮业发展态势。

3. 行业贡献值稳步提升

目前，广元餐饮服务单位已发展到9692家，餐饮业增长速度平稳、快速，行业零售额从2013年的32.07亿元增长到2017年的55.37亿元，年均增长12%以上，是消费品需求市场中发展最快、增值最稳的行业之一，有效带动了种植业、养殖业、加工业等行业的消费与就业，在扩大就业、提高居民收入、维护社会安定和稳定经济发展等方面做出了重要贡献。

（五）文旅产业生态链建设实践取得初步成效

1. 电影、演艺等文化产业板块成效显著

电影公司积极开拓新市场，投资300余万元，改建激光巨幕影厅，努力提升市场竞争力。2017年，累计实现经营收入6422万元。演艺公司2018年承接市内外演出项目共70余场，积极参与“魅力中国城”、省运会和女儿节节目演出，举办“好戏连台，月月精彩”演艺活动，推动广元文化消费市场，引领广元文化消费方向。累计实现经营收入4084万元（含省运会），同比增长12.8倍。

2. 环境绿化产业能力大幅增强

绿友生态公司创新发展思路，完成了市政和建筑两个三级资质报批，积极承接市政绿化工程和项目工程，同时建设苗圃基地，累计实现经营收入1713万元，同比增长4.76倍。

3. 文化创意产业扎实起步

开发了系列“武则天”文创产品，推出了“女皇驾到”系列表情包和武则天文创商品，打造的“武则天”IP深受社会各界的广泛好评。成功注册保护了“康养名都”“大蜀道”“女皇味道”“蜀道马拉松”“蜀道音乐节”“媚娘有礼”“俏媚娘”等地域特色商标，通过举办“曌动广元”蜀道动漫音乐节、“致敬经典”女儿节群星演唱会、“女皇味道”美食嘉年华等活动，品牌IP体系建设初见成效。

4. 体育休闲消费渐成风尚

大蜀道体育公司抢抓省运会契机，加强澳源体育中心业态调整布局，快速推进市场化运营。2017年以来，成功举办了四川省全民健身（青少年组）游泳比赛，完成游泳馆对外开放运营，建成澳体停车收费系统，累计实现经营收入520万元。筹办的大蜀道国际山地马拉松比赛影响深远，体育经营前景可期。

5. 康养旅游项目加快建设

完成了黑石坡项目修详规划、栖凤湖总体规划及滨水景观规划、烟波坊美食城（大华1939）总体策划及概念性规划、九龙山特色康养旅游区总体规划等4个大型旅游项目策划和规划。其中，黑石坡森林康养旅游度假区启动项目总投资已达10亿元以上，目前正以EPC模式有序推进广元塔、黑石星空酒店、黑石深谷温泉等康养旅游产品建设。投资2800万元，建成皇泽寺“凤街”项目一期工程。完成了皇泽寺码头、大西街码头、城门楼改造，实现了栖凤湖水上旅游常态化运行。

二　广元文化旅游产业生态链发展中的问题

（一）文化旅游产业支撑不足

1. 旅游资源未进行有效的整合利用

广元旅游资源富集，截至2018年底，有1个5A级旅游景区，19个4A级旅游景区，但旅游资源分布较散，剑门关、昭化古城等景区旅游方式只是传统的观光旅游，未对旅游资源进行有效的整合利用和打造旅游体验、度假产品，广元旅游产业发展动力不足。

2. 历史文化遗产的开发利用不足

广元是蜀道文化、三国文化的核心走廊和先秦古栈道集中展现地，是武则天的诞生地，是红四方面军长征出发地，也是国家三线建设的重要遗址地，但目前广元历史文化展示和文化遗产的保护性开发远达不到旅游和宣传的效果，皇泽寺、千佛崖虽是4A级旅游景区，但其绝大部分价值仍未得到开发利用。

3. 文化旅游项目大多处于前期阶段

尽管2018年华侨城、新华联、中青城投等一批国内知名企业入驻广元，大蜀道剑门关旅游区、天曌山旅游区、昭化古城旅游度假区、黑石坡森林康养旅游度假区、康养示范产业园等一批重大项目开工建设，但由于各种因素影响，这些项目进展仍较缓慢，短时间内不能改变广元以观光为主的旅游方式。

4. 文化旅游企业比较弱小

目前，广元文化旅游行业的国有大型企业只有文旅集团和交旅集团两家，文旅集团是2017年才组建成立的新兴企业，交旅集团是以交通运输和物流为主的企业，两家企业文化旅游产业的实力较为弱小，目前还没有实力整合更多的文化旅游资源。

5. 文化旅游专业人才缺乏

虽然市委市政府重点在生态康养旅游标准体系构建、人才培养、产业项目招引等方面给予政策支持，但是目前企事业单位文化旅游行业的专业人才仍严重不足，制约了文化旅游产业的发展和文化旅游项目建设。

（二）文化旅游产业链条不够完整

目前广元文旅全产业链条的构架虽已初步形成，但产业链条还十分脆弱。主要表现在以下几个方面。

1. 由于文旅集团发展现状制约，很多子公司业务存在重合，整体上存在部分产业空白

目前文旅集团旗下有电影、演艺、文创、绿化、康养旅游、餐饮等产业门类，但各产业间联系不是十分紧密，各自为政，相互之间不能作为支撑，没有形成真正的产业链条。

2. 文旅产业链条中存在的产业较弱小

总的来说，目前文旅产业呈现电影产业急需转型升级、演艺市场仍需打开局面、文创产业仍在孵化、康养旅游项目停留在策划包装的现实局面，各类产业仍需大力培育。

3. 文化资产的利用仍未破局

对广元的文化打造和宣传不够，广元以武则天文化为核心，但目前广元没有武则天文化相关的产品，武则天文化旅游区项目仍处于策划阶段，同时基本上没有对皇泽寺、千佛崖两大历史文化遗产进行保护性开发。

4. 产业特色资源整合力度不够，未形成 IP 和品牌效益

近几年，虽到西安、兰州、成都、重庆等重点客源城市宣传推广，纪录片《大蜀道》、网络剧《吃货拯救世界》、2018《魅力中国城》等虽然树立了“大蜀道”“大熊猫”品牌形象，但没有创作出好的衍生产品，还未形成品牌效应，“剑门蜀道 女皇故里　绿色广元 康养名都”文旅品牌知名度还不够响。

（三）文化旅游产业上下游延伸不够

广元文旅全产业链条刚刚搭建起初步构架，还来不及向上下游延伸，总体还很脆弱。主要表现在以下几个方面。

1. 电影产业还未从传统的放电影向影视剧制作和影视小镇、电影综合体打造延伸

一是目前城市商业电影市场无序恶性竞争态势严重，广元影院存在国有电影院线、民营电影院线、个体经营三种类型，各地影院扎堆建设，布局不合理，市场意识、规则意识淡薄，放映质量、服务质量参差不齐等现象日益突出，不利于广元电影产业健康、可持续发展。二是虽然剑门关、唐家河、昭化古城、曾家山、明月峡、皇泽寺、千佛崖、天曌山、米仓山等景区是电影拍摄的取景地，但影视小镇打造仍处于策划阶段，广元电影作品制作仍是一片空白。

2. 演艺产业还未向设备租赁、广告设计、艺术培训、剧目巡演延伸

一是广元作为川陕甘旅游金三角和新兴旅游目的地，缺乏上规模和有市场影响力的演艺作品，同时，广元文化消费市场单一，商业性的演出很少，大型节会全是政府性投入，没有实现商业化运作，广大市民已习惯于等赠票、免费看，花钱消费的观念没有形成；二是演艺产业上下游链条不完整，

演艺产业活动策划、广告设计、会展服务等前端产业和服装设计、生产、销售，音响、舞美、灯光等器材的销售，演员教育、培训等后端产业还没有形成完整的链条，与文化、旅游、商品、美食等周边产业的关联度也很低，几乎未形成带动效应。

3. 文创产业仍处于孵化阶段

由于政策导向不明确，缺乏市场主体，文化市场不活跃，推动机制缺乏，广元文创产品的品牌效应不明显，IP 转化效果不显著。

4. 康养产业支撑不够

一是目前没有成熟的康养旅游项目支撑广元打造中国生态康养旅游名市；二是缺乏有特色的医养、食养、疗养等生态康养旅游产品。

三 广元文化旅游产业生态链建设对策建议

《广元市国民经济和社会发展第十三个五年规划纲要》指出，紧紧围绕“文旅兴市”发展思路和“建设川陕甘结合部文化强市”奋斗目标，加强康养旅游、体育产业、影视广告、家居环境等产业发展。现阶段国家政策优势明显，在广元文化旅游产业生态建设过程中，应坚持统一领导，尽快建立和探索长效统一的领导方法，增强文化、体育、旅游等多部门协作机制，步入融合发展的快车道。广元“文旅兴市”的战略布局正在大力实施中，而长期以来因为机构设置原因，文化、体育、旅游等产业各自为政，注重各自行业内部的产业发展，基于文旅经济发展的优劣势分析，确定资源整合发展的思路与对策。

（一）坚持绿色发展，构建产业生态链

坚持环境就是民生，青山就是美丽，蓝天也是幸福。坚决落实市委、市政府“坚定不移走绿色发展、绿色崛起之路。”以绿水青山就是金山银山为项目建设出发点，充分结合自身条件，在推进中充分利用现资源，避免大规模、高强度开发，保持和修复项目及周边的原生态功能，依靠生态环境体现

品牌建设价值。文化、旅游、体育、康养、餐饮等各产业板块要布局合理、科学规划，努力在市场竞争中形成良性互动的全产业生态链。

（二）整合特色资源，加强IP打造

立足于广元深厚的历史文化底蕴，整合广元的名人文化、蜀道文化、三国文化、红色文化、民俗文化资源，以实施武则天四川省十大名人文化传承创新工程和创建青川大熊猫国家公园为契机，充分利用康养名都形象品牌、文化旅游投资平台，发挥广元特有节日女儿节、女皇味道美食嘉年华、梧桐动漫节日活动效应，打造武则天、大蜀道、大熊猫三大IP形象，构建特色鲜明的文旅IP体系。依托广元分布在省内外的文化旅游营销推广平台，让文旅品牌树起来、走出去，不断提高市场影响力。

（三）重视人才队伍，加强培养引进

突出文化旅游专业人才培养培训，通过人才引进，吸纳经验丰富、行业领域拔尖人才，与旅游管理专业高校实行校企合作战略，通过校园招聘优秀专业人才。通过“走出去引进来”的形式，学习优势地区先进经验、吸纳优秀人才。坚持以市场为导向，以公司化运作为主，根据项目需求，按需设岗、以岗择人、以岗定薪，建立起以较好的待遇吸引人、以有效的方法管理人、以良好的前景留住人、以和谐的团队精神凝聚人的人力资源管理机制。

（四）强化品牌宣传，提升影响力

谋求多途径学习和参与大型文化活动，结合文旅平台自身活动全方位推动文旅融合及产业升级。创新IP品牌宣传，走多视角、多层面、多途径，多批次的文化旅游宣传路子，推介康养、旅游、体育、家居、餐饮等项目，借助广元各县区重要节会、大型活动，依托广元分布在省内外的文化旅游营销推广平台，让文旅品牌树起来、走出去，不断提高其品牌知名度和市场影响力。

参考文献

国务院：《关于促进旅游业改革发展的若干意见》（国发〔2014〕31 号），2014。

四川省人民政府：《关于加快建设旅游经济强省的意见》（川府发〔2013〕42 号），http：//www.sc.gov.cn/10462/index.shtml。

广元市人民政府：《广元市国民经济和社会发展第十三个五年规划纲要》，《广元日报》2016 年 4 月 12 日。

广元市统计局：《2018 年广元市国民经济和社会发展统计公报》，《广元日报》2019 年 3 月 16 日。

B.14

广元文化旅游演艺产业市场重构发展报告（2018）

覃 敏　张沫濡　李兴红　李 群　程朝林*

摘　要： 文化旅游演艺是引领文旅产业供给侧改革的发展趋势，是文旅产业转型升级的重要途径之一，是打造城市休闲度假的核心支撑。广元拥有许多具有地方与民族特色的风土、民俗和传统民间音乐、舞蹈、戏剧等文化艺术，这些都为广元文化旅游演艺产业的发展奠定了基础。但目前广元文化旅游演艺产业存在产业链不健全、市场不规范、产品不突出、政策支持不够和周边城市对市场冲击大等影响演艺业发展的诸多问题。要构建广元文化旅游产业的生态产业链，广元演艺产业市场重构迫在眉睫，要像“广元造”、“广元七绝”一样，亮出品牌，突出特色，从根本上改变广元演艺行业的现状。

关键词： 演艺产业　文化旅游　市场重构　广元市

广元地处西安、重庆、成都、兰州等重要城市的几何中心，拥有川陕甘三省交界的地理优势，如今宝成铁路、兰渝铁路、万广铁路和西成客运专线途径广元，交通区位优势逐渐显现。广元拥有丰富的旅游资源和雄厚的历史文化，截至2019年11月30日，拥有1个5A级旅游景区，20个4A级旅游

* 覃敏、张沫濡、李兴红、李群、程朝林，广元市文旅集团课题组。

景区，是蜀道文化、三国文化的核心走廊和先秦古栈道集中展示地，是武则天的诞生地，是川陕革命老区的核心区域、后期首府地，是红四方面军西线主战场、长征战略集结地和出发地，拥有许多具有地方与民族特色的风土、民俗和传统民间音乐、舞蹈、戏剧等文化艺术，这些都为广元文化旅游演艺产业的发展奠定了基础。如果我们能够在文化旅游演艺产品构建时丰富设计理念、融入文化内涵、创新编排组合、充分利用高新技术、精心打造演艺剧目，就能支撑广元文旅演艺产业重焕生机。

一　广元文化旅游演艺产业的现状

演艺产业是以演艺产品的创作、生产、表演、服务、销售及经纪人代理、艺术表演场地等配套服务构成的产业体系。目前演艺产业与旅游产业有机结合形成新的演艺产业——旅游演艺，以文化为内容、旅游为形式，用人们喜欢的形式，将文化旅游通过演艺融入旅游消费之中，给当今文旅产业发展提供全新的发展模式。近年来，广元采取了优化文旅发展布局、培育一批引领性重大项目、实施五大文旅发展重点工程、推进“文化＋”“旅游＋”融合创新发展、培育壮大文旅经济发展主体等措施。目前，广元文化旅游演艺产业呈现产业链不健全、市场不规范、产品不突出、政策支持不够和周边城市对市场冲击大的发展现状。

（一）文化旅游演艺产业链不健全

1. 当前旅游演艺产业链模式

在旅游演艺行业产业链中（见图1），演艺公司充当多个角色。如自身拥有剧场院线的演艺公司，一是要创排剧目并组织演员演出，二是要通过线上和线下两种方式在票务平台官网进行售票。在整个产业链中，演艺公司同时扮演多个角色，能够提升办事效率，降低运营成本。目前以演艺公司为主导的产业链还比较单一，产业链的上下游延伸也不足，不能支持文化旅游演艺产业高速发展。

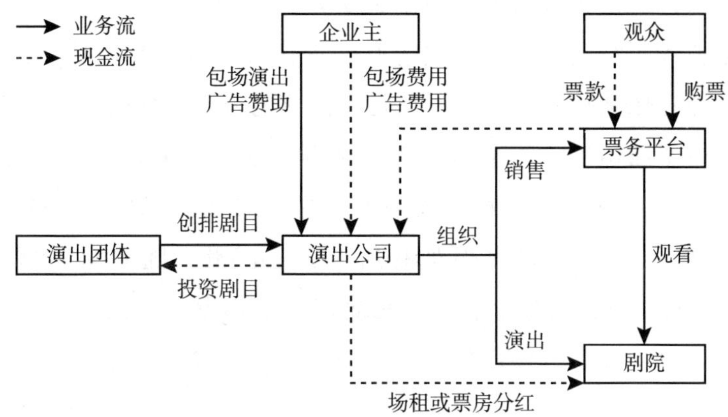

图1　当前旅游演艺产业链模式

资料来源：根据广元市文化广播电视和旅游局资料整理。

2. 广元旅游演艺市场发育欠佳

2018 年，广元旅游接待游客量达 5028.86 万人次，同比增长了 15.6 个百分点，实现旅游收入 419.53 亿元，同比增长了 26.5 个百分点。2017 年、2018 年连续两年旅游接待游客量增速都超过 10 个百分点，旅游总收入增速超过 20 个百分点，说明广元旅游正稳步高速发展。但全市 2018 年演艺场次约 2000 场，同比只增加了 10%，收入 3500 万元，同比只增长了 10%。由此可见，广元演艺产业的发展远不及全市旅游业的增长，广元演艺产业在文化旅游领域中发展缓慢。

3. 演艺市场体量小，文化艺术和演艺管理专业人才缺失

广元拥有丰富的文化旅游资源，但从事演艺的企业少、规模小，整体市场处于“小、散、弱”的状态，仍需政府加大培育力度。一是广元有 25 家各类演艺企业，其中 1 家为国有控股企业，其余为个体企业。二是年产值上 100 万元的企业只有 7 家，整体上十分弱小、杂乱，各县（区）旅游演艺市场也未形成气候。综观全国，文化旅游演艺市场正处于蓬勃发展的阶段，广元旅游演艺产业只有与地方特色文化资源有机结合，创作出具有广元文化内涵的新剧目，才能打开广元演艺产业发展的局面。

近年来，广元艺术院团按照中央文化体制改革要求，先后成立了广元市文化艺术研究院、广元市演艺有限责任公司等文化团体企业。目前虽然广元拥有像文化馆、艺术研究院、市演艺公司这样的文化建设平台，同时也获得了四川省“五个一”工程奖等奖项，但是专业人才队伍建设的缺失导致广元演艺产业发展效果不明显，加之政府政策的扶持不足，广元演艺产业在短时间内很难有所突破。因此，随着市本级和各县（区）陆续成立国有演艺企业，广元演艺一定要像“广元造”、“广元七绝”一样，亮出品牌，突出特色，这样才能从根本上改变广元演艺行业的现状。

（二）文化旅游演艺市场不规范

目前演出市场极不规范主要表现在以下几个方面。一是市、县文化监管部门对于演出市场监管失之于严；二是缺乏行业性协会或大型企业来引导市场；三是持有演出经纪资格的经纪人数量不多，无证演出现象严重，初步统计广元市参与演出人员约 200 人，具有演出经纪人资格证书的不超过 10 人，有演员证书的不超过 30 人；四是大型节庆演艺的赠票行为严重扰乱了市场。由于广元文化旅游演艺整合不够，目前演艺还在依靠单一的门票经济，加之广元本地没有较高水平的创作团队，缺乏高水准的作品，基本没有大型剧目，从外面引进又提高了成本，再加上广元市场消费者惯性思想为享受赠票，这些问题导致广元演艺市场难以打开新局面；五是大型活动举办时政府部门之间服务和协作意识不强。如广元女儿节作为广元重大活动之一，在执行过程中，政府部门间的相互协作意识不够，各审批环节效率较低。

（三）产品开发不够，城市旅游演艺品牌 IP 没有凸显

广元作为川陕甘结合部的城市，战略地位重要具有超强的发展优势，但目前广元演艺作品创作跟不上市场需求变化，内容单一、质量不佳、游客认可度不高。2017 年 7 月 12 日，武则天入选首批四川历史名人名单。广元是

武则天——中国历史上唯一的女皇帝的诞生地，经过上千年的文化传承和发展，武则天已成为广元的城市名片，但广元与武则天相关的演艺作品寥寥无几，演艺产品开发刚起步。

目前文旅演艺结合还在探索阶段，虽然广元之前打造过大蜀道 IP 和武则天 IP，但成效不明显，演艺行业产品开发没有充分利用广元特色大蜀道 IP 和武则天 IP 等资源，也没有将大蜀道 IP 和武则天 IP 融入文化旅游演艺中来，不能通过文化旅游演艺的打造来增强广元 IP 形象。同时在打造相关剧目方面，政府的扶持力度不够等问题都导致了演艺产业发展滞后，广元城市品牌 IP 没有凸显，演艺市场开拓任重而道远。

再一个就是资金不足。目前，广元周边城市对公益性演出出台了相应的演出补贴管理办法，通过政府的抓手推动了演艺产业的发展。但广元没有出台相关政策扶持演艺产业的发展。虽然 2018 年政府为加快发展文化旅游产业项目拟出台相关的优惠政策，但政策制定进展缓慢。2019 年 3 月 29 日，佛山市南海区西樵山风景名胜区管理委员会拨付宋城演艺公司项目进驻扶持资金 3.7 亿元，从财政层面加大政府对演艺产业的扶持。目前广元女儿节等重大活动已市场化运作，但没有政府扶持资金，加之目前广元演艺市场不成熟，年年亏损，广元演艺产业发展举步维艰。

（四）周边市场对广元的影响

成都作为四川的省会，在经济、文化、消费等各个方面牢牢地吸引着周边城市人群，2018 年，成都举办了周杰伦、刘德华、张学友等国内著名歌手个人演唱会 160 余场，举办了西部音乐节等各类大型音乐节会 1640 余场，演艺票房近 5 亿元。宝成复线、万广铁路、兰渝铁路和西成客运的开通，使成都、重庆、西安都在广元 3 小时高铁圈内，大大缩短了广元到达周边城市的时间。加之广元自身的演艺产业发展落后，从而导致广元消费群体流失，很大一部分广元市民被吸引到成都、重庆等新一线城市消费，周边市场对广元本地市场的冲击十分严重。

二　广元文化旅游演艺产业市场重构的意义

（一）促进演艺复兴，增强文化自信

深入贯彻落实党的十九大精神，以习近平新时代中国特色社会主义思想为指导，坚定文化自信，推进文化创新发展、繁荣兴盛，坚持社会效益和经济效益相统一，以供给侧结构性改革为主线，壮大市场主体，创新生产机制，鼓励创新创造，促进融合发展，培育新型业态，增强文化旅游产业新作为，进一步提升城市的经济创新力、产业竞争力和文化软实力，解决好城市和乡村经济发展中的不平衡不充分问题。广元演艺产业市场重构能够促进广元演艺产业的复兴，带动广元文化旅游产业的转型升级，增强文化自信。

（二）丰富演艺市场，弥补产业结构

1. 打造艺术水准高、商业价值强的演艺产品

演艺产业市场重构首先要培育一批广元本地文化旅游演艺产业龙头企业，打造系列文化旅游重点剧目；其次要实施品牌拓展计划，鼓励广元特色文化演艺产业输出品牌，以剧目巡演的方式推向全国；最后要依托现有大型艺术节等活动，以市场化运营手段，打造独具广元特色、体现广元城市形象的综合型艺术节。

2. 产业结构弥补，多种形式增收

目前广元的文化消费市场单一，商业性的演出很少，消费群体思想没有转变，赠票现象比较严重。演艺产业市场重构能改变演艺产业结构缺失和项目亏损现状，弥补产业结构，实现多种方式增收。一是市文旅集团举办“好戏连台，月月精彩”演艺活动，推动广元文化消费市场，引领广元文化消费方向，弥补广元演艺产品缺失的空白，同时创建了广元演艺新 IP，完善广元演艺产业结构。据统计，大剧院戏曲晚会和波尔钢琴演奏晚会均无赠票，上座率达 80% 左右，基本能维持项目盈亏平衡。只有加强消费群体消

费观念意识的转变、培育消费市场、减少政府过多的干预，才能让广元演艺产业健康持续发展。二是武则天公司正在包装武则天文化水上演艺项目，通过打造武则天文化 IP 的大型演艺剧目来带动广元演艺产业发展。

（三）创新演艺形式，弘扬传统文化

1. 创新形式，全方面融合，多样发展

重构演艺产业市场，通过举办艺术节和建设演艺特色小镇等来激活演艺的乘数效应，实现演艺景区化，景区演艺化，从而带动相关产业发展，进而形成城市或地区的文化旅游品牌，达到景区文化旅游和演艺完美融合，通过演艺来融合文化、整合资源、凝聚流量，培育地方特色民俗文化发展，形成文化旅游产业项目集聚。拓展演艺产业链的上游和下游，实现全产业链渗透，从而形成自身的经济效益和社会效益。在文化旅游演艺方面拉长产业链，推动文化旅游与演艺产业融合，使文化旅游演艺产业可持续发展。目前，我国舞台剧以话剧和儿童剧为主，很少有音乐剧演出，现有的音乐剧主要是引进的国外经典音乐剧。随着我国演出行业的逐步成熟，演出结构逐渐发生变化，结合剧目内容开发的文创产品丰富了产业链，达到双收益的效果。

2. 弘扬本地传统文化，全方位进行

目前，广元文化旅游演艺产业生态链的构建仍不成熟，如何将文化、旅游、演艺等产业相结合，形成合力，避免单打独斗，是当前广元文化旅游演艺产业发展的关键。

文化旅游演艺产品要有独树一帜的地方特色。一是要充分挖掘广元丰富的文化遗产和民族特色，使广元文化旅游演艺产品创作具有生命力。虽然近几年广元推出了大型戏剧《武则天》、大型歌舞剧《蜀道山水情》等文艺精品剧目，但还是应该侧重于文化旅游演出的产业运作和创作主题，进一步提炼、加工，创新文化旅游演艺模式，升级为优秀的文化旅游演艺产品，让游客感受广元特色文化魅力。二是要挖掘广元民间地域特色、具有较高知名度的民间文化艺术，如白花石刻、麻柳刺绣、剑阁手杖等，只有加强创意创作与舞台设计，融入旅游演艺产品，才能提升广元旅游演艺产品文化内涵，打

造旅游演艺品牌。三是要加强符合新时代需求的作品创作，例如近年来为更好地展现脱贫攻坚取得的成绩而结合广元本地曲艺文化创排的四川盘子《习大大的那句话》、歌舞《不忘初心》、情景歌舞《拉着你的手》等作品，深受游客的喜爱。

文化旅游产业的发展既要有艺术方面的人才，更需要经营方面的人才。目前，广元各演艺团体有较多的大家名角，但既懂演艺、懂传统民间文化又懂市场的复合型人才太少，制约了广元演艺产业的发展。一是要加大对艺术方面人才的培养力度，培养一批艺术方面的名家大家，提高文化旅游演艺产业的竞争力和吸引力，甚至影响力；二是要大力培养和引进优秀的经营管理人才，带动传统民间文化产业的发展。

经过40年的改革开放，国家经济快速发展。随着城市居民的人均文化旅游娱乐消费的不断增长，演艺产业发展拥有巨大的市场空间。根据《广元文化产业发展与经济增长关系实证分析》报告，2012～2018年广元文化产业占比越来越大，就业吸纳能力不断增强（见图2）。

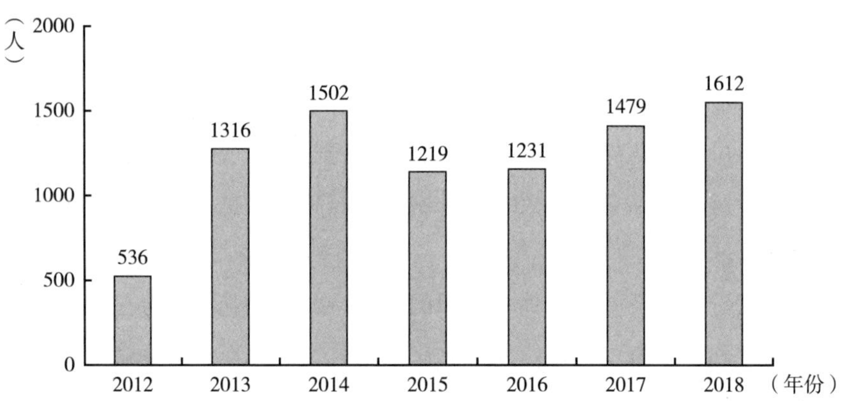

图2　2012～2018年广元规模以上文化产业法人单位从业人员统计情况

资料来源：广元市2019年文化和旅游发展大会资料汇编。

广元打造中国生态康养旅游名市，文化是核心，生态是基础，康养是内涵，旅游是载体。打造“武则天IP”、“大蜀道IP”，突出个性和唯一性，彰显广元历史文化，融合历史、现状和未来，使公众产生共鸣，结合文旅演艺，易于传播。按照旅游“吃、住、行、游、购、娱”六要素来重构文化旅游演艺市场，完善旅游服务功能，增加城市宣传营销，凸显旅游康养名城魅力，提升城市形象。

三　广元文化旅游演艺产业市场重构的思路和路径

（一）政策支持，协会引导

一是政府要充分研究全市演艺产业发展现状并制定演艺产业发展规划，为演艺产业发展指明方向。二是要落实好国家和四川省现有的相关政策，同时借鉴四川其他市州政策，出台广元演艺产业相关政策，扶持广元文化旅游演艺产业发展。三是应加大财政扶持力度，特别是在税收方面出台相关扶持政策，如对广元演艺企业减免所得税，将社会力量对文化演艺事业的捐赠纳入公益性捐赠范畴，同时降低或免除广元演出场所娱乐业相关税费。四是出台相关扶持政策，做强做大龙头演艺企业。如鼓励国有企业创建演艺团体，建设举办大型演艺活动的演艺场所，同时积极推动私有演艺团体和演艺场所的改制、并购等。

（二）成立广元演艺协会，规范广元演艺市场

市委六届七次全会提出“文旅兴市”战略，文化旅游演艺产业迎来了更大的发展空间。近年来，我国演艺行业快速发展，我国旅游消费从观光消费转型为休闲消费，对文化体验和互动需求大幅度增加，文化旅游演艺不能仅停留在舞台上，还要走下舞台，走到老百姓中间去。为进一步加强演艺行业的规范，优化演出服务、提高演出水准和服务质量，成立广元演艺协会势在必行。广元演艺协会成立后可以根据行业发展的需要，规范广元演艺市场，建立符合社会发展需要的演艺市场。

建议由广元市演艺行业骨干企业（国有企业）组建广元演艺协会，并

根据国家对演艺行业协会相关法律开展工作。一是制定和推广广元演艺行业现有技术标准、服务标准；二是组织调研演艺行业市场，向政府部门提供行业发展建议；三是帮助会员单位解决演艺事务相关纠纷；四是开展法律咨询服务，维护会员单位合法权益；五是组织演艺相关企事业单位及从业人员开展业务交流、业务培训、行业评比和项目推广活动。

（三）发扬传承传统文化，创新发展演艺产业

广元是蜀道文化、三国文化的核心走廊和先秦古栈道集中展现地，是武则天的诞生地，是红四方面军西线主战场、长征战略集结地和出发地，也是国家三线建设的重要遗址地，广元文化旅游产品和文化演艺要立足于广元特色文化旅游资源，打造武则天 IP，形成具有广元特色 IP 的作品和衍生品，构建健康持续的产业生态链，让演艺产业搭上文旅融合发展的快车。

（四）发展演艺产业新思路

1. 演艺 + 旅游

借助广元现有的女儿节、美食节、动漫节等系列展会、节会活动，加强展览会官方信息网站、官方微博、官方微信等数字化全方位管理平台建设，植入文化创意，提高品牌附加值，彰显广元文化，同时争取政府专项资金，加大市场化运作力度，增强文化创意企业的生存力和业务能力。

2. 演艺 + 文创

优质的演出内容和稳定的观众依然是演艺市场发展的关键因素。一是要以国有演艺企业为业主，投资打造既体现广元特色文化，又符合现代审美的优质大型剧目，同时引进国内热门的大型剧目，通过布局演艺产业上下游业态，开发广元独有的武则天 IP 和大蜀道 IP，改造提升广元大剧院来开拓广元演艺市场。二是布局线下渠道，逐渐从演出产业中的“底层”转变为演艺产业的整合平台，加快演艺与文化、旅游、高科技等领域深度融合，往纵深方向发展，同时以自然景区驻场演出、音乐节与旅游结合等旅游演艺来吸引稳定的观众，带动广元文化旅游演艺市场的发展。

（五）推动川剧进校园，传承创新传统文化

1. 传承本地悠久的历史文化

广元是一座有着深厚历史文化内涵的城市，蜀道文化、三国文化、武则天名人文化、红色文化、民俗文化等优秀的传统文化向世人展现广元的不平凡。由于大多数青少年及儿童，对家乡本土文化了解的渠道不多，接触到川剧、川北民歌等优秀本土文化的机会少，从而对广元的传统文化了解不够全面，认知不够彻底。经过长时间的探索，只有校企合作，让传统文化进校园，才能坚守文化的本真。一是通过兴趣班让学生在学校就能够接触到川剧、剪纸、原生态川北民歌等特色优秀传统文化；二是通过历史课让孩子们了解三国文化、女皇文化、红色文化等；三是以研学旅游的形式通过实地考察和现场教学让孩子们更全面地了解三国文化、蜀道文化等。

2. 传统文化传承中青少年的地位

青少年作为弘扬和传承优秀文化的主力军，他们的力量不可估量。只有正确引导他们客观公正全面地了解广元本土优秀传统文化，才能更好地传承和发扬优秀传统文化。

（六）引进国内外优秀剧目，激活大剧院演艺经济

广元大剧院应广泛邀请国际国内名家、名团、名作登上广元舞台，以国际化视野搭建艺术生产制作体系。围绕“曌动广元”系列活动进行全年演出策划，在安排演出时科学统筹淡季和旺季，做到平均每月都有新节目上演。同时，根据每个演出月特点，策划不同的艺术节主题，突出广元本地文化特色，扩大广元影响力，形成集聚效应。

（七）教、产、研结合发展，多方合力创演艺品牌

1. 建设产、教、研结合的人才队伍

目前，广元有川北幼儿师范高等专科学校和四川信息职业技术学院，2所高等院校和一批艺术培训教育学校。一是依托国家“万人计划”暨“四

个一批”人才、“天府万人计划”和“蜀道英才工程”广元文化领军人才等人才项目平台，通过各种办法、采取多种措施，培养一批领军人才，建立广元市文化艺术领军人才库。二是引进艺术创作、文旅演艺、文化创意等方面的高层次文化专业人才，引领广元文化演艺转型升级发展。三是开展广元特色文化人才培训，培养广元特色文化人才和非物质文化遗产保护传承人才。

2. 结合本地文化创作优秀作品

进一步推动文化旅游演艺文创等产品的创新，创作并推出融合自然、历史文化、新艺术表演形式、现代高科技于一体的优秀作品，增强对游客的吸引力。其中广元本地民间特色文化，如白花石刻、麻柳刺绣、剑阁手杖等不仅可以融入演艺作品，而且还可以通过文创再一次展现魅力。

（八）以活动促进市场，以市场带动全民演艺发展

市场是演艺产业发展的关键，活动是促进市场发展的重要手段。广元文化旅游演艺产业市场重构亟须加大政府财政支持，通过政府购买公益性文艺演出服务推动实施，完善政府财政购买公益性文化演出服务等相关配套政策，提升公益性文化服务标准化、均等化、便捷化水平，促进广元演艺市场良性发展，立足市场带动广元全民演艺发展。

参考文献

胡方平：《乐山旅游文化演艺产业发展策略与路径分析》，《中共乐山市委党校学报》2012 年第 5 期。

孙玮佳：《浅析我国演艺产业中演出市场的现状》，《文化研究》2015 年第 9 期。

B.15

广元体旅文融合发展研究报告（2018）

李万红　蔡　军　曾绘坤　詹仕凯　梁友三*

摘　要： 2015年12月，中共广元市委《关于制定国民经济和社会发展第十三个五年规划的建议》指出，突破性发展旅游业，创新旅游发展投入机制，积极发展体育旅游等旅游新业态，建成国内外知名旅游目的地。2018年7月召开的市委七届七次全会进一步指出，加快建设中国生态康养旅游名市战略布局，加快文旅、体旅融合，打造多元化、特色化旅游产品，培育康养旅游产业。广元体旅文融合发展政策利好、潜力巨大，需要培育市场主体，通过举办节庆、赛事活动，引领体育旅游文化新的消费方式和大众健康休闲生活方式，探索加快体旅文三大产业融合发展实施路径，为建设川陕甘结合部区域中心城市和四川北向东出桥头堡做出更大贡献。

关键词： 体旅文融合　健康休闲　广元市

一　广元体旅文融合发展背景与基础分析

随着社会经济的不断发展，人民生活水平的进一步提高，体育、旅游、文化产业相互联系更加紧密，相关产业发展已进入新阶段，资源共享、优势互补、协同并进已成为当前发展的主旋律。体育与文化旅游融合发展对地方

---

* 李万红、蔡军、曾绘坤、詹仕凯、梁友三，广元文旅集团。

经济的拉动，借助体育赛事提升地方形象带动旅游发展，成为众多城市推广和发展旅游的重要依托。“体育+旅游+文化”（以下简称“体旅文”）的融合发展模式，为旅游业转型升级注入更加丰富多样、更富吸引力的新方式，为文化传承和体育发展、旅游产业提升注入更大的内生动力。

（一）国家层面

1993年6月全国首次召开的体育产业工作会议，明确指出我国体育的发展方向是市场化。2010年国务院办公厅出台《关于加快体育产业发展的指导意见》，进一步指明了未来一个阶段我国体育产业市场化的发展方向。进入21世纪以来，随着国民经济水平不断提高，由于国家政策导向，我国的体育旅游产业发展进入快车道，体旅资源综合开发逐步深化，体旅文融合产品内容开发逐渐丰富。① 据中国田径协会统计，仅2018年全国举办马拉松赛事就有1581余场，参与人数突破500万人，马拉松年度总消费达178亿元，全年赛事带动的总消费达288亿元，年度产业总产出达746亿元，对比去年增长了7%。② 由此可以看出体旅文融合项目已成为各个城市发展旅游业、提升城市形象的重要依托。2018年3月国务院办公厅印发《国务院办公厅关于促进全域旅游发展的指导意见》，提出促进产业融合、产城融合，全面增强旅游发展新功能，使发展成果惠及各方，构建全域旅游共建共享新格局。③ 国家一系列政策支撑及体育、旅游、文化产业的市场化发展，让体育赛事对推动、提升和促进当地的全民健身、城市旅游消费、城市知名度和美誉度发挥了重要作用。

（二）市级层面

广元地处川陕甘三省结合部，随着近年来行业不断升温，体育与旅游产业得到快速发展。2015年12月24日，广元市政府《关于加快发展体育产

① 《关于加快发展体育产业促进体育消费的实施意见》，2010。

② 《2018中国马拉松年度主报告》，2019。

③ 《国务院办公厅关于促进全域旅游发展的指导意见》，2018。

业促进体育消费的实施意见》提出，到 2025 年将广元打造成为省级高端体育赛事基地，体育产业总规模超过 30 亿元；2016 年 12 月 29 日，中国共产党广元市第七届委员会第二次全体会议通过《中共广元市委关于推进绿色发展实现绿色崛起建设中国生态康养旅游名市的决定》①，指出抢抓发展机遇，把生态资源的比较优势转化为竞争优势，坚定走绿色崛起之路。为广元推进绿色发展实现绿色崛起建设中国生态康养旅游名市指明了方向、提供了遵循。广元体育、旅游、文化产业发展迎来新的机遇。

特别是近年来随着旅游产业不断升温，人们对旅游不仅仅局限在外出游玩景点，更深层次的消费表现在相关旅游项目的体验中。广元是四川旅游大市，也是川陕甘结合部旅游强市，更有着丰富的山水资源，随着西成高铁、兰渝动车相继开通，广元已成功融入以成都、西安，重庆、兰州为中心的四个省会城市经济圈。怎样实现体育、旅游、文化产业在经济发展中的无缝对接和产业互动融合，开发丰富多样的体旅文融合产品，带动经济发展，是当前体旅文融合发展过程中需要面对的重要问题。

二　广元体旅文融合发展现状

（一）广元体育产业发展现状

广元 2015 年出台《关于加快发展体育产业促进体育消费的实施意见》，广元群众体育也逐步向健身锻炼科学化、赛事活动规模化方向发展，热爱体育锻炼人数快速增加，体育协会和各级基层体育组织覆盖面日益扩大，广元体育产业呈现出蓬勃的发展局面。广元先后投资 5.3 亿元，修建各类体育场馆设施 14 座，特别是投资 1.38 亿元建设的澳源体育中心游泳馆项目，进一步完善了澳源体育中心功能。高质量承办省第十三届运动会、第九届残运会

① 《中共广元市委关于推进绿色发展实现绿色崛起建设中国生态康养旅游名市的决定》，2016。

暨第四届特奥会，全年承办省级以上赛事活动共 24 次，组织开展曾家山国际越野挑战赛等群众体育赛事活动 260 余次。① 通过赛事活动带动旅游市场走热的同时，进一步提升了广元城市知名度，为广元体育产业发展提供了强劲助力。

通过一系列措施积极引导培育市场，多方引进体育产业项目，带领广元企业进军体育相关产业，为做大体育产业发挥了积极作用。广元体育产业体系逐步形成，产业结构凸显多元化，2013～2018 年场馆免费健身人数达到 121 万余人次，2018 年全年体育彩票销售额达 2.42 亿元，比上年增长 267.0%，实现体彩公益金分成 810 余万元。体育市场相关消费显著增加，体育产品附加值稳步提升②。

（二）广元市文化旅游产业发展现状

广元历史文化厚重，旅游资源富集，市委、市政府坚持“生态立市、文旅兴市”发展战略，文化旅游产业已成为服务业的重要组成部分。截至 2018 年末，共有剑门蜀道和唐家河世界级旅游资源 2 处，剑门关 5A 级景区 1 个，曾家山、昭化古城、柏林古镇、旺苍县木门景区等 4A 级景区 19 个，全市范围内共有川北民俗文化园等 3A 级景区 18 个（见图 1），广元旅游景区呈现出“多、精、密”的特征。

“十二五”期间，广元总计接待国内外游客 1.18 亿人次，“十二五”期间全市总计旅游总收入 614.87 亿元，旅游总收入是“十一五”（123.57 亿元）的 4.98 倍，较“十一五”期间接待国内外游客数量 2549 万人次，增长 363%。而在“十三五”期间，广元仅 2018 年累计接待游客数量 5028.86 万人次，旅游总收入突破 419.53 亿元，较 2017 年分别增长 11%、25%。由统计数据可以看出，自 2017 年起，接待游客数量及旅游收入增长迅猛，广元市旅游经济呈现较快速发展势头（见图 2）。

① 《2018 年广元市国民经济和社会发展统计公报》，2019。

② 《广元市体育发展“十三五”规划》，2017。

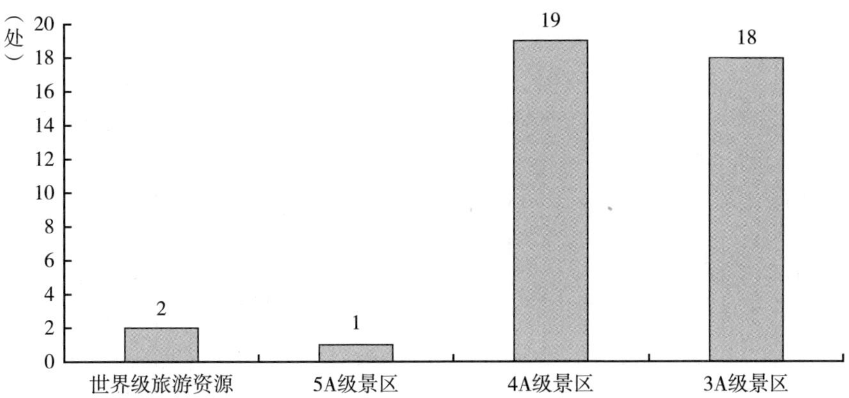

图1　广元市旅游资源统计

资料来源：广元市文化广播电视和旅游局资料分析。

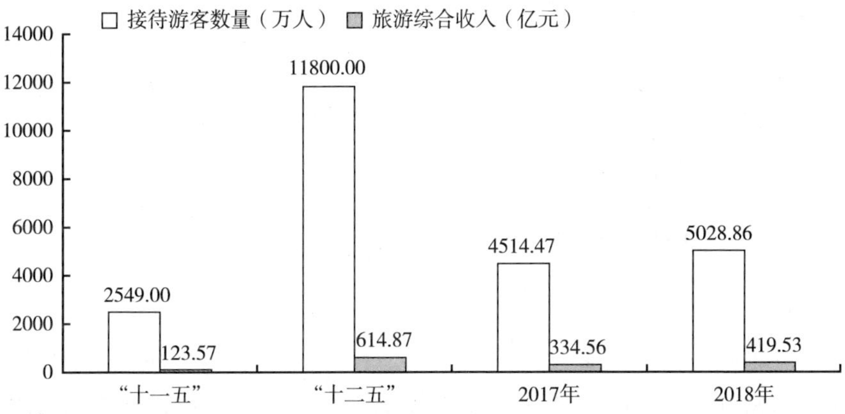

图2　广元“十一五”、“十二五”、2017 年、2018 年接待人数及旅游收入对比

资料来源：广元市文化广播电视和旅游局资料分析。

截至 2018 年底广元国民生产总值 801. 85 亿元，第三产业实现增加值 325. 19 亿元，增长 9. 3%。第三产业对经济增长的贡献率达到 43. 2%（见图 3），第三产业拉动经济增长 3. 6 个百分点。三次产业结构不断优化，第三产业在所占结构比重逐年上升，经济发展更为高效。

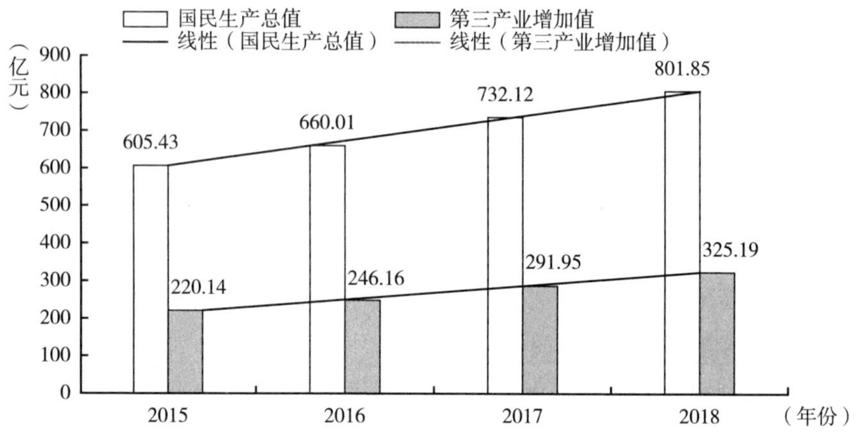

图 3　2015～2018 年广元国民生产总值及第三产业增加值对比

资料来源：广元市统计局数据资料分析。

通过数据分析，在政府大力支持下，通过近几年快速发展，第三产业已经成为广元三个产业结构中的重要组成部分。而体育、文化、旅游产业作为第三产业的重要门类和支撑，加强相关产业的深入开发利用，将对促进广元产业结构优化和经济社会发展发挥重要作用。

（三）广元体旅文融合发展项目开发现状

对广元重要体育、旅游、文化资源进行统计，广元地上资源、水上资源、康养资源、体育场地资源、历史文化资源等可利用开发体旅文融合项目的资源丰富（见表 1），具有开展体旅文融合项目的实际依托。近年来广元也通过女儿节等特色项目对体旅文融合项目提升城市品牌、强化城市宣传进行了有益探索。

1. 特色节庆项目加快体旅文融合

广元体旅融合资源优势独特（见表 1）。其中，女儿节系列活动是广元市最有影响力的特色体旅融合活动，截至 2018 年已举办了 30 届，在节庆期间举办凤舟赛、演唱会、全国羽毛球大赛、桥牌邀请赛、全球女性免费游广元等一系列体育旅游活动。传统女儿节特色活动——凤舟赛已成功纳入

“中国体育非物质文化遗产保护推广项目”。女儿节这一特色节日先后获得“2010 年度中国十佳品牌节庆活动”等多项国家级荣誉称号。2018 年女儿节凤船巡游、凤舟比赛、“盛世踏歌”女儿节狂欢夜、“相约广元·情定昭化”万人相亲大会、“美食美杯”女儿节共接待游客总量约 200 万人次，节庆相关旅游消费 1200 万元；举办女儿节虽然已举办 30 届，获得了相关认可，但女儿节体旅文融合产品特色不够凸显，造成游客参与度不高、对广元市周边地区及外地游客吸引力不强。

表 1　广元体旅文融合主要资源统计情况

类　别	基本类型	境内资源
地上资源	山、谷、洞	曾家山、剑门关、雪溪洞、鼓城山七里峡、明月峡、水磨沟、翠云廊风景区等
水上资源	湖泊、河流、瀑布、温泉	女皇温泉、剑门关天赐温泉、白龙湖、亭子湖、栖凤湖等
康养资源	森林、古镇	昭化古镇、柏林古镇、清溪古镇、黑石坡康养旅游度假区、川北民俗文化园、唐家河自然保护区、皇泽寺等
体育场地资源	体育场馆、健身设施	澳源体育中心、南河体育场、各县区体育馆等
传统资源	民俗运动项目	女儿节凤舟赛、昭化柔力球、曾家山门球等
赛事资源	赛事、体育活动	凤舟赛、大蜀道体育 IP 承办的各类体育赛会活动
历史文化资源	广元历史及文化	蜀道文化、三国文化、武则天名人文化、红色文化、民俗文化等

资料来源：广元文化广播电视和旅游局资料分析。

2. 体旅文赛事产品逐步开发

2018 年，广元立足优势山水文化历史旅游资源，针对性地开发了体旅融合产品——大蜀道山地马拉松赛，途经剑门关风景区、昭化古城等景区景点，是全川首条专业山地马拉松赛道，与其他马拉松赛事相比，大蜀道山地马拉松赛具有独特的山水、历史、文化特质，赛事吸引了来自美国、英国、法国、澳大利亚、肯尼亚、埃塞俄比亚、马来西亚等 13 个国家和全国各地的4000余名山地马拉松“跑友”，相聚千年蜀道“向山而跑”。赛事盛况图片超过10万张，发布各类新闻信息近500条，转载率超300%，全渠道阅读量超8000万人次。其内质不仅要打造中国山地马拉松系列赛·广元站——大蜀道国际山地拉松这一品牌赛事，展示中国最美的山地马拉松赛道，更要为推动广元体旅融合发展和建设生态康养旅游名市、打造大蜀道国际旅游目的地奠定基础。目前，大蜀道体旅融合项目才刚刚起步，IP内容较为单一。

3. 特色体育旅游小镇初步成型

广元朝天区曾家镇已初步形成融旅游、度假、健康、运动、养生、居住于一体的特色健康养生小镇，2018年全年接待游客400万人次、旅游总收入达39亿元。2018年曾家山更是凭借“避暑名山 云上农庄”靓丽名片入围“2018年百佳深呼吸小城”榜单，曾家镇被正式授牌为“全国最美森林小镇”。曾家山原乡、养生谷、五坊街等众多生态康养旅游项目纷纷落户曾家山。滑雪、山地马拉松等特色体旅文项目的开发，成为曾家山特色体旅文融合品牌，形成聚集带动效应优势。除此而外，广元昭化古镇、柏林古镇、清溪古镇等也因各自特色受到游客青睐，正在逐步形成具有鲜明特色的体旅文融合产品体系。

三　广元体旅文融合发展存在问题

广元是四川省旅游资源大市，综合来看，境内可用于开发体旅文融合产品的各类资源丰富，能满足环境与资源需要，并具有明显的山水资源优势，但目前来看广元对体旅文融合发展的相关产品开发还不够全面，所开发的项目均是依托在现有自然资源及开发已形成特色节庆项目加入体育产品元素，在体旅文融合产品未形成明显的地域特色与较完备的项目品牌。体旅文融合发展形成的新业态还处于发展阶段，数量、结构、品质与现阶段的社会大众与市场需求还有很大差距。

（一）体旅文融合协同发展意识不强

尽管广元市体育局、旅游局等管理部门对广元“十三五”期间体育、旅游产业发展进行了统筹规划。也都涉及体育旅游融合发展，整体布局上对体旅融合发展布局及规划不够完善。广元各景区景点也结合自身资源条件开发了以体旅文融合为依托的特色项目，但缺乏统一管理及配套专业人才，出现各自为政，协同发展意识不足的表现。

案例一：毗邻的陕西省汉中市在体旅文融合发展上，制定出台了《关于实施全域旅游工程的意见》等一系列促进文、体、旅产业融合发展的政策文件，提出了“拓展体育产业发展空间，大力发展体育旅游业，打造一批融旅游、休闲、娱乐、健身、比赛为一体的体育旅游项目”等政策措施。而产品上先后开发了“横渡汉江”挑战赛暨水上空中飞人表演赛、金沙湖水上运动嘉年华、陕西省青少年皮划艇锦标赛、环中国国际公路自行车赛汉中段比赛、COB 中国户外猎鲈大奖赛、陕西省第二届山地自行车定向锦标赛等体旅文融合赛事活动。

（二）体旅文融合辐射性不强

广元体旅文产业融合发展正处于起步阶段，随着高铁时代的来临，成都西安出发 2 ~3 小时即可达到广元，以成都天府经济圈、西安关中经济圈为依托，细分产品内容，做具有特色影响力的体育旅游产品，进一步辐射兰州、重庆等省会城市，带动体育旅游消费。真正意义上的辐射作用还不明显。

案例二：湖北省恩施州利川市擦亮“中国凉城”品牌，以“文化 +、体育 + 旅游 +”三大加法走出了一条适合当地发展的路子。通过以“赛”带“节”以“节”兴文，以“旅”为擎打造体旅文融合产品，利川是我国第一个举办山地马拉松系列赛的城市，通过品牌打造带动旅游的同时已实现赛事盈利。举办以候鸟、民宿、村晚为主题的特色文化艺术节，形成“一乡一品”。吸引辐射武汉、上海、重庆、长沙、成都等地游客。2018 年接待国内游客 1487 万人。通过体育塑形，文化造魂，充分挖掘、保护和传承优秀传统文化，推动民宿旅游与文化深度融合，实现了体旅文融合产品辐射周边省会城市。

（三）体旅文融合项目开发文化特色不足

对广元体旅文融合发展研究中，发现广元虽然拥有自然资源优势，但现阶段对其开发利用上除女儿节外，其他体育旅游项目民俗特色性不强，广元独特的川北特色民俗文化、历史悠久的蜀道文化、三国文化、具有教育意义的红色文化元素没能在体旅文融合产品予以体现。

案例三：河南嵩皇体育小镇借助著名风景区，探索体育项目集聚。河南登封被誉为“功夫之都”、“武术之乡”，体育小镇借助于少林寺的影响力和武术产业基地打造，兴起马拉松、汽车拉力赛、登山等其他运动项目，逐渐向多元化旅游产业方向发展。

案例四：重庆摩围山森林康养基地被确定为“第二批全国森林康养基地试点”。修建了花样登山道、养生登山道、专业竞技登山道、观光登山道、休闲登山道组成，开辟了一条条吸氧健身和娱乐怡情的专门通道。摩围山景区适时修建了重庆市少数民族传统体育训练中心。集体育训练、休闲娱乐、食宿服务和文化观光于一体，该中心突出少数民族传统体育特色，着力打造传统民族文化。仅 2017 年夏季，每天接待游客约 2 万人次。

（四）体旅文融合产业 IP 带动性不强

从发展来看，广元体旅文融合发展起步晚但发展迅猛，广元通过一系列资金、政策扶持早已将旅游产业作为广元市经济发展的支柱产业来抓，凭借着政策倾斜与支持，体育产业通过承办四川省第十三届运动会等大型体育赛会活动，得到很好的带动与发展。但是在体旅文产业融合发展的认识度不高、配套设施不完善，体旅文融合发展品牌集聚带动效应不明显，体旅文融合发展未形成抱团取暖，曾家山溶洞、雪溪洞、唐家河漂流、剑门关登高等体旅文融合产品发展关联性不强。具有鲜明的大蜀道文化特色的“大蜀道”IP 尚处于发展初期，目前开发产品内容单一，仅有剑门关至昭化古城山地马拉松及正在筹办的黑石坡山地自行车公开赛，体旅文融合形成的产品种类单一，产业整体带动性不强。

案例五：德清莫干山“裸心”体育小镇依靠体育产业传统优势，活化“体育 + 旅游”产品。打造辐射长三角地区的户外休闲运动品牌，将体育产业、文化、旅游三元素有机结合，打造成为具有山水特色的“户外运动赛事集散地、山地训练理想地、体育文化展示地、体育用品研发地、旅游休闲必经地和富裕民众宜居地”。

四　广元体旅文融合发展对策与建议

（一）加快体旅文融合产品开发

广元体育旅游正处于起步阶段，据统计 2018 年春节期间广元自驾和自助旅游人数大幅攀升，以家庭游、亲子游、探亲游为主的家庭自助旅游、短线游等项目得到越来越多的游客青睐，成为春节旅游主流。过夜游客 77.03 万人次，同比增长 26.82%；表明游客外出旅游消费能力较强，没有留住游客过夜消费，是我们的产品还不对路，如何通过产品影响游客旅游决策留住游客过夜，让游客想来、想住、想玩进行多次消费。

1. 创新节庆体旅文融合产品

以女儿节为突破口，扩大女儿节市场影响力，提高品牌知名度，塑造女儿节旅游 IP 产生更多的节后衍生价值，思考完善女儿节经济链条、国际品牌输出，邀请全国乃至全球知名企业赞助冠名，做大做强女性旅游经济；逆向思考结合曾家山、剑门关热点景区策划更多女性真正喜欢有创意的体旅文融合项目，做大节庆性消费市场。

2. 推出山地体旅文融合产品

努力发展户外体育旅游运动，重点发展山地摩托车、山地户外越野等特色体育旅游产品。引导有基础有能力的景点景区开发融入特色体育产品，逐步加强提升游客对相关特色项目的参与性。结合广元武则天名人文化、蜀道文化等特色文化，做好周边体旅融合文创产品开发，做亮广元地方特色。让景区为赛事添加特色地方元素，实现“体育 + 旅游”让综合效益实现最大化。

3. 建设一批体育旅游小镇

结合目前全社会健康绿色生活理念，规划与申报一批特色体旅文融合发展小镇、体育综合体，寻求政策支持的同时，继续重点打造朝天区曾家山、青川唐家河、广元澳源体育中心、黑石坡康养旅游度假区等特色项目。开发具有发展潜力的体育项目，打造差异化体育旅游产业。开发者还要进行积极的开发探索，使旅游与其他不同的产业进行组合，在体育服务与文化服务等产业的融合下，刺激产业的经济发展，形成一批互动型、体验型体旅文融合旅游产品，着力打造集康体养生、休闲度假、生态观光等功能于一体的体旅文融合发展特色小镇。

4. 做优竞技观赏型体旅融合产品

广元拥有广元澳源体育中心、栖凤湖、白龙湖及广元其他优势体育旅游资源，综合开发能持续举办具有影响力的观赏竞技赛事产品，通过体育赛事的吸引力与辐射能力，引领广大游客跟着赛事来广元观光旅游，努力实现体育搭台、经济唱戏的发展局面。

5. 结合“康养名都”打造开发特色体旅融合产品

结合广元市“康养名都”品牌优势，以“全民健身计划”为切入点，结合黑石坡康养旅游度假区建设，康养名都产品打造中合理融入体旅文融合发展项目，建设集康养、体育、旅游等为内容的特色产业集群综合体。吸引鼓励相关企业在建设中，开发体育健身康养等项目，塑造城市郊区体旅文融合品牌，形成具有独特优势的康养名都特色。

（二）做亮体旅文项目文化特色

广元蜀道文化、三国文化、武则天名人文化、红色文化及民俗文化等具有鲜明的地域独特性，是广元体旅文融合发展不可或缺的要素，挖掘名人文化资源，精准梳理广元历史文脉，精准提炼特有文化元素，精准确定广元特色文化定位，打造一批与研学旅游、红色旅游、团队建设相结合的特色旅游项目。川北特色体育项目门球、柔力球、凤舟赛等通过精细化的文化包装，合理科学融入众多的特色体旅文项目中去，逐步完善出独具广元地方文化特色的体旅文融合项目 IP，增强体旅文融合项目的市场吸引力。

（三）整合特色资源，加强 IP 打造

广元目前已具备“大蜀道”品牌优势，虽然品牌文化内涵丰富，但品牌内容及打造缺乏具体规划，结构单一，不能在体育旅游市场形成核心竞争力。建议一是加强“大蜀道”IP 的保护与利用，做好“大蜀道”商标注册保护，要注重品牌意识。二是在后期品牌打造及产品开发上，通过品牌塑造、品牌推广、品牌营销逐步让大蜀道 IP 成为地域性体旅融合品牌。三是谋求多途径申办承办大型体育赛事活动、大型文化活动，透过 IP 品牌创新运作方式；四是结合现阶段宣传及信息传播趋势，更多的通过创新宣传路径及宣传途径推介体育旅游项目，避免让宣传出现同质化。

（四）加强体旅文融合协同发展

现阶段国家政策优势明显，在体旅文融合协同发展上应坚持统一领导，

加快建立文化、体育、旅游等多部门协作机制，探索长效统一的推进机制，形成以旅促体、以体彰文的融合发展格局。针对理论认知不足、专业人才匮乏等共性问题，开展体旅文融合发展培训工作，通过继续教育等方式开设符合市场需求的培训项目，政府、企业政策支持采取“走出去，引进来”的培养模式，学习相关产业发展优势地区先进经验，提升人员队伍素质与能力。借鉴经验，创新思路，统筹开发特色体旅文融合产品，避免同质化竞争，多途径做亮品牌，辐射周边，全方位推动体旅文融合发展及产业提档升级，走绿色发展、绿色崛起、后发赶超之路，加快建设中国生态康养旅游名市。

参考文献

广元市人民政府：《关于加快发展体育产业促进体育消费的实施意见》，http：//www. cngy. gov. cn/govop/show/2015123091454 –533470 –00 –000. html。

中国田径协会：《2018 中国马拉松年度主报告》，新华网，2019 年 3 月 11 日。

广元统计局：《2018 年广元市国民经济和社会发展统计公报》，《广元日报》2019 年 3 月 16 日。

国务院：《关于进一步扩大旅游文化体育健康养老教育培训等领域消费的意见》，中国政府网，http：//www. gov. cn/zhengce/content/2016 –11/28/content_ 5138843. htm。

国务院：《关于促进全域旅游发展的指导意见》，中国政府网，http：//www. gov. cn/zhengce/content/2018 –03/22/content_ 5276447. htm。

B.16

加快广元文化创意产业发展的对策研究

彭仕扬　刘文杰　钱彪　李昆　闵小马*

摘　要： 随着四川文旅融合深入发展，广元文化创意产业迎来新一轮发展机遇。广元历史绵长，文化底蕴厚重，文化旅游资源丰富，文化创意产业发展先天优势明显。目前，全国、全省文化创意产业发展迅猛，北京、上海、广州、杭州、重庆、成都等地文化创意氛围浓厚，文化创意经济迅速发展，如何充分利用广元特色文化资源优势，发掘广元文化特色，助推发展广元文化创意产业，助力广元建设大蜀道国际旅游目的地，打造大蜀道大熊猫世界级旅游文化品牌必然成为当下文旅融合发展的重要途径。

关键词： 文化消费　文化资源　文化创意

一　加快广元发展文创产业的基础与优势分析

（一）文化创意产业迅猛发展开辟了经济发展新路径

目前，人民生活水平不断提高，精神需求日益增长，文化产业及文化消费迅猛发展，文化创意成为文化产业发展的新生力量。党的十八大以来，我国文创产业发展态势良好，主要体现在行业整合加强、原创内容繁荣、付费

* 彭仕扬、刘文杰、钱彪、李昆、闵小马，广元文旅集团。

意识增强、沉浸体验走红、城市形象有效塑造、智能文创发展、电竞有效融合几大特点。文化创意产业所包括的内容进一步丰富，发展到影视、动漫、传媒、视觉艺术、表演艺术、工艺设计、雕塑、环境艺术等方面，对经济进一步发展开辟了一条新的道路。对广元来说，大力发展文化创意产业，有利于加快塑造广元城市形象，提升广元城市影响力和品牌知名度。目前，广元正在努力建设中国生态康养旅游名市、大蜀道国际旅游目的地，塑造大蜀道大熊猫世界级旅游文化品牌，文化创意产业发展的优势作用充分显现。通过文化创意传承弘扬厚重的历史文化，将进一步丰富“剑门蜀道 女皇故里 绿色广元 康养名都”品牌内涵，做强城市文化品牌载体。广元工业基础薄弱，GDP 总量常年居全省末位，2018 年仅实现 800 亿元，排全省第 17 位，在经济发展新形势下，必须抓住文化创意产业蓬勃发展的有利机遇，勇破广元经济发展瓶颈，创新发展思路，充分发挥广元厚重的历史文化和丰富的文化旅游资源优势，大力发展文化创意产业，助力广元经济实现高质量发展，早日建成中国生态康养旅游名市和川陕甘区域中心城市。

（二）各级政府的大力支持培育了良好的发展大环境

1. 国家层面

2014 年，国务院印发了《关于推进文化创意和设计服务与相关产业融合发展的若干意见》，大力支持文化创意产业发展，为 2014～2020 年阶段文化创意产业发展指出奋斗方向。2016 年，国家文化部等出台了《关于推动文化文物单位文化创意产品开发的若干意见》，对文化创意产品发展提出了指导意见。2017 年中央办公厅、国务院办公厅印发《关于实施中华优秀传统文化传承发展工程的意见》，将文化传承和文化创意工作作为传承弘扬中华优秀传统文化的重要内容。

2. 省级层面

2012 年，省政府印发了《关于加快推进文化产业发展的意见》，聚焦打造特色文化产品，扶持文化企业，大力发展文化创意产业。2014 年，省政府办公厅印发《推进文化创意和设计服务与相关产业融合发展专项行动计划（2014～2020 年）的通知》，指导支持全省文化创意产业发展。2018 年省委印发《中共四川省委关于深入学习贯彻习近平总书记对四川工作系列重要指示精神的决定》和《中共四川省委关于全面推动高质量发展的决定》，为全省经济高质量发展明确了道路，为新时代全省文化旅游发展指明新的发展方向。

3. 市级层面

广元坚持“生态立市、工业强市、文旅兴市、融合发展”的总体发展思路，大力实施“三个一、三个三”兴广战略，立足广元优良的自然生态和人文历史资源，大力推进绿色发展，努力实现绿色崛起，加快建设中国生态康养旅游名市，打造大蜀道国际旅游目的地。广元发展文化创意产业具备强大的政策支持和动力来源。2015 年市政府办公室印发《推进文化创意和设计服务与相关产业融合发展专项行动计划（2015～2020 年）的通知》，规划了广元 2015～2020 年的文化创意发展道路。各级政府对发展文化创意产业的高度重视和大力支持为文化创意产业的发展孕育了良好的发展环境，广元文化创意产业发展迎来新时代。

（三）广元丰富的历史文化和旅游资源奠定了良好的发展基础

广元独特的历史文化和丰富的旅游文化资源为文化创意产业发展打下了坚实的基础，文化创意产业发展的资源优势明显。

1. 历史文化厚重

广元建城历史久远，至今已 2300 余年。长久的历史交会使广元成为蜀道文化、三国文化、武则天名人文化、红色文化、民俗文化的文化博览馆。境内文化资源富集，文化底蕴厚重。拥有剑门蜀道、昭化古城、皇泽寺、千佛崖、天雄关、旺苍红军城、苍溪红军渡等诸多历史文化遗址和名胜古迹，为广元发展文化创意产业提供了可靠的历史文化基础。

2. 旅游资源多元

广元旅游资源丰富，拥有剑门蜀道和唐家河世界级旅游资源 2 处、135 处国家级旅游资源。截至 2019 年 11 月 30 日，已建成 1 个 5A 级旅游景区、

20 个 4A 级旅游景区、47 个国家 A 级旅游景区。广元温泉资源丰富，被誉为温泉之乡。广元绿色食品和有机食品发展优势明显，有 34 个国家地理标志保护产品。丰富的旅游资源为文化创意发展提供了有效载体和抓手。

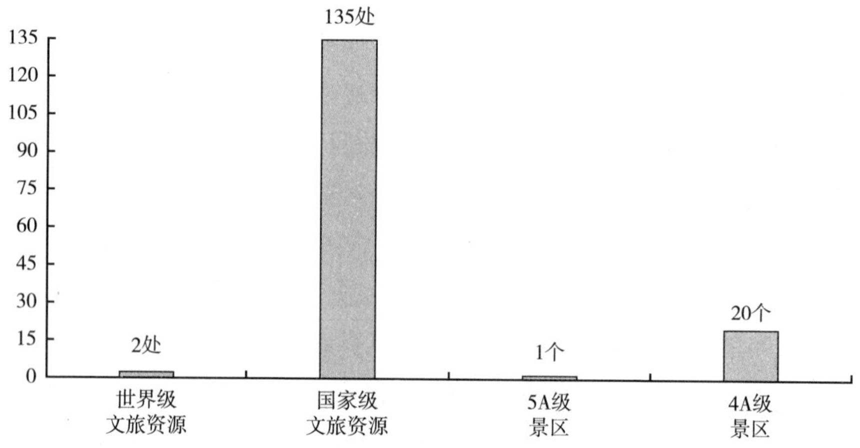

表 1　广元旅游资源统计

资料来源：广元市文化广播电视和旅游局资料分析。

二　广元文化创意产业发展现状及存在的问题

（一）文化创意产业资源基础牢固，但产业经济贡献能力较差

广元是蜀道文化、三国文化、武则天名人文化、红色文化集中呈现地，历史文化资源富集，拥有牢固的文化创意产业发展资源基础。但在全国全省文化创意产业蓬勃发展、文旅融合开启新纪元之际，广元文化创意产业发展情况相对较迟缓。2006 年，全省文化创意产业单位 4088 家、吸纳就业 16006 个、产业增加值 156.6 亿元。2013 年，全省文化创意产业单位新增 1251 家，达到 5239 家，新增就业 4319 个，达到 20325 个，产业增加值增长了 295.4 亿元，达到 452 亿元。2018 年，广元 GDP800 亿元，文化产业增加

值29亿元，完成投资33.67亿元，产业投资增长50.9%，仅占社会投资5%，总量仍然较小。广元有各类艺术表演团体211个、博物馆5个、文化馆8个、美术馆4个、图书馆8个、文化站230个、社区文化中心240个、藏书218.5万册、原创歌曲73首、舞蹈60个、小品36个、组织群众性文化活动2400余场次。资源数量上初具规模，但文化创意产业中涉及的电影、演艺、电竞等方面发展情况不容乐观，虽然也出现了“武则天”“俏媚娘”等城市品牌形象，但其经济价值转化成果乏善可陈，总体看来文化创意产业对广元经济发展影响力依然处于较弱的状态。

（二）周边大城市经济辐射增强，广元文化创意产业发展所获积极影响较弱

广元地理位置独特，自古以来就是中原入蜀的必经之路。广元地处成都、西安、兰州、重庆四省交会几何中心，境内京昆、兰海、广巴达高速和西成、宝成、兰渝、广巴达铁路交汇。广元机场已开通北上广深等多条航线，广元港已经开港，完全通航后可直抵重庆、上海等地。随着高铁的开通，广元交通条件得到质的提升，广元到成都、重庆、西安、兰州的物理距离和经济辐射距离有效拉近，四大省会城市对广元的经济辐射能力进一步增强，为广元带来更多的资本、更新的技术、更多的人才，也为广元文化创意产业的发展提供了更多有利条件。2018年，广元文化产业投资增长50.9%，文化产业零售额282.99亿元，增长11.5%。但在成都等大城市经济辐射红利增强的同时，也受周边大城市虹吸效应影响，人才的大量流失，特别是文化创意人才的流失，严重影响了文创产业发展。截至2018年底，广元总人口为300.68万人，比2015年305.31万人减少4.63万人。同时周边大城市如成都、西安等城市文化创意发展成熟，大型文创企业的介入，大大挤占了本地文创企业的发展空间，文化创意产业发展力量不足。

（三）文化产业市场主体快速发展，但文化创意产业企业实力较弱

2012～2018年广元文化产业快速发展，到2018年，广元文化产业法人

单位1736个，较2012年增长52.42%，增加910个。其中，规模以上文化产业单位23个，较2012年增长39.13%，增加9个；规模以下文化产业单位数1713个，较2012年增长52.60%，增加901个，2013～2018年广元文化产业活动单位年均增加152个，年均增长13.0%。2018年，广元规模以上文化产业单位主营业务收入50.85亿元，较2012年增长80%，翻了近一倍，规模以下文化产业单位营业收入34.96亿元，较2012年增长1.3倍，户均营收255万元，较2012年增长36.4%，发展势头迅猛。2018年广元文化产业法人单位1736户，规下文化产业单位有1713户，占比98.7%，但主要集中在科技含量低、附加值低的领域，多是销售文化办公用品的商户、小印刷厂、小广告公司，文化创意领域的企业屈指可数。2018年，长虹电子科技、剑门关旅游公司主营业务收入分别占规上文化产业的82.6%、4.9%，2017年长虹电子科技有限公司占规上文化产业增加值比重高达50.5%，规上文化产业的发展高度依赖长虹电子科技有限公司，文化创意产业市场主体企业更是力量不足，较大制约广元文化创意产业发展壮大。

三　加快广元文化创意产业发展的对策

（一）聚焦广元文化创意产业重点领域，努力提高文创产业经济贡献

1. 聚焦创意设计

创意设计是文化创意产业的灵魂所在，是激活文创产业发展的重要因素。文化创意产业基础是文化，创意设计是核心，没有创意设计的支撑，就没有文化创意产业的发展。聚焦创意设计，即大力挖掘广元历史文化资源内涵，融入创意设计转化为人民喜闻乐见的方式，实现文化的更广泛传播。具体来说就是要大力发展一批具有广元文化特色的创意设计服务企业，大力支持视觉艺术、工艺设计、雕塑、环境艺术、广告装潢、服装设计等企业发展，推动广元优秀文化转化为经济价值，实现创造性发展和创新性发展，进

而促进区域文化经济与社会的共同发展与繁荣。

2. 聚焦媒体融合

媒体是文化创意产业发展的催化剂，充分利用好媒体渠道，有利于文化创意成果的快速应用和推广。聚焦媒体融合就是要整合户外广告、电视、报刊等传统媒体与微博、微信等新兴媒体融合发展。构建城市创意广告空间，拓展全城户外空间文化，实现创意化和价值化。大力推进“广元原创文化内容+媒体平台”融合发展，挖掘广元历史文化故事，支持发展扎根广元文化的文学、音乐、影视、动漫、电竞等新兴业态，结合媒体渠道，促进文化向经济价值、品牌价值转化，大力传播广元文化，塑造广元城市形象，提升广元文化创意影响力。

3. 聚焦会展节庆

以广元现有女儿节、美食节、旅游节等系类会展和活动为基础，植入文化创意，提高品牌附加值，彰显广元文化，发展会展经济。利用政府部门办会办节资金，充分市场化操作，增强文化创意企业的生存力和业务能力。同时大力拓展文化创意展会，举办蜀道动漫节、蜀道音乐节、女皇味道美食节等文创产品、动漫、音乐、电竞、演艺等展会活动，吸引国内外优秀文化创意产品、企业来广元参展，激活广元文化创意市场活力，打造川陕甘区域文创会展城市。天曌山是武则天小时候拜佛之地，原名天台山，古时就是川陕甘三省交界的道教名山，历史文化底蕴悠久而独特，现为国家级森林公园。

4. 聚焦演艺娱乐

重点打造既代表广元特色文化，又符合现代审美的文化表演。科学布局上下游演艺产业，投资开发舞台剧、特色剧目，运营好文化艺术中心等设施完备的大型剧院，建设一批演艺娱乐阵地，逐渐从演出市场中“中介”转变为重要输出力量。结合广元旅游景区资源，打造一批旅游演艺，推动演艺形式与内容更加丰富、多元化。

5. 聚焦文博非遗

结合科学技术，创新文博非遗发展。结合文化创意手段和科学技术，将文物通过人们喜闻乐见的方式呈现，既能实现广元文物的宣传推广，还能实

现文物与经济效益的转化。建立集文物视频、图片、文字为一体的立体数据资源库，拓展开发相关衍生产品。利用 VR、全息等新技术建设一批智慧化博物馆，打造文博非遗基地。加强非遗文化传承创新，市场化推广，最大程度实现非遗文化经济价值。

6. 聚焦文创商品

大力支持文创商品制造，对广元现有的苍溪雪梨、红心猕猴桃、青川黑木耳、朝天核桃、利州橄榄油、米仓山茶叶等产品赋予文化标签，打造一批富有文化内涵的特色商品。加强广元文化特色生活化文创商品开发，开发如抱枕、水杯、U 盘、食品、饮料等生活化文创商品。依托广元景区拓展特色文化创意商品销售，建设一批特色文创店铺。

7. 聚焦餐饮民宿

借力民宿发展机遇，发挥广元历史文化、川东北建筑文化特色，坚持保护和利用相结合，拓展特色餐饮民宿发展。打造剑门关、昭化古城三国文化民宿，旺苍、苍溪红军文化民宿，青川、旺苍生态康养民宿为代表的广元特色民宿。依托广元剑门土鸡、剑门豆腐、青川山珍、嘉陵江河鲜等特色食材，结合广元文化发展特色餐饮，擦亮女皇味道餐饮公共品牌。

8. 聚焦打造文创基地

通过打造一批文创基地，完善文化创意产业配套，发挥文创基地集群效应，助推文创产业发展。建设发展一批特色文创园区、文化艺术街区、特色文化场馆、文化消费场所，构建文化创意产业发展良好环境。给予文创产业投资政策扶持和资金补助，激活文创创意产业投资环境，构建全城文化创意氛围，建设川陕甘文化创意之都。

（二）做实广元文化创意产业发展要素保障，不断汲取周边大城市经济辐射养分

1. 加强政策支持引导

加快出台支持发展地方文化创意产业实施意见，规范行业发展。重视知识产权保护，大力发展原创原生文化创意内容，建立健全原创文化创意内容

保护扶持政策体系。大力支持广告设计、视觉艺术、工艺设计、雕塑、环境艺术、广告装潢、服装设计等行业发展，研究制定相应扶持政策。支持广元文化创意企业发展，从税务、活动报批、资产担保、专项保险等方面搭建绿色通道，吸引周边大城市文化创意企业、人才落地。

2. 加强资金保障支持

构建文化创意产业投融资体系、产业扶持体系及社会化服务体系。健全知识产权价值评估体系与文创金融融合发展模式，全面支持大力鼓励广元文化创意企业利用多渠道融资解决产业资金问题。引导银行、基金等金融机构设立文化创意产业业务部门，逐步建立文化旅游、文化创意类的产业基金，保障文化创意企业健康发展。设立广元文化创意发展专项扶持基金，强化财政性资金引导作用，大力支持推进文化与旅游、体育、教育、农业等业态融合的文化创意项目，给予资金补助和支持。加强文化创意招商引资，鼓励和引导更多社会资本和大型企业参与文化创意产业，助力文化创意产业发展。

3. 建立健全人才发展机制

研究制定广元市文化创意人才评价标准、引进机制、培育体系和储备库。加强对文化创意产业人才特别是专家类人才、艺术类人才、营销类人才的引进工作。鼓励高校、科研院所和大型文创产业园与广元开展地区合作，建设既懂创意产业发展，又能够通晓创意产业发展过程中的金融问题的综合性人才培养体系。从医疗、住房、补贴、落户等方面加强文化人才权益保护。

4. 加强与周边大城市产业发展联系

加强与成都、重庆、兰州、西安的协作交流，从政府间文化创意产业联动发展机制建设、文化创意企业交流模式构建、文化创意产业人才交流合作、产业金融帮扶等方面建立人才交流、金融帮扶、产业规划等合作互惠共赢机制，充分发挥广元作为成都、重庆、兰州、西安四大省会城市交会中心的地理区位优势，加强与周边大城市文化创意产业经济发展联系合作，大力提高广元文化创意产业发展水平。

5. 优化整合文创资源

全面梳理区内历史文化资源，分门别类做好相关保护和发展规划，整合政府、事业单位、企业各方面力量和资源，推动行业政策、资金向重点发展资产资源倾斜，夯实文化创意产业发展基础。充分发挥市场在资源配置中的基础作用，大力发展文化创意产业企业，激活文化创意消费。

6. 不断刺激文化消费

持续办好“女儿节”、“蜀道诗歌节”、“蜀道动漫音乐节”、“蜀道马拉松”等文化消费活动，强化品牌影响，拓展文化消费市场。加快推进广元文化和旅游相关节庆展会活动与文化创意的融合，不断扩大刺激文化消费需求，鼓励文化消费。大力推动文化艺术商业化，围绕栖凤湖—图腾商圈、利州广场—金橄榄商圈、如意湖—万达广场商圈等重点人流密集、配套完善的商业区域，数字化将成为文化产业业态发展的一大趋势。推动“文创商圈”计划，各种沉浸体验和场景消费，构建文化消费环境，刺激文化消费发展。

（三）不断加强市场主体作用，强化广元文化创意产业发展支撑

1. 发展壮大文创企业

坚持示范带动，大力扶持广元文旅集团、华侨城剑门关公司等广元文化创意龙头企业，通过龙头企业示范带动，率先突破广元文化创意发展困境，激励带动更多资金和资源投入到广元文化创意产业中来。建立科学有效的文创产业扶持机制，构建良好的文化创意产业营商环境，给予资金政策支持文创产业企业发展，激发企业活力，培育壮大多元化广元文化创意市场主体。

2. 规划落地文创项目

围绕广元蜀道文化、三国文化、红色文化、武则天名人文化、民俗文化，先后落地一批广元特色文化创意项目。加快推进现有文化旅游项目如“女皇文化产业园”“烟波坊美食城”项目落地，抓住建设武则天历史名人传承创新工程契机，结合文化创意，先行打造一批符合现代审美和市场需求的历史文化街区、景区，作为发展文化创意产业的有机载体。

3. 培育塑造特色品牌

加强广元特色文化知识产权保护，加强对大蜀道、武则天、大熊猫等文化 IP 体系梳理和重塑。加快对现有的“武则天”“俏媚娘”“女皇味道”“大蜀道”“大熊猫”等已有知识产权经济价值转化，支持大型文创企业做品牌运营，大力开发影视、文学、动漫、商品、展会等系列文化创意产品，通过媒体资源不断加强宣传推广，逐步塑造广元文化创意品牌。

4. 创新景区文创

优化旅游景区的资源配置，整合景区资源，适当开放空间，提供优质区域，启动广元文化创意进景区行动，签约艺术家进行文创艺术品的制作，重点研发各景区文创价值，研发文创商品，设立文创商店，美化景区环境，提升景区运营价值，统筹推进，降低成本，扩大边际。通过优秀文创团队梳理，厘清景区文化脉络，结合新技术和手段，打造“景区场景文化”为载体景区文化创意产品智能体验馆，为广元景区发展奉献新力量。

参考文献

国务院：《关于推进文化创意和设计服务与相关产业融合发展的若干意见》，中国政府网，http：//www. gov. cn/zhengce/content/2014 －03/14/content_ 8713. htm2014。

国务院：《关于推动文化文物单位文化创意产品开发的若干意见》，中国政府网，http：//www. gov. cn/zhengce/content/2016 －05/16/content_ 5073722. htm。

四川省人民政府：《推进文化创意和设计服务与相关产业融合发展专项行动计划（2014 ~ 2020 年）的通知》，四川省人民政府网，http：//www. sc. gov. cn/10462/10883/11066/2014/9/25/10314190. shtml。

广元市政府：《推进文化创意和设计服务与相关产业融合发展专项行动计划（2015 ~ 2020 年）的通知》，广元市人民政府网，http：//www. cngy. gov. cn/govop/show/20150413115827 －533470 －00 －000. html。

B.17 西安文物景区运营模式对广元的启示

李万红　杨　涛　黄馨淇　何绍帅　肖云峰*

摘　要： 为深入挖掘广元文物景区历史价值、文化价值、经济价值和社会价值，进一步探索文物景区市场化运营道路，促进广元文化旅游产业融合发展，实现市委、市政府文旅兴市的战略目标。选取文物景区富集地西安为例，采取查阅文献资料、实地考察、座谈交流等方式，收集整理西安重点文物景区市场化运营情况，通过综合对比分析，为广元地区创新文物景区运营体制机制提供一定参考。

关键词： 文物景区　市场化运营　西安　广元市

一　广元市文物景区运营现状

（一）文物景区资源情况

广元历史悠久，古称利州，可考历史达 2300 多年。区域内文物景区资源丰富，分布广泛，规划形成以蜀道文化、三国文化、武则天名人文化、红色文化、民俗文化为核心的多条精品旅游线路，同时广元又是中国优秀旅游城市和中国楹联文化城市、中国散文之乡、四川第二批历史文化名城。境内有 6 处全国重点文物保护单位、5 处全国红色旅游经典景区、4 项国家级非

* 李万红、杨涛、黄馨淇、何绍帅、肖云峰，广元文旅集团。

物质文化遗产、10 个国家级传统村落、1 个国家级历史文化名镇。已建成全国文化产业示范基地 2 个。

（二）文物景区现有主题产品

1. 剑门蜀道三国游

主要包括广元当前唯一的 5A 级景区—剑门关、千年古柏长廊——翠云廊、三国葭萌关——昭化古城、蜀道咽喉——明月峡等三国文化主题景区。大蜀道在广元境内因其各要素、遗存保护比较完善，成为全国首批风景名胜区和全国重点文物保护对象。大蜀道剑门关段闪耀夺目，已作为申报世界文化线路遗产列入国家预备名录，并由四川省人民政府牵头，启动了申报世界自然与文化双遗产工作。剑门蜀道三国历史文化底蕴深厚，遗址遗迹多达 140 余处，诸葛亮、张飞、姜维等三国名人故事广为流传。剑门蜀道三国文化旅游线被评为第二届中国国际自驾游博览会精品旅游线路。

2. 女皇传奇文化游

主要包括中国正史上唯一女皇帝武则天的祀庙——皇泽寺、文物专家评论为“它是我国佛教艺术的珍贵遗产”的千佛崖、“日月当空曌，乾坤任我行”的天曌山。皇泽寺保存有北魏晚期至唐代的 1200 余尊摩崖石刻造像，是第一批全国重点文物保护单位和全国首批文化产业示范基地。郭沫若曾赋诗称赞“广元皇泽寺，石窟溯隋唐。媲美同伊厥，鬼斧似云岗”。广元城北的千佛崖历代石刻艺术造像在中国石窟造像中享有盛誉，可媲美敦煌莫高窟。

3. 红色文化游

主要包括“四川十大红色文化地标”旺苍红军城、红四方面军长征出发地苍溪红军渡、昭化太公红军遗址群等。广元作为 1932 年到 1934 年红四方面军革命活动根据地及长征出发地，红色文化在川北广元薪火相传、生生不息。

（三）广元文物景区现行运营模式及问题

广元文物景区市场化运营程度较低，沿袭传统封闭式收取门票的运营模式，以游览观光为主，如皇泽寺、千佛崖等代表性文物景区主要营收为门票收入和政策性补助，市场经营开发利用程度较低。随着文旅经济成为新的时代热点，在广元市委市政府的大力倡导下，各景区开始尝试走资源整合之路，大景区概念初步形成，但广元规模以上文物景区在文旅经济快速发展的今天仍处于单打独斗的状态，缺乏联合共营意识，广元文物景区资源整合度还不够，市场竞争力不强，严重制约了广元文物景区开发利用，如市城区皇泽寺、千佛崖等文物景区仍以独立售票为主营方式模式单一，发展受限。主观上按部就班，缺乏开创性思维，“保利”矛盾尚未化解，立足文物保护谈保护，缺乏改革创新、适应市场化的新思维；客观上，广元经济社会发展较为落后，规模化、精品化、智慧化开发利用资金不足。

二　西安代表性文物景区运营模式简述及分析

西安有十三朝古都之称，蕴含着丰富的盛唐文化、三国文化，与广元武则天名人文化、三国文化、蜀道文化等同宗同脉，相辅相成。西安文物景区近年来创新发展，走出了文物景区保护和开发利用之间的意识困境，大胆突破固有封闭式保护、圈地售票的模式，采取多业态融合发展的市场化运营模式，促进了西安文旅经济的繁荣。因高度相似的文化属性和面临的相同困境，调查研究西安部分代表性文物景区运营模式对广元文物景区运营具有独特而现实的指导意义和参考价值。

表1　西安接待旅游人次及旅游总收入增长情况（2015～2018）

年份	接待旅游人次（亿人次）	同比增长率（%）	旅游总收入（亿元）	同比增长率（%）
2015	1.36	13.3	1073.69	13.0
2016	1.5	10.29	1213.81	13.05
2017	1.8	20	1633.3	34.56
2018	2.47	37.22	2554.8	56.42

资料来源：根据西安市政府工作报告及统计年鉴公开数据整理。

（一）案例简述

1. 华清宫—大胆再造和艺术创作

华清宫是唐代皇室游幸的别宫，位于西安市临潼区，南依骊山，北面渭水，是国家首批5A级旅游景区、全国重点文物保护单位。利用御汤遗址，打造唐风建筑群落。1982年4月，在基建开挖地基时，经考古专家发掘整理，在4200平方米面积内发现5个唐华清宫御汤建筑遗址。为保护御汤遗址，在这些遗址上新建“唐华清宫御汤遗址博物馆”，形成错落有致的唐风宫殿建筑群落。恢复华清宫遗址芙蓉园，打造唐韵浓郁的皇家园林。华清宫遗址芙蓉园于2005年建成，以“静态”观光为主的唐风唐韵浓郁的皇家园林区使华清宫游览面积增加一倍，增添了唐玄宗与杨贵妃“七夕盟誓”的“长生殿”、温泉神女亭、芙蓉湖、得宝楼、果老药堂、御茗轩等十余处新景观，并配套开发五星级宾馆、唐式御宴功德院、仿唐式沐浴长汤十六所、欧式和日式沐浴芙蓉汤、仿唐茶道、仿唐式娱乐区等项目。华清宫深入挖掘文化资源，依托唐代诗人白居易的传世名篇《长恨歌》，打造大型实景历史舞剧《长恨歌》，实现了让“真山真水真历史”为我所用和深度挖掘的突破，取得了景区演艺的巨大成功，已然成为陕西的文化旅游名片。《长恨歌》经过现代科技和艺术表现手段的植入，数次改版和不断完善，市场反应强烈，常常一票难求，堪称旅游文化瑰宝的惊世之作。华清池内的五间厅是1936年“西安事变”爆发时蒋介石的住所。华清宫为还原历史，吸引游客。运用现代科技打造的沉浸式大型历史画剧——西安事变，通过烽火古城、矛盾激化、匆匆密谋等十幕剧情，利用高科技舞台技术，结合电影艺术和戏剧艺术的表现方式，真实而生动地再现了惊心动魄的“西安事变”。

2. 大雁塔—丰富配套业态和文旅地产开发

大雁塔位于西安市南，是现存最早、规模最大的唐代四方楼阁式砖塔，除了保存玄奘法师从天竺取回的佛教经书外，塔内还存有舍利子万余颗，为第一批全国重点文物保护单位。2002年，曲江新区投资5亿元，建设大雁塔北广场。2003年12月，大雁塔北广场建成开放仅十天，来此游览的各地游客超过百万人次。大雁塔北广场占地 100 余亩，建有 2 个百米长的群雕，8 组大型人物雕塑，40 块地景浮雕，是亚洲雕塑规模最大的广场，同步打造的巨型音乐喷泉表演也是其吸睛王牌之一。曲江新区围绕既有的知名遗址遗迹做顶层设计，建设大雁塔广场、大唐芙蓉园、大唐不夜城等项目，带动了周边土地大幅度升值。在各项目中，政府与运营商捆绑发展，由政府负责基础设施建设，运营商负责建设周边大配套、大商贸建筑，曲江新区人气、人流迅速汇聚，文旅地产掀起高潮。数据显示，曲江新区土地价值从 2011 年 1072 万元/亩到 2019 年 1500 万/亩，涨幅近 40%。

（二）案例运营模式分析

西安既是陕西省会，又是世界知名古都，但因深处我国西北内陆，经济社会发展相较东部沿海落后。随着文旅经济兴起，西安城市发展的重心向开发和利用文物资源转移，而文物资源保护与利用之间的关系成为必须调和的矛盾。通过大雁塔的开发验证了文保框架下文物景区商业开发的可行性，证明了文物保护、文化产业和城市发展矛盾可以调和、共赢共利。通过梳理西安代表性文物景区运营模式，其成功之道呈现以下特征。

1. 以丰富的文化遗产资源为支撑

西安作为历史文化名城，历史悠久，拥有大量的以物质形式存在的遗迹遗址，如秦始皇兵马俑、唐长安城遗址、唐城墙遗址、大雁塔、华清池、法门寺等一批国内外颇具影响力的文物景区。同时，西安民间艺术资源种类同样丰富，如以信天游为代表的民间音乐，以安塞腰鼓和羊角腰鼓为代表的民间舞蹈，以秦腔为代表的民间戏曲，以华县皮影为代表的民间美术等，文化艺术资源丰富多彩。丰富的文化遗产资源奠定了市场号召力的基础。

2. 完善的顶层设计

西安市政府具有战略前瞻性，高度重视文物景区市场化工作，敢于突破传统文保理念，鼓励区域内文物景区在文物保护法约束范围内进行市场化开发、运营，并鼓励在文化及相关产业发展及引进投资上给予政策上的支持和优惠，提供税收优惠和补贴。如对政府鼓励类的新办企业，自工商注册登记之日起，免征一定年限的企业所得税，并可按照现行税法规定，享受出口退（免）税等政策。属于国家鼓励类产业项目的内资企业和外商投资企业，在一定年限内，按 15% 的税率征收企业所得税。专项资金扶持及财政补贴。即属于国家级的文化发展、文物保护开发类项目可以享受财政补贴、基金扶持等优惠政策。免费提供配套设施和服务。对项目区内企业实行一条龙服务，办理相关的手续、证件，免收服务费用。积极推动文保单位改制，破除体制机制障碍。如大雁塔曲江风景区管理处改制，挂牌成立相关管理服务有限公司，大步迈入市场。同时建立企业培训人才库，免收专项服务费用和培训费用。华清宫、大雁塔的开发利用，均得益于西安政府部门的积极推动，给予相应的政策、资金支持。

3. 以市场为导向

中国特色社会主义进入新时代，我国社会主要矛盾已经转化为人民日益增长的美好生活需要和不平衡不充分的发展之间的矛盾。文化产品和文化服务的市场需求增加，被誉为“朝阳产业”的文旅产业得以迅猛发展。西安牢牢抓住了时代机遇，借助“一带一路”的文化地理优势，依托丰富的文化旅游资源，在争夺国内市场的同时瞄准国际市场，以举办“世界文化旅游大会”为契机，努力把“世界文化旅游大会”打造成为中国乃至世界的文化旅游业交流平台，建设世界文化旅游大会品牌，迅速进军国内外市场。

4. 多措并举破解资金难题

西安文物景区运营资金主要来自四个渠道，城市运营商投资、政府专项债、自筹以及基金捐助。城市运营商投资。一些著名企业家或组织对西安文旅产业发展前景看好，会达成一定的项目合作意向，通过项目投资促进文物景区发展。政府专项债。省级政府及金融机构对审核符合要求的项目规划建设，给予金融支持。自筹。在项目建设初期及建设过程中，政府授权单位以低价集中收回项目区及周边的土地使用权，并在统一规划和公共基础设施建设的基础上，将其高价卖给开发商，以差价形式获得初期的建设资金。基金捐助。随着一些公共项目的建成，经济效益和社会效益得到重大体现的时

候，项目会引起一些基金会的关注，共同合作。如曲江新区大雁塔开发即采取授权卖地的方式筹集资金。

三 西安文物景区运营模式对广元的启示

（一）破题“顶层”设计，化解“保利”矛盾

1. 革新理念，解放思想，完善顶层设计

在保护中发展、在发展中保护是化解“保利”矛盾的基本原则。从西安华清宫、大雁塔等代表性文物景区运营模式可以看到，当地党政部门在推进文物景区保护利用改革创新、转变发展思路中起决定性作用。广元市委、市政府应立足于重点文物保护要求的基本红线，发挥党的总揽全局与协调各方的领导作用，积极推进文保单位改制工作，大力推进体制机制改革创新，统筹协调各部门加大对文物景区市场化运营的支持力度，提供充分的政治、制度、经济保障。在积极借鉴西安文物景区可照搬运营模式的基础上，因地制宜，充分发挥主观能动性，高度重视文物景区运营工作，将文物景区的历史价值、社会价值、科研价值、经济价值有机结合，深入挖掘文物景区的现实意义，合理利用和适当开发其经济价值，通过市场化运营手段，不断放大文物景区经济功能，实现文物景区市场化、可持续发展。

2. 尊重规律，因地制宜，做好保护开发

广元聚集了一批国家级重点文物保护单位，是广元经济社会发展得天独厚的历史文化资源，开发利用前景广阔，在依法依规保护的前提下，顺应当前文旅经济发展规律，合理进行开发利用，采取市场化手段运营，是充分发挥文物景区经济价值的必然选项。政府和企业要各自明确角色定位，进一步解放思想，妥善解决好文物景区市场化运营和文物景区保护之间的关系。在推进文物景区市场化运营的进程中，政府居主导地位，负责破解体制机制障碍；企业应在政府指导下，严格落实文物景区各项保护法规及条例要求，在确保文物景区不受破坏和损伤的情况下，尊重文旅经济

发展规律，推进文物景区市场化运行。其一以保护为基础红线的开发利用将实现经济效益有效反哺文物景区保护，缓解文物保护经费不足的困难；其二市场化运行能快速挖掘和传播文物景区历史价值，吸引社会广泛关注，丰富群众历史文化底蕴，增强文化自信；其三以文物景区为载体，可带动周边经济发展，促进非门票收入增长，倒逼主动完成资源配套，繁荣地区经济。处理好文物景区市场化运营过程中保护和开发利用的矛盾，必须坚持“保护文物为先，开发利用在后”的原则，同时坚持开发利用与文化景区相匹配，保证文物景区市场化运营进程中风貌一致、布局合理、总体美观。

3. 创新制度，依法改制，建立长效机制

推进文物景区保护和开发利用要始终坚持法律底线，坚持制度保障。在全面贯彻落实《中华人民共和国文物保护法》及其实施条例的基础上，积极创新并出台地方性文物景区保护和开发利用条例，以法律手段推进文物景区的保护和开发利用工作。具体由政府牵头，推动体制机制创新，可采用签订托管协议的形式，明确文物景区保护和开发利用主体，将文物景区开发利用经营权交由国有文旅产业龙头企业托管，同步将文管单位的行政职能与国有文旅产业龙头企业运营职能相结合，采用“一套人马、两块牌子”的形式，按照经营权和管理权分离的原则，将文物景区经营权交由市属文旅产业龙头企业，管理权属不变，建立一套既有利于文物景区保护又有利于文物景区市场化运营的管理体系，主动适应文物景区市场化进程。将景区经营权移交国有文旅产业龙头企业后，立足国有资产保值增值基本职能，确保上缴门票等非税收入只增不减及综合收入正比例增长。按照利益分配与权责分配相统一的原则，三年保障基本门票收入不减少，三年后企业在上缴门票等非税收入的基础上，每年按照文物景区托管运营当年度净利润的20%上缴，不断提高政府收益。体制机制变革涉及原文管单位职责职能调整和人员安置问题，在托管协议中应明确约定，保留原文管单位牌子，继续从事文物保护、研究等工作，且原职工既可选择保持身份属性不变，继续享受原定待遇，也可选择自主择业或加入改革后的企业主体，从待遇从优、保障子女就业、发放一次性自主择业补贴等方面着手，解决职工身份转变的后顾之忧，充分保障职工合法权益，避免引发社会矛盾。

（二）整体规划布局产业，推进文旅融合发展

1. 立足广元实际，加大资源整合力度

西安文物景区相较集中，文物景区规模一般大于广元文物景区规模，便于统一打造和运营。而根据广元文物景区地理分布现状和当前社会影响力的现实条件，各自为政、单打独斗的模式很难形成较强的市场竞争力，较难完成市委市政府做大做强文旅经济、实现文旅兴市的战略目的。因此要着力整合广元文物景区资源，但既不是笼统的将文物景区集中统一管理，也不是将文物景区资源简单的叠加，而是按照市场需求、主题元素以及适度规模分区域、分层级进行整合，采用区域一体化运营的模式整合文物景区资源，推进市城区文物景区及各县区文物景区一体化运营。根据广元重点文物景区分布特点，突出市城区重点文物景区一体化运营，由国有文旅龙头企业统一托管，整体打造，实现城域文物景区规模化运营，建设以文物景区为核心的城区旅游目的地。同时资源整合不仅仅是将文物景区资源的整合，还包括资金、专业人才等要素的整合。如西安在文物景区开发利用过程中因资金短缺而采用政府扶持、金融支持、开发旅游地产等方式为广元整合资金提供了重要参考。

2. 着眼整体规划，明确文物景区发展战略

广元主城区属于建设生态康养旅游名市、大蜀道国际旅游目的地的核心区，要有总体布局的战略性思维。一是坚持将文物景区资源和文旅产业资源同步整合，既整合市城区重点文物景区，推进城区文物景区一体化运营，又整合产业配套资源，如文物景区毗邻区的商业街、游乐园、房地产等项目，形成区域性完整的闭环式文旅产业全链条业态，完成以重点文物景区为核心的主题大景区建设。二是将以文物景区为核心的主题大景区作为振兴文旅产业的突破口，保持重心聚焦，合力突破，着力打造好一个城区主题文化大景区，以点带面，推进广元文物景区分区域、分层级抱团发展，形成一定规模

和市场竞争力。如市城区武则天文化旅游区建设，可依托区域内重点文物景区皇泽寺、千佛崖等，配套凤街商业街、栖凤湖水上旅游，整体规划为一个大主题文化旅游产品，一体化运营，打造一个市场影响力大、竞争性强的市城区女皇文化主题大景区。在提升文物景区自身生存能力“活”起来的同时，推动文旅产业供给侧改革，以大产品撬动大产业实现大发展。

3. 布局产业生态链，加快实现“文旅 +”大发展

以文物景区为核心的文化主题大景区是推进文旅产业发展的有效载体，而丰富业态，建立完整的文旅产业链是推进文旅融合的具体形式，也是突破文旅产业发展瓶颈的关键。西安华清宫、大雁塔等文物景区坚持品牌驱动，在融合文创、演艺等业态方面走在了全国的前列。因此，广元在加大推进文旅融合战略的过程中，要聚焦聚力文化主题大景区的建设，充分运用好重点文物景区所代表的历史文化符号和整合成文化大景区的品牌带动和规模化运营效应，坚持“文化是旅游的灵魂、旅游是文化的载体”，依托广元丰富的文物景区资源，分区域、分类别、分层级打造以特色文物景区为核心的主题文化大景区，全力破解广元文化旅游资源整合度不够、结合度不紧、产业化不足的难题，将文化内涵贯穿到旅游发展全过程，持续而深入地推进文化和旅游融合发展，实现旅游形式和文化内容的统一，逐步搭建起文化旅游产业生态链，做强以旅游、康养、体育、餐饮、演艺、文创、地产等产业为主题的文旅产业，全面提升广元文化旅游竞争力和吸引力，加快文旅产业转型升级，增强产业发展动力，真正驶入“文旅 +”的发展快车道，实现可持续发展。

（三）善于抢抓机遇，顺应文旅产业时代热潮

1. 紧跟政策风向，把握政策机遇

随着《国务院关于进一步加强文物工作的指导意见》、《关于加强文物保护利用改革的若干意见》等文件的出台，适度开发运营文物景区已成为文物保护利用工作的重中之重。西安地方政府及时把握政策机遇，迅速抓住市场热点，突破文物景区传统运营理念，主动化解文物保护利用不平衡不充

分的矛盾，充分发挥各级旅游平台资源整合与开发运营优势，加大文物资源与旅游行业的融合力度，围绕核心文物景区，塑造了曲江大唐芙蓉园、大唐不夜城等一大批文旅品牌项目，开放市场化运营，加速培育以文物景区为支撑、与未来社会接轨的体验旅游、研学旅游、科普教育、文创产品开发等新兴旅游业态，发挥文物资源价值，增加地方财政收入，提高社会效益。广元市应及时把握机遇，主动融入文旅产业发展大局。当前各项数据表明，文旅产业进入快速发展的黄金期，是朝阳产业、绿色产业、惠民产业、幸福产业，立足广元，入境旅游人数连续突破式增长，消费力强劲，市场机遇凸显。四川省出台了“1+1+2”的政策体系，出台了《建设文化强省中长期规划纲要（2019~2025）》、《关于大力发展文旅经济加快建设文化强省旅游强省的意见》、《关于开展天府旅游名县建设的实施意见》、《关于加强文物保护利用改革的实施意见》等政策文件，为文旅产业在税收、金融等方面提供了刚性的政策支撑。广元作为四川北向东出桥头堡，政策机遇利好。

2. 瞄准市场需求，把握市场机遇

文物景区的稀缺性和特殊性决定了它具备一定的吸引力，单以专业受众为主，不通过市场化运营手段很难真正实现“走进寻常百姓家”，文物景区游览单一的参观解说，已不能满足社会大众对景区的文化价值、历史价值、经济价值、社会价值的精神需求，而与之相反的是群众在景区接受历史文化洗礼的同时享受吃、喝、玩、乐、娱、购的全体验旅游已成为驱动文旅消费的新动能，“文物景区+”正是当前文旅产业的热点，市场在呼唤文物景区加快推进市场化进程和推进文旅融合。西安华清池、大雁塔等代表性文物景区属于开启国内市场化运营的先行者之一，较早把握了市场风向。因此广元文物景区理应立足市场需求，着力打造以市场需求为导向的文物景区主题产品、以文物景区为核心的文旅产品，发挥文物景区天然具备可挖掘、可延拓的市场空间，及时回应市场期待。主动把握市场机遇，运用市场化手段盘活文物景区，让更多的普通群众感受文物景区的独特魅力。

3. 聚焦创新服务，把握创新机遇

提升文物景区优质服务的能力在文旅产业竞争激烈、尊崇服务至上的今天尤为关键。而创新能力是现代社会驱动发展的核心要素和时代诉求，实现文物景区市场化运营和持续性发展要着重培育创新服务的能力。西安文物景区领跑西安文旅经济，不仅是依靠丰富的文化底蕴做铺垫，也得益于基于现代化条件下创新服务的理念。如华清宫、大雁塔主动创新，在景区管理服务中融入大量智慧化技术，不断提升服务品质。广元创新服务首先要注重人才创新，着力加强文化旅游人才队伍建设。一方面充分利用本土资源，强化人才培养，积极探索文旅专业人才培训路径；另一方面是加强文旅专业人才引进，全面为文物景区运营提供智力支持。其次是管理创新。文物景区虽属于特殊硬件，除配套设施、周边业态外几乎不具有可变性，但在群众旅游体验中优质的管理服务同等重要，因此提升文物景区优质服务能力，在个性化和多样化的文旅消费中打好"软件牌"给我们提供了广阔的操作空间，即满足群众全方位需求，达到定制服务水准。再次是内容创新。文物景区内容创新素材丰富，空间广阔，把握文化传承的主基调，始终以市场需求为导向，从文物景区产品、体验方式等入手，充分体现完整文化主题的前提下，实现从单一到复合再到多元化发展，坚持内容为王，打造文物景区 IP，积极推进"文旅 +"，不断自我革新，丰富业态。最后抓好技术创新。互联网、大数据、云计算时代到来，技术创新日新月异，智慧旅游、智慧城市概念正在成为现实。5G 技术的出现，必然加速数字、智慧旅游的发展。广元在实施文物景区为核心的主题大景区建设时，应遵循前瞻性和先进性视角，充分尊重市场规律，找准信息时代文旅技术创新的发展方向，积极引入以景区 IT 智能化应用为主的先进技术，提升文物景区科技感，以技术创新带动消费升级，为游客带来全新体验。

参考文献

朱海霞、权东计、杨博、王峰：《西安曲江文化产业园区运营模式的特质分析》，《中国软科学》2011 年 S1 期。

《曲江模式：过度开发还是文保坦途》，《非常识》第397期，http：//news.cntv.cn/special/opinion/qujiang/index.shtml。

《中华人民共和国文物保护法（修订）》，中国人大网，http：//www.npc.gov.cn/zgrdw/wxzl/gongbao/2002-10/29/content_5301641.htm。

《国务院关于进一步加强文物工作的指导意见》，中国政府网，http：//www.gov.cn/zhengce/content/2016-03/08/content_5050721.htm。

特色报告

Special Reports

B.18

大蜀道品牌塑造路径的调查与研究

——以广元为例

文凌云　王 娟*

摘　要：蜀道，中华的瑰宝，剑门蜀道，蜀道中的精华。省、市文旅发展大会提出打造大蜀道国际旅游目的地，既为大蜀道品牌塑造提供了难得的历史机遇，也面临尽快取得突破的巨大压力。塑造大蜀道文旅品牌，广元举足轻重，要立足现有基础和实际，运用品牌塑造相关理论，分析优势与存在的主要问题，选择和优化大蜀道品牌塑造的路径。

关键词：品牌优势　品牌定位　品牌塑造　大蜀道

* 文凌云、王娟，中共广元市委党校。

一 蜀道、大蜀道、大蜀道品牌定义及形成分析

（一）蜀道

蜀道历史悠久，是一条具有完整历史脉络的道路。“有一种意见，以为‘蜀道’有广义和狭义两说。前者指古今通往蜀地的道路。后者指穿越秦岭、巴山联系川陕的道路。”实际上蜀道不同的语境有两种理解：一是广义上的蜀道，指四川与外界联系的所有通道。二是狭义的蜀道，则是古蜀道的专有名称，是成都连接西安的一系列道路的统称。从史前时代蜀道的萌芽，到古代蜀道诸条道路的相继开通，蜀道伴随中国几千年文明进程，记录和承载着中国的荣辱兴衰。

（二）大蜀道

大蜀道概念，民间近年来常有提及，但未形成广泛影响，最早见之于规范文献是中共四川省委《关于全面推动高质量发展的决定》，决定提出要“打造一批世界级旅游文化品牌，提升大九寨、大峨眉、大熊猫、大贡嘎、大蜀道、茶马古道等市场影响力。”但文件、讲话、论文至今尚未见到对大蜀道概念和具体指向做出权威规范的定义和阐释。何谓大蜀道？大蜀道与蜀道是什么关系？从四川省委、省政府《关于大力发展文旅经济加快建设文化强省旅游强省的意见》“依托剑门蜀道、阆中古城等打造‘大蜀道’”的提法可以看出这一概念的明确指向是历史上狭义的“蜀道”，也就是秦蜀古道（川陕古道）。文件中的大蜀道和历史上所说的蜀道是同义语，而不是不同的两条线路。为什么“蜀道”前面要加一个“大”，大的具体含义和指向又是什么，也有厘清的必要。大蜀道的“大”更多的是指开展蜀道保护和科学利用工作时所需要和坚持的思维、理念、眼界、胸襟。所谓“大蜀道”之“大”，至少可以从以下六种不同维度阐释：一是内涵之大。以人们通行迁徙发轫的蜀道，几千年发展到今天，早已不再是简单的交通之道，今天的

蜀道，既是通行的交通之道，又是具有鲜明地域特色的经济之道、文化之道、生态之道、军事之道、安全之道等。中国文物研究院原院长张廷皓认为："总之，蜀道，特别是剑门蜀道，是一部承载3000多年的经典史书，它记载了3000多年的交通史、军事史、科技史、生态史、发展史，也承载了蜀地人民的奋斗精神和创造精神，融合历朝历代的交替更迭、兴亡成败的历史经验。"二是地域之大。仅就狭义的秦蜀古道而言，就横跨今天的川陕甘渝四个省市。三是时间跨度之大。关山险隘未阻断人们探索的足迹，蜀道最早探索开拓至今可能在1万年以上。据著名秦汉交通史专家刘庆柱、王子今等学者研究后认为："但是旧石器时代的人类穿越秦岭实现早期交通实践的可能性，是不宜轻易排除的。他们进行迁徙和实现交流的通道，有可能就是后来历史时期十分繁荣的蜀道的最初基础。"四是面貌变化之大。从古至今蜀道沿线从通行方式、生产方式、社会制度到生活方式，再到文化形态都发生了沧海桑田的变化。五是需要眼界情怀之大。研究、保护和利用好蜀道需要有历史思维、战略思维、辩证思维，需要世界眼光、历史眼光，需要文化情怀、人民情怀、广元情怀。六是承载意义之大。蜀道是人类顺应自然、改造自然、战胜自然的活化石，它是人类传承、记载物质文明和精神文明的天然博物馆，它属于蜀道沿线的人民，属于中国也属于世界。"说蜀道是人类创造智慧的杰作之一，一点也不夸张。"

蜀道中保存最完整、自然与人文景观最有特色、展示蜀道难最充分的地段在广元，大蜀道的精品在广元。文旅资源在广元四县三区全域都有广泛分布，但资源分布最集中、资源品位最高、特色最鲜明、发展基础最好、省市最重视的是大蜀道。因此，塑造大蜀道品牌无论对提升蜀道在国内外的知名度、美誉度还是推动广元旅游发展，建设中国生态康养旅游名市都具有十分重要的意义。

（三）大蜀道品牌

大蜀道品牌就是通过一套大蜀道特有的文化旅游名称、术语、标识、象征、记号或者设计及其组合，从听觉、视觉、味觉、旅游体验等多个角度对人们产生标准化、规范化、长期化的影响，从而为大蜀道带来知名度、美誉度，产生溢价、增值的识别体系。大蜀道品牌的构建包含品牌定位、品牌设计与开发、品牌营销与传播，品牌管理和维护四个主要环节。大蜀道品牌塑造要在蜀道品牌的基础上用功，而不是从零开始。具体工作中，要牢固树立大蜀道就是蜀道，两者实质一样，只是在不同场合、不同语境中叫法、用法不同而已。避免陷入不必要的争论。

二　大蜀道品牌塑造现状分析

（一）大蜀道品牌塑造的历史脉络

由于大蜀道概念提出不久，大蜀道品牌塑造还处在初期。从某种角度看，目前蜀道品牌的知名度、美誉度在某种程度上就代表了大蜀道品牌的知名度、美誉度。广元素有“女皇故里”“蜀北重镇”“川北门户”和“巴蜀金三角”等别称。“女皇故里”因郭沫若先生论证成立得到社会各界的普遍认可。随着广元旅游产业逐步起步，“剑门蜀道、女皇故里”旅游品牌逐渐被提出并使用。2005 年，市第五次党代会、市委五届二次全会提出突破性发展旅游业，做大做强旅游产业的战略决策。为了进一步强化品牌独特性和指向性，逐步将广元旅游品牌完善为“剑门关蜀道、武则天故里”。在灾后恢复重建期间，广元旅游业取得长足发展，随着宣传营销力度不断扩大，“剑门关蜀道、武则天故里”品牌知名度逐渐提高。2013 年市委六届七次全会召开，要求着力打造“剑门蜀道、女皇故里”文化品牌。2016 年，市委七届二次全会召开，做出《关于推进绿色发展实现绿色崛起建设中国生态康养旅游名市的决定》，提出打造“绿色广元、康养之都”品牌。广元市旅游品牌进一步完善为“剑门蜀道、女皇故里”“绿色广元、康养之都”。2017 年，市委七届五次全会召开，做出《关于深化供给侧结构性改革加快产业发展的决定》，提出培育“绿色广元、康养名都”靓丽品牌。广元市旅游品牌进一步修订为“剑门蜀道、女皇故里”“绿色广元、康养名都”。

（二）大蜀道品牌现状的调查分析

由于蜀道还没有形成全线统一的品牌，西安、成都主打蜀道之外的旅游品牌。从一定角度看，广元的蜀道品牌目前就代表了整个蜀道品牌，广元蜀道知名度、美誉度在一定程度上代表了整个蜀道的知名度、美誉度。为了准确掌握研究大蜀道品牌现状，课题研究组选取广元本地工作人员、广元在校旅游专业大学生、成都高校在校旅游专业大学生、成都高校在校传媒专业大学生、西安市民、外省市来广元游客等不同群体作为样本，进行问卷调查，发放问卷175份，回收175份，回收率100%。问卷分析如下。

1. 蜀道知名度

统计结果显示，89.71%的人知道蜀道，10.29%的人不知道蜀道的存在。调查表明蜀道知名度较高。

2. 信息获得途径

统计结果显示，电视广告、旅游电子商务网站和手机浏览app以及朋友介绍是人们获得蜀道信息传播的主要途径，传统的报纸、旅行社对于旅游信息的传播作用有所下降。调查表明旅游消费者信息获得渠道多元，新媒体作用日渐突出。

3. 关于广元代表符号

广元文化多姿多彩，汇聚了很多历史文化符号，在回答哪个符号最能代表广元的调查问卷中（见图1），可以看出43.43%的人选择剑门关，28.57%的人选择蜀道，20.57%的人选择武则天。调查表明在调查对象中，多数认为剑门蜀道是广元旅游的代表符号。

4. 提高蜀道知名度的途径

统计结果显示，选择品牌特色、宣传口号、品牌代言、文艺作品、规模宣传的分别占68.57%、19.41%、20%、17.69%、12.78%。调查表明调查对象认为提高蜀道知名度需要综合着力、协同推进。

5. 蜀道美誉度

蜀道的魅力值以满分10分计算（见图2），可以清晰地看出选择10分、

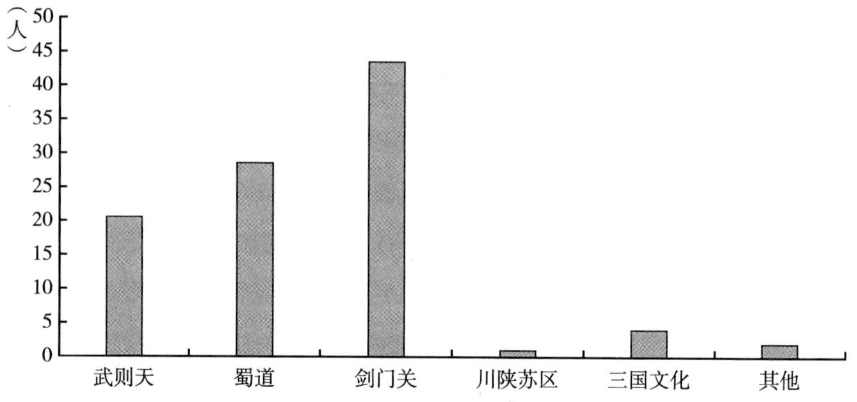

图1　蜀道文化代表符号

资料来源：课题组调查问卷统计。

8 分、6 分、4 分、2 分的分别占 9.71%、26.86%、36%、16.57%、10.86%。平均 6.16 分。调查平均得分和各段得分所占比例表明蜀道美誉度还不高。

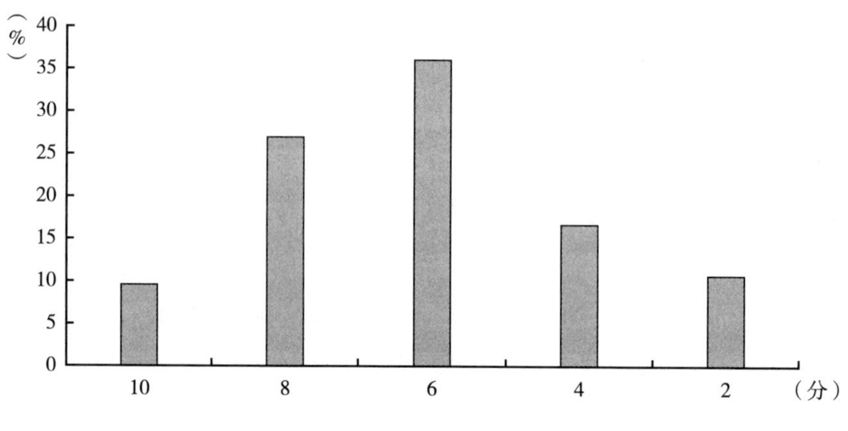

图2　蜀道美誉度

资料来源：课题组调查问卷统计。

6. 蜀道代表性符号和形象代表

统计结果显示，选择“蜀道难”作代表性符号的比例最大，达到 62.3%。相应的在诸多形象代表古代和现代人物中，李白也以 55.42% 的多数成为众多调查对象心中蜀道的形象代表。调查表明大蜀道品牌塑造要从蜀道难和李白上多着力。

7. 蜀道魅力所在

统计结果显示，67.42%的调查对象认为蜀道的最大吸引力在人文和自然融合，蜀道文化唯一、自然唯一，文化+自然世所罕见。

三 大蜀道品牌塑造的优势与存在的问题

（一）大蜀道品牌塑造的优势

1. 蜀道文化博大厚重

从古至今发生在蜀道沿线的各类古今文化的总和可以叫做广义的蜀道文化。广大区域的生态文化、农耕文化、交通文化、三国文化、诗歌文化、建筑文化、民俗文化、军事文化、武则天名人文化、宗教文化、红色文化以物质形态和精神形态分布在大山大河田园城市乡村、汗牛充栋的各种文化典籍和人们日常的生产生活之中。广元在200多公里剑门蜀道集中展示佛教文化、道教文化、三国文化、红军文化、武则天名人文化、古代交通文化、石窟艺术文化等川北特色、蜀道特色文化、中国特色文化的精华，文化分布的密度、精度、多样在中国和世界的线路遗产中是十分罕见的。世界城市旅游联合会首席专家魏小安说："了解一个国家的荣耀，认识一个民族的骄傲，往往要从文物古迹中去寻找答案。"中国著名文化学者余秋雨先生亲历蜀道剑门关后说，我们有一个非常大的国家，就与很多很多的通道连在一起有关，而所有通道中最有诗意的就是蜀道，就是剑门关。

2. 遗址遗存保存最完整

蜀道全长1000多公里，剑门蜀道北起朝天明月峡，南至梓潼演武镇，全长270多公里，是蜀道中文化自然资源最丰富、保存最完整、最绚烂多彩的核心走廊。以拦马墙、翠云廊、剑门关、昭化古城、皇泽寺、千佛崖、明月峡为代表的剑门蜀道遗址遗存是蜀道上的稀世珍宝。"古道、古关、古

树、古城、古镇、古街、古村、古驿、古崖、古渡”“十古”俱全。世界城市旅游联合会首席专家魏小安先生深入考察后认为“广元十古，全国独有。”中国文化遗产研究院原院长张廷皓认为“而广元‘十古’，就是这一漫长历史的缩影，是巴蜀先民智慧的结晶，堪称蜀道精华。”

3. 核心地段景区串珠成线

2015年初，四川省正式将“蜀道申遗”申报名称统一为“蜀道世界自然与文化遗产”，并初步确定申报区域面积为3700多平方公里，其中2000多平方公里在广元市境内分布着；金牛道、米仓道、阴平道、荔枝道4条古蜀道，有3条经广元境内，而且均以剑门关为中心。2000多平方公里的范围内分布着1个国家自然与文化遗产地、2个国家级风景名胜区、1个国家森林公园、1个国家级自然保护区、1个大熊猫国家公园、1个国家农业公园、20个国家4A级景区，各类景区、风景名胜区、保护区分布密度之大全国罕见。短短200余公里金牛道分布着国家5A景区1个，国家4A景区7个，剑门蜀道上的A级景区宛如蜀道这根古老的金线串起的自然与文化交相辉映的一颗颗璀璨的“珍珠”。

4. 品牌塑造有了较好基础

由于地理位置等多种因素，广元认识蜀道、热爱蜀道、保护蜀道、宣传蜀道行动相对比较早，2005年确立“剑门关蜀道，武则天故里”旅游宣传口号，2013年确立“剑门蜀道，女皇故里”旅游宣传口号。2016年确立“剑门蜀道，女皇故里”“绿色广元，康养名都”旅游宣传口号。口号较好体现了广元的标志性吸引物、资源特色、文化价值、旅游价值，从调查问卷和旅游人次的快速增长都可以看出经过艰苦不懈的努力，尤其是2008年灾后重建以来，蜀道知名度和美誉度有了显著提升，助推了广元旅游的跨越式发展。

5. 面临良好政策机遇

四川省委十一届三次全会提出建设大蜀道国际旅游目的地，大蜀道旅游精品线路打造受到空前的重视，省市已经并将继续出台一系列的政策，为大蜀道品牌塑造提供了难得的政策机遇。

（二）大蜀道品牌塑造存在的问题

根据文化旅游品牌塑造相关理论考察，大蜀道品牌塑造存在几个明显短板：推出时间短、对蜀道及其品牌塑造研究滞后、文化旅游品牌塑造缺乏系统性、把品牌理论转换为设计和产品的精细施工队伍不足。

1. 大蜀道概念推出时间短

因大蜀道概念提出时间短，传播面还比较小，知晓度比较低，社会影响也还比较小，另外与有较大品牌知晓度的蜀道有很大相似性，也不利于大众接受、区分和传播。

2. 蜀道品牌塑造相关研究工作滞后

蜀道研究和品牌塑造研究是蜀道品牌塑造的两个源头，但目前研究工作严重滞后。不少干部群众把宣传口号简单等同于品牌塑造，以为提出一个宣传营销口号就塑造了一个品牌。蜀道精华在广元，但目前蜀道研究重镇在陕西，四川和广元对蜀道做整体性研究的专家学者极少。四川历史研究会会长、著名历史专家谭继和认为广元乃至四川对蜀道整体性研究的学术著作目前尚是空白。在四川、陕西两省政协的支持协调下，著名秦汉交通史研究专家刘庆柱、王子今2015 年主编了7 卷10 册的《中国蜀道》填补了中国蜀道整体性研究的历史性空白，但遗憾的是该书主要研究的范围是陕西境内的蜀道，而保存最完好、自然人文特色最丰富多彩的蜀道精华——剑门蜀道等四川境内的蜀道研究涉及较少。没有研究，遗产保护、品牌塑造、产品创意设计就成了无源之水。目前景区趋同化、旅游产品同质化严重就是研究工作滞后的最直接反映。广元目前对蜀道及品牌塑造相关理论的研究滞后是蜀道品牌塑造工作最大的短板。

3. 蜀道品牌不响不靓

目前，蜀道无论知名度还是美誉度都还有待提升，与世界自然与文化双遗产的潜质相比，与创建生态康养旅游名市和国家历史文化名城需要相比，与大熊猫、九寨、峨眉、丝绸之路等著名文化旅游品牌相比，蜀道文化旅游品牌还有很长的路要走。蜀道品牌走向全国、走向世界的时刻，就是广元文化旅游实现大跨越的起点。

4. 品牌塑造人才缺乏

品牌塑造人才是关键。蜀道品牌塑造需要市县乡村各层级，宣传、文旅、媒体各部门，企业、事业、机关各方面，宣传、文艺、经济各战线大量的人才储备，需要既借鉴农业农村部门“同炒一盘菜，各敬各的神”的整合力量做大项目的经验，坚持一盘棋思想，同向发力共树一个品牌，又发挥各自优势、各显英雄本色，力求在某一方面率先取得突破。但目前不但人才总量少，而且力量分散，品牌塑造实际工作推进中文化旅游部门单打独斗，其他部门和县区各自为政的现象还较严重。

5. 品牌营销渠道少

品牌塑造目前还主要停留在电视等传统手段上，由于电视广告投入资金较大，财政资金捉襟见肘，因此，广元文化旅游广告频次少档次低。网络营销近年虽明显增强，但由于多方面原因，效果有限。而文学、文艺、音乐、绘画、摄影、书法、动漫、电影、戏剧、产品设计等方面缺乏品牌塑造角色意识。发挥作用的责任意识不强，发挥作用的路数不清，没有形成品牌塑造“大合唱”的工作局面。

四　大蜀道品牌塑造路径选择

（一）加强大蜀道品牌塑造相关研究，为品牌塑造提供源头活水

有人说“苍溪猕猴桃种得好，是因为有猕猴桃研究所。”一个知名品牌定位、设计、创建、维护管理是一项系统性工程，当务之急、首要之举，是加强大蜀道品牌塑造相关研究。

1. 搭建蜀道研究平台

依托川北幼儿师范高等专科学校和四川职业信息学院两所高校，整合广元蜀道文化旅游研究人才，成立政府性或民间性的蜀道文化旅游研究机构。

2. 制定蜀道研究规划

研究机构成立后，根据需要与可能制定 5 ~ 10 年的中长期研究规划和年度计划确保研究工作目的明确、定位准确、重点突出、特色鲜明、措施有效，确保研究工作有力有序有效推进。

3. 开展蜀道系统研究

树立久久为功意识，遵循学科研究规律，从宏观到微观，从总体到部分，由浅入深、由易到难、循序渐进。首先推出全面系统的《中国蜀道简史》《蜀道品牌研究》，再推出《蜀道交通志》《蜀道地理志》《蜀道文化志》《蜀道气候志》《蜀道生物志》《蜀道经济志》等，在各类志书的基础上推出《中国蜀道大全》。这些基础工作之后，结合文旅产品开发推出简明通俗、图文并茂的文旅通俗读物甚至动漫游戏等蜀道文旅衍生产品。

（二）做大品牌人才队伍，积累品牌塑造第一资源

1. 建立蜀道品牌塑造人才库

蜀道研究和蜀道品牌的研究，是一项浩繁庞大的千秋事业，需要组建热爱蜀道研究、具有强烈奉献精神、较高研究技能、数量充足的研究队伍。要以蜀道文化旅游研究院（中心）为主要载体，采取先市内再市外，先体制外再体制内，建立蜀道文化旅游研究人才库，既为推出研究成果提供人才保障，也为广元各类蜀道和品牌研究人才搭建展示才华的平台。

2. 举办蜀道和蜀道品牌塑造研讨活动

蜀道研究和蜀道文化旅游品牌塑造具有高度的专业性，是智力密集型活动，需要思想碰撞，需要开阔眼界，因此要通过举办蜀道研究和蜀道文化旅游品牌塑造研讨会、论坛等，集中各方面智慧、倾听各方面声音，为蜀道品牌塑造提供源源不断的思想智慧。

3. 建立人才激励机制

哲学社会科学研究是一项极其艰辛的事业，非有“板凳要坐十年冷”的功夫不可，为吸引更多有识之士源源不断地加入蜀道及其品牌塑造研究中来，应建立系统配套可操作的成果奖励制度。

（三）建立全方位营销维护渠道，形成品牌塑造聚合效应

1. 充分运用传统媒体渠道

从调查问卷中可知，大多数受众仍然是从电视等传统媒体中知道蜀道品牌的，应始终把电视等传统媒体作为重要渠道，在提高传播频率，提升媒体层次，增强传播实效上着力，在提升传统媒体与新媒体整体性、协同性上做文章。

2. 创新运用新媒体渠道

随着互联网、人工智能、大数据为代表的信息社会的发展，新媒体在信息传播中的作用必将更加突出，要针对新媒体的传播特点，在传播内容、传播形式、传播载体上精心设计，增强新媒体传播实效。

3. 持续运用旅游产品渠道

品牌传播的最终目的是为了提升景区核心竞争力，促进吃住行、游购娱、研学养等旅游产品销售。一方面文旅产品销售要依靠文旅品牌，品牌影响越大，产品市场竞争力越强。另一方面文旅产品又是旅游品牌的重要载体和传播渠道，好的文旅产品可以让文化旅游品牌声名远播。因此要充分运用文旅产品的功能，传播蜀道品牌。做到有文旅产品的地方就有蜀道品牌，有蜀道品牌的地方就有蜀道文旅产品。

（四）构建合理利益机制，形成品牌塑造联动局面

1. 构建地区利益共享机制，形成广元成都西安联动

蜀道是川陕甘共有的宝贵资源，要在依托蜀道旅游联盟的基础上不断建立健全新的机制，形成保护好蜀道就是给子孙后代留下“金饭碗”，保护不好蜀道就是“砸子孙后代饭碗”的强烈意识，逐步构建共抓大保护、共抓大研究、共抓品牌塑造的良好工作格局，逐步形成“责任共担我多担、利益共享你多享”的责任利益分担分配良好工作氛围。

2. 构建县区利益共享机制，形成四县三区联动

广元蜀道涉及四县三区和广元经济技术开发区，各县区区位不一样、思

想认识不一样、资源不一样、工作重心不一样、效益大小不一样，重视程度也会不一样。要通过经济、行政、思想工作等多种方式，树立蜀道研究、保护、品牌塑造、科学利用广元一盘棋的意识，用改革创新的办法，构建责任共担、利益共享、充满活力的大蜀道品牌塑造工作机制。

3. 构建部门利益共享机制，形成各部门联动

蜀道研究、保护、品牌塑造涉及宣传、文旅、报刊、电视、网络等多个部门，涉及市级机关、事业单位和文旅企业多个层级，工作和利益主体多元。要按照党政主导、市场引导、企业主体、社会参与的总体思路，采用经济、行政、法律、思想等多种措施，逐步构建蜀道研究和品牌塑造的强大工作合力。

参考文献

王子今：《中国蜀道》，三秦出版社，2015。

政协广元市委员会：《广元十古》，中国文史出版社，2019。

贾英：《基于符号学理论的旅游景区品牌塑造研究》，陕西师范大学博士毕业论文，2009。

B.19
广元推进体育事业全面发展研究报告（2018）

罗红明　苗　俊　杨　杰*

摘　要： 2018年，广元以承办四川省第十三届运动会、第九届残运会暨第四届特奥会为契机，全面实施全民健身国家战略，积极推进“文体旅融合”“体教结合”，体育事业取得明显进步。人民群众健身意识不断增强、健身热情不断高涨，民俗体育、趣味体育、赛事体育蓬勃开展，智力运动、户外运动、休闲运动项目悄然兴起；“体育+”细胞工程加快实施，体育产业初具规模；建立竞技体育后备人才培养输送机制，竞技体育水平快速提升。但广元体育也面临着人口比例小、财力不足、体育设施匮乏、产业发展水平不高等问题。下一步，广元将着力实施文体旅融合发展、全民健身普惠和拔尖人才培养“三大行动”，推动广元体育事业再上新台阶。

关键词： 全民健身　“体育+”　竞技体育　“三大行动”　广元市

一　广元体育事业发展现状

（一）体育产业

按照“文旅兴市”要求，广元出台了《关于加快发展体育产业促进体

* 罗红明、苗俊，广元市体育局；杨杰，广元市残联。

育消费的实施意见》《广元市体育事业发展“十三五”规划》《广元市体育旅游融合发展三年行动计划（2019～2021）》等措施和办法，为体育产业的快速发展提供了指导。

1. 赛事经营方面

省运会前，广元通过举办全民健身活动及相关赛事实现赛事收入约3000万元。省运会周期内，广元通过“政府主办”＋“市场化运作”的方式，先后成功承办了中国西部体育舞蹈大赛、李宁杯全国青年男子篮球锦标赛、峨眉山传奇C3国际搏击联赛、全国健身秧歌健身腰鼓及手拍鼓大赛、全国拔河新星系列赛、全国柔力球大篷车公益推广万里行活动等各级各类体育赛事活动1000余场次，每年吸引来广元参赛、观赛的运动员和群众90余万人次，通过场馆租赁、广告招商等实现直接收入2000余万元，拉动体育消费超过1亿元。尤其是2018年，充分运用市场化、社会化方式参与支持办赛，共吸引赞助资金1400余万元，实现赛事收入约3000余万元，拉动体育消费近2亿元。

2. 体育旅游方面

广元依托体育旅游实现产业增加值约2亿元。省运会周期内，广元利用丰富的山水旅游资源和独特的气候环境，大力加强体育与文化、旅游产业的融合，加快建设城市体育休闲旅游发展圈、嘉陵江白龙湖水上体育旅游发展区、古蜀道山地户外运动旅游发展区、青川朝天避暑休闲旅游发展区等适于开展体育旅游运动的产业融合聚集发展区，全面开展冰雪、登山、自行车、越野、徒步竞速、攀岩等项目，唐家河、五峰峡、菖溪河漂流、剑门朝天古蜀道徒步游、马拉松、漫天岭滑草、洛基山拓展、两湖垂钓及环湖自行车赛等健身休闲业迅速发展，带动旅游人数近百万人次。2018年，体育旅游产业实现增加值近8亿元，拉动就业超过2万人，广元人均年收入达5万元以上，体育旅游正逐步成为广元经济发展的新引擎。

3. 体育业态方面

省运会前，体育与其他领域融合不够，没有形成聚合效应。省运会周期内，广元着力推动体育与健康养老服务、文化创意、教育培训及旅游、传

媒、会展等相关业态融合，以体育健身设施为着力点，打造城市体育服务综合体，推动体育与住宿、休闲、娱乐、商业综合开发等相互融合。同时，鼓励社会资本投入，开办康养体育、体质监测和康复理疗等机构，推广“运动处方”，积极发挥体育在疾病预防、病体恢复、推动健康等方面的作用。截至2018年底，曾家山滑雪场二期（投资约2亿元）和苍溪鳌鱼山康养休闲产业项目（投资5亿元）已初步达成合作意向，中青城投、华侨城、万达、蓝光等集团陆续与广元签约，洛基山国际户外运动主题公园一期建成营业，唐家河漂流、漫天岭滑草、紫兰湖山水欢歌等产业初具规模，成为吸引八方游客的精品项目。

4. 彩票销售方面

按照“国家公益彩票”相关规定，持续强化广元体育彩票销售管理和安全运行，优化市场培育和玩法营销，扎实做好渠道建设工作，扩大网点规模，销售额和市场占比不断提升。2014年体彩销售额9080万元；截至2018年末，广元体育彩票在售网点共计225个，销售额达到2.42亿元，同比增长266%，实现了历史性突破（见表1）。其中，从2014～2018年，通过体育彩票销售为广元筹集体育彩票公益金3000余万元，先后用于组织开展女儿节凤舟赛、8月8日全民健身活动、元旦春节全民健身系列活动以及第一届、第二届全民健身运动会等，资助贫困学生运动员700余名，承办全省青少年体育锦标赛、校园足球联赛、青少年冬夏令营等活动，有力支持了全民健身和竞技体育工作开展，为促进广元社会公益事业健康发展做出了积极贡献。

表1　广元体育彩票销售及市本级筹集体彩公益金情况

单位：万元

年份	体育彩票销售		市本级筹集体彩公益金	
	完成额（万元）	增长率（%）	数量（万元）	增长率（%）
2014年	9080	13.5	450	12.8
2015年	10080	11.0	500	11.1
2016年	9678	-3.99	480	-4

续表

年份	体育彩票销售		市本级筹集体彩公益金	
	完成额(万元)	增长率(%)	数量(万元)	增长率(%)
2017年	8447	-12.7	420	-12.5
2018年	24365	188.4	1200	185.7

资料来源：四川省体育彩票管理中心相关统计数据。

（二）群众体育

2014年以来，广元坚持体育惠民目标，全面落实《全民健身实施计划》，不断健全群众身边的体育组织，完善群众身边的健身设施，广泛开展群众身边的体育活动，群众参与健身、热爱健身的氛围更加浓厚，广元群众体育工作被表彰为“全国群众体育先进集体”。

1. 大型体育场馆

2014年，广元大型公共体育场馆仅有15个（不含学校），其中体育场4个、体育馆7个、训练馆2个，足球场1个，全民健身中心1个。省运会周期内，广元按照“新建一批、改造一批”的思路，坚持以澳源体育中心为主，各县区及学校体育场馆为辅，将省运会各竞赛场馆建设纳入全民健身的整体布局来谋划，先后投资8亿余元在广元范围内新建和改造了一批场馆，用于省运会比赛使用（见表2）。截至2018年底，广元大型公共体育场馆的数量已达22个（不含学校），人均体育场地面积由2014年的0.82平方米增加到2018年的1.44平方米，增长75.6%。

表2　2014年和2018年广元大型公共体育设施情况

单位：座

年份＼数量	体育场	体育馆	训练馆	足球场	全民健身中心	游泳馆	风雨篮球场	风雨网球场	合计
2014年	4	7	2	1	1	0	0	0	15
2018年	4	7	2	3	2	2	1	1	22

资料来源：广元市体育局相关统计数据。

2. 体育设施

广元大力推动全民健身设施向乡（镇）、村（社）等基层延伸，截至2018年底共建成乡镇、社区多功能体育健身广场29个，建成村级农民体育健身场所1459个、健身路径540条；在市、县（区）的城区公共区域共修建195处大众健身场所，沿江沿河修建健身步道共计70余公里。广元计划投入1000余万元，争取到2020年实现村级农民体育健身工程全覆盖（见表3）。

表3　广元村级农民体育健身工程情况统计表

单位：个

单位	乡镇（街道办数）	行政村数量	完成情况	未完成情况	2019年项目数	剩余数
苍溪县	39	718	326	392	200	192
旺苍县	38	352	215	137	56	81
剑阁县	61	549	265	284	90	194
青川县	36	198	144	54	54	
利州区（含经开区）	17	177	181			
昭化区	29	214	169	45	45	
朝天区	25	214	159	55	55	
合计	245	2422	1459	967	500	467

资料来源：广元市体育局相关统计数据。

3. 服务体系

2014年，广元共有各级体育协会、社团102个，会员2万余人。省运会周期内，广元坚持“服务、协调、支持、关心”理念，积极促进协会“再生细胞”建设，增强协会、社团造血功能，激活“僵尸”体育协会3个，指导新建体育协会8个。2018年底，广元各级各类体育组织和团体已达110个，吸纳会员3万余人，承办、参加赛事活动500余场次；广元共有体育健身组织1338个、国民体质监测站点8个、健身晨晚练点233个，各级各类社会体育指导员近6000人，“市、县、乡、村”四级公共体育服务体系基本形成。

4. 健身人数

2014 年，广元经常性参加体育锻炼的人数仅为 74.4 万。省运会周期内，广元积极推进体育进农村、进社区、进家庭和开展农民体育、老年人体育、残疾人体育活动等，带动广元群众积极参与健身锻炼，人民群众健身意识明显增强，经常性锻炼人数突破 29%，截至 2018 年底达到 90 万人，比 2014 年增长 21%。全面推行大型场馆免费、低收费开放工作，广元 8 个大型场馆全部实行对外免费或低收费开放，每年承接各类大型体育赛事活动超过 50 场次，接待 93 万余人次体育健身。

（三）竞技体育

坚持“以问题为导向”优化布局、“以实战为手段”建强队伍、“以比赛为目标”积累经验，打造了一批“特色化、专业化”的体育特色学校（基地）、传统项目示范学校，优化了后备人才的选拔、培养机制，推动了广元竞技体育的快速发展。

1. 高水平运动基地方面

目前，广元共有中小学 431 所，在校学生 29.04 万人。共建成各类田径场 343 块，学校田径场配备比例为 1∶0.8；篮球场 872 块，学校篮球场配备比例为 1∶2.1；排球场 330 块，学校排球场配备比例为 1∶0.8；游戏区面积 226299 平方米；学生体质测试室 224 个；体育器材达标学校 409 所，达标率为 95%。当前，广元已建成 3 所国家级体育示范学校、7 所国家级青少年体育俱乐部、46 所国家级青少年校园足球特色学校；建成 13 所省级阳光体育示范学校、14 所省级体育传统项目示范学校；建成 1 个省级高水平后备人才训练基地、2 个省级幼儿体育基地。市澳源体育中心游泳馆成功创建为省级跳水训练基地。

2. 青少年学生体质方面

2014 年以来，广元学生体育中考优秀率增长近 23 个百分点，及格率增长 5 个百分点；尤其是 2018 年广元体育中考的及格率达到 83%，优良率达 67%。广元中小学生体质健康测试优秀率 1.43%，较四川省第十三届运动会前提高0.25个百分点；良好率17.10%，提高3.83个百分点；合格率约83.4%，提高2.3个百分点，学生体质健康形成了良性发展的态势。

3. 竞技体育水平方面

2014年，四川省第十二届运动会，广元只取得了5金6银8.5铜，金牌数和奖牌数全省倒数，省残运会和特奥会也排名靠后。四川省第十三届运动会期间，广元坚持“资源共享、人才共育、责任共担”原则，积极实施“体教融合”，引导和支持社会力量、体育协会参与竞技体育后备人才培养工作，构建起体育、教育、社会组织多元投入的新型竞技体育后备人才培养体系。2018年，广元成功承办了省十三届运动会19个项目，得到省委省政府、各市州代表团及社会各界的高度评价。组队参加省第十三届运动会22个项目比赛，共获得38金48银33.5铜的好成绩，金牌数与奖牌数均名列全省第二，实现了竞技体育成绩的历史突破。

（四）残疾人体育

广元现有各类残疾人22万，已建成32个“残疾人康复示范社区”，为2200多名残疾人及其家庭提供了康复个性化服务。特别是省第九届残运会暨第四届特奥会期间，广元大力实施“助残脱贫”“助残康复”“助残创业”“助残圆梦”四大工程，加快残疾人体育事业发展。

1. 群众体育方面

组织听力残疾人运动员参加全国第二届听力残疾人柔力球交流赛，团体赛荣获规定套路一等奖，最终总分排名全国第二名，个人赛分获第一名和第三名的好成绩。

2. 竞技体育方面

2015年，广元代表四川参加全国第九届残运会和第六届特奥会游泳、轮椅网球、聋人网球等项目比赛，取得了2金8银4铜的好成绩，得到省政府通报表扬。2018年，广元成功承办了省第九届残运会暨第四届特奥会24个项目比赛，并参加21个项目的角逐，最终获得209枚奖牌（其中残运140枚，特奥会69枚），奖牌总数居全省第二名。

二　广元体育事业发展存在的问题

广元体育事业虽然取得了一定的成绩，但也还存在一些问题与不足。主要表现在以下几个方面。

（一）政府投入有待加强

近年来，广元在体育场地设施建设上投入的资金不高，省运会前每年投入不足 1000 万元，与全省一次性投入数亿、数十亿元用于体育场地及设施建设存在十分大的差距，尤其是在农民体育健身工程建设方面，基本上是依赖国家、省级转移支付投入，导致农村场地设施建设比较滞后，一定程度制约了农村体育和全民健身发展。

（二）供需矛盾依然严峻

当前，广元群众健身活动的普及面不够广，体育人口的比例较小，大型体育设施相对匮乏，人均体育场地面积与国家、省相比还较少，2017 年底全国人均体育场地面积已达 1.66 平方米，而广元人均体育场地面积仅为 1.3 平方米；同时广元社会体育指导员的数量不足 1000 人，占比仅为 3.2‰，离《全国社会体育指导员发展规划》中规定的“每 1000 人至少拥有一名社会体育指导员”的硬性目标还有一定的距离。

（三）健身体系不够完善

广元的民间体育社会组织相对薄弱，自身能力建设不高，在全民健身事业中的重要作用尚未得到充分发挥；同时体育社会化的程度不高，人才队伍管理和选拔还较为乏力，高素质复合型的体育管理人才依然缺乏。

（四）产业发展水平不高

体育产业总量小，2016 年体育产业总体收入不足 5 亿元，2018 年拉动各项消费及收入仅 8 亿元，而成都 2016 年的体育产业收入已达 450 亿元，差距十分明显；群众在体育消费投入方面还没有形成习惯，社会“经营体育”的模式和体育消费的市场还未完全形成，在引导鼓励社会资本参与体育事业发展、推进体育消费的政策措施还不够完善，体育产业与旅游、健康、养老服务、文化创意、教育培训及商业综合开发等相关业态融合还需进一步加强。

（五）巩固成绩压力较大

竞技体育结构布局还不够科学合理，学生运动员选拔、优秀教练流动渠道不畅，一些影响广泛的基础大项和集体球类项目水平较低，社会力量兴办专业训练项目的氛围还不浓厚，保持良好竞技体育成绩压力较大。

（六）认知重视水平不够

社会大众对残疾人群体了解不够，对残疾人开展体育活动的理解和认识不足，导致残疾人体育赛事活动的关注度不高、氛围不浓。社会对残疾人体育重视不够，残疾人体育事业发展的经费预算和拨付不足，很多项目难以开展，有条件从事体育运动的残疾人找不到适宜的项目。另外残疾人体育项目开展的条件和无障碍建设等配套建设成本较高，经费上难以保障，在一定程度上阻碍了残疾人体育事业发展。

三　广元体育发展对策与发展趋势研判

（一）实施“文体旅融合发展行动”，进一步加大体育产业培育力度

1. 提高场馆市场化运营水平

坚持以“减少政府财政负担，服务社会提升效益”为目标，以广元澳源体育中心为主、县区体育场馆为辅，做好场馆免费低收费开放工作；利用

体育赛事、协会聚集优势，争创全国全民健身中心和体育产业示范基地，打造广元体育产品消费中心和赛事活动中心。

2. 推进体育与文化、旅游的深度融合

坚持“统筹规划、政策支持、标准引导、营造环境”与“统筹各县区产业错位发展”的目标，将马拉松、户外徒步、健步走、全民健身表演等与蜀道文化、三国文化、武则天名人文化、红色文化、民俗文化结合起来，培育一批市场竞争力较强的体育文化产业主体，创建自主品牌，加快推进体育文化产业聚集区建设。加快曾家山全国运动休闲特色小镇建设进度，做亮“蜀道亚高原、康养曾家山”品牌；规划打造黑石坡山地运动基地，着力建设国家、省级体育旅游示范区、垂钓基地和水上运动中心，满足体育消费需求，促进产业转型升级。加快体育竞赛表演产业发展，促进体育竞赛表演产业与文化和旅游、娱乐、互联网等相关产业的深度融合，拓宽发展渠道，为经济增长提供有力支撑。

3. 扩大对内对外开放

抢抓国家东西部扶贫协作与成广合作等机遇，积极向上争取项目和资金支持，引进一批知名生产企业、赛事运营企业参与推动广元体育产业发展。坚持不断优化体育彩票网点布局结构，大力开展网点标准化建设和星级评定工作，积极发挥体彩公益金在社会救助、惠民服务及体育事业发展等方面的作用。支持市外大企业在投资开发的大项目中配套体育运动场所和设施，配套文化、旅游、医疗、养老等产业元素；支持龙翔航空滑翔伞、漫天岭国际滑草场、唐家河溯溪漂流、紫兰湖山水欢歌等市内企业多业态发展，打造体育服务业快速提升系列组合拳，促进产业转型升级。

4. 引进和培育体育品牌赛事

积极调动社会组织、商业机构等社会力量举办赛事，做大做强广元女儿节凤舟赛、白龙湖亭子湖搏鱼大赛、柔力球等赛事活动；积极争取举办黑石坡全国山地自行车挑战赛，环亭子湖、紫兰湖自行车赛，全国青少年U系列赛事，充分利用具备条件的江湖与山地，开展水上、航空、垂钓、山地自行车、徒步越野等比赛，吸引更多的游客到广元旅游度假、运动康养，探索通过赛事观战旅游、运动体验旅游，变“过境游”为“过夜游”的旅游业转型升级新路径。

（二）实施“全民健身普惠行动”，进一步完善公共体育服务体系

1. 加强基础设施建设

充分利用搬迁厂房、闲置农房、荒地等资源，建设健身场所和具有体育特色的综合体。向上争取体育彩票公益金等项目资金，在三江新区、朝天区曾家山等城市新区、旅游集镇新建全民健身中心；加快建设一批便捷适用的乡镇体育中心（文体中心）和社区（行政村）体育场所，力争到2021年建成乡镇农民体育健身工程50个、社区多功能运动场30个、社区全民健身中心6个、体育公园8个，新增健身步道200公里，残疾人健身活动站点30个，实现村级（社区）体育健身设施全覆盖。同时，加强对残疾人训练场地和训练器材的建设和投入，加大对无障碍改造建设力度，力争实现残疾人群众体育运动需求服务落实率达100%。

2. 健全组织网络

完善国民体质监测与运动指导中心网络体系，积极推动各级各类社会体育组织向基层延伸，每年培养300~400名社会体育指导员，支持一批群众身边的体育社团、协会、俱乐部成为健身活动的倡导者、组织者，开展科学健身培训，培养一批“健身活动带头人”“家庭健身明白人”，广元经常性健身人群比例达到32%。

3. 大力开展全民健身活动

定期举办针对农民、老年人、青少年、职工、妇女儿童、残疾人等特定人群的全民健身活动，依托各县（区）人文特色和自然资源，广泛开展广场操舞、太极拳、健身秧歌、舞龙舞狮等群众喜闻乐见的健身活动；积极开展体育“六进”活动，推广“运动处方”，充分发挥体育锻炼在疾病防治、健康促进等方面的积极作用，不断提高人民群众身体素质、生活品质。

（三）实施“拔尖人才培养行动”，进一步提升竞技体育综合实力

1. 加快推进基地建设

依托澳源体育中心游泳馆，争取创建省级跳水训练基地；结合水上运动特点和群众健身的需求，借助栖凤湖的优势水域资源，依托市树人中学、万达中学等学校，立足赛艇、皮划艇等优势项目，创建水上运动高水平后备人才基地和水上运动中心，争取国家、省级专业运动队来广驻训、集训。

2. 深度推进“体教结合”

继续巩固举重、摔跤、皮划艇、赛艇、沙排、柔道、武术套路等优势项目，挖掘射击、艺术体操、跆拳道、跳水等潜优项目，对田径、游泳等基础性金牌大项和足球、篮球、排球项目，统筹规划布局，走市、县（区）体校、行业体育协会和重点学校相容共建之路，并加强与成都体育学院、四川体育职业学院、川北幼专、广元市青少年综合实践基地等方面合作，打造一批“特色化、专业化”的体育特色学校（基地）、传统项目示范学校，规范市县区业余体校设置，争取实现业训机构全覆盖。建立健全符合青少年成才及运动技能形成的体育赛事机制，积极开展中小学生年度体育联赛、俱乐部联赛等体育比赛。

3. 积极推动社会力量投资业训项目

创新竞技体育后备人才培养的模式，通过政府购买服务、引进社会资本等形式，落实相关优惠政策，引导和支持社会力量、体育协会参与竞技体育后备人才培养工作，鼓励一些民间企业兴办乒乓球、羽毛球、跆拳道、网球等项目培训机构和青少年体育俱乐部。大力实施“奥运争光计划”“全运夺牌计划”。进一步优化后备人才的选拔、培养和流动输送机制，坚持“走出去，引进来”，常态化选送优秀体育苗子到省内外专业队训练，加大教练员外出培训力度，聘请市外高水平教练员与退役优秀运动员到广元执教，提高广元竞技运动水平，实现“国际赛有人、全运会夺牌、下届省运会保持全省中等水平”目标。

（四）广元体育事业发展趋势研判

当前，全民健身已上升为国家战略，以习近平同志为核心的党中央高度重视体育工作，向全国人民发出了“加快推进体育强国建设”“健康中国”等动员令，并就体育工作多次发表重要讲话、做出重要指示，形成了习近平新时代中国特色社会主义思想体育篇，为推动后省运会时代广元体育发展提供了根本遵循，指明了前进方向。国家正深入推进的供给侧结构性改革，明确将体育产业确定为国民经济的战略性支柱产业，省政府出台《大力发展健身休闲产业的意见》，国家体育总局与省政府签订了《支持建设体育强省战略合作框架协议》，省体育局做出了“123456”战略部署，同意与广元深度合作等保障措施，必将为后省运会时代广元体育发展增添强大动力。广元独特的气候条件、优良的生态环境、丰富的旅游资源和良好的山地、水上、森林等户外运动健身资源，将有效推动各类体育资源跨区域对接，形成资源共享、优势互补、错位发展、互利共赢的“大体育、大健康”发展新格局。

参考文献

四川省人民政府：《四川省体育事业发展“十三五”规划》，http：//www. sc. gov. cn/10462/10464/10465/10574/2016/5/16/10380492. shtml。

广元市人民政府：《广元市人民政府关于加快发展体育产业促进体育消费的实施意见》，http：//www. cngy. gov. cn/govop/show/2015123091454 - 533470 - 00 - 000. htm。

广元市人民政府：《广元市体育发展“十三五”规划》，http：//www. cngy. gov. cn/govop/show/20171106120258 - 23320 - 00 - 000. html。

B.20
武则天文化形象的演变研究

蒲国春　王　泽　黄　文　王　晋*

摘　要： 中国封建历史上唯一女皇帝武则天出生在广元，并留下了大量传说与史迹。作为广元地域文化的重要组成部分，武则天文化研究取得了一些有影响力的成果，但在其文化的具体承载以及时空演变的研究并不充分。本文的主要目的是阐释武则天文化形象在广元地域的演变及文化意蕴。一方面证明黑龙才是武则天最初的文化符号，而黑龙退出文化诠释范畴体现了传统身份的回归。另一方面证明在独特的地域空间内，武则天的政治属性逐渐淡化，取而代之的是民间群众对其更为单纯质朴的爱戴之情。最后本文还提出了武则天文化的地域研究应该规避的误区。

关键词： 武则天　黑龙　彩凤

一　引题

武则天文化并不是特定的具有严格边界的文化概念和文化类型，而是方便我们指称研究对象的简约概括。此前也有类似女皇文化等称谓，但“女皇文化”并不准确，身份的政治假定容易把关注对象限制在单一狭隘的政治领域。武则天作为文化的研究对象，她不断被重新认识，被重新诠释，被

* 蒲国春、王泽，中共广元市委宣传部；黄文，广元市经济合作局；王晋，广元广播电视大学。

想象聚焦，不断为人们带来新的感知，由她所引发的争议也体现着文化思维的变迁过程。我们认为，武则天文化作为整体概念是指武则天创造并留下的文化遗产以及对此的累积、深化和损益而形成的文化习俗和文化精神。因此武则天文化具有主体性、历史性和空间性特征。

武则天在广元的地域空间中，由于独特环境的影响，呈现出既具有一致性又具有特殊性的文化形象。她既是感孕乌龙而生的真龙天子，又是具有温婉色彩的飞翔彩凤。她既是政治神话中的天命承接者，又是民间祭祀中的地方保护神。她的身体在其驾崩之后进入黄土，同时又在新的时空发挥着重要影响，陪伴广元走过了1000多个春秋，对她的形象阐释成为时代变迁的文化纪录。本文试图从黑龙形象、彩凤形象和宗教形象等来阐释武则天在时空中的诞生与延续。

二　乌龙形象

龙是中华民族的图腾、中国文化的象征，同时，按照传统，龙在中国古代也是高级的政治动物。乌龙又称黑龙、苍龙，乃水域之龙，她是武则天最早的形象。

（一）乌龙感孕的民间视野及意蕴

公元627年底，武士彟带着家眷赴利州担任都督。面对“郡惟遐徼，地实偏陬”的恶劣自然环境和“余党分窜，劫掠未息”的军事环境，履职尽责，最终郡境平安，百姓拥戴。也就在这年，武士彟夫妻到西龛古寺礼佛，在嘉陵江上吃酒。夫人杨氏酒后入梦，与乌龙交而生后。

感孕而生的故事可能在武则天时期已经存在，因为武则天的父亲在利州做官，而她的女儿成为皇帝，无疑强化了对广元、对武则天的崇拜。使武则天诞生的这条黑龙，传说在唐高祖武德末年出现在隆州（今四川阆中），几次欲下嘉陵江而未能，后来携云带雨沿嘉陵江而上，下降到利州江潭。这条龙后来又曾出现，根据《广元县志》的记载，乌龙山的黑龙潭深不可测，据说有黑龙在其中居住，1927 年 5 月，有船夫见江中有一巨物，想捕获赚钱，忽然风雷暴作，雨大如注。

乌龙感孕的故事也出现在各类地方风物志书当中，《太平御览》载："顺圣皇后庙，在州（利州）西告成门外。旧碑云：其母感潭龙而生后，庙号则天金轮皇帝。"明代胡震亨《唐音癸签》李商隐条引《蜀志》："则天父士彟为利州都督，泊舟江潭，后母感龙交，娠后。"明曹学佺《蜀中广记》也有相关的记载。而不少文化学者对这一简约的传说进行了增饰。如陈洋在《解密武则天》中描述，杨夫人在睡梦中飘飘然似进入到水晶宫阙。

"乌龙感孕"是广元独有的关于武则天的传说，而且首先是民间视角，反映了普通群众的认知和观点。这个传说至少在公元 851 年前就存在。基于武则天与广元的历史联系，当地群众的确可能出现对武则天的神圣化倾向，但也同时包含着重要的文化意蕴。

一是反映了广元人民对风调雨顺的良好愿望。广元处于嘉陵江上游，天气复杂多变，水旱灾害频发，对龙的崇拜，乃是对风调雨顺的期待和良好愿望。一个例证是马玉《洞渊集》记载，八大水帝庙中，汉江水帝庙在利州，号为真龙宫。而其地也在皇泽寺附近，则天本身也具备如此的神力，所谓"以水旱灾沴之事，军民祈祷于天后之庙者，无不响应"。

二是反映了母系社会文化在文明社会的回响。与黄帝轩辕氏（附宝触北斗星之光）、炎帝（女登感神龙）、颛顼（女枢感瑶光）、大禹（女嬉吞薏苡）、商契（简狄吞玄鸟之卵）、后稷（姜踩巨人足印）等神话传说类似，"乌龙感孕"也透射出天子有母无父的母系社会特征。

三是反映了中国古老的水生崇拜。中国古代的水崇拜主要体现在祈求风调雨顺，农作物的丰收以及子孙繁衍。武则天作为乌龙之女，已经超越其帝王形象，而成为人间水神的代表，这样就解释了为何武则天能够登基称帝，又能让利州人民处于水神的佑庇之下。而这种水生崇拜也反映在山西文水地区。

（二）乌龙感孕的文人视野及意蕴

这条黑龙在古代文人眼中饱受争议。但并不是从一开始就成为败坏纲常的形象。李商隐的《利州江潭作》，题记为“感孕金轮所”。诗文中也用“龙”的意象来借指武则天是真龙天子，诗中说，武则天乃是神龙与杨氏交合，感孕而生。河神居住之处有窗户长廊直通龙宫，龙宫的帷幕和门帘翻卷着透明洁白的鲛绡。尽管李商隐的诗隐晦不明，但的确没有任何诋毁或者攻击的意图。终唐一代，虽然也有对武则天篡夺权力的批评，但在政治能力上少有贬损，甚至她的存在成为文人墨客的羡慕对象。处于晚唐的李商隐渴望英主的出现以及对实事的落寞感呈现较为失望的内在情绪，因此诗歌对武则天表达的是尊崇。这是有迹可循的第一次对“乌龙感孕”的诗意表达。

而从宋代开始，“乌龙”的形象在文人知识分子那里变得不再体面。大部分文人墨客在经过皇泽寺时总不免对此发表激愤的言论。尽管也有人对其雄才大略表示赞赏，但不过总是少数。这种争论也意味着广元地区的这条“真实存在”的乌龙逐渐演变为抽象的独立的专属武则天的文化符号，折射着时代的变迁。

反对她的人，则认为她败坏纲常，颠倒阴阳。嘉陵祸水、嘉陵龙漦、妖狐成为武则天消极形象的代称。如，宋朝时期，理学位居正统，颠覆纲常的武则天自然成为攻击对象，而且她的祀庙也几经易名。绍熙元年四月三日，宋朝诗人冯倓在登乌奴时得知乌奴原来的旧名叫乌龙，他认为“乌龙”改为“乌奴”乃是具有意识形态性质的改变，并作诗讽刺。清郑王臣途经广元作诗挖苦：嘉陵龙漦流祸水，感业寺尼做天子。清窦塝作诗说，想见雌龙未化时，水居何异鳅与鲵。清代王世祯云：镜殿春深往事空，嘉陵祸水恨难穷。

赞赏她的人，认为虽有不伦，但难掩大略雄才。如，明朝刘崇文在《皇泽寺漫赋》中说“……都督当年开此府，生儿长女经几年。帝妃已将事非偶，后来虐焰知无前。早披汉简唾未已，秽声犹自蒙山川。我闻天罡最神鉴，奉诏北走聊停骖。锦堂延纳回朗照，庆爽韩国俱别甄。婴也在抱露头角，龙颜凤颈惊昂然。尔时长衫掩蕙质，步下已觉生金莲。”清朝的夏金声论说：“临朝称制亦权谋，岂必真唐改伪周。女主入室机早见，才人践后事谁尤？侍儿究竟分姑侄，逊位终能定吕刘。继世牝鸡几覆国，庐陵莫怨廿年优……”

总而言之，在文人视野里，出于对伦理纲常的维护以及对统治者的能力要求，对武则天及“黑龙”的评价和塑造是不得不重视、不得不面对的方向性问题。因此，随着女性地位的起伏，历史上对武则天的评价不断波动。可以说历史对武则天的评价既是检验妇女观的试金石，也是性别政治博弈的风向标。

（三）乌龙感孕的政治叙事及意蕴

乌龙终归是龙，也是官方规定的祥瑞之一。从已查阅的资料看，作为真龙天子的武则天从未在任何场合表达过对乌龙的兴趣。崔融所著的《则天大圣皇后哀册文》也并未指出武则天出生时起有任何奇迹出现。从政治语境分析“乌龙感孕”，我们不能断然否定这个故事不存在某种政治操纵和渲染。有学者指出，“乌龙”是《五行》规制的北方、水域之龙。由于历代皇帝为男性，可以毫不顾忌地宣称自己为“金龙转世”，但武则天是女性，为了能够被当朝接受，并避免伤及其他男性皇帝的“金龙”传说，便以打擦边球的方式，以阴性黑龙自喻，本质上是“神龙”传说，是对太阳神之子的附会。不过，没有任何直接材料证明武则天参与了这一操纵。武则天也从未宣称自己是以“乌龙感孕”的方式承接天命。

一是黑龙代表的肃杀、失败的意味更多一些。与黄龙、青龙等相比，黑龙似乎排位靠后，其为冬官，肃杀、失败的意味更为浓厚。《览冥训》说，女娲炼五色石以补苍天，断鳌足以立四极。杀黑龙以济冀州，积芦灰以止淫水。《后周书》云：大像中，荣州有黑龙见，与赤龙斗于汴死戫侧，黑龙死。《后魏书》曰：正玄玄年，有黑龙如狗，南走宣阳门，跃穿门楼下而出，此魏衰之徵也。京房《易传》曰：“有德遭害，厥妖龙见井中。”又曰：“行刑暴恶，黑龙从井出。”矢发龙灭。黑龙的出现并不意味着吉祥，反而是灾厄的前兆。

二是黑龙乃水德之瑞。《史记》记载秦始皇既即位，以昔文公出猎，获黑龙，此其水德之瑞，用十月为岁首，色尚黑，音尚大吕。但是武则天根据天人推移说，综合考量定位“金德”或者“火德”，是不可能大肆宣扬“黑龙”所代表的水德。即使宣扬，也是较为动听的白龙，如崔融曾作《代皇太子贺白龙见表》。

三是龙乃是雄性化身。无论如何，在唐代龙都是雄性身份。据梁元帝萧绎的《金楼子》记载：成汤姓子，名履，字天乙，狼星之精感黑龙而生。商汤之水，克夏朝之火。帝王虽感龙而生，但并不代表诞生的是雌性龙种，因此存在性别上的错位和认识上的失调。

综合来看，对“乌龙感孕”的认识存在不同的角度，民间视野更多地考虑生产生活，而官僚文人更注重政治正确性，而在政治运作层面更考虑合法性建构的适宜性。

三　彩凤形象

“麟凤五灵，王者之嘉瑞”，作为古代的政治宠物，凤深得为政者喜爱，是天下太平的象征。孔夫子因为没有看到凤鸟而感慨说：“凤鸟不至，河不出图，吾已矣夫!”《韩诗外传》中说“唯凤为能通天祉、应地灵，律五音，览九德。天下有道，得凤象之一则凤过之；得凤象之二则凤翔之，得凤象之三凤集之；得凤象之四则凤春秋下之，得凤象之五，则凤没身居之。”

以凤比喻女性已经成为习惯，成为人所共知的“知识”，凤凰体态美妙，能歌善舞，比喻女性特征的阴性柔美。作为女性的武则天以及男性朝臣都无法超越这一认知范畴。如，武则天曾经把中书、门下二省名称分别改为凤阁、鸾台。上元三年，有凤凰出现在苑丘之上，遂改元仪凤。则天称帝前夕，凤凰从明堂飞入上阳宫，停在左台的梧桐树上，停留之后才飞向东南方；又有数万只赤色鸟雀聚集在朝堂上。崔融《上大周受命颂表》指出：今者凤鸟来，赤雀至，庆云见，休气升，大周受命之珍符也。

但凤在大众认识中毕竟已为雌鸟。武则天为了解释自己天命所归，需要重新思考和定位，特别是在官方宣传上。一是龙凤并说。如皇甫琼（永昌元年进士）在《对词标文苑科策》中说：自钦明抚运，宪章稽古，司光凤纪，位映龙名。二是以凤代鸡。在一次策论考试中，武则天出的试题中出现了“鸣凤司晨”的说法。三是回归原点。凤的女性形象虽然深化，而且也从宫廷贵族广泛传播到百姓日常生活。但是在性别问题上，需要重新解释。陈子昂针对凤凰屡见的现象，在《大周受命颂》中重新解释道：凤者阳鸟，赤雀火精，黄雀从之者土也。土则火之子，子随母，所以纂母姓……天命神凤，降祚我周。彩容有穆，其仪孔休。

根据广元本地的传说，凤凰在武则天出生时绕房一圈后向东山飞去，武士彟当即将东山更名为凤凰山。在朱福全的《童年武则天》中，“乌龙感孕”的故事后又加了个“凤凰于飞”的尾巴：在乌龙冲出官船的同时，一只凤凰也伴着彩霞飞来。无独有偶，山西文水（则天祖籍）也流传着“金凤凰”的故事，说武则天父母梦见仙女乘金凤凰而来扑到杨氏身上，醒来后即怀孕。袁天罡相面时也说：武则天龙瞳凤颈，若为女必为天下主。

凤作为武则天文化形象而言，可能是较为后出的意象。但是凤却成为如今广元指称武则天以及城市形象的公认叫法，存在黑龙的退场及对凤的渲染，认为武则天是广元飞出的金凤凰。比如，在广元对外的宣传中，被称为凤之城。主要表现在，一是标志建筑物建设。位于凤凰山的凤凰楼则完全出于对则天的纪念而修建。二是取名以纪念。在地名设置中，也看出广元对凤的尊崇。如栖凤路、瞻凤路、二圣路、媚娘路、天后路、长乐路、讲武路、驯马路、桑蚕路、广政路等都表达了对则天的致敬。在商业开发中，曌酒、武媚娘、武皇米等都以则天为品牌。建筑装饰中，凤的形象被雕刻在大桥栏杆。凤文化承载着对武则天的尊敬而生成，因纪念而庄重。

黑龙作为最早的最直接的文化形象，为何最终被凤这一惯常的意象所取代？至少有以下几个方面的原因。

一是武则天文化因子的稀缺性。武则天称帝乃是历史之断裂而非延续，是历史之偶然而非必然。她是中国文化中的稀缺因子，不具备广泛代表性。

而凤的指称将这种特殊性一般化了，同样也把武则天的形象普遍化了，不至于存在一种“突兀”。

二是符合传统认知规范。龙与女性身份本身就存在性别错位。在传统认知中，真龙天子当然是男性，以凤指称和诠释武则天符合性别要求，符合传统价值规范，武则天从政治身份的唯一性回归到杰出女性的一般化叙事，这是现实的需要，也是精神生活的需要。而渲染“龙”则存在政治上的风险。

三是历史境遇的变迁。广元是“5·12”特大地震极重灾区，在抗震救灾和灾后重建的过程中，广元人民“自强不息、感恩奋进、亮剑拼搏”，使广元发生了翻天覆地的变化。“凤凰涅槃”是当时最流行的词汇。尽管凤凰涅槃不是中国传统文化的组成部分，但却寓意废墟之上浴火重生，表达出了广元人民重建家园的自信与豪情。

四 宗教形象

广元地处南北交界带，是古代巴蜀地区前往关中地区和中原地区的必经之地，这使得广元成为佛教艺术入川的重要桥头堡。姚崇新指出，则天时期广元佛像开凿中心在皇泽寺，开窟总量大、范围扩大到更多的民众。在中宗时期则全面掀起了高潮，开窟区域逐渐转移到千佛崖、观音岩地区。巴蜀地区的石窟造像艺术直接受到广元的影响，同时千佛崖堪称川北石窟造像之冠。武则天母亲杨氏的推动以及与武则天地位的提升，是广元前期佛教造像兴盛的重要因素。皇泽寺12号窟石壁间两组“礼佛图”，被认为是武士彟家族作为供养人而雕刻的“许愿图”和“还愿图”，其中一幅便是侍女背着小时候的武则天。

武则天既崇信宗教，同时又会利用宗教。武则天的宗教形象的出现既是政治需要，也是政治操作。特别是对佛教的利用达到登峰造极的地步，而随着佛教的传播，其意识形态也逐渐向壁画艺术和日常生活中渗透。比如，在敦煌莫高窟的壁画《宝雨经》经变图中，两只巨手从茫茫云海中伸出，一手托日，一手托月，其意为日月当空，光明普照。这正是以具象会意手法对武则天圣讳“曌”字的图解，而卢舍那大佛则被认为是对武则天形象的摹写。

广元地区的佛教艺术显然也不能摆脱政治氛围的笼罩。武则天在广元的宗教形象至少表现在三个方面。

一是弥勒形象。弥勒信仰是广泛流行于南北朝至唐初社会的佛教净土信仰。载初元年七月，东魏国寺僧法明等撰《大云经》四卷，上表称则天是弥勒佛转世。武则天敕令《大云经》颁行天下，天下诸州各建大云寺一所以藏《大云经》。开凿于公元690～697年的广元千佛崖莲花洞中，阿弥陀佛、释迦牟尼佛和弥勒佛三佛组合，弥勒佛居中而坐。而这尊佛同样被解释为武则天的形象。

二是观音形象。宋人《九域志》记载：“武则天当皇帝后，赐寺刻其真容。”皇泽寺的则天殿供奉的乃是武则天真容像，呈现“有光头、额际有白毫，璎珞缠身”的较早观音菩萨形象。这尊武后真容像在乾隆年间张庚谟任广元知县时被弃置草丛。有记录说，此像在1949年被人从香案推倒在地上，使得头身分离；1950年复原时，石像颈部比原造像短1.5厘米，加之彩绘褪色，更显老态龙钟。1993年，泰籍华人苟寿生捐金箔800克为其换上金衣。殿内还有一尊武则天的石刻画像碑，是民国人临摹明代陈鸿恩所著《无双传》中之“金轮遗像”所刻。

三是神话形象。武则天在广元完成了神格化过程，即人格力量的异化过程。与官方宣传推介的现实政治神话中的武则天形象不同，神话形象是普通群众在日常生活中认知的积累沉淀。皇泽寺内12号窟的残碑提到“唐贞观二载，郡（阙）武都督杨夫人，灵异如响……圣仪容”；后蜀广政碑指出：记载，其间以水旱灾沴之事，军民祈祷于天后之庙者，无不响应。说明在政治硝烟散去之后，武则天在天国依然护持着诞生她的一方山水，成为地方百姓的一尊保护神。

宗教形象的形成既有现实政治层面的运作，同时也有着重要的地域因素影响。群众的认识简单而且质朴，在大规模的官方宣传基础上，民间因素对其有着更为直接的认知。武则天是广元群众的祭祀对象，被置放在具有高度仪式感的寺庙内接受膜拜，这是真挚的情感，也是则天褪去政治包裹后的新生。

五　武则天文化意蕴的深化及拓展

（一）女性文化

从龙凤等具体意象到民间的宗教崇拜，武则天这一历史现象所滋生的认知体系，在现代社会逐渐深化为对女性文化的宽泛解读。有报道指出，广元将充分发挥广元女性在社会改革发展中的巨大作用，依托“女皇故里”和“女儿节”传统民俗活动，打造别具特色的女性文化之城。在网友评出的三十大女性文化发源地中广元是其中之一。但何为女性文化，并无明确清晰的概念，总的来看，以武则天为研究点来概括和深发女性文化资源，是精神层面的创作，因此缺少直接的物质载体，也缺少对广元本土知识女性的深度挖掘。

（二）生态文化

有学者把凤文化拓展向森林文化、生态文明，如吴志文等学者指出梧桐、凤凰、女皇三者密切相关，且蕴含着丰富的生态价值。一方面，梧桐作为神树，凤凰作为女皇化身的神鸟，凤凰专栖于梧桐树。另一方面，梧桐在中国佛教的圣树意象中，与菩提树相似，但梧桐因适应气候代替了菩提树在佛寺广泛种植，凤凰为佛鸟，梧桐象征着弥勒佛转世的女皇佛身。此外，梧桐的孤高象征我国历史上唯一的女皇帝王身。

（三）民俗文化

民间祭祀主要体现在女儿节的诞生与举行，女儿节根本意义上是一种祭祀活动，它是1988年由广元市政府恢复民间节日而定名的。而对武则天的民间祭祀表现了民间崇拜天地、神灵、英雄和权势的民族心理和民俗文化信息。与其他女儿节相比较，广元女儿节在性别意识、节俗内涵、民俗文化的传承与延续等方面存在差异性，反映最深沉且朴实的民间文化和心理。现代广元女儿节以民俗节庆活动为基础，已发展成极具特色的地方综合性节日盛会，女性元素贯穿古今，融合独特的地域文化，融合经济发展与文化传承是当代女儿节的独特特点。

生殖崇拜方面。比如凤凰山本身就是女性之山，从利州城西山往凤凰山看，往老城看，凤凰山就是一个活脱脱的女性形象，有鼻有眼，有眉有耳，有秀发飘飘，有柔美身躯，有坚挺的乳房，有漂亮的双腿和繁衍生育的生殖器。生殖器是酷似女性生殖器的老城古井，但在旧城改造时被填埋。此外，还有“广元女阴石”之说。

六　余论

作为文化的地域研究，地域文化总是与当地历史和风情密切联系，一方面，对地域文化的观照不仅可以找到文化归属感，也能够成为凝聚精神，构筑文化自信的感召力量。另一方面，地域文化与地方独特的人文自然景观相联系，在旅游业日益产业化的今天，文化旅游成为带动地方经济发展的重要支撑。但是在研究和理解地域文化特别是研究武则天文化于广元的意蕴时，应当规避一些浅薄的、功利性的态度。

（一）避免全面客观认知的观念而矫枉过正

武则天曾经被认为是荒淫无道、攘窃神器的乱臣贼子。因此为武则天正名成为唐代历史研究的热门词汇。虽然正名以“全面客观”的标签注名，但其实在这种认知框架内容易矫枉过正。特别是广元与武则天有深厚的历史关联和认同关联的情况下，使得大家认为凡是与武则天关联的都是好的，以至于伟大到对其执政时期的缺点和人格中的阴暗成分不加考虑的接受和敷衍。对历史人物的谅解并不等同于忽略人的复杂性。

（二）避免把人格精神砥砺演化为人身崇拜

武则天所体现的精神反映了以能力而不是以出身为标准的价值标准。出身寒微轻贱，并不意味着没有前途，依靠自身努力成就事业同样能够获得认可和尊崇。这种“厚德行广、坚韧自强、创新开元”的精神值得深化和传播。但研究者应该把握标尺，对良好精神的传播，并不是对武则天本人的人身崇拜。过度崇拜则可能导致对文本的过度阐释。

（三）避免因为丰富深化而变得虚妄空泛

传说是研究地域文化的重要载体。一是能够流传下来的传说本身就印证了内容本身的深入性和广泛性，否则就失去了生命力。如“乌龙感孕”、“天罡相面”等等不仅能存留于正史，同样也流传在广元山野，因此传说本身成为文化和历史记忆的重要组成部分。二是传说也需要文人学者的记载描绘和阐释深发，这样才得以更好地凸显和反映文本的变化轨迹，体现区域对武则天历史现象认知变迁的连续性，也自然会成为文化和记忆的重要组成部分。但是在当今商业宣传中，把与武则天毫无联系的事情进行炒作和附会并不恰当，会变得虚妄空泛而缺乏生命和文化张力。

参考文献

白剑：《揭秘武则天乌龙感孕神话的图腾背景》，载王双怀、梁咏涛主编《武则天与广元》，文物出版社，2014。

陈善珍：《广元女儿节的传承、流变与发展》，《泸州职业技术学院学报》2013 年第 3 期。

陈洋：《解密武则天》，大众文艺出版社，2009。

陈友琴：《川游漫记》，中国青年出版社，2012。

陈正鹏：《广元千佛崖》，广元皇泽寺，2000。

崔显艳：《虽属个别却穿透历史——广元女儿节女性文化史学梳理》，《山东女子学院学报》2014 年第 5 期。

胡戟：《武则天本传》，北京大学出版社，2011。

黄永年：《唐史十二讲》，中华书局，2015。

丌相玉：《论古代凤凰图腾文化意象》，中国石油大学硕士学位论文，2012。

梁永元：《武则天正传》，文化艺术出版社，2012。

刘成纪：《关于地域文化研究的三个问题》，《华北水利水电学院学报》2007 年第 6 期。

刘达临：《中国古代性文化》，宁夏人民出版社，2003。

王双怀、梁咏涛：《武则天与广元》，文物出版社，2014。

王振会：《古道轶事》，中国文史出版社，2014。

吴志文、吴松原、杨淑军：《梧桐 · 凤凰 · 女皇——梧桐的女皇历史文化象征及其生态文明价值》，《北京林业大学学报》2009。

姚崇新：《巴蜀佛教石窟造像初步研究——以川北地区为中心》，中华书局，2011。

赵文润、王双怀：《武则天评传》，三秦出版社，2000。

B.21
广元医疗卫生康养研究报告

袁明胜　胡昌平　夏沛生　石剑锋*

摘　要： 广元发挥生态环境优势，整合优质医疗资源，立足广元市情民意，结合社会发展需求，在推进健康服务业上频频发力，着力建设川陕甘结合部区域医疗中心，聚力发展中医药产业示范基地，全力打造西部医养结合高地，在建设川陕甘结合部区域医疗卫生康养中心上取得了显著成绩。未来，广元要在发展高端医疗资源、发挥中医药特色、健全医养结合机制、塑造精品康养名牌上努力，以满足社会对绿色康养的需求，为经济发展提供坚实基础。

关键词： 康养中心　医养结合　医疗卫生　广元市

广元推进绿色发展实现绿色崛起建设中国生态康养旅游名市，是加快建设川陕甘结合部区域中心城市的最佳路径和现实选择。这一发展路径符合广元实际、具有广元特色、凸显广元优势，突出生态康养旅游名市建设的中心地位，在改革开放的新征程中推动广元实现转型发展、创新发展、跨越发展，助力加快建设川陕甘结合部区域中心城市。

* 袁明胜、胡昌平、夏沛生、石剑锋，广元市卫生健康委员会。

一　广元医疗卫生康养发展的现状

（一）医卫事业快速发展

广元现有各级各类卫生计生机构 3540 个，实有床位 19778 张、每千常住人口拥有床位 7.51 张；卫生技术人员 15772 人，其中执业（助理）医师 5673 人、注册护士 6251 人，每千常住人口拥有卫生技术人员 5.99 人，每千常住人口有执业（助理）医师 2.15 人，每千常住人口有注册护士 2.31 人。广元有二甲及以上医院 21 家，三级医院 11 家（其中三甲 6 家、三乙 5 家）。建成国家级名医传承工作室 1 个、国家级重点专科 1 个、省级重点专科 15 个、市级 32 个。广元城乡居民健康档案电子建档率 96.46%，贫困人口健康档案电子建档率实现 100%，人均基本公共卫生服务标准可达 45 元。广元市中心医院已批准成为四川省八大区域医疗中心之一，纳入国家、省卫计委建设规划（见表 1）。

表 1　广元 2014—2018 年医疗机构和三级医疗机构数量

年份	2014	2015	2016	2017	2018
医疗机构	3540	3545	3460	3557	3540
三级医疗机构	6	8	9	9	11

资料来源：四川省卫生健康委员会综合数据采集系统统计资料。

（二）医养融合成效明显

广元医疗卫生与养老服务有机结合为人民群众健康养老提高保障，2016 年被国家卫计委、民政部确定为第二批国家级医养结合试点单位。2018 年，广元有广元市中医医院等 15 家医疗单位开展医养结合业务（见图 1）。以广元市中医医院作为城市办医养试点、以皇泽社区卫生服务中心为社区办医养试点、以利州区荣山卫生院为农村办医养试点、以旺苍县鸿福康养院为民办医养结合试点，共开放医养结合床位3130张，医养结合床位居全省前列，二级以上综合医院100%开设了老年病科。广元有养老机构130余个，其中公立养老机构近100个，民营养老机构30余个，养老床位1万多张（见图1）。通过各级医疗机构老年病房对养老机构老人开展双向转诊及住院医疗服务，通过家庭签约服务负责养老机构养老人员的医疗健康管理服务工作，通过农村敬老院和乡镇卫生院合作，居民社区卫生服务中心和老龄家庭建立医疗契约服务关系，构建养老和医院之间的“绿色通道”，医养结合可覆盖86%以上养老人员。

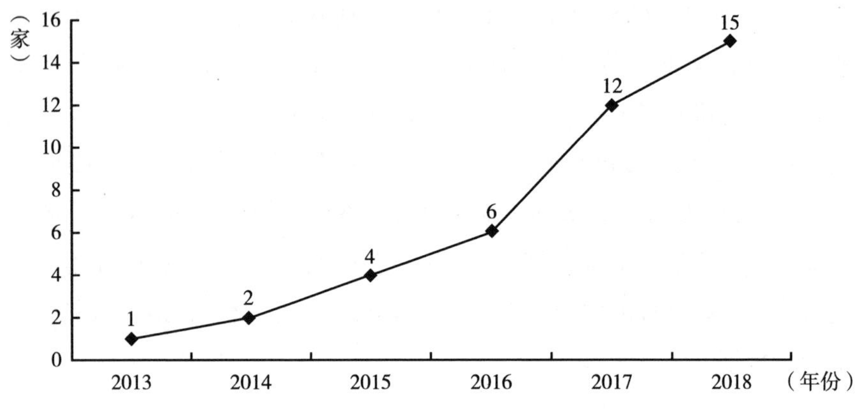

图1　广元2013年~2018年医养结合机构数

资料来源：广元市卫生健康委员会2013~2018年统计资料。

（三）健康管理服务多元

广元注重发展多元化的健康服务，对老年人的健康管理不断加强，中医药健康管理服务覆盖65岁以上老年人16万多人，目标人群覆盖率达60%；中医药健康管理服务0~36个月的儿童近10万名，目标人群覆盖率57%以上，均高于全省目标值。实施医师多点执业、签约式全科医生服务模式，有效覆盖广元40%以上的城镇社区，服务人数达80万人以上。巩固发展7家公立医院体检中心，核准开放1家民营健康体检机构，对健康体检市场有效补充，健康体检覆盖30%以上人群。心理咨询、母婴照料等服务已经起步。

（四）卫生保健发挥中医药特长

中医药服务在养生保健、养老服务中越来越凸显特色，近年来编印《居民健康知识手册》《高血压中医药保健手册》《糖尿病中医自我保健》等各类中医药保健知识宣传资料，免费发放给城镇居民以及农村人口20余万份。每年举办中医药进乡镇、进社区义诊活动，引导广大群众认识中医药、了解中医药、喜爱中医药、使用中医药和养成健康生活习惯的良好效果，惠及数十万群众。各级中医医疗机构积极开展中医健康咨询评估、干预调理、随访管理等治未病服务，广元二级以上中医医院均设立了“治未病”科，中医“治未病”服务已成广元基本公共卫生服务均等化的特色，广元基层中医服务量近三年来均达到50%以上，中医药在预防、保健、医疗、健康养生等方面的作用越来越凸显。

（五）卫生健康产品不断开发

积极推进康养产品特别是中医药康养产品的开发。广元有30多家中药材种植养殖企业、150余家种植专业合作社、2000多家种植大户，2018年中药材种植面积90.3万亩，实现种植产值32.1亿元。中药第一产业为二三产业的开发打下坚实基础。在3个特色生物医药园区的38家中医药加工企业，不断投入资金，加大科研力度，推出原料药、中药饮片、中西药制剂、中药健康产品、医疗器械和兽药等350余种，采用药食同源原料开发健康食品，已形成养生面、葛根袋泡茶、灵芝袋泡茶和猕猴桃保健饮品四个健康食品系列，生产以玫瑰花、马鞭草等芳香植物为原料的“零添加”化妆品等美容产品，实现规上工业产值43.72亿元，同比增长23.1%。

（六）卫生康养项目渐成规模

广元市持续推进医疗卫生康养项目的招商、建设，广元规划重点康养项目50多个，已重点招商30个项目，签约近20个，总投资近150亿元。现已建成市中医医院、市精卫中心、旺苍县德康医院鸿福康养院、利州区荣山镇中心卫生院、利州区上西社区卫生服务中心（彩虹养老中心）、市社会福利院、苍溪县护理院、昭化区康复医院、市糖尿病医院养老院等医养、康养项目9个。有四川广元康养示范产业园项目、市精神卫生中心精神专科医养综合大楼建设项目、市中医院颐康园项目、市第一人民医院康养中心项目、苍溪县中医院医养项目、市第二人民医院医养项目、旺苍县中医院医养项目、市第三人民医院医养项目等8个在建项目，总投资60多亿元。其中，四川广元康养示范产业园项目占地面积达2900余亩，总投资40多亿元，是广元目前引进的最大的单体康养项目，已于2017年10月开工，计划3年内将建成4A级康养旅游示范园。成功申报国家中医药健康旅游示范基地1个（曾家山西部康养基地）、项目2个（市中医医院颐养院、汤山女皇温泉）。

二　广元医疗卫生康养发展的问题分析

（一）高端医疗资源欠缺，医疗卫生康养质量受限

医疗卫生资源作为医疗卫生康养发展的基础，广元总体质量不高，资源优化整合力度不够，没有有效形成特色优势，差异化发展力度还不够大，还没有打造出在区域内具有核心竞争力的“拳头”专（学）科，医疗机构综合竞争力和影响力不够。人民群众对卫生健康日益增长的需求与制约卫生康养发展的因素形成了主要矛盾。

（二）中医药潜力挖掘不深，医疗卫生康养特色不显

中国传统医学既基于过去，又面向未来，其整体观、辨证论治的思维原则，可在思维方式上为当代医疗卫生康养医学发展提供借鉴。但中医药文化特有的人文特色未完全体现，中医健康状态辨识与干预、中医健康管理策略、模式和过程管理工具等研究不深，在把中医药健康理念和独特的养生方

法融入卫生康养的过程之中还有很多的工作未做到位，祖国医学对人类身体健康、养生养老等方面还有足够的潜力可挖掘。

（三）医养结合体制不健全，医疗卫生康养机制不畅

因医疗卫生和养老服务分属于不同的专业范畴，与其对应的公共资源由卫健、民政等不同部门来分配，同时，开展医养结合也受社保、财政、国土、建设等因素的制约，不同部门对于国家开展医疗卫生和养老服务相结合的政策的认识、调整和落实均难以做到理解一致、协调一致。

（四）核心竞争产品没形成，卫生康养品牌影响力有限

广元生态康养旅游发展优势资源众多，但未确定树立一个核心资源加以打造，没有形成独特的竞争力强的最优资源。没有发展出有一定影响力和知名度的拳头产品和名优品牌，广元的健康产业在全国的知晓度和传颂度还远远不够，这也限制了广元的健康产业进一步拓展范围和广度。

（五）专业人才相对匮乏，医疗卫生康养发展受限

康养产业是个涉及领域广、技术含量高、专业要求强的行业，涉及医疗护理、养老保健、产业开发、旅游资源、行政管理等诸多领域，而广元健康产业从业人员数量明显不足，高端人才资源匮乏，行业整体服务质量不够，行业发展的深度不够等等，以上因素均对广元快速发展的健康产业产生了制约。

三　广元医疗卫生康养发展的对策建议

广元要牢固树立大健康、大康养理念，围绕建设川陕甘结合部区域医疗中心总目标，以“共建共享、全民健康”为主题，精准分析广大人民群众对健康的需求，科学、高效推进健康广元建设。用足用好得天独厚的生态、康养、医疗等资源条件，深入推进国家级医养结合试点市、全国中医养生保

健基地创建，积极发展医养、康养、健康旅游等产业，着力打造川陕甘结合部医养高地。加大广元市中心医院核心专业和科室培育力度，提升区域医疗核心竞争力，使之加快建设成为区域综合医疗集团，同时，深化与北京大学医学部、华西医院等医疗机构的合作，加强市域内医疗资源优化整合，积极构建资源共享、布局合理、服务优良、规范高效的现代医疗卫生服务体系与健康服务产业体系。

（一）以川陕甘结合部区域医疗中心为支撑建设川陕甘结合部区域医疗高地，提供高效医疗卫生康养服务

1. 统筹建设医疗服务体系

持续巩固三个医疗协作区建设成效，网格化布局城市医疗集团，空间布局县域医疗中心及副中心（以苍溪、剑阁、旺苍和朝天综合医院为依托，建设4个县域医疗中心，以7个县区的二级乙等或服务能力较强的中心卫生院为依托，建设歧坪、五龙等20个县域副中心），辐射带动区域内、区域间能力提升和医疗服务的同质化，逐步形成集双向转诊、对口支援和远程医疗等为一体的全域、全系统纵向联合的医疗协作体系格局。控制大型医疗设备数量，控制市级医疗机构的数量与规模，优化市级医疗资源配置，支持鼓励新业态和短缺医疗资源的发展。推动各级各类医疗机构落实功能定位，建成科学合理的分级诊疗体系，形成立足市内，辐射周边的高效的医疗服务供给体系。

2. 提升县域医疗服务能力

加快创建提升县级医疗机构、中心乡镇卫生院的等级，积极推进县级医疗机构专科建设、中心乡镇卫生院特色科室建设，快速建设县级医疗机构与基层乡镇卫生院远程医疗协作网络，把县级医院打造成为真正的县域医疗中心，大幅提升农村地区医疗服务可及性，提高县域内就诊率。

3. 建设有影响力的专科群

加强与北大医学部、华西医院、常春藤高端医疗联盟、三九互联网医院等域外优质资源合作，引进高端医疗人才，加强本土人才培育，形成学科梯队。重点加强呼吸、心脑血管、肿瘤、神经、产儿科、老年病科等优势专学

科发展，积极推动多学科联合诊疗模式，加强胸痛、卒中等中心建设，减少患者域外就医，吸引域外患者到广元就医。

4. 加强医疗质量管理

加强市县两级医疗质量体系建设，构建横向到边，纵向到底的医疗质量管理体系，全面落实《医疗质量管理办法》等行业规范要求。充分发挥质控专家作用，以质控标准为准绳，实现各专业质控的标准化、规范化，推进各级各类医疗质量同质化。充分发挥“医疗三监管”的手段，大力实施风险监管、诚信管理、社会监督、联合惩戒、分类监管等“五位一体”的事中事后监管，全面确保医疗质量安全。

5. 加强现代化医院管理

以医院战略管理、经营管理、绩效管理、运营管理为主要内容，加强大型医院职业化培训，提高大型医院管理水平，实现医院精细化管理，建立完善职责明晰、考核规范、权责一致、能上能下的领导和中层管理干部选拔任用和考核评价体系，打造一支高水平的管理团队。

6. 以医保推动分级诊疗

让医保既保群众健康又促行医规范，引导有序就医，加快推动以按病种为主的多元复合支付方式改革，切实起到控成本、降费用、保质量、提效益作用，有效助推分级诊疗制度建设。

7. 强化改革创新

坚持改革与改善相结合的发展理念，强化技术创新、模式创新、领域创新，推进医疗服务更加高效、便捷，全面提升患者满意度。

（二）以川北中医区域医疗中心为支撑建设川陕甘结合部中医药高地，凸显中医药卫生康养特色

1. 注重中医药服务能力的提升

围绕建设川北中医区域医疗中心，有效提升中医药卫生服务质量，实施市、县、乡各层级中医药能力均衡发展战略，确保中医药优质资源下沉，实现健康服务全民公平获得。建设中医特色重点专科，发挥广元市中医医院三

甲中医资源优势，达到辐射、服务川陕甘毗邻地区、夯实中医药卫生康养基础的目的。

2. 注重中医药慢性病防治

以健康促进和慢性病防治为重点，开展中医健康状态辨识与干预，加大中医健康管理策略、模式和过程管理工具的研究深度，构建中医药疾病预防、治疗和康复三级防治体系，形成适用于个体、社区及特定群体的健康促进与慢病防治模式。

3. 注重中医药特色人群健康管理

加强针对65岁以上常住居民和0～36个月儿童的中医药健康管理，主要内容为：老年人中医体质辨识，根据体质判定标准进行体质辨识，并进行有针对性的中医药保健指导。儿童中医调养，根据儿童不同月龄对家长进行儿童中医药健康指导，包括中医药饮食调养、起居活动指导、传授中医穴位按揉方法等。

（三）以开展医养结合模式创新为重点，畅通医疗卫生康养体制机制

1. 注重医养结合机制创建

卫生、民政、人社、残联等部门要加强协作，科学规划布局，界定各方职能，明确部门职责，打破部门壁垒，合理分布资源，完善工作机制，建立健全行业监管及质量评估制度，规范医养结合行业行为，形成有效协作和联动机制。

2. 注重医养结合模式创新

建议由政府主导，创新建立“医、康、养、管”一体化健康养老产业发展模式，采取“卫健准入、民政扶持、医保定点”方式协同推进，在土地划拨、资金投入、人才培训等方面制定切实可行的操作方案。把发展健康养老服务业纳入规划，探索创新执行国家相关政策的体制机制，鼓励支持医疗机构因地制宜开展健康养老服务业务。

3. 鼓励民间资本发展医养融合

鼓励民间资本独立开办健康养老机构，建立完善的社会资本发展医养结合扶持政策，允许民间资本与公立医疗机构进行股份制合作开展健康养老服务，允许民间资本参与利用国有闲置资产，在符合规划要求的地方新办健康养老机构。相关部门为社会资本举办医养结合型养老机构在规划布局、土地使用、财政补贴、税费减免等方面出台多种形式的优惠政策，有规划、有措施、有步骤地吸引大量社会力量和广泛的民间资本参与医养结合健康养老服务。

（四）以发展行业产业为主，打造卫生康养核心品牌

1. 开发中药养生膳食

加大中医药新药创新研发生产力度，充分利用中医药在养生保健方面的特色和优势，培育养生药材和养生食材，开发有机食品等药膳与美食。充分利用广元现有优势医疗资源，发展中医药在老年病、慢性病、健康养生、医疗康复、托老关怀中心的积极作用。

2. 发展绿色康养产品

推动建设优势特色农业产业基地，打造产粮大县、油料产业大县、畜牧业大县、生猪调出大县。发展苍溪猕猴桃饮品等中国特色农产品，建设朝天曾家山等直供港澳有机蔬菜生产基地，发展米仓山茶叶、苍溪红心猕猴桃、剑门关土鸡、“两湖”有机鱼等特色有机农产品。

3. 研究卫生康养对策

坚持标本兼治、内力外力结合、长短兼顾的原则，抓住国家智库建设的政策机遇，整合市内高校、有关部门的力量并与向上借智借力结合，建立广元卫生康养研究智库，加强广元康养产业发展比较优势、创建标准、内部提升、产品打造、品牌塑造、产业转型等相关重大问题的跟踪研究，为市委、市政府决策提供智力支持，为部门和县区医疗卫生康养实践提供智力服务。

（五）以专业人才队伍建设为重点，提升卫生康养服务内涵建设

1. 培养卫生康养人才队伍

应加快发展学历教育，构建康养人才教育培养体系，建立康养人才能力认证体系，健全职业能力评价制度和培训机制。加强行业协会作用，完善行业标准，营造良好的行业生态。贯通职业发展，促进康养员、康养士和康养师三类职业培养与高技能人才之间的流动，加强内部管理，推行康养从业人员培训上岗制度。

2. 培养养老护理队伍

采取吸引与培养相结合的方式，加强对卫生康养机构养老护理人员业务培训，提升养老护理人员的职业技能和照护能力，能有效为老年人提供日常健康监测、基础护理、心理疏导、康复训练、精神慰藉等养老服务。加强对养老机构负责人、养老企业负责人、为老社会组织负责人等的养老服务理论和实操培训，培养熟知养老行业法律法规、养老机构管理模式、养老运营业务流程、养老服务质量控制的人才，打造一支高素质、懂养老、善运营的管理队伍。

3. 开展对外合作培训

与成都中医药大学、成都医学院签订《市校合作框架协议》，合作开展医养结合试点，继续联合举办老年医养结合与管理培训班，培训医养结合、卫生康养人才，并逐渐将培训范围拓展至陕西、甘肃等毗邻省市。

（六）以四川广元康养示范产业园康养中心为支撑建设川陕甘结合部康养高地

1. 继续贯彻落实健康服务规划纲要

继续贯彻落实《广元市健康产业发展规划》、《广元市促进健康服务业发展实施方案》和《广元市中医药健康服务发展规划（2017～2020年）》，加快发展健康服务业，满足广大人民群众尤其是川陕甘渝地区日益增长的多层次、多样化的健康服务需求，为经济社会转型发展注入新动力，成为推动广元经济社会持续发展的重要力量。

2. 着力打造广元康养产业示范园区

把四川广元康养示范产业园、苍溪药博园、剑门石斛产业园建设好、打造好，融入康养文化、渗透康养理念，为进一步提供康养服务、加强健康管理打下基础。

3. 持续加大康养项目医养项目建设力度

加快推进四川广元康养示范产业园、市中医医院颐养园、旺苍中医医院医养项目等在建医养项目建设进度。加快推进曾家山、天曌山、剑门关、唐家河、黑石坡、米仓山、昭化古镇、梨花湖等重点康养项目建设。

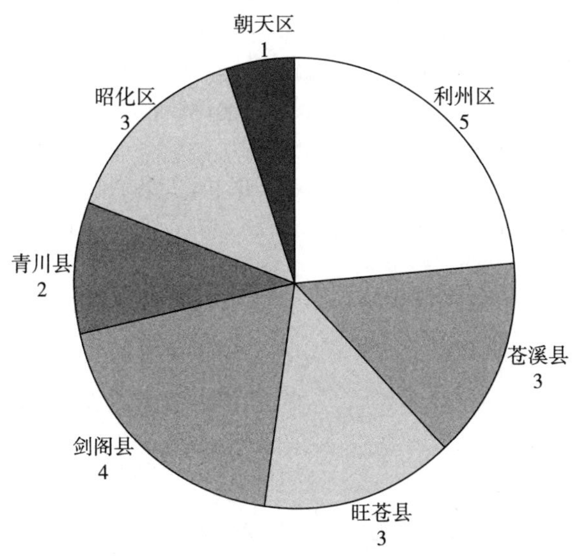

图 2　广元各县区卫生康养项目分布

资料来源：广元市卫生健康委员会年统计资料（截至2018 年底）。

4. 以促进项目建设为目的强化招商引资

继续规划完善 2019 年的招商引资项目，积极谋划 2020 年和“十四五”康养产业项目。2019 年完成签约 1 个市本级 5 亿 ~ 10 亿元的项目，3 个 1 亿元以上项目，争取资金 6.5 亿元到位，各县区完成相应的地方政府的招商任务。结合国药集团、华润三九、好医生药业、金卫捷科技等国内知名企业，招商引进企业来广元发展健康服务业项目，重点招商市第一人民医院、苍溪县中医医院等医养结合项目、远程医学基层能力提升项目、国医堂建设项目、康养社区建设项目；开展对曾家山、剑门关、黑石坡等一批康养项目的招商。

参考文献

广元市人民政府：《广元市健康产业发展规划》，广元市人民政府网，http：//www. cngy. gov. cn/govop/show/20150413115719 – 533470 – 00 – 000. html。

广元市人民政府：《广元市中医药健康服务发展规划（2017 ~ 2020 年)》，广元市人民政府网，http：//www. cngy. gov. cn/govop/show/20170630104309 – 21240 – 00 – 000. html（广府办发〔2017〕79 号)。

广元市人民政府：《关于进一步加快推进医疗卫生与养老服务相结合的实施意见》，广元市人民政府网，http：//www. cngy. gov. cn/artic/show/20190411112230957. html。

B.22

广元森林旅游资源评价与分析

刘继洪　洪莉　贺军花　梁勤彪　刘爽*

摘　要： 广元得天独厚的森林资源，为森林旅游的发展提供了丰富的自然资源基础，为增强公众生态保护意识，提升生态文明素养提供了宣教场所，具有广阔的发展前景。对森林旅游资源进行整体的评价与分析是森林旅游产业健康快速发展的必要条件，积极促进森林旅游资源合理利用，解决森林旅游发展方向认识不清、区域发展不平衡、基础设施薄弱、投资渠道不畅等问题，可从整体上提升广元森林旅游形象和吸引力，进一步发挥森林旅游产业的生态、经济和社会效益。

关键词： 森林康养　森林旅游　康养特色　广元市

森林旅游是指以森林、湿地等类型的自然资源为主体，在特定的自然地域，为旅游者提供休闲度假、游览观光等产品与服务的特色旅游活动，是一种回归大自然的特殊旅游形式。森林旅游业具有保护森林资源、提供康养场所、修复环境的作用，是旅游业发展中重要的组成部分，在解决经济发展与环境保护之间的矛盾中，起到推进生态文明建设、推进深化供给侧结构性改革、满足人民美好生活需求等重要作用。

广元是“北方的南方、南方的北方”，气候优越，山水宜人，被誉为“天然氧吧”。南部低山，冬冷夏热；北部山区冬寒夏凉，秋季降温迅速。

* 刘继洪、洪莉、贺军花、梁勤彪、刘爽，广元市林业局。

广元高程多处于500～2000米，适合人类生存、多长寿，属于丘陵与高原过渡带，垂直带性特征明显，地理景观多元。森林覆盖率居全省前列，山地平均海拔1200米，最高海拔3837米，最低海拔352米。海拔1200～2000米，负氧离子密集，能促进新陈代谢，强健神经系统、提高免疫力，是最适合人类进入区域。丰富多样的生态系统和交汇相融的地理优势给广元发展森林旅游奠定了坚实的自然资源和客源基础，具有发展森林旅游的广阔前景。

一　广元发展森林旅游的条件及基础分析

（一）良好的森林资源条件

1. 优良的生态环境

广元生态风景资源极其丰富且资源禀赋高，是自然文化遗产的重要组成部分。广元森林旅游业形成了东有鼓城山、西有唐家河、南有剑门关、北有水磨沟的开发格局。广元林地面积1005300公顷，森林覆盖率达56.81%。现有森林公园、自然保护区、湿地公园、湿地保护小区、风景名胜区、地质公园、生态旅游示范区、旅游度假区、国有林场、河湖水系等生态资源55处。其中已建成森林公园10处（国家级森林公园3处）、自然保护区10处（国家级自然保护区2处）、国家湿地公园2处、省级湿地保护小区1处。有剑门蜀道、白龙湖全国重点风景名胜区和阴平古道、旺苍鼓城山—七里峡省级风景名胜区；有青川地震遗迹、剑阁剑门关、朝天等地质公园；有唐家河生态旅游区、天曌山景区、曾家山景区、鼓城山·七里峡景区、柏林湖等生态旅游区；有剑门关、唐家河·青溪古城、女皇温泉、曾家山、昭化古城度假区、龙潭山地农业公园度假区等旅游度假区；有广元市天曌山林场、曾家山森林管理所等8个国有林场。此外还有嘉陵江、白龙江、南河、清江河、白龙湖、东河等河湖水系（见表1）。

2. 丰富的动植物资源

广元地处秦岭南麓，属于南北气候过渡带，拥有南北相融的多种植物区

表 1　广元境内生态资源分布情况

<table>
<tr><th>类型</th><th>级别</th><th>名称</th><th>数量(个)</th></tr>
<tr><td rowspan="3">森林公园</td><td>国家级</td><td>剑门关国家森林公园、天曌山国家森林公园、苍溪国家森林公园</td><td rowspan="3">10</td></tr>
<tr><td>省级</td><td>旺苍大峡谷森林公园、鼓城山森林公园、黑石坡森林公园、曾家山鸳鸯池森林公园、栖凤峡森林公园</td></tr>
<tr><td>市级</td><td>松米山森林公园、南山森林公园</td></tr>
<tr><td rowspan="4">自然保护区</td><td>国家级</td><td>唐家河自然保护区、米仓山自然保护区</td><td rowspan="4">10</td></tr>
<tr><td>省级</td><td>青川东阳沟自然保护区、青川毛寨自然保护区、翠云廊古柏自然保护区、苍溪九龙山自然保护区、朝天水磨沟自然保护区</td></tr>
<tr><td>市级</td><td>嘉陵江湿地自然保护区、剑阁西河湿地自然保护区</td></tr>
<tr><td>县级</td><td>苍溪三溪口自然保护区</td></tr>
<tr><td>湿地公园</td><td>国家级</td><td>南河国家湿地公园、柏林湖国家湿地公园</td><td>2</td></tr>
<tr><td>湿地保护小区</td><td>省级</td><td>月坝湿地保护小区</td><td>1</td></tr>
<tr><td rowspan="2">风景名胜区</td><td>国家级</td><td>剑门蜀道风景名胜区、白龙湖风景名胜区</td><td rowspan="2">4</td></tr>
<tr><td>省级</td><td>阴平古道风景名胜区、鼓城山－七里峡风景名胜区</td></tr>
<tr><td rowspan="2">地质公园</td><td>国家级</td><td>青川地震遗迹地质公园</td><td rowspan="2">3</td></tr>
<tr><td>省级</td><td>剑阁剑门关地质公园、朝天地质公园</td></tr>
<tr><td>生态旅游示范区</td><td>国家级</td><td>唐家河生态旅游区、天曌山景区、曾家山景区、鼓城山・七里峡景区、柏林湖生态旅游区</td><td>5</td></tr>
<tr><td>旅游度假区</td><td>国家级</td><td>剑门关、唐家河・青溪古城、女皇温泉、曾家山、昭化古城度假区、龙潭山地农业公园度假区</td><td>6</td></tr>
<tr><td>林场</td><td>国有</td><td>青川县天池林场、剑阁县国有林场、苍溪县三溪口森林经营所、旺苍县国有林场、利州区飞播站、利州区国有森林管理所、广元市天曌山林场、曾家山森林管理所</td><td>8</td></tr>
<tr><td rowspan="2">河湖水系</td><td>与城市营造相关</td><td>嘉陵江、白龙江、南河</td><td>3</td></tr>
<tr><td>其他</td><td>清江河、白龙湖、东河</td><td>3</td></tr>
</table>

资料来源：广元市林业局统计资料。

系，具有极高的遗传、物种、生态系统、景观等多样性。境内分布有野生植物 2900 多种，珍贵野生木本植物 832 种，国家级重点保护植物 34 种；有野生动物近 520 种，国家重点保护类达 79 种，省重点保护类超过 20 种；药用植物 2500 多种，药用动物 90 余种；柏木等名木古树 12000 多株（见表 2）。

表 2　广元境内主要动植物资源

动植物资源	名录
重点保护野生动物（国家级）	大熊猫、金丝猴、豹、云豹、扭角羚、林麝、猕猴、小熊猫、黑熊等哺乳动物；斑尾榛鸡、绿尾虹雉、雉鹑、白尾海雕、胡秃鹫、金雕、红腹锦鸡、红腹角雉、蓝马鸡、鸳鸯等鸟类动物；大鲵、文县疣螈等两栖类动物
重点保护野生植物（国家级）	珙桐、水青树、连香树、银杏、红豆杉等
珍贵中草药	杜仲、柴胡、天麻、川明参、油橄榄、银杏、金银花、瓜蒌、紫胡根、皱皮木瓜、火麻仁、辛荑花、冬花等道地药材和大鲵、僵蚕、雄蚕蛾等名贵动物药

资料来源：广元市林业局统计资料。

3. 优越的地理位置

广元地处川陕甘“结合部”，是成都、西安、重庆、兰州 4 大城市交通线的交会点，有“四川北大门”之称，是出入秦巴地区的门户、距离西北地区最近的南方城市与出海港口、三大国家发展战略过渡区域与边缘区。西成高铁的开通打破了西北与西南的阻隔，使丝绸之路经济带、长江沿江经济带交融，从而催生以西安、成都、重庆三市为主体的“西三角”经济圈，广元处于成渝城市群和关中城市群的交会处，能够有效地接受两大城市群的经济辐射，带动广元市的经济发展。

当前广元森林旅游游客以川陕甘渝地区巨大的客源市场为基础，以成都、西安、兰州、重庆、绵阳等地为主要客源地，以一日游等近程游客为主，自驾游、家庭游为主要出行方式，森林旅游收入和游客接待量增幅长期位居全省前列。随着广元高速公路、铁路、水利枢纽、机场建设以及对外公路的延伸，逐步建成为一个多元且立体的交通体系，使进入广元的时间极大减少，广元森林旅游客源量极大增加。

4. 初具影响力的地标性森林特产

广元森林旅游商品资源十分丰富，各区、县的蔬果、茶叶、中草药、土特产品应有尽有，且独具特色。素有广元七绝之称的苍溪红心猕猴桃、米仓山牌富硒富锌绿茶、青川黑木耳、朝天核桃、苍溪雪梨、剑门关豆腐、广元油橄榄，荣获中国名优特产等多项殊荣，并获得国家原产地理标志产品保护。

（1）绿色食品类

果蔬有苍溪雪梨、苍溪红心猕猴桃、苍溪翠香甜柚、利州脆红李、朝天核桃、旺苍板栗、昭化山桐子；青川黑木耳、青川竹荪、朝天甘蓝、曾家山莴苣、昭化韭黄、苍溪魔芋、苍溪酸菜、利州辣椒等。

土特产品有剑门关土鸡、朝天灰鸡、利州杜仲山鸡、旺苍黄牛肉；广元橄榄油、旺苍麻油、唐家河蜂蜜、利州蜂蜜、朝天扯笕子花生；旺苍川北王酒。

茶叶有米仓山茶、广元纯黄茶、青川七佛茶、剑门贡茶、木门茶叶。

（2）中草药类

广元也是全国中药材主产区之一，中草药资源十分丰富。现有药用植物2500多种，药用动物90余种，自然蕴藏量达11000吨，地产常用药材有杜仲、天麻、丹参、茯苓、川明参、辛荑花、冬花等品种。野生蕴藏量达100吨以上的品种有五味子、车前草等。

（二）区内旅游具有良好发展基础

2016年广元将森林旅游纳入地方经济发展重要规划，制定了森林旅游产业发展措施，初步形成了森林旅游产业发展工作机制。

1. 旅游配套完善，服务水平良好

广元有星级饭店23家，其中，五星级仅1家、四星级5家，三星级酒店10家，旅游床位数4万张以上。现有省级星级农家乐达到近100家。广元系川北交通枢纽，距离成都市297.8千米，交通便利，广元高速公路全线通车，境内国道108线、212线贯穿全境，嘉陵江穿城而过，五大内河港口全线通航，广元盘龙飞机场开通国内多条航行，重建的广元新火车站集宝成铁路复线、万广铁路、兰渝铁路和西成客运专线三站合一，陆运、航运、铁路和水运俱全，编织了纵横交错的交通网络。

2. 老年人口数量庞大，康养旅游基础良好

广元周边城市经济发达且均已步入老龄化社会，广元近程客源市场内，根据第六次人口普查数据，60岁及以上老年人口数量为2161.2万人。结合

广元打造中国生态康养旅游名市的目标，广元周边森林康体养老度假旅游客源市场充足，具备发展森林康养旅游的基础。

二　广元森林旅游发展现状

广元森林旅游业从无到有，经过二十多年的发展，社会效益、经济效益、管理水平、服务质量等都达到一个良好的水平。近年来，广元林业系统在全面坚持生态优先的前体条件下，加快推动了森林资源优势转化为林区经济优势，基础设施建设、接待能力逐渐得到增强。森林旅游的行业管理能力、社会效益、经济效益、管理水平、服务质量等的发展步伐逐渐加大，以剑门关、天曌山、米仓山、唐家河为景点的森林旅游发展形势一片大好。广元荣获了国家森林城市、全国森林旅游示范市等国家级的荣誉称号。

（一）森林旅游支撑型景区发展现状

剑门关国家森林公园，1992 年获批，3046. 7 公顷，可游览 652. 9 公顷，G5 高速、国道 108、西成高铁直达，建有游客中心、索道等，日接待能力 2 万人，以天下雄关、千年蜀道为特色。

天曌山国家森林公园，2003 年获批，1334. 3 公顷，可游览 400. 29 公顷，S301 和城市道路直达，建有游客中心、酒店等，日接待能力 7000 人，以宗教文化、森林景观为特色。

苍溪国家森林公园，2015 年获批，2898. 86 公顷，可游览 598. 95 公顷，S411 和 S205 直达，建有游客中心等，日接待能力 3000 人，以森林景观为特色。

唐家河国家自然保护区，1986 年获批，4 万公顷，可游览 9047. 830 公顷，S301 直达，已动工直达高速，建有游客中心、酒店等，日接待能力 5000 人，以大熊猫等保护动物为特色。

米仓山国家自然保护区，2006 年获批，23400 公顷，可游览 1 万公顷，S303 直达，建有游客中心、博物馆等，日接待能力 4000 人，以台湾水青冈等保护植物和森林景观为特色。

南河国家湿地公园，2013 年获批，111 公顷，可游览 43 公顷，位于市中心城区，建有游客中心、科技馆等，日接待能力 1.5 万人，以湿地为特色。

柏林湖国家湿地公园，2016 年获批，390 公顷，可游览 240 公顷，G75、国道 212 直达，建有游客中心等，日接待能力 2000 人，以湖泊湿地为特色。

黑石坡省级森林公园，2001 年建成开放，836 公顷，可游览 536 公顷，位于市主城区，日接待能力 2000 人，以森林景观为特色。

鼓城山省级森林公园，1995 年获批，2290 公顷，可游览 366.4 公顷，S303 直达，日接待能力 4000 人，以鼓形地貌为特色。

栖凤峡省级森林公园，2009 年获批，871.57 公顷，可游览 156.88 公顷，国道 212 直达，日接待能力 500 人，以峡谷为特色。

曾家山鸳鸯池省级森林公园，2016 年获批，2521.6 公顷，可游览 756.48 公顷，S303、S301 直达，建有游客中心、森林游道等，日接待能力 1000 人，以森林景观、溶洞为特色。

旺苍大峡谷省级森林公园，2015 年获批，3154.18 公顷，可游览 450 公顷，S303 直达，日接待能力 500 人，以红叶、峡谷为特色。

翠云廊古柏省级自然保护区，2002 年获批，29772 公顷，可游览 6000 公顷，国道 108 直达，建有游客中心等，日接待能力 2000 人，以古驿道、古柏为特色。

水磨沟省级自然保护区，2003 年获批，7337 公顷，可游览 4500 公顷，S410 直达，建有游客中心、酒店等，日接待能力 3000 人，以森林景观、峡谷为特色。

毛寨省级自然保护区，2003 年获批，20800 公顷，可游览 6500 公顷，G75、兰渝铁路、S410 和县道直达，日接待能力 500 人，以森林景观为特色。

东阳沟省级自然保护区，2003 年获批，30760 公顷，可游览 12360 公顷，S310 直达，日接待能力 1000 人，以森林景观为特色。

九龙山省级自然保护区，2003 年获批，8048 公顷，可游览 2000 公顷，日接待能力 2000 人，以森林景观为特色。

（二）森林旅游景观产品建设成效

1. 森林公园

森林公园具有独特的森林自然景观、良好的生态环境，是自然景观、人文景观的融合体，为人们游览、康养、休闲度假、文化娱乐、科学教育和科学研究提供良好的环境和场所。

2. 湿地公园

湿地公园以优良的生态环境和多样化湿地景观资源为基础，具有主题性、自然性和生态性，可将生态旅游、生态保护、生态教育、休闲观光等很好地结合起来，实现了自然资源的开发与保护的统一，是人与自然和谐相处的体现。

3. 自然保护区

自然保护区中自然景观丰富集中、景色宜人，动植物种类繁多，受人类活动干扰小，体现出较高的旅游（游憩）价值。

4. 风景名胜区

风景名胜区拥有自然、人文双重特征，是美丽的自然风光、浓厚的历史文化、别致的民俗风情的结合体，可开展自然人文景观观赏、异域民族风情体验活动。

5. 植物园、野生动物园

植物园、动物园是供公众观赏游憩并进行科学普及和宣传保护教育的场所。其科学使用价值也较高，具有种质资源库的作用，成为都市居民和青少年学生进行游览、科考的良好去处。

6. 森林生态康养基地

森林生态康养基地以自然优美的森林生态系统为依托，配备相应设施设备和专业服务人员，可利用森林生态环境资源和森林环境因子帮助旅游者放松身心、调节身体机能、增进身心健康。可以开展森林浴疗法、运动疗法、饮食疗法、水疗法、芳香疗法、温泉疗法等多种形式的康体养生活动。

7. 生态文明教育基地

生态文明教育基地人文景观集中，服务设施齐全，具有一定的知名度，观赏、科研价值高，教育功能非常显著。

8. 国有林场

国有林场因其基础设施和景观功能虽不如森林公园，但其有着优越的森林旅游前景，具有开展夏令营、冬令营等自然生态系统认知与保护的研学宣教活动的潜在优势。

9. 森林人家

森林人家生态环境氛围优良，景观特色突出，植物与环境配置得当，装饰、装修独具特色，其接待设备设施及服务功能完善、齐备，具有浓郁的森林美食特色和林区民俗风情。以森林休闲养生旅游为主，可以开展传统创意美食体验、森林游步道、露营烧烤等活动。

10. 森林小镇

森林小镇生态优美、产业兴旺、乡风文明、特色鲜明，自兴起至今始终强调对生态维护的重视。在“全国最美森林小镇 100 例”评选中，广元市剑阁县剑门关镇荣获生态旅游型“森林小镇”。广元市开展的森林小镇是集旅游观光、餐饮、民宿、休闲娱乐、农家体验为一体的多功能旅游型场地。

（三）森林旅游效益

1. 经济效益

森林旅游的经济效益指的是开发、利用森林旅游资源所带来的经济收入。2013 年度广元森林旅游客流量达 856 万人次，森林旅游总收入 22. 4 亿元；2014 年度森林旅游客人次达 1054 万，总收入 29. 1 亿元；2015 年度森林旅游人次达 2190. 7 万，森林旅游总收入接近 35. 4 亿元。2016 年度森林旅游共接待游客 1924. 12 万人次，森林旅游直接收入达 42. 74 亿元，连续 10 年位于全省前五，森林旅游对年财政的贡献率达 6%。2017 年广元森林旅游接待人次近 2000 万，实现森林旅游总产值近 50 亿元。2018 年广元森林旅游接待人次数超过 2400 万，实现森林旅游总产值近 58 亿元，居全省前列。

广元森林旅游是旅游业的重要组成部分之一，其资源类型广、产品丰富，涉及面多种多样，发展森林旅游业是提高政府财政收入、拉动经济增长的重要途径。此外，森林旅游的发展还带动了宾馆、餐饮、交通、购物等方面收入的增加，增加了本地居民的经济来源，带动了就业。

2. 社会效益

森林旅游是广元“1 +5”林业产业的重要组成部分之一，在助推林业产业与各行业间联动发展方面起着非常重要的作用，发展森林旅游具有巨大的社会效益。一是，广元发展森林旅游加快了经济、文化产业的发展，使经济、文化交流范围不断扩大，增加了区域经济风险承受能力，扩大了当地居民的文化自信心。二是，森林旅游的发展促使就业机会增加，使本地的剩余劳动力得到有效利用，为实现社会和谐、区域稳定提供了有力保障。三是，森林旅游发展增加了区域知名度，进而吸引更多来广元投资、旅游的人。

3. 生态效益

广元发展森林旅游具有巨大的生态效益。通过对湿地公园、自然保护区以及森林公园等旅游资源进行合理的规划设计和有序的建设，做到在利用中保护，在保护中利用，达到经济效益和生态效益双赢的局面。发展森林旅游可提高人们的生态环保意识，让更多的人关注、了解生态保护的重要性，推动生态文明建设。2017 年，广元开展大规模绿化全川广元行动，全年完成营造林 54 万亩，新增森林面积 17 万亩，森林覆盖率提高到 56. 18%。2018 年，新增森林面积超过 20 万亩，森林覆盖率增加至 56. 81%，环境空气质量持续变好，森林旅游效益增幅明显。

三　广元森林旅游发展的不足与建议

（一）森林旅游发展存在的不足

1. 欠缺专业人才，服务管理较为滞后

广元森林旅游起步晚，发展的时间尚短，在森林旅游建设、经营管理、导游、解说员等方面的专业性人才欠缺，从业人员森林、旅游两方面的知识无法有机结合起来，与发展森林旅游的专业性人才相比还存在很大差距，是广元森林旅游业可持续发展的主要制约因素之一。

2. 资金投入不足，开发程度较低

广元森林生态旅游景区多依托自然保护区、森林公园、湿地公园、国有林场等，基础条件薄弱。除国家级外，省、市级的自然保护区等森林旅游场所建设缺乏资金，开发利用程度整体低，基础设施较差，阻碍了广元森林旅游业的进一步发展。

3. 季节性强，淡旺季反差大

广元森林旅游主要依靠森林公园、自然保护区等，春夏秋冬季节性变化明显，使得森林旅游淡旺季差异显著。

4. 森林产品供给水平不强，城乡发展不均衡

随着人民生活水平的提高以及城镇化建设进程的加快，人民群众对森林产品的需求量逐步增加，但就目前而言，广元森林旅游产品品种少、供给量小、城乡不均衡、服务水平低等问题较突出，与大众的期望值还有很大差距。

5. 产品规划投入不足，品牌建设力度不够

广元森林旅游在品牌建设上投入的资金少，宣传力度不强；森林旅游产品开发全面性不够，面向高端市场、科考教育、运动体验等森林旅游产品相对匮乏，不能形成强大的特色品牌吸引更多的游客。

6. 基础设施建设滞后，公共服务有待提升

广元信息化发展相对落后，各项旅游资源在移动端的数据呈现较少，旅游服务数据不足、旅游公共数据较少、旅游智慧化程度偏低，很难适应现代游客旅游需求。高铁、高速公路与主要景区交通对接不够，景区停车场、厕所、标识等配套设施有待完善。

（二）森林旅游发展建议

1. 引进从事森林旅游的人才，完善专业化森林旅游从业队伍

引进旅游高端人才，形成“高级为龙头、中级为骨干、初级为基础”的

森林旅游人才队伍体系。着力引进复合型森林旅游景区管理人才、高水平森林旅游服务人才、高层次森林旅游专业人才、特色森林旅游新型人才、高素质森林旅游教育师资人才等五大森林旅游人才队伍。

2. 积极包装森林旅游项目，破解制约森林旅游产业发展的投入难题

充分发挥政府决策作用，将自然保护区等森林旅游场所建设纳入地方经济发展规划中，争取地方财政的支持。政府应根据实际情况设立森林旅游发展专项资金，加大对森林旅游基础设施、公共服务、形象推广、执法监督、人员培训和促进旅游就业等的投入。

3. 加大基础设施建设投入，使配套设施标准化

巩固旅游标准，强化建设成果，全面推进旅游停车场、引导标识等旅游配套设施标准化规范化建设。推进“厕所革命”，确保旅游厕所均达到 A 级以上标准。依托广元智慧旅游管理平台，实现对游客流量、旅游交通、旅游舆情等全域涉旅数据的智能监测。

4. 指导开发森林旅游产品，打造有一定吸引力的森林旅游品牌

深化文旅、农旅、林旅等产业融合发展，拓宽旅游产业链。随着森林旅游产业的发展，森林旅游同其他产业融合的趋势越来越明显，尤其是森林旅游与农林产业、文化产业、工业的融合，对森林旅游业的转型升级以及系统构建具有重要意义。广元要做靓豆腐宴、山珍宴等地方特色餐饮，合理布局多功能旅游集散中心，全天候提供咨询、餐饮、医疗、投诉等旅游服务。改造提升盘龙机场，建立主要景区与机场、车站、码头等无缝对接交通体系。

参考文献

张国薇：《康养旅游的发展现状和对策——以米易县为例》，《旅游纵览》（下半月）2017 年第 4 期。

苟景铭、余雪梅：《加快四川森林康养产业科学发展的思考》，《四川林勘设计》2016 年第 1 期。

杨振之：《中国旅游发展笔谈——旅游与健康、养生》，《旅游学刊》2016 年第 11 期。

李后强、廖祖君、蓝定香、第宝锋：《生态康养十一讲》，四川人民出版社，2019。

单亚琴、姚国荣：《国内健康旅游研究综述》，《牡丹江大学学报》2015 年第 7 期。

B.23
广元餐饮业发展报告（2018）

徐骁 高扬*

摘 要： 随着经济社会快速发展、城镇化建设快速推进、收入稳步提高、生活节奏加快、消费观念更新，广元餐饮业一直保持着高位速进的旺盛发展势头。特别是2018年，广元在餐饮行业公共品牌建设方面做了许多卓有成效的工作，行业公共品牌已初具影响力。目前，广元市餐饮市场规模不断扩大，产业结构逐步优化，从业人员不断增加，呈现出“百花齐放”的繁荣景象，在扩大内需、繁荣市场、促进就业、提高人民生活水平等方面做出了积极贡献，并成为广元的重要经济增长点。

关键词： 餐饮业 品牌战略 广元市

一 广元餐饮业发展现状

（一）行业规模持续扩大，消费贡献值稳步提升

1. 经营网点快速扩张

随着经济体制改革的全面展开，广元餐饮市场从单一的公有制计划经济体制，转变为如今的以个体私营为主导的社会主义市场经济体制。广元餐饮

* 徐骁、高扬，广元市商务局。

业的特点是快速投资和快速撤资，店面变化大、数量增加快。2014 年广元餐饮单位为 5020 家，截至 2018 年底已发展到 11306 家，增加 1 倍有余；其中，广元城区 4179 家、四县三区共 7127 家。广元限上餐饮企业 15 家（指年销售额 200 万元人民币以上的餐饮企业）。

2. 零售额年均增长12%

广元餐饮业已进入稳定持续增长期，增长速度平稳、快速，行业零售额从 2013 年的 32. 07 亿元增长到 2018 年的 60. 37 亿元，年均增长 12% 以上，是消费品需求市场中发展最快、增值最稳的行业之一。

餐饮业对消费市场的拉动作用明显，贡献率高。2018 年，广元餐饮业零售额占社会消费品零售总额的 15. 7%，人均餐饮消费 2086 元（按户籍人口计算）、2419 元（按常住人口计算）；广元 GDP 为 801. 85 亿元，同比增长 8. 4%。其中，餐饮业对经济增长的贡献率为 2. 3%，拉动经济增长 0. 2 个百分点（见表 1）。

表 1　2013 ~ 2018 年广元餐饮业零售总额和增长率情况

单位：亿元，%

年度	餐饮业零售额	增长	消费品零售总额	增长
2013	32. 07	13. 6	219. 46	—
2014	35. 69	11. 29	247. 16	12. 6
2015	42. 18	18. 18	296. 62	20. 01
2016	47. 17	11. 83	331. 07	11. 6
2017	55. 37	17. 38	363. 33	9. 74
2018	60. 37	9. 03	405. 33	11. 6

资料来源：广元市统计局统计数据。

3. 就业贡献率稳步提高

餐饮业兼有服务和产品消费双重功能，就业人员多且逐年增加，产业关联度高，有效带动种植业、养殖业、加工业等行业发展，在扩大就业、提高居民收入和维护社会安定等方面意义重大。

2018 年，广元餐饮业从业人员约为 20 万人，相比 2014 年 8 万人增长了

150%，占广元服务业总人数的30%，占广元总人口的7%；其中，技术人员约4.8万人，服务人员约15.2万人。

从业人员工资收入亦逐年稳步递增。目前，广元市餐饮技术人员平均工资每月6000元，较10年前的2500元增长了140%；技术助理每月3500元，较2008年的1600元增长了118.75%；服务员每月2400元，较2008年的800元增长了200%。普通工作人员的工资增长率最高。

（二）餐饮结构逐步优化与时俱进势头强劲

改革开放以来，广元餐饮业发展日新月异，得益于政策向好，得益于社会、科技、观念的进步。特别是党的十八大以来，广元餐饮业砥砺前行，以“康养、绿色、体验”为指导，积极转型提升和加强供给侧改革，推动餐饮业向个性化、多元化进发，新模式、新业态、新服务特性日趋凸显，呈现出欣欣向荣的餐饮业新常态，发展势头后劲十足。

1. 业态构建趋优，满足餐饮消费需求

2019年广元餐饮协会的一份调查显示，广元消费者需求方面，市民最关心的是餐饮新店和新品种；火锅依然最受大众喜好，快餐深受年轻一代青睐，代表广元餐饮特色的蒸凉面、酸菜稀饭成为早餐首选。

餐饮行业从业人员和投资者经过长期实践总结认为，服务质量和佳肴品质是餐饮企业平稳发展的基础，在各类促销方式中，打折、会员制最吸引消费者；大中型餐饮店以团餐为主线消费，中餐依然占据主导地位；农家乐、渔家乐发展势头迅猛，康养、健康、绿色餐饮逐渐成为新兴业态和发展趋势。

麦当劳和肯德基的入驻，填补了广元餐饮业国际快餐品牌的空白，也让业态更趋于完善。目前，广元11306家餐饮企业中，学校食堂711家，机关企事业单位食堂215家，建筑工地食堂24家，小吃6162家，中餐2456家，火锅1569家；类型方面，小吃、快餐、饮品、中餐、西餐、火锅、汤锅、干锅等等应有尽有、丰富多彩；品牌方面，外来加盟、本土特色相得益彰；经营模式方面，国营、集体、个体、私营竞相争艳。广元餐饮业业态构建合理、店面大街小巷分布均匀，城乡布局协调，基本上能满足消费者的上述就餐需要。

特色是餐饮行业店面长盛不衰的主要因素之一。利州区雪峰片区的“哑巴兔”、“老家柴火鸡”、“院坝鱼头”等特色餐饮店成为江湖菜系的代表品牌而远近闻名；利州区老城区的“阿凡达音乐餐厅”将视、听、食的美感有机结合，首创享受型餐饮消费；利州区万源片区的“齐鲁肥牛”化整为零，推出二人制小型用餐革新，让高端产品平民化；利州区东坝片区的“锦上华品”火歌城将KTV植入美食中，一边享受美食一边唱歌娱乐，餐饮氛围异常活跃。它们成为广元市区餐饮行业一道道独具魅力的风景线。

广元的农（渔）家乐发展历史有20多年，在第一批农家乐中，以“夜宴山庄”、“杜仲园”为代表的特色农（渔）家乐依然耸立不倒，成为老字号农（渔）家乐。如今，广元以“荷花、樱桃、芍药、金银花等特色农业观光和避暑、康养休闲旅游”为载体平台，发展了一个个以“朝天的曾家、李家，青川的唐家河阴平村、沙州幸福岛，昭化古镇，利州区的龙潭、泥窝、大石”等代表区域的农（渔）家乐集群带，成为广大市民周末外出踏青的休闲餐饮胜地。据市餐饮协会粗略统计，广元几乎每个乡镇均已发展有农（渔）家乐1家以上，农（渔）家乐已成为餐饮行业中不可或缺的重要组成部分。

2. 产业化趋优，助力餐饮业集群发展

近10年来，广元利用餐饮名优评比、特色餐饮展会、厨师培训、名师讲座等活动，推陈出新了许多具地方特色的名品佳肴，培养了大批餐饮业优秀人才，引导餐饮企业做大做强，促进餐饮产品和服务品质上新台阶，推动餐饮业向规模化、产业化、集群化发展。

广元餐饮业态多样化、产业化结构逐步形成，本土传统饮食文化源远流长，女皇蒸凉面、剑门豆腐、酸菜豆花等本地的名优风味小吃、名吃、名菜传承至今，青川核桃饼、刘氏大礼馍等具有地方特色的小吃别具风味。唐御食府、鑫风酒楼等大中型餐饮企业不断发展壮大。

随着餐饮市场的开放，无论是最早一批的“刘一手”、还是后来居上的

“肯德基”，入驻广元的连锁餐饮企业为广元餐饮行业引来活水、注入活力。

虽然本土餐饮企业还很少向外域扩张，但餐饮品牌正着力推进辖区连锁扩张覆盖，涌现出一批以“金贝儿”、“花色饺”和“芙蓉餐厅”等为代表的高品质、扩张快速的本土餐饮连锁品牌，成为广元餐饮标杆企业，促进了餐饮业品牌化发展。

广元特色餐饮品牌向外“走出去”扩张的力度也在逐步加大，企业把“蒸凉面”通过规模化生产、精美包装面向全国销售；剑阁县田园故事餐饮企业高资聘请国内八大菜系高级厨艺大师组织土鸡各系产品规模化加工生产研究。他们均为广元餐饮品牌对外影响力和市场占有率的扩张打下坚实基础。

广元县区区域品质特色鲜明，拳头模式争奇斗艳，名吃、名菜、名品多元丰富各具特色。朝天区以“曾家山菜系”为抓手，不断完善消费体系和渠道，开发生态养生菜品近 200 道，培育特色餐饮店 16 家。主城区利州区以“大型、老字号、连锁”等高档、精品餐饮为主，营业面积、营业收入和从业人数居广元之首。苍溪县城形成“小火锅、烧烤小吃、滨江路美食”特色餐饮街 3 条。剑阁县依托其独特的旅游资源，重点打造“剑门豆腐”、“剑门土鸡”、“剑门山珍”三大菜系，开发剑门豆腐、剑门土鸡系列菜品 180 多种，受到宾客首选且普遍认可。假日餐饮是青川餐饮业一大特性，用黑木耳、茶叶等纯天然有机食品和天麻、银杏等名贵中药材为美食原材料，打造“食养”系列产品；旺苍县的东凡卤鸡、良宇糯米彩蛋、凤冠核桃花卷等成为地方名菜。

广元餐饮行业协会数据显示，目前广元城区包括广元万达嘉华酒店、天豪酒店、麗枫酒店、春秋国际酒店、鑫凤白果鸡酒楼、祥和家宴等具有代表性的餐饮企业（21 家酒店和 9 家社会餐饮）中，共有 600 人以上就餐接待能力的酒店近 10 家，400 人以上就餐接待能力的酒店近 20 家，其中包括国内知名连锁五星品牌和本土五星酒店以及本地老字号酒店。

3. 科技融合趋优，推动餐饮业智能化

“互联网 +”已成为促进广元餐饮业网络营销和外卖市场迅速崛起的内

在因数。从实践来看，以实体为主体的餐饮店因网络销售传播渠道的兴起大大提高了营业收入，美团、饿了么等线上平台的进驻，深得经营者的好评和消费者的青睐，团购、快餐外卖等“打折优惠、足不出户、24 小时制”点（购）餐方式很快成为一种餐饮消费时尚。

2018 年，广元共有 1200 家餐饮企业参与网络营销，90 万人次实现网络消费，网络销售额达 1500 多万元，占餐饮总销售额的 2.3%。

在线支付已成为餐饮消费结算的重要手段，除了在线订单外，微信、支付宝等移动支付百分之百覆盖了餐饮业所有大小店面，现金结算已经成为非主流结算方式正逐渐缩小支付比例。

4. 食品安全趋优，促进餐饮业健康化

食品安全推进是一个艰难复杂的历程。近年来，在职能部门监管、社会关注等共同促进下，广元在“建立健全食品安全管理制度和操作流程、加强从业人员教育和管理培训”等方面做出了卓有成效的工作，为广大消费者营造了一个安心、舒心、放心的就餐环境。

2018 年，广元餐饮业食品安全监督量化分级管理评定为 A 级的餐饮服务单位 48 家，B 级 6892 家，良好及以上安全等级达 71.6%；农村自办群体性宴席备案登记 8112 场次，备案率达 93.7%。近年来，广元餐饮领域未发生较大食品安全事故，食品安全形势总体可控。

二　广元餐饮业存在的主要问题

（一）品牌基础薄弱

广元餐饮行业存在着有数量缺质量、有“高原”缺“高峰”现象，企业、产品的影响力和知名度相对较低。虽然餐饮种类齐全、特色鲜明，但是缺少一个强有力的整合平台，公共品牌缺少，特色连锁店不多，向区域外扩张的连锁品牌几乎没有，以致难以形成合力，“走出去”步伐较慢。餐饮业“老字号”优势未能充分发挥和利用，部分“老字号”发展不理想，“坛子

肉”“雪花鸡淖肉”“八宝鸡”等许多传统小吃、著名菜式、特色宴席濒临失传、亟待抢救。专利、品牌、商标被抢注和仿冒，使产品与服务特色不明、影响不深、辐射不远、竞争不力。

餐饮业严重同质化、品质粗糙、不良竞争是品牌竖立不起的主要因素。以剑门豆腐为例，名气大、店铺分布广、从业人员多，为剑阁名片，然而没有教学基地、没有烹饪大师、没有品牌认证、没有行业约束……让一些商家“以次充好、恶意竞争、低端徘徊”，即便有一定基础的，也不思进取、菜品多年不变、简单重复，使正宗的“剑门豆腐”被埋没了。

广元文化、历史底蕴虽然深厚，却没能较好地转化为餐饮业现实的生产力。比如剑阁餐饮，对几千年来剑门蜀道上积淀的丰厚的政治、经济、历史、民俗、非物质文化、无形资产等重视不够，固守仅有 43 年的三国蜀汉文化，未能讲好剑阁故事、形成剑阁独特特性。一些具有鲜明地方餐饮特色的传统文化正在消失，如广元特有的“鸣堂叫菜”传统服务目录等。

民间饮食是做强商贸、搞活旅游的重要资源。大量年轻劳动力外出，老一辈名厨凋谢，加之经营主体追求时髦而不屑于传统餐饮，导致许多优秀的民间小吃、菜式、宴席日渐衰微，甚至失传。如“大肉会”“鸡肉会”“九碗一品”“五福重楼”等宴席菜式除了在庙会或农村坝坝宴上一展芳容外，基本未产生经营价值，如果再不进行挖掘、传承和推广应用，极有可能就此失传，从而造成广元餐饮业不可挽回的损失。

（二）行业融合不高

广元处于南北交会处，餐饮业接纳了南来北往的餐饮风格，但融合度较低，加上外来品牌餐饮的大量溶入，融合特性既是广元餐饮业的特点，也让广元市本土餐饮特色被稀释，地方餐饮特色难以标杆立影。广元餐饮业没有打造出成熟的美食旅游产品；与康养融合尚处于起步阶段；餐饮业信息化、智能化只进入付款、网络点餐、外卖配送等初级模式。

广元餐饮资源丰富，但是特色挖掘不足，资源优势缺少转化为产业优势的路径，例如天麻、黑木耳等医用价值极高的食材，大多还是依靠传统粗加工或未加工方式出售，附加值较低。

（三）产品特色不鲜明

广元拥有很多独具地方特性的高品质佳肴，除了蒸凉面，还有土酸菜、核桃饼、手工馍，都具有独特的制作工艺，地方优良食材优势也有体现，比如曾家的米珍口感细腻大受欢迎，但因缺乏专门的机构对餐饮进行研究、开发，推广上也没受到重视，以至被淹没在融合特性中，需要加以挖掘和品牌化助推。

一些已形成品牌的特色文化美食，缺乏创新能力，价值未充分展现，例如剑门豆腐宴、土鸡宴开发滞后，市场推广效果差。

（四）产业实力不强

广元餐饮业致力于餐饮业发展的业主实力不强，有实力的企业家又不屑于多投资，制约了广元餐饮业做大做强，制约了连锁化、规模化和品牌化发展。

目前，广元餐饮业以个体创业居多，手工作坊普遍，靠经验管理，现代化水平低，特别是饮食技校停办、名师名厨凋零导致从业人员素质和技艺不高，束缚了餐饮业创新升级和高端发展。

（五）本土人才缺乏

根据广元女皇味道餐饮培训中心调查数据，广元大型餐饮企业的厨师团队绝大多数来自外地，他们采取承包厨房和带队管理的方式进行管理，其中这些厨师团队来自成都的占30%，德阳的占24%，绵阳的占36%，本地及其他团队只占10%。所以，不仅地方菜肴的推广渠道变得越来越窄，导致本土人才的成长土壤也越来越稀薄，本地技术人才融入不进去，人才队伍特别是学徒外流趋势加大（见表2）。

表 2 广元市职业高级中学校近五年烹饪专业毕业生去向情况统计

单位：个

年度	毕业人数	去向				
		广元	成都	北京	上海等地	其他地区
2013	123	42	41	15	17	8
2014	115	34	42	14	19	6
2015	142	47	51	17	17	10
2016	130	40	46	21	15	8
2017	136	38	52	17	20	9
合计	646	201	232	84	88	41

资料来源：广元市职业高级中学校调查统计数据。

三 广元餐饮业发展的对策与建议

（一）大力实施品牌战略

1. 着力构建广元特色餐饮品牌体系

加快形成“区域餐饮公共品牌 + 特色菜系品牌 + 企业自主品牌”体系，以区域公共品牌为统领，以县域性特色菜系品牌为支撑，以企业自主品牌为主体的品牌体系架构。

2. 着力培育餐饮业公共品牌

从广元历史地缘和文化属性的独特性和唯一性出发，创建广元餐饮区域公共品牌，进一步丰富川菜流派体系，结合建设中国生态康养旅游名市契机，通过广元餐饮公共品牌的宣传推广，全面深入地整合广元各类餐饮资源，成为引导和推动广元餐饮业大发展的重要抓手。

3. 着力培育广元特色餐饮品牌

将广元地方特色餐饮纳入广元公共品牌营销范围，依托区域产业发展，重点培育以剑门关土鸡、白龙湖有机鱼、曾家山绿色蔬菜、青川山珍、特色牛羊肉等特色食材为主的县域特色菜系品牌。提升一批以“女皇蒸凉面”、

“剑门关豆腐”、“朝天核桃饼”、“中子麻辣鸡”、“白龙湖香辣丁鳜”、“昭化宫保鸡丁”等深受市民喜爱的名菜。

4. 着力品牌挖掘保护

深挖品牌内涵，从传统烹饪工艺、群众喜爱程度、市场认可以及文化等方面着手，全面收集整理广元餐饮公共品牌理论体系，制定发展规划和工作任务。推动支持广元菜研究院建设，制定完善菜品图谱，加强宣传推广。开展“寻味广元”活动，挖掘一批影响深远的“广元老字号”、“技艺传承人”。支持餐饮企业努力争创中国驰名商标、中华老字号、四川省著名商标、四川老字号、钻级酒家、星级农家乐（乡村酒店）。大力推动广元蒸凉面、朝天核桃饼等制作技艺申请市级、省级非物质文化遗产。

（二）构建餐饮融合发展体系

1. 加强上游产业衔接

立足构建现代餐饮大产业体系，以安全、健康、绿色等为选材核心，以现代化物流体系为支撑，疏通产品供应端、流通端。鼓励引导餐饮企业向上游延伸经营链条，推进与农副产品生产基地合作，共建原材料供应基地；加强与物流公司、农副产品批发市场等合作，共建农业产供销体系，推动剑门关土鸡产销体系、青川黑木耳产销体系的建立健全。加大对品牌农副产品基地以及原材料供应企业（包括农副产品以及餐饮调味品等）的扶持力度，加快推进冷链物流体系建设，推动建立“基地 + 物流 + 餐厅”之间稳定的产供销联盟，实现从田野到餐厅的质量安全控制，为餐饮企业提供安全、健康、方便的原材料。

2. 促进下游产业融合

当前广元旅游业正处于快速发展的美好时代，餐饮行业作为旅游业中重要的组成部分，它的良好发展能为旅游业的发展带来强有力的助力。大力发挥餐饮业的带动引导功能，深度挖掘餐饮经济的链条作用，鼓励餐饮业向下游延伸，加强餐饮行业与旅游产业、康养产业、文化产业、医疗产业、农业产业等充分融合，进一步丰富和完善餐饮产业体系和内涵。

（1）餐饮业 + 农业产业。把农业作为餐饮产业的“第一车间”，打造一条“从田间到餐桌”的完整产业链。推动地方特色农产品销售，实现农业产业规模化、标准化、品牌化发展。鼓励餐饮企业通过公司加农户、契约加服务、服务加农户、科农工贸一体化等经营模式，从政策、资金、税收、用地、社保等方面给予全方位支持，把餐饮产业和农业有机连接起来，形成产业链，用餐饮业带动农业产业化加快发展。

（2）餐饮业 + 文化产业。将广元餐饮文化、四川餐饮文化内化到广元的特色小吃、品牌餐饮建设中去，同时大力发展文化创意产业、建设餐饮行业自媒体联盟，启动餐饮业融媒体建设，激活餐饮业信息化推广基因。

（3）餐饮业 + 旅游业。深入挖掘青川箭竹笋等系列依托良好的生态环境生长的食材，通过文化挖掘、创意包装、品牌建设、孵化出具有鲜明生态基因的餐饮业态，依托广元餐饮产业生态资源的优势，推动康养生态旅游发展。同时，依托旅游产业的发展进一步推动广元生态系列食材的开发。

（三）打造特色餐饮产品

1. 康养系列产品

依托广元生态康养旅游名市建设，以及丰富的中药材资源，加快推进药膳菜品、小吃，与养生旅游相结合，开发康养系列餐饮产品。依托广元青川县、苍溪县，重点开发山珍膳食养生、药物养生、人工培育采摘体验及天然博物馆等康养旅游产品。在广元青川县建立大型山珍类资源人工培育园区，重点栽培银耳、黑木耳、香菇菌类山珍，建设配套的综合旅游示范区，打造集吃住行游购娱于一体的综合山珍类美食旅游示范园区。建设有特色的“前诊后食”山珍膳食养生馆，请医学专家和营养学专家研发有针对性的山珍养生膳食食谱和菜肴，并详细写明每种食谱和菜肴的功效。请中医坐诊，通过望闻问切的方法，有针对性的设计定制化山珍膳食菜谱，并结合该区域特色中药材、富硒茶叶及有机农产品作为膳食养生的系列产品。开发口感较好、营养价值较高的山珍类营养食品，如饼干类、糕点类、糖果类、饮品类或各种小零食类的食品。

2. 文化系列产品

加强餐饮文化产品研究，推动广元蜀道文化、三国文化、武则天名人文化、民俗文化、红色文化等特色文化与餐饮文化相融合。鼓励美食企业、协会及科研机构不断加强对美食文化的挖掘整理和创新研究，推进广元美食文化与时代特征相结合、与四川特色民俗相结合、与人文历史相结合，通过开展科学研究、美食品评、烹饪比赛、论坛讲座等活动，凝练四川美食文化特色，丰富美食文化内容，讲好餐饮品牌故事，发扬美食文化精神。鼓励美食企业实现经营与美食文化的有机结合，引导品牌餐饮企业加强菜品、餐具、厨具等硬件产品和店名、服务、环境等软件产品开发。

3. 原料系列产品

突出绿色食材，加强川菜原材料的种植、养殖，依托天然绿色、营养丰富、风味别样的特点，促进川菜原料生产基地建设，依托本地丰富的山珍、野味等川菜辅料，推动川菜辅料基地建设。鼓励上规模、有实力的餐饮企业，采用订单农业的方式，抓好以种植、养殖为主的原辅材料基地建设，促进餐饮业产供销一体化发展。加大在建设用地、配套资金、减免税费、保障配送等方面的政策扶持，鼓励品牌餐饮企业建立加工基地、中央厨房，实现统一配送，保障餐饮消费安全。

4. 女性系列产品

挖掘“女皇故里”文化资源，倡导“关爱女性，健康优雅”的产品理念，加快推进以女性为主题的餐饮发展，在原材料选用上走轻食餐饮路线，在环境营造上走温馨浪漫路线，加快女性特色餐饮菜品研发和特色餐饮企业培育，着力打响女性餐饮品牌，作为广元餐饮“走出去”的拳头产品，助力餐饮品牌输出工程。

（四）培育强劲市场主体

1. 加强网点规划

按照科学规划、合理布局，突出特色要求，坚持与经济发展相衔接，与群众消费需求相适应，与相关产业发展相协调，与历史文化景观、民俗文化景观、农业生态景观相结合，做好餐饮网点规划并纳入各级城乡商业网点建设规划。

2. 优化发展结构

依托优越的自然地理和丰富的绿色有机农产品优势，从“品牌建设、产品开发、营销推广”三个维度，完善业态布局，着力建设商务、休闲、社区三大餐饮集聚群和综合性餐饮实体；创建美食街和夜市；设置方便消费、老少皆宜的大众化餐饮网点；规范发展“农家乐”，提升农村餐饮服务质量。

3. 壮大市场主体

培育壮大龙头企业。培育一批特色突出、文化内涵丰富、社会影响力大的地方餐饮品牌企业，鼓励餐饮企业与国际知名品牌通过联合、兼并、收购、重组等方式打造龙头企业；加快发展加盟和特许连锁，鼓励到市外开设广元餐饮品牌旗舰店、连锁加盟店；加快推进统一配送、网络营销、电子点菜等现代经营模式；把特色美食街（区）作为旅游景区、美食节（会）作为旅游项目来开发，形成美食风光旅游产品并大力推广。

（五）创造跨越发展环境

1. 加强组织领导

坚持“政府推动、市场主导”发展原则，立足经济社会发展全局，将餐饮业作为调结构、转方式的重要产业来抓，成立市县两级餐饮业发展工作领导小组，形成共同推动、齐抓共管的联动机制。编制实施方案，制定发展规划，建立健全行业标准体系，发挥品牌效应，加快餐饮业发展步伐。

2. 加大支持力度

每年市县两级财政统筹安排餐饮业发展资金，用于餐饮品牌建设、企业做大做强奖补、人才培训、打造特色旅游餐饮街区、组织“名菜、名小吃、名宴、名厨、名店”评选及美食大赛，特色菜品的研发提升、菜谱制作和宣传推广等方面的支出。

3. 减轻企业负担

进一步降低餐饮企业负担，落实餐饮业与工业水、电、气同价；简化灯饰、广告设置审批手续；合理放宽对餐饮门店、美食街区的广告设置规定；规范早餐、夜市、门店、街区的车辆临时停靠。

4. 发挥协会作用

进一步发挥餐饮业协会作用，把协会真正办成会员之家。加强与职能部门沟通协调，协助有关部门开展行业规划、标准制定、统计分析、政策研究等工作，积极开展技术交流、理论研讨和美食节庆等活动，建立开放、公平、公正的市场竞争环境，促进餐饮业健康发展。

5. 实施人才储备

依托职业院校及广元餐饮培训中心，加大管理及服务专业学科建设，加强管理、技术、服务人才培养。造就一批高层次技能人才，力争实现本地“中国烹饪大师”10名以上，高级烹调师等各类技能型人才100名以上，提高餐饮人才队伍整体素质。

6. 强化舆论引导

通过建设一个主题美食网站、开发一套美食地图、办好一本美食杂志、开办一个美食栏目、拍摄系列美食宣传片、编写系列美食专著和画册等六个方面，形成一批美食地图、专著（画册）、杂志、名店、名厨，全面、长期、持续性宣传推广特色餐饮基础素材。加强与央视、省电视台等主流媒体、栏目协作，利用报刊、广播、电视和网络等媒体、平台，推介广元特色餐饮，积极营造推进餐饮业发展的社会舆论氛围。

参考文献

姜俊贤：《餐饮产业蓝皮书：中国餐饮产业发展报告（2018）》，社会科学文献出版社，2018。

B.24 广元食用药材选用与药膳美食开发研究

朱国勇　刘 健　杨佳华*

摘　要： 广元产药历史悠久，药材资源丰富，现有50余个企业150余个农民合作社和10万余人从事中药材种植养殖及相关业务，其中60余个主体种植有药食两用药材品种近20个。利用优质食用药材开发绿色、生态、健康、美味药膳美食市场潜力巨大。本文对广元主要食用药材特征特性及药膳美食开发现状作了概括介绍，并对广元开发药膳美食的优势条件、限制因素、对策措施等进行了分析研究。

关键词： 食用药材资源　药膳美食开发　广元市

一　广元食用药材开发利用现状

（一）广元食用药材开发利用的优势条件

1. 广元生态条件优良

广元森林覆盖率56.18%，空气优良天数达到95.8%，土壤富含锌硒，几乎没有工业污染，已建成无公害农产品生产基地241万亩、全国绿色食品原料标准化生产基地166万亩、国家有机食品生产基地25万亩，拥有“三品一标”农产品认证343个，农产品部省级监测合格率保持在99%以上，是全省唯一拥有2个国家有机产品认证示范县的地级市，被命名为全省

* 朱国勇、刘健，广元市农业农村局；杨佳华，广元女皇味道餐饮管理有限公司。

“农产品产地无公害化市”和全省首个“农产品质量安全监管示范市”。

2. 广元药材资源丰富

广元现有中药材和中草药品种2500余种，其中大宗药材327种，分属于146科，270属。包括根茎类90个，籽仁果实类74个，全草类50个，花叶类24个，树皮类14个，藤木类16个，菌藻类6个，动物类36个，矿产类4个，加工其他类3个。四川省49种道地中药材广元出产30余种。广元种植中药材品种60余个，面积90余万亩，产量30余万吨，养殖麝香、梅花鹿等药用动物存栏近3000头，饲养僵蚕产量20余吨。

3. 广元产药历史悠久

广元地处秦巴山南麓和嘉陵江上游，属亚热带湿润季风气候区和南北气候过渡区，享有“秦地无闲草，巴山多仙药”美誉。《开宝本草》载有“赤健生郓州、利州、太山、劳山诸处”；《龙安府志》载有“土产唯宜药，王租只贡金”；《通考》载有“民业农桑外，兼营林业药”；《利州州志》载有“杜仲、麝香、柴胡”等药材品种。

4. 广元重视康养事业

中共广元市委七届二次全会做出“建设中国生态康养旅游名市”的决定，广元市政府成立了“广元市健康产业发展领导小组”，编制了《广元市健康产业发展规划》，四川广元康养示范产业园、广元度众颐康园、苍溪老邸山中医药博览园、剑阁中医药产业园、昭化药博园等一批中医药康养旅游项目加快建设，以优质粮油、特色山珍、生态养殖、食用药材等为原料的食品和药膳得以研究开发，“康养之都”地位逐渐显现。

（二）广元食用药材开发利用已经形成的特色产品

近年来，广元结合生态康养旅游名市建设，鼓励和支持企业开展中药材道地性研究，利用地产药材开发药膳美食和大健康产品。广元有20余个经营主体从事药食两用品种种植，主要有利州区的天麻、金银花、菊花、灵芝，昭化区的茯苓、葛根、藤椒，朝天区的天麻、灵芝、山葵，青川县的天麻、羊肚菌，旺苍县的当归、天麻、金银花，剑阁县金银花、葛根、石斛，苍溪县川明参、天麻等，种植面积5万余亩，鲜品产量6万余吨。其中，年精深加工和药膳美食使用量1500余吨，占比2.5%，销售总额6000万元。

1. 天麻及其产品

天麻，又名赤箭，兰科天麻属多年生草本植物，富含有天麻素、柠檬酸、琥珀酸、棕榈酸、蔗糖、维生素A类物质、抗真菌蛋白、微量元素铁等成分，具有息风止痉、平抑肝阳、祛风通络、增智健脑、促进睡眠等功能，主治惊痫抽搐、眩晕头痛、肢体麻木、手足不遂、风湿痹痛等病症。广元是野生天麻的传统优势产区，有效种植面积12000余亩，鲜品产量4000余吨，面积、产量均居全省首位。其中年精深加工和药膳美食使用量100余吨，占比2.5%，销售总额500余万元。随着“两菌一种”技术的突破，天麻已由名贵药品变成了普通食材，广元开发的蜜鲜天麻、鲜天麻固体饮料、冻干天麻、天麻果脯以及天麻药膳等系列康养产品已经获得多项专利，销售市场逐步扩大（见图1）。

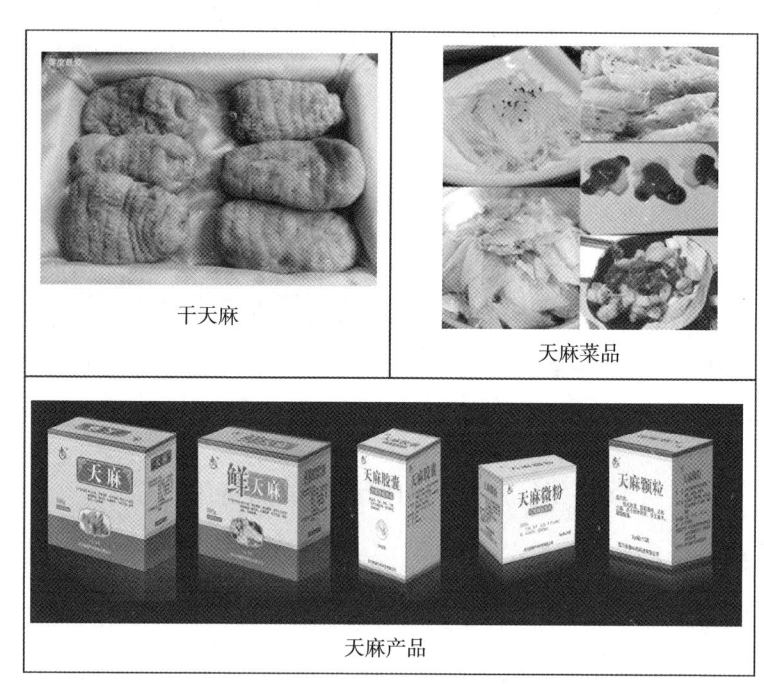

干天麻

天麻菜品

天麻产品

图1　天麻及产品

资料来源：广元市农业农村局整理资料。

2. 茯苓及其产品

茯苓，多孔菌目茯苓属菌类，常寄生在松树根上，药材外观多呈不规则的结节状团块、球形、扁形、长圆形或长椭圆形等。外皮淡灰棕色或黑褐色，呈瘤状皱缩，内部白色稍带粉红，由无数菌丝组成。茯苓功效广泛，不管寒、温、风、湿诸疾，都能发挥其独特功效，将它与各种药物配伍，可治疗小便不利、水肿胀满、痰饮咳逆、呕逆恶阻、泄泻、遗精、淋浊、惊悸、失眠、健忘等病症。广元茯苓种植面积已逾万亩，鲜品产量5000余吨。其中，年精深加工和药膳美食使用量150余吨，占比3%，销售总额750余万元。广元研究开发有茯苓块、茯苓粉、茯苓糕、茯苓酒、茯苓茶、茯苓酸奶、茯苓药膳等系列产品（见图2）。

茯苓（丁、粉）礼盒　茯苓酸奶
茯苓蹄筋　茯苓糕

图2　茯苓所制食物

资料来源：广元市农业农村局整理资料。

3. 川明参及其产品

川明参，伞形科川明参属多年生草本植物，多生长于山坡草丛中或沟

边林缘，4～5 月开花，5～6 月结果，其根味甘微苦，具有补气、利肺、止咳、生津等功效，主治肺热咳嗽、热病伤阴、虚损虚寒等病症。广元是全国川明参的最大产区，苍溪县被誉为全国“川明参特产之乡”，2000 年获得了“绿色食品”认证和无公害标识，2012 年通过了地理标志保护产品认定，年种植面积 3 万余亩，鲜品产量 9000 余吨。其中，年精深加工和药膳美食使用量 450 吨，占比 5%，销售总额 900 万元。广元研究开发有川明参条、川明参泥、川明参汤料、川明参饮料、川明参菜品等系列产品（见图 3）。

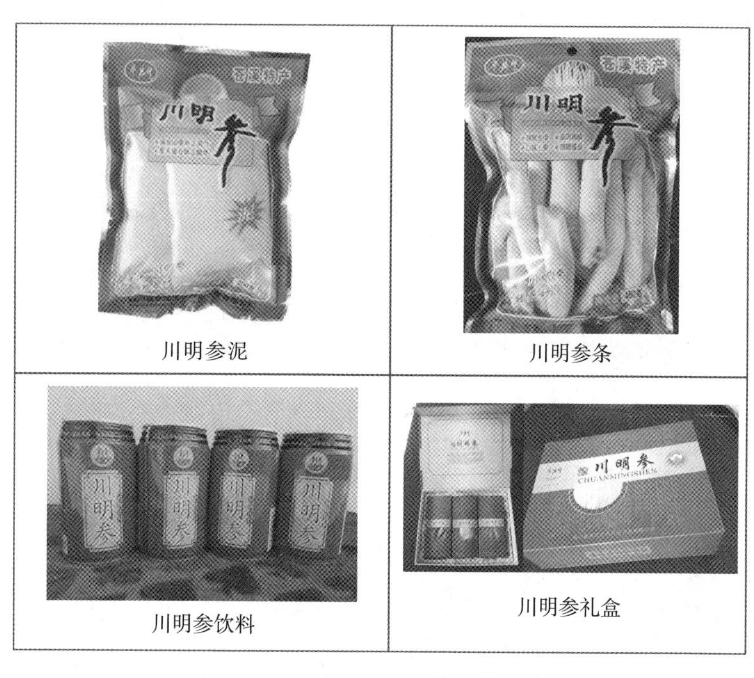

川明参泥　川明参条
川明参饮料　川明参礼盒

图 3　川明参食材、饮品

资料来源：广元市农业农村局整理资料。

4. 粉葛及其产品

葛根，豆科植物野葛的干燥根，具有解肌退热，生津止渴，透疹，升阳止泻，通经活络，解酒毒之功效，常用于外感发热头疼，项背强痛，口渴，消渴，麻疹不透，热痢，泄泻，眩晕头疼，中风偏瘫，胸痹心痛，酒毒伤中。粉葛乃葛的变种，既是常用药材，又是膳食佳品。广元葛根种植面积6000余亩，鲜品产量3600余吨。其中，年精深加工和药膳美食使用量120吨，占比3.3%，销售总额360万元。广元研究开发有葛根片、葛根粉、葛根面、葛根药膳系列产品（见图4）。

图4 葛根产品

资料来源：广元市农业农村局整理资料。

5. 山葵及其产品

山葵，十字花科草本植物，富含维生素B、维生素C、硒、异硫氰酸酯和多种氨基酸，具有显著的杀菌、抗氧化、顺肠养胃、去脂降压、提高免疫力等多种功效，是保健食品、保健药品和高级化妆品的重要原料，在日本誉为“贵族食品”，在台湾誉为“植物黄金”。广元市为山葵最佳种植区之一，常年种植面积2000余亩，鲜品产量6000吨。其中，年精深加工和药膳美食使用量450吨，占比7.5%，销售总额800万元。广元研究开发有新鲜山葵、冻干山葵、山葵酱、山葵茶、山葵酸菜、山葵面、婴幼儿辅食等系列产品（见图5）。

图5　山葵产品

资料来源：广元市农业农村局整理资料。

6. 铁皮石斛及其产品

铁皮石斛，兰科石斛属草本植物，多生于海拔达1600米的山地半阴湿的岩石上。其茎入药，属补益药中的补阴药，《神龙本草经》将其列为上品。《本草纲目》谓之有强阴益精、厚肠胃、补内绝不足、品胃气、长肌肉、益智除惊、轻身延年之功效。广元剑阁建立温室大棚种植石斛150亩，产量3.7吨，研究开发有铁皮石斛鲜品、石斛干花、石斛纯粉、石斛枫斗、石斛干条、石斛干片等系列产品，销售总额1100万元（见图6）。

7. 灵芝特性及加工产品

灵芝，真菌类药材，含有丰富的多糖、三帖、麦角甾醇、三萜类、香豆精甙、挥发油等活性物质，孢子还含甘露醇、海藻糖，用于治疗眩晕不眠、心悸气短、虚劳咳喘等症。广元灵芝主要种植在利州、青川、朝天等县区，

图 6　铁皮石斛产品

资料来源：广元市农业农村局整理资料。

基地面积达 300 余亩，干品产量 50 吨，精深加工量占比 95 以上%，销售总额 1500 万元。广元开发有灵芝片、孢子粉、孢子油等产品，正合作开发灵芝提取物、灵芝胶囊、复方固体饮料等系列产品。灵芝也可用来煲汤，如灵芝木耳汤、灵芝乌鸡汤、灵芝大枣汤等（见图 7）。

除上述产品外，广元还开发推出了当归药膳、黄精药膳、百合药膳、车前草药膳、大鲵药膳、猴菇药膳等系列药膳产品（见图 8）。

二　广元食用药材开发利用存在的主要问题

（一）食材康养定义定位不清

由于中国中药药品食品品类繁多，中医医药传承门派多样，养生食材食

图7　灵芝产品

资料来源：广元市农业农村局整理资料。

用方法不一、法规标准滞后、宣传普及不够等因数的影响，很多人尤其是普通百姓对养生食材、产品的界定模糊不清，导致产业发展、产品开发定位不准，甚至存在滥用“康养”概念，一哄而上“康养”产品，而影响地道康养食材和药膳美食产品的宣传推广。

（二）产品目标人群缺乏细分

中药材有不同的性味归经和功效作用，不同人群有不同的身体状况和养生需求，开发养生保健产品务必在中医理论指导下进行，务必细分不同的目标人群。目前广元的养生保健产品的研发和推广还处于较为粗放的探索阶段，缺乏基于传统中医理论和目标人群的具有针对性、系统性的指导意见和实施方案。

（三）产品开发缺乏规划引领

康养产业是一个新产业、新业态、新模式的产业。药膳美食开发需要长

图 8　其他药材开发药膳美食

资料来源：广元市农业农村局整理资料。

远规划，包括原料基地的培育、产品市场调研、生产工艺的完善、营销体系的建设、品牌文化的保护等。广元“康养规划”对药膳美食有所提及，但缺乏具体规划和实施方案。很多企业没有产业长远规划，难以渡过生存期或艰难生存，更谈不上品牌建设规划。

（四）产品开发缺乏资源整合

康养产品的开发属于农旅、药旅、文旅融合发展的产物，不光有买卖属性，还要给消费者带来健康和美的享受，既要靠企业的参与，更离不开政府的支持。广元药膳美食产业竞争力弱，开发创新不足，品牌意识缺乏，宣传意识不强，营销力度不够。政府需要出台政策、协调资金和整合资源，充分发挥出“一业带百业”的联动效应，开发出更多、更好、更有创意的产品，让人们吃得科学、吃得健康、吃得有文化品位。

（五）产品开发缺乏科技支撑

缺乏技术人才是落后地区重要标志。药膳美食的开发是对优质食材、药材的科学利用，通过技术手段和设备再加工而成的科技食品，其技术标准要求介于药品和食品之间。目前广元养生食材的开发还停留在初级加工阶段，康养产品的研发和产品还是传统基础上的简单包装，研发人才匮乏，生产技术含量低、产品没有差异化，产品亮点不明显。

（六）食材产品缺乏地方标准

康养食材是具有“二生”（生态原产地、生态食材）、“二品”（绿色食品、有机食品）和药食同源共同特点的食材，其标准既要按二生二品食品标准，又要参照药品标准制定执行才是康养食材标准。广元有道地药材 30 多种，拥有“三品一标”农产品认证 338 个，但是还缺乏“广元康养食材”地方标准。

（七）食材产品缺乏市场竞争

广元生态条件好、环境污染少，虽有利于地道药材和优质食品的生产，但由于山高坡陡、土地贫瘠、基地小散、交通不便、信息闭塞等，导致食材成本较高、质量难以保障，不利于市场竞争。加之受企业加工设施设备、工艺技术、质量检测以及资金、信息、仓储、物流等的配套问题，制约了好产品难以快速出售或转化成附加值更高的精深加工产品。

三　广元食用药材开发利用的对策措施

（一）明确产业发展思路目标

围绕“建设生态康养旅游名市”总体目标，秉承“生态、形态、业态、文态”结合理念，以健康养生为主题，以市场需求为导向，以食材生产为基础，以产品开发为重点，以质量品牌为核心，以要素整合为保障，把食用药材开发成绿色、生态、健康、美味的药膳美食，满足不同人群的健康养生和观光旅游需求，推动美食旅游文化和社会经济发展共荣。

（二）完善产业发展方案措施

依据《广元市健康产业发展规划》《四川省广元市中医药产业发展规划》，制定出科学、合理、可操作的产业发展实施方案，出台产业发展激励政策；建立健全协调联动机制和整合内部、外部资源；支持有条件的企业机构，对康养基地、产品的优化升级、扩展、营运；加大招商引资力度，引进培育产业领军企业；搞好人才培养与科技合作，搞好产品研发和产业升级。

（三）研究开发康养系列产品

深入挖掘药膳和特色菜肴文化，培育名品、名店、名菜、名点、名席、名师；注重传统食治养生与西方现代营养学的融合、传统烹饪与现代食品加工的融合、中西烹饪工艺技术的融合、古今烹饪工艺技术的融合及烹饪与营养协调统一，建立广元康养产品行业标准；研发、生产具有本地特色的保健茶、保健酒、保健饮料、保健食品、保健调味品、保健菜品等康养产品。

（四）建设生产标准化基地

坚持“标准引领、绿色发展，道地特性、优化布局，保护开发、产业融合，创新驱动、质量优先，政府引导、市场主体”原则，通过土地整治、水利配套、道路建设、动力接入、生态优化等硬件建设及管理、技术、人才、资本、服务等软件配套，建设布局合理、集中连片、生态种植、机械化生产和信息化管理的中药材标准化种植基地，确保康养食材产在最适生长的环境。

（五）生产生态绿色优质食材

开展食材品种资源调查，建立种质资源圃；开展人工驯化栽培研究和特色新品种引进；搞好品种比较试验，遴选出道地特色优良品种；建立良种繁育基地，制定食材标准化生产技术规程；建立广元地道康养食材标准，打造行业标杆；搞好规范化种植养殖，加强产地环境、生产过程和投入品的管控；支持企业在生产基地建立与生产规模相匹配的初加工厂，完善采收、清洗、分选、保鲜、晾晒、干燥、切制、分级、包装、储藏等设施设备。

（六）打造营销康养产品品牌

制定区域公用品牌管理办法，大力度宣传区域公用品牌；支持企业申报产品品牌和专利技术；建立健全食材质量检测体系和追溯体系；设立公益广告专栏和固定广告宣传牌；搞好文体赛事活动冠名宣传；组织企业参加专业展会和综合性展会等；推进康养食品饮品进入本地超市、景区、餐饮销售；依托学会、协会，搞好行业自律。

（七）推进康养旅游协同发展

建立康养产业链体系，促进全产业链协同发展；研发生产山珍食疗美食旅游产品；建设康养小镇、美食街区、药膳馆、美食店，形成川陕甘渝康养美食休闲旅游目的地；开展都市街区美食游、古镇乡村美食游、养生美食体验游、美食科普教育游。

参考文献

广元市人民政府：《广元市中医药大健康产业“十三五”发展规划》，广元市人民政府网，http：//www. cngy. gov. cn/artic/show/20170918153334565. html。

孔祥生：《中草药图谱与解析》，浪潮医学出版社，2007。

潘崇环、孙萍：《新编食用菌栽培技术图解》，中国农业出版社，2006。

县域报告

County Reports

B.25

关于苍溪县乡村旅游发展的调研报告（2018）

赵文勇　宋　刚　肖光健　张　利*

摘　要： 乡村旅游作为一种新型的旅游产业形态和消费业态，已经成为国内旅游的重要组成部分。近年来，苍溪县不断做强乡村旅游、做优红色旅游、做活蓝色旅游、做特道教旅游，大力实施旅游富民工程，推动旅游产业发展成为全县支柱产业。报告在分析国内乡村旅游产业发展态势和苍溪乡村旅游发展的基础条件、客源市场、旅游资源以及面临的机遇基础上，提出以生态康养旅游为定位，以高起点项目为抓手，以农业体验游、生态康养游、休闲度假游、体育运动游等为具体业

* 赵文勇，中共苍溪县委宣传部；宋刚、肖光健，苍溪县文化旅游和体育局；张利，副教授，西华大学经济学院。

态，推动苍溪乡村旅游和“三大百亿产业”融合发展，成为中国旅游康养名市（广元）的核心区域、环嘉陵江生态康养旅游产业带、中国全域乡村旅游典范、国际生态康养旅游度假目的地。

关键词： 乡村旅游　生态康养　广元苍溪

乡村旅游作为旅游业的一个分支，既融合三产，又紧密连接农业生产、农产品加工业、农村服务业，是一种新型的产业形态和消费业态，已经成为国内旅游的重要组成部分。2018 年全国乡村旅游实现 7800 亿元收入规模，2021 年全国乡村旅游收入规模有望突破 10000 亿元（见图 1）。

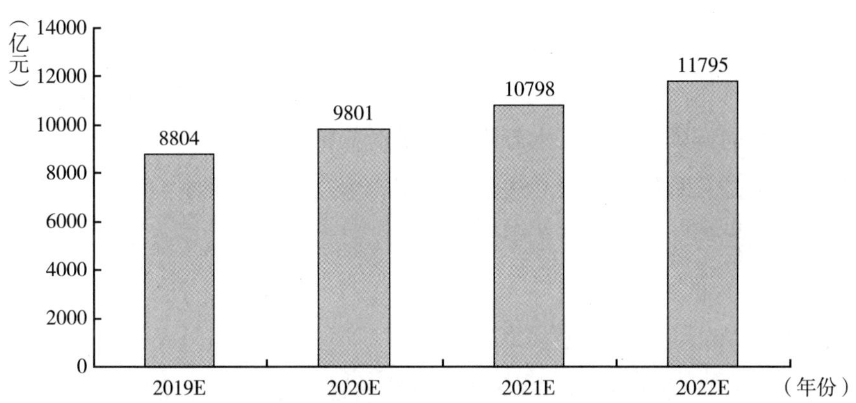

图 1　我国乡村旅游收入规模预测

资料来源：中商产业研究院数据分析。

党的十八大以来，苍溪县以“推进全域乡村旅游发展”为总体思路，以“醉美梨乡 · 水墨苍溪”乡村旅游品牌为抓手，以做优生态康养旅游为路径，统筹推进“旅游 +”战略，实现全域性开发、全方面带动、全链条服务，逐渐让乡村旅游产业发展成为全县的大众产业、带动产业、支柱产

业，成为全国休闲农业与乡村旅游示范县、中国最具影响力的生态红色旅游示范县、全省首批乡村旅游示范县。

一　苍溪乡村旅游业发展现状

（一）苍溪乡村旅游总体布局概述

目前苍溪乡村旅游的总体布局是“1 +4 +5 + N”。包括 1 个乡村旅游集散中心，4 个乡村旅游示范带，5 条乡村旅游线路，N 个乡村旅游特色小镇和田园综合体。

1. 全县1个乡村旅游集散中心

乡村旅游集散中心设在县城，是游客空间集散、特色产品展示、旅游信息咨询、旅游交通组织、苍溪文化推广的重要窗口和平台。

2. 打造4个乡村旅游示范带

苍溪乡村旅游着力打造 4 个示范带，实现农旅融合、农工融合、农文融合发展，共同构成环嘉陵江生态康养旅游产业带。

第一个是百利坝生态康养旅游示范带，第二个是以回水湾 · 花家坝温泉度假区为代表的休闲度假示范带，第三个是滨水度假旅游示范带，第四个是山地休闲观光康养带。

3. 形成5条特色乡村旅游线路

线路一：百里香雪海精品乡村旅游线。这是一个集休闲观光、康养度假、赏花阅景、农耕体验、红色感悟于一体的乡村旅游线路。

线路二：四季寻乐汇乡村旅游线。这是一个集休闲农业、水域观光、生态庭院、川北民宿、田园花海为一体的综合性乡村旅游线路。

线路三：生态康养线路。这是一个整体推进生态康养特色的旅游线路。

线路四：嘉陵江生态度假环线。这是湿地生态旅游、水上运动、健身旅游等特色旅游产品，成为百里嘉陵旅游环线重要组成部分的线路。

线路五：特色休闲度假线路。这是把民俗文化魅力和休闲度假结合起来的线路。

4. 建设 N 个特色小镇和田园综合体

以五龙三会运动康养小镇为代表的系列特色小镇和以江南七彩田园、八庙鳌鱼湾为代表的系列田园综合体。

（二）苍溪旅游业发展现状分析

1. 苍溪乡村旅游业在全县旅游产业地位重要

2018 年苍溪县旅游业收入占全县 GDP 的比例为 30.12%，旅游业已成为苍溪的支柱产业，苍溪旅游业的发展在苍溪经济社会发展中地位重要（见表 1）。

表 1　苍溪旅游收入占比分析

年份	GDP	旅游收入	占比(%)
2016	124.88	28.44	22.77
2017	139.61	36.24	25.96
2018	152.9	46.06	30.12

资料来源：苍溪县统计公报。

2018 年苍溪县实现乡村旅游收入 27.73 亿元，占全县旅游总收入的 60.2%，苍溪通过发展乡村旅游带动就业 6 万余人，人均增收 2000 余元。乡村旅游已逐渐成为苍溪县脱贫致富的“主力军”。

2. 近三年苍溪旅游收入、游客数据分析

2018 年苍溪旅游收入以 27.09% 的增长率远远高于全国 10.5% 的旅游行业收入增长率，苍溪游客数量 15.56% 增长率高于全国旅游行业的 10.8% 平均增长率（见图 2）。旅游人均消费增长较快，2018 年实现 656.97 元，但是相对 2018 年全国人均旅游消费 1024 元，差距较大（见表 2、图 2）。

3. 苍溪同周边剑阁、阆中的旅游对比

从游客数量、旅游收入以及人均消费来看，苍溪与剑阁、阆中差距大，

表 2　近三年苍溪旅游收入与游客数据分析

年份	游客(万人)	增长率（%）	收入（亿元）	增长率（%）	人均消费（元/人）	增长率（%）
2016	517. 04	—	28. 44	—	550. 05	—
2017	606. 3	17. 26	36. 24	27. 42	597. 72	8. 66
2018	701. 1	15. 56	46. 06	27. 09	656. 97	9. 91

资料来源：苍溪县统计公报。

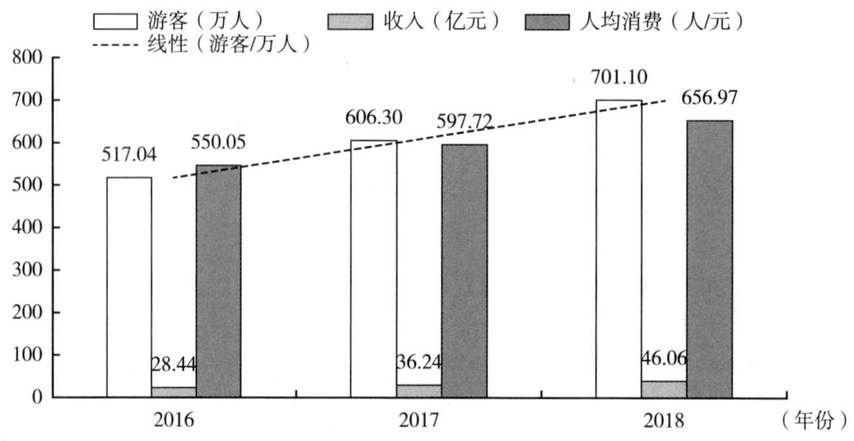

图 2　苍溪旅游收入与游客数据分析

资料来源：苍溪县统计公报。

尤其是阆中在游客数量、旅游收入方面大幅度超过苍溪（见表 3、表 4、图 3）。

表 3　剑阁旅游数据

年份	游客(万)	增长率（%）	收入（亿）	增长率（%）	人均消费（元/人）	增长率（%）
2016	662. 2	—	72. 02	—	1087. 59	—
2017	780. 2	17. 82	90. 1	25. 10	1154. 83	6. 18
2018	891. 2	14. 23	110. 5	22. 64	1239. 90	7. 37

资料来源：剑阁县统计公报。

表4　阆中旅游数据

年份	游客(万)	增长率(%)	收入(亿)	增长率(%)	人均消费(元/人)	增长率(%)
2016	885.47	—	79.16	—	893.99	—
2017	1044.86	18.00	101.93	28.76	975.54	9.12
2018	1307.5	25.14	133.62	31.09	1021.95	4.76

资料来源：阆中市统计公报。

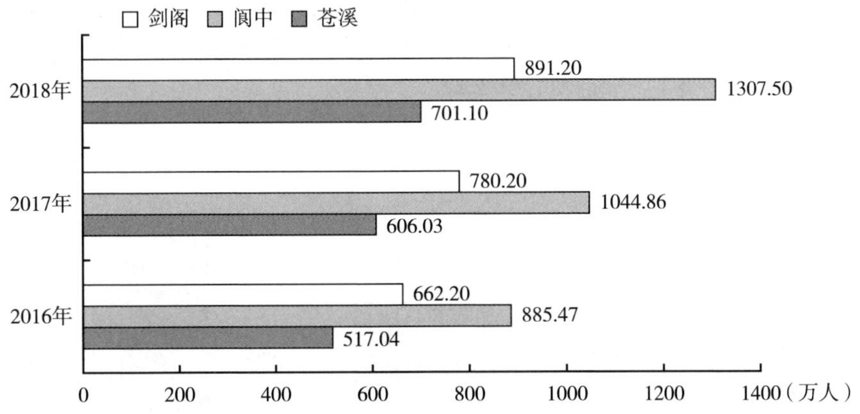

图3　苍溪、剑阁、阆中旅游人数对比

资料来源：苍溪、剑阁、阆中统计公报。

从游客人数来看（见图4），阆中不但领先苍溪和剑阁，而且阆中的增长速度更快。

从旅游收入来看，阆中保持了更高的增长率，近三年苍溪旅游收入增长速度较慢（见图5）。

从三地游客的人均消费能力来看，剑阁实现了更高的消费收入，超过了全国的平均水平，阆中基本达到全国平均水平，但是苍溪的人均消费只有剑阁的一半。

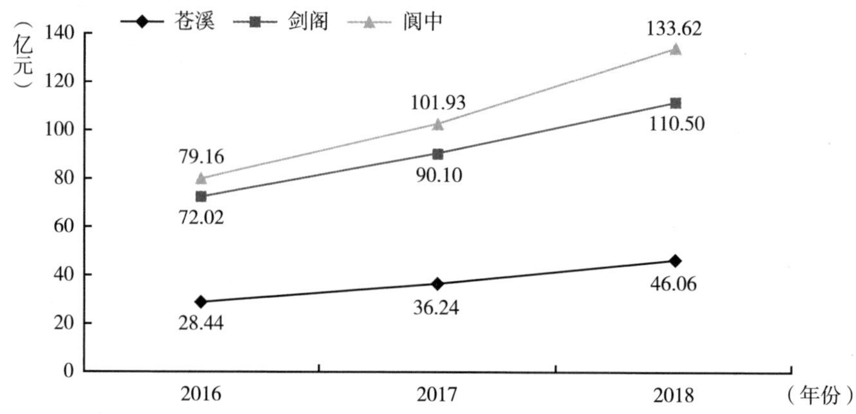

图 4　苍溪、剑阁、阆中旅游收入对比

资料来源：苍溪、剑阁、阆中统计公报。

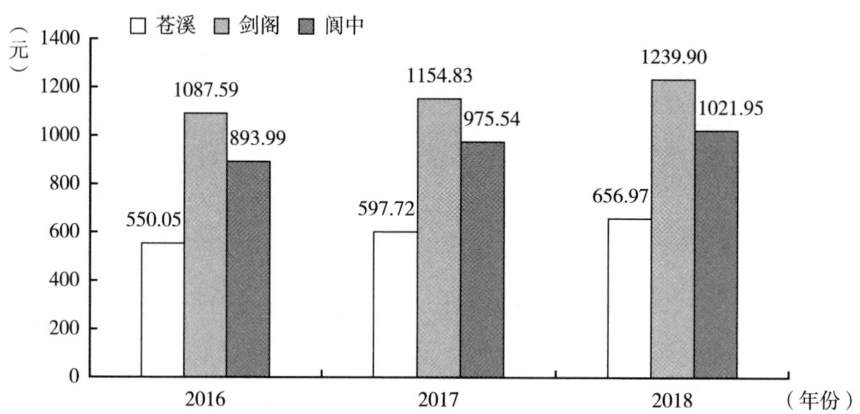

图 5　苍溪、剑阁、阆中游客人均消费对比

资料来源：苍溪、剑阁、阆中统计公报。

（三）苍溪乡村旅游发展的基础条件分析

1. 区位优势

苍溪县地理区位优越，具有得天独厚的旅游发展优势。其地处成渝经济区、关中—天水经济区的辐射区域，是以成渝城市群、关中城市群、西兰银城市群形成的“西三角经济圈”的重要开发地，是全省新规划中的五大旅游区之嘉陵江流域生态文化旅游区的重要旅游目的地（见表5）。

表5　苍溪县周边市县主要景区一览

区域		景区
广元市	昭化区	昭化古城、平乐寺旅游景区
	利州区	天曌山景区、皇泽寺景区、千佛崖摩崖造像景区
	朝天区	曾家山景区、明月峡景区
	剑阁县	剑门关景区、翠云廊景区
	旺苍县	鼓城山—七里峡景区
	青川县	东河口地震遗址公园、唐家河景区、青溪古城景区
南充市	阆中市	阆中古城、天宫院风水文化景区
	西充县	张澜故里旅游景区
	仪陇县	朱德故里—琳琅山景区
	南部县	升钟湖旅游景区

资料来源：苍溪县文化旅游和体育局整理资料。

2. 交通优势

公路方面G212兰渝国道、G75兰海高速纵贯南北，铁路方面兰渝铁路贯穿苍溪全境。绵万高速公路开工建设，“两高一铁一港一航”对外大交通体系加速成网成势。苍溪周边有8大机场，辐射范围广、运输能力强。

3. 气候优势

苍溪县地处四川盆地北缘、秦巴山脉南麓、嘉陵江中游，全县森林覆盖率47.8%，森林面积131万亩，水域面积6万亩，生态环境良好。年平均气温16.7℃，平均降雨量1100毫米以上，平均相对湿度73%，空气质量达国家Ⅰ级标准，环境空气质量优良天数为324天，优良率达到90.3%，是国家级生态示范区。

4. 文化优势

苍溪自西晋太康年间置县已有1700多年，素有“川北淳邑”“蜀中邹鲁”之雅称，历史悠久，文化厚重，红军文化、生态文化、道教文化、农耕文化和生态庭院文化特色鲜明。是全国首批文化工作先进地区（县）、中华诗词之乡、中国楹联文化县、四川省书香之城。

5. 乡村旅游配套

截至2018年底，苍溪已建成产业新村265个，全国农业旅游示范点1个，休闲农业与乡村旅游点326个，带动发展农家乐、乡村客栈等乡村旅游经营户近2万家。

（四）苍溪乡村旅游客源市场分析

1. 一级目标市场

一级目标市场包括苍溪县域及两边广元、南充等川北大中城市的近距离休闲度假市场。尤其是2018年剑阁和阆中的游客总数近2200万人，一级市场中的阆中古城游客分流市场、广元剑门关以及昭化古镇的游客分流市场是苍溪县乡村旅游市场开发的核心市场。

2. 二级目标市场

二级市场包括以成都、重庆、西安构成的川陕渝三省（市）区域市场。该区域人口总规模超过1.4亿，每年出游人口可达4000万以上。西安、成都、重庆等特大城市聚集了大量城市人口，消费水平较高，市场广阔、潜力巨大、开拓条件较好。

（五）苍溪乡村旅游资源分析

1. 苍溪乡村旅游资源

按照国家标准《旅游资源分类、调查与评价》（GB/T18972－2003），对苍溪乡村旅游资源进行分类统计如下（见表6）。

2. 苍溪乡村旅游资源定性评价

（1）旅游资源类型丰富、旅游产品全面拓展。苍溪县旅游资源涵盖8大类、19亚类、45基本类型，其中地文景观单体数量28个，水域风光单体数量6个，生物景观单体数量18个，天象与气候景观单体数量8个，遗址遗迹单体数量34个，建筑与设施单体数量56个，旅游商品单体数量38个，人文活动单体数量28个，共计216个。

表 6　苍溪乡村旅游资源分类统计

主类	亚　类	基本类型	资　源　名　称
地文景观	综合自然旅游地	山丘型旅游地	西武当山、云台山、九龙山、龙亭山、凤峨山、塔子山、少屏山、大小龙岗山、望天观等
	地质地貌过程行迹	独峰、峰从	龙感寺晒经石、九龙山、凤娥山、龙岗山
		奇特山石、岩石	寻乐书岩、望天观青蛙石、蛇盘龟、石人寨参禅洞、方山雪洞、观音洞
水域	河段、湖泊	观光游憩河段	梨仙湖、五峰峡、玉带峡、亭子口、赵公坝、涧溪口
生物景观	树木	林地	三溪口、九龙山、望天观等
		丛林	松柏林、斑竹林、水杉林
		独树	虎皮银针松(国家一级保护植物)、黄桷树
	动物栖息地	动物	豹子、野鸡、野猪、蟒蛇、狮子、猴、野兔
天象气候	天气与气候现象	云雾	九龙山、望天观、三溪口林场等
		避暑地	三溪口林场、九龙山、望天观等
		物候景观	武当赏月、嘉陵晚霞
遗址遗迹	社会经济文化活动遗迹等	历史事件发生地	寻乐书岩
		军事遗址	红四方面军强渡嘉陵江、黄猫垭战斗遗址等
建筑设施	综合乡村旅游地	康体游乐休闲度假地	三会园区、花海乡田、将军村、狮岭村、三溪口、梨文化博览园、江南万亩桃园、赵公坝医康养综合体、老鸥山药博园等
		生态农业园区、特色产业基地	梨文化博览园、笋子沟柑橘园、狮岭乡村旅游区、万亩红豆杉观光园、青龙现代农业园区、柳池现代农业园区、金兰现代农业园区、江南现代农业园区、白桥坝现代农业园区、荞子坝现代蚕桑种植示范园区、天新现代农业园区
		乡村民宿、乡村客栈、农家乐园	星级农家乐、乡村酒店、森林人家、渔家乐和乡村旅游
旅游商品	地方旅游商品	菜品饮食	苍溪雪梨宴、道家养生宴、苍溪“十大碗”特色乡土菜
		农产品及精深加工产品	苍溪雪梨、猕猴桃、雪梨膏、猕猴桃干红、九龙山珍、梨花雨酒、猕猴桃系列饮品等
		水产品与制品	淡水鱼类
		中草药材及制品	川明参、山药、丹参、菊花、小茴香、白芷、杜仲、黄柏、酸梅、银杏
		传统手工产品	真丝挂毯、唤马剪纸、藤编、根雕

续表

主类	亚　类	基本类型	资　源　名　称
人文活动	人事记录	人物	吴忠、杨大易、罗青长、陶景初、陶士林等
	民间习俗	民间演艺	石门山歌、永宁火龙、元坝舞狮
		地方风俗与民间	正月十六"游百病"、香会、庙会
	现代节庆	旅游节	中国·苍溪梨花节、猕猴桃采摘节、元坝玫瑰花节、鸳溪荷花节、运山脆红李采摘节、花海乡田乡村旅游节等

（2）因地制宜资源整合、乡村旅游产品创新。苍溪依托"醉美梨乡"乡村旅游线路和"水墨苍溪"嘉陵江水上旅游线路，发展"廊道带动型"乡村旅游模式，依托全县10个A级景区实施"景区带动型"模式，吸引近3万农民直接或间接从事乡村旅游。

（3）地域特征融合、川北风貌明显。境内嘉陵江蜿蜒70公里，被誉为嘉陵江风光最美、气候最好、资源最多、品质最高的河段，亭子口水利枢纽、苍溪航电是嘉陵江上两颗璀璨的蓝色明珠。九龙山是省级自然保护区，植被良好，物种丰富，有以黄猫垭、西武当山、云台山、三溪口等为代表的众多乡村生态旅游景区。

（4）自然资源丰富、生态旅游产品潜力大。一是水域资源，苍溪县境内嘉陵江、东河迂回曲折纵贯南北；插江、深沟河等12条较大支流九曲回肠结成河网。二是山体资源，苍溪县境内山脉被嘉陵江、东河分割。嘉陵江以西为剑门山脉的余脉；嘉陵江以东，东河以西是米仓山脉的延续，东河以东属大巴山脉的支脉。三是森林资源，县境共有林地82100公顷，森林覆盖率47.8%。

（5）传统农业大县、农业资源开发蓄势待发。红心猕猴桃、中药材、健康养殖是苍溪的"三大百亿产业"。苍溪是世界红心猕猴桃原产地，被誉为中国红心猕猴桃第一县，是中国雪梨之乡、是西南片区最大的苗木药材集散地。

（六）苍溪乡村旅游发展机遇

1. 中央和省级政策的大力支持

中共中央办公厅、国务院办公厅、国家发展和改革委、文化和旅游部、住房和城乡建设部、农业农村部、国务院扶贫办等部门多支持乡村旅游的发展（见表7）。

表7　中央、省有关支持旅游及乡村旅游发展文件

序号	政策名称	时间
1	《国务院关于促进旅游业改革发展的若干意见》	2014年8月
2	《中共中央国务院关于加大改革创新力度 加快农业现代化建设的若干意见》	2015年2月
3	国务院办公厅发布的《关于进一步促进旅游投资和消费的若干意见》	2015年8月
4	《国土资源部 住房和城乡建设部 国家旅游局关于支持旅游业发展用地政策的意见》	2015年11月
5	《中共中央国务院关于落实发展新理念加快农业现代化实现全面小康目标的若干意见》	2015年12月
6	《关于金融助推脱贫攻坚的实施意见》	2016年3月
7	《乡村旅游扶贫工程行动方案》	2016年8月
8	《国务院关于印发"十三五"旅游业发展规划的通知》	2016年11月
9	《中共中央国务院关于深入推进农业供给侧结构性改革加快培育农业农村发展新动能的若干意见》	2017年2月
10	国家旅游局《促进乡村旅游发展提质升级行动方案》	2017年11月
11	国务院印发《关于加大脱贫攻坚力度支持革命老区开发建设的指导意见》	2016年2月
12	发改委《加大旅游资源整合力度，推进特色观光休闲农业和乡村旅游》	2016年3月
13	《四川省人民政府办公厅关于加快发展休闲农业与乡村旅游的意见》	2014年11月

资料来源：根据中央、省等文件整理资料。

在2019年4月29日举行的四川省文化和旅游发展大会上，省委书记彭清华强调，大力推动文旅融合发展，加快建设文化强省旅游强省。

2. 苍溪乡村旅游是广元打造中国生态康养旅游名市的重要组成部分

2018年7月，广元出台《加快发展休闲农业和乡村旅游的意见》，加快旅游业转型升级，提高旅游业发展质量和经济效益。2017年1月，苍溪县出台《关于推进全域乡村旅游 建设生态康养旅游强县的决定》，这都将有利于苍溪乡村旅游融入大嘉陵、大蜀道、大秦巴旅游。

3. 阆苍南区域协同发展

2019年3月13日，《阆（中）苍（溪）南（部）区域协同发展规划合作框架协议》在苍溪签署，三地将立足各自自然、人文等资源禀赋，搭建合作平台，推动阆苍南一体化发展。并连片打造“阆苍南旅游区”，实现三地旅游产业整体发展。

4. 苍溪旅游进入高铁时代，即将迈入航空时代

随着兰渝铁路（兰州—苍溪—重庆）、西（安）成（都）高铁的开通，苍溪旅游将进入高铁时代。按照《四川省通用机场布局规划（2016－2030年）》，全省拟建设二类及以上通用机场88个，其中广元市的选址包含苍溪县。

5. 乡村旅游发展是苍溪乡村振兴的重要抓手

2019年，苍溪将完成脱贫攻坚“摘帽”战，并于2020年实现全面小康，脱贫攻坚后的工作是乡村振兴，乡村振兴的前提是要实现产业兴旺。将来，乡村旅游将由脱贫攻坚“助推器”转化为乡村振兴“加速器”，成为乡村振兴的重要引擎。

二　苍溪乡村旅游发展存在的问题

（一）乡村旅游发展方向不明确，发展定位较模糊

苍溪乡村旅游首先面临激烈竞争的乡村旅游市场的问题。一是，川北地区的风貌、地质、农业在本质上大同小异；二是，虽然苍溪的农业、文化、生态等旅游资源多，但整体档次和品位还有待提升，旅游产业在为苍溪培育地方经济新的增长点、促进农民就业增收、拉动经济社会全面发展方面有待继续发力。此外，苍溪乡村旅游缺乏核心的主题整合，简单的观光旅游无法保证苍溪旅游的持续性、短期节日活动无法保证苍溪旅游的持久性。

（二）乡村旅游缺乏顶层设计，管理与服务机制有待完善

苍溪县乡村旅游发展起步较晚，与周边县区相比，优势不突出不明显。

在顶层设计中，缺乏系统性规划，无法实现旅游弯道超车。乡村旅游是一项系统工程，需要苍溪县委县政府统筹、各部门联动。

（三）乡村旅游产品同质化，附加值和创新性有待提升

一是苍溪县乡村旅游和周边县区同质化现象突出，苍溪县与周边县区同类型乡村旅游产品差异性不大；二是，旅游产品仍以观光型为主，复合型产品比例不高，度假休闲、户外体验、养生康体等旅游新业态产品开发不够，无法满足不同消费群体的消费需求。

（四）乡村旅游基础设施不完善，旅游配套需提档升级

苍溪部分乡村旅游住宿、餐饮、娱乐等基础设施水平较低，旅游集散中心、旅游咨询服务站点和旅游厕所等旅游基础设施建设滞后，此外，苍溪高星级饭店、特色餐饮店美食街缺乏，迄今无五星级酒店。大多数景区接待仍以农家乐为主。

（五）乡村旅游品牌打造力度不够，招商吸引力不足

一是苍溪县“醉美梨乡·水墨苍溪”品牌影响力还不大，二是苍溪整体投资环境有待提升，目前苍溪乡村旅游缺乏促进产业发展的优惠政策，旅游项目开发对投资商的吸引力不大，乡村旅游招商引资的力度还需要提升。

三　苍溪乡村旅游发展对策与趋势研判

（一）生态康养旅游是定位，高起点项目是抓手

目前国内外乡村旅游主要分为城市依托型、景区依托型、产业依托型、历史文化依托型、民俗依托型、创意依托型、科技依托型7大类型，苍溪乡村旅游很难简单选择、复制其中的任何一种乡村旅游类型，比较可行的是创新性开拓以“城市依托型、景区依托型”为基础，以生态康养产业为支撑

的模式，着力发展避暑、康养等乡村休闲旅游。一方面以广元建设中国生态康养旅游名市为统揽，另一方面按照阆苍南区域协同发展协议，阆苍南“半小时旅游经济圈”中阆中古城游、苍溪生态游、南部体验游的明确定位，拉动成都、重庆、陕西等客源市场。

高起点规划建设百利坝生态康养新城项目、九龙山森林康养观光旅游区建设项目、云台山道教康养旅游区开发项目、广元市苍溪县康养中心项目和以老鸱山药文化博览园为代表的中医文化旅游项目。

（二）落地规划、出台政策，搭建组织架构并推进投融资体制改革

首先，建议出台《苍溪县乡村旅游规划》（2020 - 2025），从顶层上指导苍溪乡村旅游的发展，着力推动苍溪乡村旅游向生态康养转型升级，努力成为中国旅游康养名市（广元）的核心区域、环嘉陵江生态康养旅游产业带、中国全域乡村旅游的典范和国际生态康养旅游度假目的地。

其次，出台促进全县乡村旅游的优惠政策，通过政策扶持、资金补贴等方式，对基础设施建设、项目开发等方面提供制度保障。把《苍溪县“三大百亿产业”发展奖补办法》同乡村旅游的发展结合起来。

再次，搭建组织架构并成立苍溪乡村旅游协会。发挥社会团体组织的特有优势，把分散的旅游力量进行有效整合，互动互促互融，形成全域全面全社会力量的高效合力。

最后是加快旅游投融资体制改革并组建苍溪文旅公司。深化旅游景区和文化旅游资产企业化改革，构建全县文化旅游资源整合平台，建立多元化旅游投入机制。

（三）推动苍溪乡村旅游和“三大百亿产业”融合发展

首先，扭住传统农业产业牛鼻子不放松，做强红心猕猴桃、中药材、健康养殖“三大百亿产业”，推进绿色化、优质化、特色化和品牌化。其次，在红心猕猴桃高端种植、栽培技术研究、品种创新培育、精深加工、旅游商品开发上发力。把猕猴桃产业发展同观光、采摘、农事体验、农家娱乐等结

合起来。再次，把中药材的种植基地建设同观光旅游、康养旅游、中医养生、中医药旅游产品开发以及中医药文化结合起来。最后，把健康养殖产业同生态农产品、特色农产品、农事体验、农家娱乐、私人定制等形态结合起来。

（四）提升乡村旅游品牌影响力，持续开展旅游宣传营销

首先，加强苍溪旅游“走出去”的推广步伐。加强客源地营销，与当地旅游营销机构建立共享机制，形成旅游联盟。其次，加强与主流媒体、网站、新媒体合作，精准推送、精准宣传、精准营销。再次，精心包装策划生态康养旅游项目，对接苍溪籍旅外成功人士等，搭建旅游招商引资平台，推进旅游项目投资开发。最后，积极利用“走进来”的推介机会。充分利用国家、省、市在苍的重要会议、重大活动和苍溪梨花节、猕猴桃采摘节等，加大苍溪旅游形象宣传。

（五）支撑苍溪乡村旅游发展业态

1. 农业体验旅游

苍溪传统乡村旅游是依托苍溪优势生态资源开展的旅游业态，传统农业观光、农事体验、农业采摘、民俗文化、特色种养殖是苍溪乡村旅游的传统优势。

2. 生态康养旅游

目前“大健康”产业正快速迈入新一轮的增长。我国健康产业仅占全国 GDP 的 4% ~5%，远低于欧美、日本等发达国家水平。预计到 2020 年，我国康养旅游市场将达到 1000 亿元市场规模（见图 6）。

3. 休闲度假旅游

当前，我国已进入消费的时代，旅游愈加成为人们休闲度假的重要方式，休闲度假旅游已经成为旅游业重要的组成部分（见图 7）。

苍溪的乡村旅游业需要转型升级，以温泉度假游、康养度假游、岛屿度假游、山地休闲游、森林康养游、休闲避暑游、田园综合体游等业态，充分

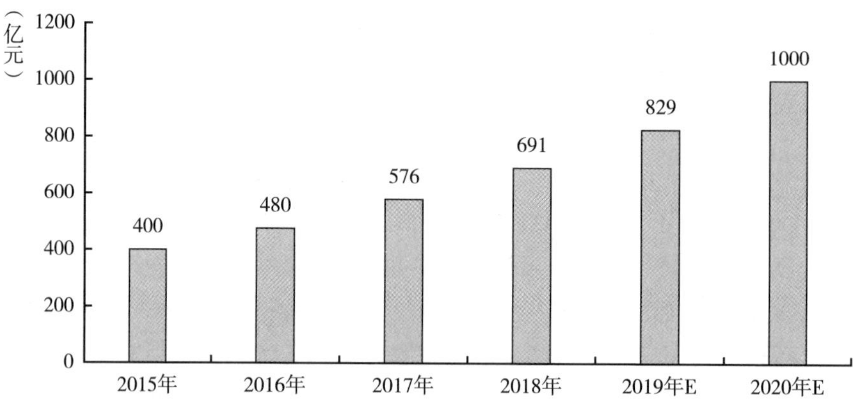

图 6　中国康养旅游市场规模

资料来源：前瞻产业研究院资料分析。

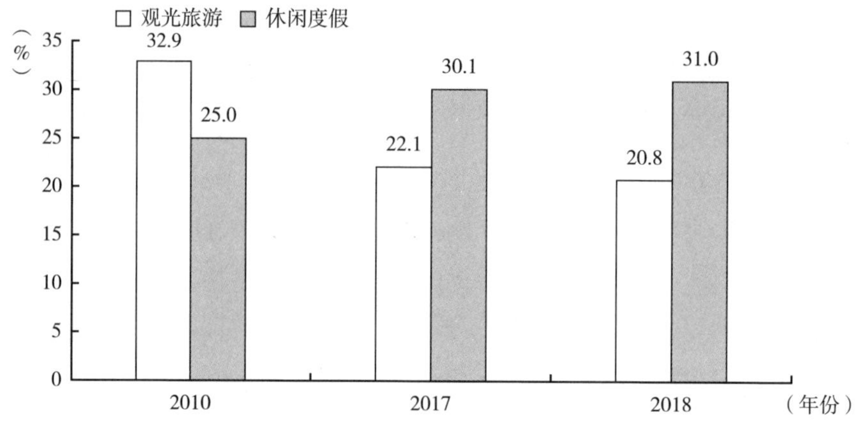

图 7　我国休闲度假旅游发展状况

资料来源：前瞻产业研究院。

利用苍溪的生态资源，推动休闲度假旅游。

4. 体育运动旅游

苍溪最大的资源是水资源，可大力发展基于水的体育运动旅游项目，包括滨水休闲、水上运动、环湖骑行、滑水冲浪、游艇、赛艇、皮划艇、摩托艇运动等项目。

5. 研学旅行

研学旅行是由学校组织学生通过集体旅行、集中食宿方式走出校园，研究性学习和旅行体验相结合，拓宽视野、丰富知识、提升素质，增进学生对自然、人文、社会的认识，培养其社会责任感和实践能力。

6. 避暑旅游

避暑旅游已经上升为国家战略，其中亲子游是避暑游主流。苍溪是一个避暑的好地方，五峰峡漂流以及三溪口国家级森林公园既是公园，又是森林，在酷暑时节，不失为一个全家游玩的好去处。

（六）苍溪乡村旅游四大突破口

1. 夏日避暑休闲

苍溪乡村散落在高山森林里的清雅农居、美丽庭院，具有对接城市避暑需求、留住归乡康养人士、应对炎热酷暑的基本条件。考虑到重庆、西安这样的“火炉”城市庞大的避暑、消夏需求，可为川东北、重庆、西安等酷暑之下的避暑人群提供一个距离不远、消费不贵、来去不难、吃住习惯的森林避暑之地。

2. 阆剑黏连流量

苍溪要疏通与阆中、剑阁的快速公路、水道，在旅游热点时节、暑期酷热时段承接两地留住、避暑客群，也可先期吸留相关拟去阆剑客群然后形成发端于苍溪的阆剑客流。

3. 游学拓展客群

苍溪生态庭院文化、水果种植文化、红色文化，特别是以“寻乐书岩”为载体的耕读文化，具有一定的研学价值。可以在苍溪与研学关联旅游资源中（建议以寻乐书岩为中心打造川北、全省第一个耕读文化主体农事乐园进入研学项目盘子），选择重点、融入归隐、对接研学、优化环境、丰富产品，形成乡村－归隐－乡贤－研学－逆城市化的乡村旅游文化脉络。

4. 城市归隐康养

苍溪周边矗立着成都、重庆、西安三个特大城市，其潜在的归乡逆城市化人口巨大，优良的环境让苍溪在逆城市化归隐性消费选择中拥有着不错的候选地位。

（七）推出苍溪乡村旅游龙头产品

1. 嘉陵十景

重点打造以百利坝生态康养新城、十里滨江生态休闲公园、江南七彩田园、回水湾·花家坝温泉度假中心、栖凤主题度假岛、半岛民俗村、龙回滩游艇风情小镇、白鹭湖农渔生态旅游区等为苍溪旅游发展的引爆点，以九龙山森林康养、云台山道教生态康养旅游项目为支撑，从而推动全县乡村旅游大发展。

2. 通过乡村庭院、森林田园打造全省第一个大型耕读、归隐文化乡村主题乐园

利用苍溪将军村、狮岭村、瓦店村、寇家村等几十个经乡村风貌整治、环境改造、建筑形貌提升后形成的漂亮庭院式、森林化、田园化村落民居，开发用于接待城市养老、避暑游客接待居所。

3. 环嘉陵江生态康养旅游项目

环嘉陵江经济带是苍溪县域经济核心区域，是“醉美梨乡·水墨苍溪”的集中展示区。加快建设梨仙湖、亭子湖、江南七彩田园等项目，使之成为阆苍南旅游协同发展的核心组成部分。

参考文献

国务院：《关于印发“十三五”旅游业发展规划的通知》，中国政府网，http：//www. gov. cn/zhengce/content/2016 -12/26/content_ 5152993. htm。

四川省人民政府办公厅：《关于加快发展休闲农业与乡村旅游的意见》，http：//www. sc. gov. cn/10462/10883/11066/2012/10/23/10233655. shtml。

杨美霞：《乡村旅游发展驱动力研究——以全域旅游为视角》，《社会科学家》2018年第5期。

贾荣：《乡村旅游经营与管理》，北京理工大学出版社，2016。

郑文堂：《休闲农业理论创新与实践探索》，中国农业出版社，2014。

何景明：《乡村旅游发展及其影响研究》，知识产权出版社，2013。

B.26

剑阁成功创建天府旅游名县解析

杜嫣然　袁小勇　仲城成　王　洁　赵中剑*

摘　要：　广元在全方位促进文旅融合发展中，抓龙头促带动，以剑阁县为重点，走出了创建“天府旅游名县”的成功路径。剑阁县改革创新，以建设大蜀道国际知名旅游目的地为目标，以特色旅游资源为基础，以品牌塑造、营销宣传为载体，完善要素，构建功能齐备的旅游体系，推出了“旅游+”发展模式。本报告对剑阁县建设天府旅游名县的实践与启示进行了认真分析，肯定了经验，指出了不足，对更多县区创建“天府旅游名县”有一定的借鉴意义。

关键词：　旅游名县　品牌塑造　广元剑阁

2018 年 10 月，四川省委、省政府提出天府旅游名县品牌创建战略。在广元市委市政府的重视与指导下，剑阁县抢抓机遇，党政“一把手”负责，以县域生态文化旅游资源为主基调，以生态康养全域旅游为发展方向，以建设大蜀道国际知名旅游目的地为总体目标，扎实推进天府旅游名县创建工作。功夫不负有心人，2019 年 4 月，剑阁县从全省 100 多个申报县中脱颖而出，成功创建为“四川天府旅游名县”。

* 杜嫣然、袁小勇、仲城成，中共剑阁县委宣传部；王洁，中共剑阁县委党校；赵中剑，剑阁县文化旅游和体育局。

一 剑阁创建天府旅游名县的实践与启示

剑阁成功创建“天府旅游名县”，是广元市和剑阁县多年来一直坚持发展高质量旅游产业探索和实践的结晶，其主要启示如下。

（一）革新旅游观念，品牌意识先行

1. 打好“剑门关”王牌

天下第一雄关“剑门关”、世界陆路交通的活化石“翠云廊”双双坐落在剑阁县境内，这是剑阁县成功创建为天府旅游名县最可靠、最重要的天然优势。多来年，剑阁县始终将雄关和蜀道两张名片作为县域文旅产业的最大王牌，紧紧围绕两个核心景点集中人力、物力、财力营造旅游氛围、开发旅游要素、打造旅游景区。于 2008 年成功创建翠云廊国家 4A 级旅游景区，于 2015 年成功创建剑门关国家级 5A 级旅游景区。目前，两大景区已成长为了全县旅游业的最大支柱，剑阁以两大国家级景区为核心，辐射带动县域旅游业的整体发展。2018 年，全县旅游对税收的贡献率达 21%，对地区生产总值（GDP）贡献率达到 47%，旅游业成为县域经济的支柱产业。

2. 大力培育地方特色品牌

着力培育特色餐饮品牌，推出剑门豆腐、剑门关土鸡等美食菜品 200 余道，剑门豆腐、剑阁麻辣串、酸菜面鱼儿、白龙豆花等菜品走进《舌尖上的中国》《地理中国》《魅力中国城》等央视品牌栏目。大力发展特色住宿业态，建成星级酒店、文化主题旅游饭店、精品民宿等 1200 多家，全县总床位数达到 5.6 万个。将鹤鸣山、五指山、化林大寨建成国家 3A 级旅游景区。打造特色小镇 5 个、特色街区 15 处、特色村落 12 个、省级示范休闲农庄 2 处。全县已有文旅企业 300 余家，其中，“四上”企业 17 家，购物推荐店 80 家，特色旅游商品达 10 个系列 300 多种商品。

3. 全面提升旅游公共服务

大力改善城际、县域交通，建成剑门关客运站、广剑快通剑阁段、西成高铁剑门关站站前广场至县城区连接公路。开通直达 A 级旅游景区公交专线 2 条，配备 150 辆旅游专线电动车，新建 3 处快速充电站。建成 3 处旅游集散中心、10 处游客中心和 15 个旅游咨询服务站。科学设置全域全景图，规范设置交通旅游标识，完善景区基础设施，建成生态停车场 90 处，改造提升旅游厕所 115 处，确保游客拥有良好的出行体验。

（二）融合发展，大力推行特色“旅游 +”发展模式

1. 促进旅游 + 文体融合

大力推动文旅体融合发展。近年来，剑阁一直在探索开发“文 + 旅 + 体”的新型项目，拍摄了演绎 4D 电影《剑门神鸟》，发行了剑门蜀道邮票、《剑门关之恋》旅游歌曲专辑。编辑出版了《天下剑门》《翠云廊大观》《走进古蜀道》等 20 多本专著。精编姜维守关、张飞巡游、蜀汉歌舞等 50 个舞台剧目，并常态化演出。成功举办剑门关绝壁攀岩、剑门蜀道国际马拉松公开赛等体育赛事。

2. 促进旅游 + 农林融合

紧密衔接乡村振兴发展战略，以剑门蜀道为轴线，建成剑门石斛、盐店五指、城北新华、东宝西阳、柏垭井泉、普安光荣等 60 个农旅融合示范园区，开发农家小厨、时权民宿、乡村体验游。培育了 10 余种旅游新业态、新产品，建成省级示范休闲农庄 2 个。紧密衔接“绿化全川剑阁行动”，实施城区、国道 108 线“绿化美化彩化香化亮化”工程，打造百里彩画廊。

3. 促进旅游 + 康养融合

紧密结合广元市创建生态康养名市战略。开发剑门道地中药材和温泉资源，研发药疗、泉疗、理疗等康养系列产品，建成剑门石斛中医药产业园和温泉小镇。

（三）改革创新，建设大蜀道国际知名旅游目的地

1. 深度开发旅游新品

围绕剑门关景区主要资源，打造了丹霞绝壁、姜维神像、舍身崖、关楼、金牛峡等一批观光产品。围绕玻璃观景平台，开设了滑道、猿猱道等体验产品。聘请专业团队，打造“印象大蜀道”大型实景演艺。

2. 大力开展旅游营销

积极举办大蜀道文化旅游节、中国蜀道剑门关楹联大赛等节庆活动，持续形成“剑阁旅游热”。《中国诗词大会》《大蜀道》《地理中国》等11个央视栏目，深度报道剑阁旅游。拍摄《豆腐貂蝉》《吃货拯救世界》等网剧，吸引更宽更广视觉、味觉关注剑阁旅游。在京昆、兰海、成渝、成雅等高速公路沿线设置剑阁旅游形象宣传广告8处，通过西城客专“剑门关号”动车组持续开展剑门蜀道旅游形象宣传。在国内8个城市设立剑阁旅游促销中心。聘请10国旅游大使，扩大国际知名度，剑门关旅游宣传片登陆美国纽约时代广场。

3. 切实加强旅游管理

剑阁始终坚持高标准做好旅游管理，建立健全旅游综合监管制度体系，成立旅游综合执法大队，定期对涉旅企业、饭店、农家乐等游客集中场所进行检查。将所有A级以上景区、旅游酒店、旅游交通专线、特产购物点等接入大数据平台监管。成立12支应急救援队伍，常年开展旅游应急演练，确保救援工作迅速高效。定期开展旅游从业人员服务礼仪和业务培训，培训率达到95%以上。

二 做大做强天府旅游名县面临的问题

虽然剑阁县已成功创建为“天府旅游名县”，但在县域文旅深度融合发展的过程中还存在一些问题，如剑阁文旅产业核心竞争力还没能达到精英选手水平等，这些问题制约着天府旅游名县进一步做大做强。

（一）景区抵御系统性风险能力亟待提高

从2011～2018年的数据来看，来剑阁旅游人数增长率经历了从高速增长到“L”型突降的过程（见图1、表1）。

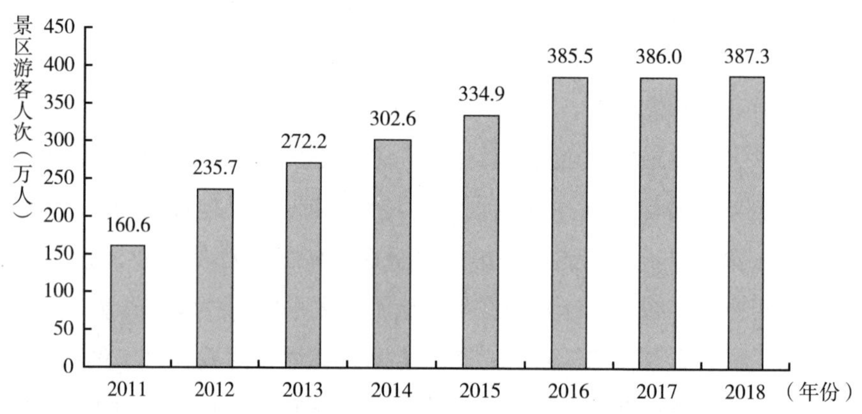

图1　2011～2018年剑阁县景区游客人数变化

资料来源：剑阁县文化旅游和体育局资料分析。

表1　2011～2018年剑阁县景区游客人数同比增长变化

年份	2011	2012	2013	2014	2015	2016	2017	2018
剑阁县景区游客同比增长率(%)	65.0	46.8	15.5	11.2	11.0	15.1	0.1	0.3
四川省国内游客同比增长率(%)	28.9	24.2	12.1	10.0	9.2	7.7	6.3	4.9

资料来源：剑阁县文化旅游和体育局资料分析。

从图表上可以看到，剑阁的景区旅游人数经过2011～2016年的高速乃至超高速增长后，在2017年增速出现“L”形下跌，降至0.1%，2018年也仅为0.3%，增长缓慢，近乎停滞。虽然全县旅客总数仍然保持着高增长的态势，2018年已达到891万人，但是景区作为县域文旅产业发展的重点和旅游的主要目的地，其游客增速放缓必然会对全县文旅产业发展造成一定程度上的负面影响。

从图表可以看出，剑阁景区旅游发展受到全川旅游业大环境的影响较重，剑阁景区游客增速较快的时期也是全川国内游客增速较快的时期，地处于三省交界处的剑阁因拥有较好的交通区位优势和4A级、5A级景区优势，是四川旅游业高速发展红利下的较大受益者之一，之后几年全川旅游业快速增长红利逐渐消退，剑阁景区游客增速也基本与全川国内游客增速同步下降。特别是2017年景区游客增速大幅下降，标志着剑阁景区的发展遇到瓶颈，景区吸引力发展触到天花板。2017年12月西（安）成（都）高铁全线开通运营，沿线市县（区）通勤时间大幅缩短，大城市和大景区的虹吸效应大幅加强，交通便捷的“双刃剑”效应将更加凸显。交通便利导致人员来剑阁交流走动的旅客人数增多，但为观光景区而来的游客并没有变多。由于时间成本和交通成本的降低，景区的“硬实力”逐渐成为旅客选择景区的主要因素，“良币”景区更加受到游客追捧。本来因为昂贵的长途交通费用和时间成本而选择“次优”景区的游客，转而选择“首优”景区或者直接前往大城市娱乐消费。同时，由于通勤时间大幅缩短，景区游客“早游晚归”的情况将逐渐增多。大环境红利的消退和交通便利的“双刃剑”效应给剑阁景区带来了双重系统性风险，景区受系统性风险影响较大，深层次地反映了景区的核心竞争力不强的问题，这也是许多景区的共性问题。

（二）文旅资源利用率不高

剑阁县作为千年古县，县内文旅遗产丰富，但是资源利用率不高。

1. 从旅游资源上来看

剑阁县内景点以剑门关为主，翠云廊为辅，除这两者之外，游客极少游览其他景点。一方面各个景点在地理位置上十分分散，县内尚无一条可连接贯通各个景点的快速环游专线，游客无论是自驾游还是公共交通游览都不够方便。另一方面，在已有的交通沿线上，景色优美、景物秀丽，具有开发价值的景点开发打造力度不够，景区的利用率尚不足10%。当然，也有自然景观的开发本身受到环保、规划、产权等政策的高度限制的因素，开发难度很大。但是，除自然景观开发以外，与景区配套的住宿、游乐、度假等设施的开发也还有较大欠缺。导致了游客不知道去哪里游，不知道去哪里玩。

2. 从文化资源上来看

剑阁虽然有清朝翰林李榕、明朝兵部尚书赵炳然等历史文化人，三国名将邓艾也葬于剑阁。但是，剑阁对县内众多历史文化名人的名气利用率不高，县外游客对剑阁历史文化名人知晓率极低，来剑阁只游览历史和自然景点，对县域人文景点和人文历史的兴趣很低。另外，县内“白龙花灯”“杨村傩戏”“元山川剧”等传统文化民俗演出吸引游客、娱乐游客的作用也很少得到发挥。这些现象反映了在县域文旅资源的开发、利用和保护上存在重旅轻文的问题，文化资源的创新性发展和创造性转化不足，文化资源推动县域旅游产业和经济社会发展的强大潜能还没得到完全释放。

（三）文旅要素有待加强

文旅要素总体不强，导致了来剑阁游客“一日游”“过境游”的情况较多，游客多而难留、来而不住、游而不买的现象比较明显。

1. 从游客人均消费上来看

经调查研究，来剑阁游客人均消费约为520元，消费水平适中。消费构成主要以交通消费和门票消费为主，消费结构单一且不够合理，购物消费和餐饮消费占比不到7%，两者之和远不及门票或交通消费中的任意一项，“游”和“买”的消费比例不合理。剑阁县域文旅要素总量虽然不少，但是存在量多质平的问题。总体上依然缺乏有吸引力的消费要素以及营销手段，文旅要素推动经济发展的动力还不够强劲（见图2）。

2. 从特色食品要素上来讲

剑阁县内主打的剑门豆腐宴在全国多个旅游景区特色有相似菜肴，如永宁豆腐宴、泰山豆腐宴等，豆腐宴的特色不够明显；另外，豆腐菜品营销宣传缺少热点、重点，营销策略上较为注重剑门豆腐宴品牌整体的面上宣传，没有宣传打造出一到两个知名度大、认可度高，游客来剑阁必尝的招牌豆腐菜肴。除特色菜外，县域小吃特别是景区小吃同质化严重，并没有体现剑阁特色。相反，具有县域特色的“剑门土鸡”“剑门火腿”“凉山牛肉”等特

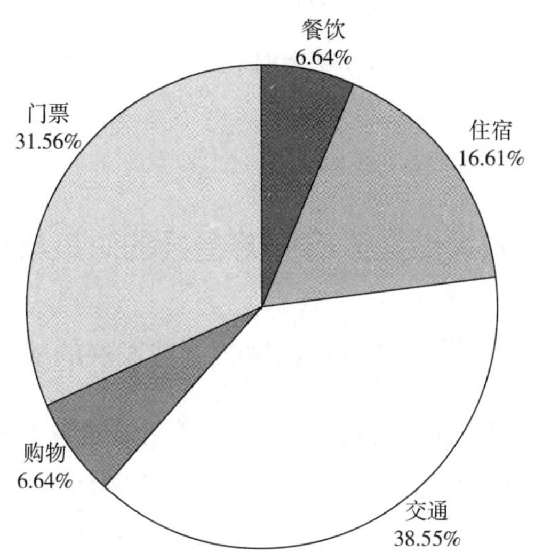

图 2　剑阁 2018 年游客消费结构

资料来源：剑阁县文化旅游和体育局资料分析。

色农产品与县域文旅饮食要素结合不强，特色农产品优势未能转化为特色文旅产品，这些因素导致了游客对饮食消费缺乏热情。

3. 从商品和服务要素上看

全县总体上缺乏有文化内涵、有剑阁特色的知名文旅产品。全县具有地方知识产权的“剑阁”“剑门”品牌产品已达 300 多种，但绝大多数产品市场影响力较小、生产规模较小。一方面是因为“剑阁”“剑门”商品的文化加工不够，商品缺乏文化内涵和故事，没有文化灵魂，营销策略上就商言商，没有充分发挥文化内涵吸引社会购买力的积极作用；另一方面，县内文旅商品缺少创新，多年来，县内文旅产品以农产品、特色零食为主，游客受众不多。缺少更加现代化、时尚化的文创产品，没有将雄关形象、古柏形象等剑阁特色文旅形象与游客需求度高的商品相融合；另外，景区情景化营销不足，各个景点缺少与景点相称的商品和服务销售。比如，游客到剑门关关楼或翠云廊景区，缺少关楼或古柏模型、玩具、服装、饰品、图册等商品，以及具有古风文化的扮演、摄影等情景体验服务，到景区腹地，缺少品茗观景等情景消费。商品销售过度集中在城镇地区，而游客在游览景点过程中，在最容易产生消费欲望和消费冲动的时点，无商品无服务可买，消解了游客的消费热情。

三　做大做强天府旅游名县的对策与建议

（一）以全域旅游作为新一轮旅游产业发展的战略安排

旅游不能仅做成产品，而是要做成旅游产业，也只有把旅游产业链条加粗加长才能把旅游产业做大做强，才能达到效益最大化。当前唯有全域旅游才具备这样的功能，从实践的角度，全域旅游可以克服旅游的弊端，以“剑门蜀道为线，全县景点为结，综合服务为珠”，形成点、线、面、体统一配置的发展态势，依托全县人民的参与、自然资源、产业结构、产品体系、历史和民俗文化，通过“旅游＋”和“＋旅游”的方式，结为“资源全面整合，服务无微不至”的、又粗又长的产业链条，以助推县域的旅游产业进一步发展。

1. 确立“全域旅游”开发基本形态

在制定县域旅游规划时，要树立“全域旅游”理念，坚持做长远规划，尽快形成“全域旅游”发展的良好态势。在实施全域旅游时要坚持“治理规范化、发展全域化、供给品质化、参与全民化、效益最大化”的原则，围着前工业化社会的旅游市场，瞄准后工业化社会的旅游热点，以保持县域本有的原生态和厚重历史文化为特点，规划和建设高端旅游市场，开发新型旅游产品。

2. 划分不同的旅游功能开发区

进行旅游开发要注重因地制宜，根据自身实际确定开发的方向和模式，尽可能避免与其他景区同质化发展。以剑阁为例，要按照剑门蜀道沿线的区位特点分别采取不同的发展模式。一是依托剑门蜀道沿线的古道、古关、古城、古镇、古战场、古驿站等核心景点为龙头的“核心景区带动型”模式，在其周边广泛发展与之配套的旅游景区和服务项目；二是在剑门蜀道周边的广大农村针对城市消费群体，大力发展以田园风光、民俗风情、农家餐饮、村落景观、休闲度假、科普体验为特征的“乡村旅游发展型”模式，依托客流物流相对集中的新、老两座县城和一批中心场镇，在适宜的车程范围内，通过致富能人所创的企业和龙头产业，带动周边农户积极参与“全域旅游”的生产、经营、服务活动；三是在广大的农村充分利用其生产条件、产业业态、产品特色、文化底蕴专门开发独特旅游商品的“旅游产品开发型”模式，面向市场，引领农村产业结构调整，以点带面，步步为营，全面做大做深全域旅游。

3. 围绕旅游讲好主题故事

故事是激发旅游兴致的内在动力，讲好故事则是为县域文旅产业注入了灵魂。作为文化大县，有神仙传奇、逸闻趣事、历史掌故、地方风物等众多的主题，在这些主题下又有无数集知识性、趣味性的优美故事情节，这些故事讲好了不仅能够传承剑阁地方文化，从内心深处吸引远方游客的兴致，激发远行游子的乡愁，还能根据故事情节再现其生活方式，构成新的旅游产品。

4. 打造出特殊区域或景点

将现存珍贵的民居、建筑、遗址打造、恢复、保留。对残存的历史区域进行保护，结合全县及各乡镇棚户区改造工程，有针对地进行风貌打造。也可将一些珍贵的历史老照片放大、固化后安置在原址，既形成不同的审美对比和强烈的历史穿越感，又作为主题文化标识和客人照相留念的依据。

（二）深化供给侧结构改革，以市场为导向创新性发展

1. 引领地方土特产转化为旅游商品

结合现实旅游中追求“绿色、生态、健康、营养”的时尚，实施好旅游采购“后备箱”行动为导向，通过专家、团队、企业的研究、策划、设计、开发、生产，以“旅游 + 工业 + 农业 + 商贸 + 文化……”的形式，赋

予一般产品以独特的地域文化、专利商标、精美包装，促进一般商品向“安全可靠、方便实用、便于携带、可欣赏纪念”的旅游产品转化，并通过广告宣传、市场运作、结合快递和物流以及“互联网+ ”等手段，把处于小作坊生产、自然经济状态、产业链条低端的地方土特产引领上现代农业和旅游观光产业之中，以实际行动参与供给侧结构性改革。

2. 依靠农业的多功能性做深旅游产业

一是推广土地及各种农产品的代耕、代管等绿色的、规范的社会化服务，从而形成批量的绿色产品和生态环境，打造出真正的、经得起检验的绿色品牌；二是利用生物的生殖规律举办各种踏青、观花、鉴果、采购等会庆。以互联网+的形式，结合农产品的生产者、加工者、经营者、服务者的优势，大力推出产品预定、产品跟踪、产品加工、产品快递等服务，使消费者切身体验到真实、快捷、便宜的绿色与康养；三是充分利用农业多功能性的优势、突出乡村产业特点和地方文化特色，支持县内农户专门打造出一批人文底蕴丰厚、风景优美、气候宜人、环境优越、饮食绿色、空气清新、信息通畅、交通便捷、物美价廉的民俗民居，作为旅游康养事业的重要支撑；四是要在乡村产业结构调整和风貌改造中创造奇特景观以吸引消费者。人为设计一些植物种植景观，风貌改造中有意识地保留一些最传统的生产用具、生活方式，从而多维度地美化、优化县域产业业态和人居环境。

3. 强化对外宣传营销的力度

人为打造各种场景，给人们提供艺术性的生活记忆，全方位增加有其价值和乐趣。充分利用县域特色的民俗活动，打造风情街、美食街，具有观赏性的生产经营活动，营造一些活动情景再现氛围；另外，要依据县域的文化内涵打造出一大批各不相同的文化主题酒店，使其发挥酒店和博物馆的双重作用，既增加其商品和服务的卖点，又深化和扩大了对外宣传；再就是要充分调动现代传媒和各种自媒体群体的积极性，利用大众手段宣传县域各类观赏、饮食、娱乐等特色。

（三）强化文旅要素打造，全方位提升要素品质

1. 激活服务要素

旅游业是第三产业，做强做大县域旅游产业，要激活一切与旅游相关的服务，其中包括市场上出售的服务和政府提供的服务。一是要激活旅游市场服务，首先要让市场活跃起来，大力提倡“黑加白”开发晚间市场，大力提倡“5 加 2”开发节假日市场；其次是让人们提供的服务活动起来，适时开展大型特色文艺表演，提供鲜活产品直销快运和农产品代管、加工和预订服务，利用鸡肉会、大肉会、豆腐宴、十三花等传统民间传统宴席并加以改造，推出文昌宴、剑州府官宴、唐明皇接驾宴、鹤鸣山道教宴、红军庆功宴等成品和半成品。二是要激活政府服务。要统筹做好城市的风貌定位和打造，把握好街区景点的文化内涵、建筑风格、商品服务市场、产业业态的定位，建设好特殊风情街区，引入与休闲、康养、旅游相关的、文化内涵丰富的产业，针对进入特殊街区的产业一定要坚持“唯一准入、末位淘汰”，确保商品和服务的质量，引导市场形成“级差地租”，激励房产业主的风貌改造积极性，以减少政府的资金投入和行动阻力；同时要引导有关行业组建餐饮行业协会、特色商品协会等自治自管机构，让社会参与到行业治理中来，依据各个行业自身特点与有关部门共同商议、共同拟定行业标准，形成市场治理和服务的多元化力量之一。

2. 开发利用特色文化要素

要辩证地突出文化的传承性、生态的保护性、建筑的观赏性、生活的舒适性，坚持这“四性”就是坚持地方文化的个性。要有地域文化的意识，但不能拘泥于地域文化。以剑阁为例，要在坚持“四性”的基础上，把剑阁县打造成为川东北领略西北风味、陕甘地区领略蜀中风情的双重文化焦点地区，并积极吸收现代文化中的优秀内容，以丰富的文化内涵强化游客体验的效果、扩张剑阁旅游的深度和广度、提高剑阁旅游的品位。同时有计划地做好资源梳理工作，包含了历史、传承、技术、审美、风俗、物产各个方面的物质和非物质等多方面的资源。重点是地方史、非物质文化遗产、原创的

各种形式的作品、各种相关的社会资源；名人、能人、特色手艺和文旅市场需求较大资源，建立文化资源库，方便今后的保护、开发和利用。

3. 做精商品要素

打造县域文旅商品要坚持宁缺毋滥的精品思维，在已有众多的商品要素中进行科学严格的比选筛选，推出一批质量好、品质佳的餐饮、服务、文创商品冠以“地方造”名号，集中力量开展精品化打造和宣传推介工作。以剑阁食品商品为例，首要是做强做大已小有名气的剑门豆腐和剑门土鸡产业。鼓励剑门豆腐和剑门土鸡餐饮企业建立连锁经营模式走出剑阁，打造餐饮连锁品牌。实施以剑门豆腐为代表的各种地方名吃、名菜、名宴的精品战略，加大对传统饮食文化的资料收集、操作规范、技术标准、传承谱系、文化内涵、理论表述等全方位的研究，力争开创出一个标准相对稳定的剑门蜀道餐饮流派，尽一切可能把剑阁地方食材用到流派菜系当中，以点带面促进各类剑阁食材更受市场欢迎。在保证食品商品品质优良的基础上大力开拓市场，瞄准超市、高铁、航空、船舶和汽车的后备厢，通过商业化包装和运营将绿色、安全、营养、美味、便携的成品或半成品送到游客手中，使之成为口口相传、广受喜爱的剑阁牌商品和旅游伴手礼。

参考文献

国务院：《关于促进全域旅游发展的指导意见》，http：//www.gov.cn/zhengce/content/2018-03/22/content_5276447.htm。

向铭：《剑阁：擦亮天府旅游名县金字招牌》，《四川日报》2019年5月18日04版。

B.27

旺苍生态康养旅游发展研究（2018）

——以开发“三峡两鼓一名泉”为例

张 健　康永忠　叶枝繁　何光贵*

摘　要： 旺苍以开发“三峡两鼓一名泉”为重点，突出生态资源优势和生态旅游资源优势，建设大型康养基地，带动“红绿”融合、茶旅融合、城乡融合，成为旺苍经济社会发展新引擎。但旺苍作为传统的工业大县，还存在转型发展决心不坚定、顶层设计跟不上、政策机遇没抓实、文旅融合步伐缓慢等问题。报告从旺苍生态康养旅游资源、发展现状等方面分析了旺苍生态康养旅游发展的优势、问题、前景，并提出对策建议。

关键词： 三峡两鼓一名泉　生态康养　广元旺苍

一　旺苍生态康养旅游资源优势

旺苍县作为全国重点生态功能保护区，长江上游的重要生态屏障，生态资源得天独厚，山水森林特色突出，气候宜人、空气优良，生态文化、历史文化积淀深厚，康养旅游资源富集，具有建设生态康养旅游目的地独特优势。特别是七里峡、苍王峡、盐井河大峡谷、鼓城山、鹿亭温泉“三

* 张健、康永忠，中共旺苍县委宣传部；叶枝繁、何光贵，旺苍县文化旅游和体育局。

峡两鼓一名泉”最具代表性，生态环境，地质奇观、森林奇景在川北独树一帜。

（一）生态环境质量优良

旺苍全县森林覆盖率达到57.4%以上，空气优良天数比例在80.1%以上，地表水出境断面水质在Ⅲ类标准以上，大气、水、土壤质量保持在全省前列。生态环境质量稳定，其中，生态环境质量变化指数0.15，生态环境保护管理指数0.58，综合考核结果达到0.73，居广元首位。全年空气优良天数达337天以上，发展生态康养度假基础良好。

（二）地质景观稀有独特

旺苍县域北部地区环境优美，特定的自然地理位置和喀斯特地貌，造就了独特的地质景观，拥有奇峡、飞瀑、峻峰、神潭、幻洞、绝壁等众多地质奇观，具有世界级的观赏价值和科普研学价值。其中，以米仓山大峡谷的峡谷、潭池、瀑布跌水景观为代表，拥有“潜龙十八潭”世所罕见，城墙峡媲美美国科罗拉多大峡谷、月牙儿瀑布为秦巴第一高瀑，米仓古道为古蜀道重要的一部分，不仅具有较高的观赏价值，而且还有很高的地质考古价值。同时，这里也是嫘祖驯蚕、黄帝迎亲、仓颉造字等民间故事的发起地（见表1）。

表1　旺苍地质奇观七景

峡谷	壶穴	瀑布	红叶	奇峰	古道	绝壁
城墙峡 龙潭峡 西陵峡 鸳鸯峡 钓鱼峡 花溪峡 留剑峡	十八龙潭 壶穴	米仓飞瀑 双鼻孔悬泉 龙潭飞瀑 神仙谷跌水群 盐河跌水	绝壁红叶 米仓彩林	伟人峰 卧龙峰 靴子峰 大佛岩 狮子峰 皇帽山 鲤鱼岩	栈道遗址 岐伯辟道 嫘祖驯蚕 仓颉造字 盐井遗址	城墙崖 万卷书崖壁 卧龙绝壁 泼墨绝壁 孔雀山绝壁 照壁崖 云水崖

资料来源：旺苍县文化旅游和体育局相关统计数据。

（三）自然景观资源富集

旺苍植被丰富，保护植物占全国保护植物的5.09%，成片的彩林具备极好的生态观光旅游基础。其中，以鼓城山—七里峡的双鼓景观为代表，景区的鼓城山的东西鼓被誉为“天下第一鼓”，全国唯一。位于米仓山镇东北的东、西鼓城山，是2.5亿年前大海沉积后的石灰岩，隆起后经地质作用而形成的岩溶孤峰（关于鼓城山呈双鼓对峙，有许多神话传说。有的说它是一对神鼓，有的说它来自观音菩萨所赐，堪称大自然的杰作。同时，米仓山溶洞群是川北地区最奇特、最具代表性的溶洞群，极富观赏价值）。

（四）森林景观奇特丰富

旺苍森林植被茂密，全县森林覆盖率达75.33%，四季景观各异。是我国水青冈属植物现有保存面积最大的地方，也是水青冈属植物起源中心和现代分布中心。其中，以盐井河大峡谷的彩林景观为代表，红叶观赏面积2万余亩，其观景点连成一片，从山上至山下、从远到近可从不同的层次观赏红叶。景区内还有溶洞、未开发的原始森林和成片的约400亩高山杜鹃，蔚为壮观。

（五）温泉景观得天独厚

1996年，鹿亭温泉被省地质矿产局列入“四川名泉”。2009年四川省国土资源厅组织专家赶赴旺苍，就鹿亭温泉的医疗保健价值展开鉴定工作，并认定鹿亭温泉为含偏硅酸的氟、氡医疗矿泉水。鹿亭温泉的热矿泉水含有20多种微量矿物成分，具有特殊的医疗作用，对皮肤病、慢性关节炎等疾病具有良好的治疗作用。

二　旺苍生态康养旅游资源开发成效

近年来，旺苍充分发挥“三峡两鼓一名泉”为代表的生态资源优势，在加大保护的基础上进行科学开发与有序建设。通过努力，旺苍县内现有国家级自然保护区 1 处——鼓城山—七里峡，国家级风景名胜区 1 处——米仓山大峡谷，省级森林公园盐井河森林公园、鼓城山森林公园 2 处。还建成国家 4A 级旅游景区 3 处，即鼓城山—七里峡、中国红军城、木门景区；建成国家 3A 级旅游景区 1 处——南阳山景区；四川名温泉 1 处——鹿亭温泉。同时，“红绿”融合，建成全国爱国主义教育基地 1 处——木门会议会址；全国红色旅游经典景区 1 处——中国红军城。

（一）旅游交通日益完善

旺苍地处川陕旅游黄金线的核心位置，广巴高速公路、广巴铁路、国道 G542 线、省道 303（旺宁路）线横贯全境，紧邻广甘、广陕、绵广等多条高速交会处。距广元机场仅 50 公里。是广元人流、物资进出的东大门，是相邻县区客货中转与集散中心。广元旅游北环线中 70 公里过境旺苍，建成后可将旺苍和周边县区的光雾山、米仓山、曾家山等景区连成一体，形成以旺苍为核心的生态休闲度假旅游目的地（见表 2）。

表 2　县城通景区公路情况介绍

景区名称	投入资金(亿元)	技术等级	里程(公里)	到达时间
米仓山大峡谷	3.6	四级公路	60 公里	1 小时
盐井河大峡谷	4.24	四级公路	53 公里	50 分钟
七里峡	3.3	四级公路	55 公里	1 小时
鼓城山	3.3	四级公路	55 公里	1 小时
鹿亭温泉	2.16	三级公路	18 公里	30 分钟

资料来源：旺苍县交通局相关统计数据。

党的十八大以来，旺苍投入 6.5 亿元，完成省道 S303 旺宁公路罗家渡至万家乡旅游公路改造。目前，正在改造省道 S301 天星至檬子公路，投入资金 12 亿元，预计三年时间完成。这将极大改善进入旅游景区交通状况，相比之前，行驶时间会减少近一半，与周边市县景区形成互联互通。

（二）旅游设施不断提升

1. 米仓山大峡谷

米仓山大峡谷是国内最典型的城墙壁式断层峡谷，位于旺苍北部边缘万家乡，地跨川陕两地，北起陕西省宁强县天生桥水库，南至旺苍县双汇镇，南北纵深60余公里，谷底宽20～80米，谷顶宽400～1000米，深200～800米，是一处集“箱”型谷、嶂谷、悬谷等众多峡谷类型于一体的综合性峡谷，观光条件优越，科考及地质研学价值极高。景点潜龙十八潭地质奇观，有串珠状圆形潭池、“拱形”多层天生桥、形象逼真的“巨龙”，堪称三绝，世所罕见。龙潭瀑布位于于潜龙十八潭之下100余米，米仓山瀑布宽12米，落差125米，由绝崖凌空直下，气势非凡，神韵独具。该瀑布为秦巴第一高瀑，中国大陆地区所发现的悬空型飞瀑中排名第三位，雨季形成的米仓山间隙性瀑流群全国十分罕见。米仓山大峡谷景区于2017年被国务院命名为国家级风景名胜区。县城至景区公路为三级，目前，已完成改造，通车能力较好。景区已完成停车场、步游道、宾馆、厕所、标识标牌等旅游配套服务设施。今年，正在改造升级创建国家4A级旅游景区。

2. 鼓城山—七里峡

鼓城山—七里峡风景区位于四川米仓山国家级自然保护区内，景区由白龙宫、七里峡和鼓城山三部分组成。鼓城山山体似鼓，四周峭壁如垣，山顶宽广平缓，东西两鼓城山相距近千米。鼓城山景区风光旖旎、地质奇特，是儒、佛、道三教活动圣地。七里峡是一条长达3公里的峡谷，峡谷宽12～15米。峡谷、森林、流水交相辉映，绚丽多姿、清幽奇雅，风韵独特。白龙宫景点处于未天发原始状态。米仓山是国家级自然保护区，不仅是水青冈属植物的起源中心，也是该属植物的现代分布中心，米心水青冈、水青冈、亮叶水青冈和台湾水青冈为区域内独有的品种。景区充分利用“5·12”灾后重建的机会，建成景区旅游游客中心、停车场、步游道，旅游厕所、标识标牌及米仓山场镇风貌设施改造。于2010年建成国家4A级旅游景区。

3. 盐井河大峡谷

盐井河大峡谷森林公园地处四川省广元市旺苍县盐河乡，景区山脉沟壑发达，峰峦林立，沟谷幽深，溶洞奇特。“奇峰、飞瀑、峡谷、溶洞、幽潭、林海”等自然景观成为观光、度假、科普探险的生态旅游胜地。植被覆盖率达98%，是大巴山脉保存最完整的原始森林区，是动、植物资源最重要的基因库。春日山花灿烂，夏日翠林清幽，金秋彩叶纷呈，冬日银妆素裹。景区已完成部分旅游接待设施，接待用房、步游道，标识标牌等。

4. 鹿亭温泉

鹿亭温泉景区，位于广元市旺苍县高阳镇境内绝壁天成，峡谷幽深的鹿亭溪旁。该温泉含有锶、锂、锌、硒、硼等多种微量元素，具有较高的医疗价值，它对皮肤病、关节炎、神经麻痹等都具有很好疗效。1996 年被省地矿局评为四川名泉。景区由广元凤雏鹿亭温泉投资开发有限公司投资开发建设。规划一期建成泡浴中心，二期建设宾馆会务、餐饮娱乐度假中心，三期开发建设汉王山。鹿亭温泉核心区占地面积为 80 余亩，集泡浴、康娱、餐饮、会务、度假为一体，总投资约为 3 亿元。一期工程于 2011 年 10 月底启动建设，2013 年 1 月完成建设，投资约为 3800 万元。共建成大小不同、风格各异的泡池 26 个，泡池总容积为 600 立方米，建成有 2500 平方米的配套服务设施，可提供更衣淋浴、热疗保健、品茗观景等设施和服务。通往景区道路基本建成。

（三）全力构建全域旅游

在重点开发“三峡两鼓一名泉”特色旅游基础上，坚持“红绿”融合，以加快推进米仓山大峡谷创建国家 5A 级旅游景区为引擎，以深化中国红军城、木门两个国家 4A 级旅游景区管理运营为支撑，以多点发展乡村旅游振兴为补充，通过“三驾马车”带动旺苍生态康养旅游产业蓬勃发展，推进全域旅游。

1. 大力发展红色旅游

第二次国内革命战争时期，旺苍成为川陕苏区后期首府，这里召开了著名的木门军事会议，诞生了我军历史上三大建制之最，最早最大规模的妇女武装——红军妇女独立师、最早的水兵建制——红四方面军总指挥部直属水兵连、最大建制的青少年武装——少共国际先锋师，为中国革命立下了不朽功勋，如今旺苍·中国红军城成为全国现存保存最完好的红色遗址群。著名的木门会议会址、旺苍·中国红军城分别被命名为全国、全省爱国主义教育基地。近年来，旺苍大力挖掘红色文化，完善基础设施，设置观光路线，丰富旅游业态，创新开发模式，积极吸引社会资金参与，对现有红色历史文化遗址进行保护性开发，于2017年，中国红军城、木门景区成功创建为国家4A级景区。

2. 大力发展乡村旅游

全县现有农家乐/乡村酒店共43家，其中三星级以上农家乐8家。主要分布在县城周边、米仓山镇、木门、三江等地，其中：东河镇11家、黄洋镇4家、高阳镇5家、双汇镇2家、鼓城乡11家、木门镇4家、盐河乡4家、国华镇1家，嘉川镇1家。经市星评委评定三星级乡村酒店1家，四星级农家乐3家。全县建有休闲农业园区3个——东河镇南阳山乡村旅游示范园、白水光明示范园区和以木门景区为中心的三合、柳树、青龙村万亩有机茶园带为主的乡村旅游示范带。全县拥有省级乡村旅游示范村4个，木门镇柳树村、东河镇渔林村、鼓城关口村、鼓城村，省级精品村寨1个——鼓城社区。全县现有的农家乐一次可接待游客4000多人，接待能力最大的农家乐一次性接待餐饮娱乐400人左右，最小的可接待餐饮娱乐40人，乡村酒店共有150个床位。全县农家乐/乡村酒店共有从业人员总计达150人左右，2018年接待8.65万人次，实现营业收入总计2162.5万元。

三　旺苍生态康养旅游发展问题分析

（一）旅游产业发展体制机制不健全

旅游产业的大发展，需要充足的资金来源作保障。仅仅靠政府财政投入自主开发力量有限。必须建立多元化的投资机制、引进战略投资者参与。目前，旺苍由于没有形成有规模的旅游产业主体、产业链，因而投入机制没有很好地形成，政府投入有限，招商引资困难，民间投资未激活，导致资金投入严重不足。旺苍县的景区除米仓山大峡谷、鹿亭温泉有部分社会资金注入外，其余 3 个 4A 级景区、1 个 3A 级景区全部是政府投资。

旅游资源分属于不同的行政部门。鼓城山—七里峡景区由县米仓山自然保护区管理局管理，米仓山大峡谷由县住建局管理，盐河大峡谷由县林业局管理，中国红军城、木门景区由文化旅游部门和属地乡镇共同管理。这种旅游资源所有权与旅游经营管理权的不分，导致在景点建设和开发上各自为政，缺乏对旅游业的整体认识和通盘考虑，使小景点分散而不精，大景点气势不大，景点开发同质化。不健全的投融资机制和落后的经营管理体制，制约了旺苍旅游产业的发展。旺苍旅游产业接待人数、收入均落后于广元其他县区（见表3）。

表 3　广元市 2018 年度各县区旅游产业接待人数、收入情况比较

	游客接待		旅游收入		
	人数(万人)	同比(%)	旅游收入(亿元)	同比(%)	名次
剑阁县	891.2	14.2	110.5	22.64	1
苍溪县	688.05	13.48	46.06	27.09	5
旺苍县	315.4	11.87	29.81	29.04	7
青川县	467.56	7.6	36.6	33.28	6
利州区	1522	12.44	97.51	24.69	2
昭化区	691.2	10.5	48.55	25.45	4
朝天区	453.45	4.97	50.5	26.09	3

资料来源：广元市文化广播电视和旅游局相关统计数据。

（二）旅游产业要素配套不完善

目前，旺苍交通格局被边缘化，可进入性较差，进入时间较长，未形成快进快出的旅游交通格局。县内无高铁、无机场，仅有一条高速、一条国道。由于国、省级主要交通通道经过旺苍县的极少，缺乏大中型城市直达旺苍的交通线路。成都、西安、重庆等城市公路交通抵达旺苍的最快时间分别为4.5小时、7小时和5小时。景区之间缺乏有效旅游通道衔接，景区联动发展水平低，对沿线各村的经济发展带动不足。如米仓山镇与盐河乡之间无道路，需要经双汇镇中转。

旅游配套设施建设滞后。旺苍县现有各类酒店179家，非星级旅店177家，主要集中在县城，接待总量不到1万人。餐饮设施主要分布在县城和场镇区域，大多档次较低，高档次特色餐饮设施和餐饮品牌比较缺乏。5家旅行社门市，主要提供周边旅游产品，旅游招揽能力和营销能力欠缺。休闲娱乐设施主要分布在县城和场镇，以服务当地居民为主，网吧和KTV为主，各景区、景点休闲娱乐设施严重缺乏。购物设施仅在县城设有少量专门的旅游购物设施，旅游商品类型较为单一，包装营销宣传不够。

（三）文旅产业深度融合发展不够

旺苍文化资源丰富，文化底蕴深厚。有以七里峡、盐井峡、木门古栈道为代表的三国文化遗址。有以木门会议会址、红军城等省级重点保护革命文物。有以汉王传说和旺苍端工戏、民歌为龙头的民俗文化。有以东河印制公司为代表的“三线”工业遗址等。

但是，如何利用丰富的文化资源的优势，促进文化和旅游深度融合发展，提高旺苍旅游核心竞争力，仍然存在一些问题。一是文化保护与传承、利用的“度”把握不够好。在实际工作中，有时过分强调静态保护，不考虑传承与利用；有时过分强调开发，不注意保护与传承。二是旅游产品中对文化的挖掘、展示、利用不够充分。大量的文物仅仅停留于静态的展示，甚至解说也仅仅局限于文物本体，很难对游客产生吸引力。三是文化产品的市场化程度不高。做工精湛，质量上乘，批量生产的手工艺品等产品严重缺乏，便携化、精致化、特色化等旅游商品包装质量不高。四是对文创产业开发严重不足。缺乏对传统文化资源进行创意创新开发的政策性引导不足，集商业性、实用性于一体的新型旅游商品还比较少。

（四）文旅产业品牌塑造力度不够

旺苍县的旅游资源十分丰富，是典型的旅游资源大县，但旅游资源的知名度与其丰富的旅游资源不成比例。究其原因，一是重量级景区少，旅游产品开发缺乏个性。例如：红色文化资源，周边的通江、南江、巴中、苍溪都有。同时，从旅游资源的结构来看，旺苍与周边省市旅游产品同构严重，竞争形势严峻。从观光旅游来看，旺苍虽有鼓城山、光头山、汉王山，但南江有光雾山，利州有天曌山，周边县市同质旅游产品的大量出现，各县区在旅游客源市场上的竞争日益激烈，使旺苍旅游业面临着新的竞争压力。二是品牌定位不明显、不固定。旺苍先后提出过“中国红军城·天下第一鼓”、“天下米仓·康养旺苍”等。在旅游品牌特别是强势品牌表现上与市内的剑阁、青川、昭化等存在很大的差距。旺苍旅游品牌中有“三峡两鼓一名泉”等资源品牌，但在旅游景区方面，旺苍没有像剑门关、昭化古城、唐家河那样的知名旅游景区品牌。从旅游形象、市场规模、接待条件、产业链形成、旅游收益等来看，旺苍还没有真正形成强势品牌。三是营销渠道单一，整合宣传力度小。由于缺乏高端文化旅游经营管理人才，旺苍旅游营销策划与组织能力不强，营销方式和手段不多，媒体促销宣传技术含量和水平不高，推广的渠道也非常有限。此外，旅游营销宣传整合度较低，在具体旅游促销行为上缺乏联合促销、开放促销的意识。

（五）旅游产业龙头带动效应不强

旺苍众多的旅游资源与现有的旅游产业规模并不相称。在硬件方面，旅游项目周边道路通达性差，满足旅游需求的公共服务设施不完善，基础设施和环境建设均有待提高。与周边县区旅游城市相比，旺苍景区现有的星级饭店、旅行社数量相对少；高素质旅游人才、高质量旅游服务也显得捉襟见肘；旅游龙头企业数量偏少质量不高，带动效应不强；除了旅游产业规模不大以外，旺苍旅游产业没形成链条，也制约了旅游业的发展。总之，旺苍的旅游产业短板较多，如旅游表现还停留在传统的参观、观光层面上，新型的文化旅游与康养、研学、休闲、山地运动、避暑研学、休闲度假等融合的旅游新产品偏少，乡村旅游发展滞后，旅游业链条短小，旅游项目有限，与其他产业的融合度不高，龙头带动效应不强，助力乡村旅游、脱贫攻坚成效不明显（见表4）。

表4　旺苍旅游带动乡村旅游脱贫攻坚情况统计（2018年度）

景区景点	涉及乡镇数(个)	接待人次(万人次)	年旅游总收入(万元)	人均增收(元)
中国红军城4A景区	1	53.6	14000	300
木门4A景区	1	50	12300	300
鼓城山—七里峡4A景区	1	52.18	36900	1850
南阳山3A景区	1	无数据	无数据,2018年创3A景区	
乡村旅游	35	95.05	14428	350

资料来源：旺苍县文化旅游和体育局相关统计数据。

四　旺苍生态康养旅游发展对策建议

（一）建立产业发展机制，构建文旅产业发展大格局

1. 强化发展机制和保障

深化文旅体制改革，增加文旅产业发展基金，制定出台旺苍县《关于加强文旅产业发展的意见》，明确旺苍旅游产业发展定位、目标、思路、工作重点、保障机制等内容。制定产业发展总体规划、天府旅游名县创建方案、米仓山5A级景区创建方案。迅速启动米仓山大峡谷5A级景区和天府旅游名县创建工作。

2. 创新文旅产业发展机制

建立实施“1+4”管理体制。组建非行政化“大文旅”管委会。在“大文旅”结构调整领导小组的领导下，统筹自然保护区管理局、风景名胜区管理局、红军城景区管委会和木门景区管委会职能，进行统一管理。

建立实施“1+10”协调机制。县文旅体局牵头，10个县级涉旅和保障部门组成协调机构，定期召开联席会议，常态研究解决问题，切实形成推动合力。

3. 建立文旅产业投资机制

依托县城投公司，做实县文旅发展公司，搭建投融资平台，积极与农行、农发行等银行进行银企合作，对接洽谈文旅贷款业务，用市场的办法解决“钱从何来”的问题，并有倾向性地对重点项目进行打造。制定完善招商引资项目优惠政策，编制《旺苍县重点旅游投资项目招商手册》，加大招商引资工作力度，拓宽投资融资渠道，以最大力度支持企业，最大让利优惠企业，打造政策洼地，实现投资企业和旺苍共赢发展，促进文旅经济融合快速健康发展。

（二）着力完善文旅设施，打通文旅产业发展大通道

1. 坚持“交通跟着旅游走”思路

构架“大通道”，夯实“主骨架”，畅通“微循环”，积极争取G5京昆高速复线过境旺苍，加速推进川陕革命老区广巴达城际铁路项目建设，加快实施旺苍旅游北环线建设进度，打通景区之间旅游瓶颈，提升景区内的道路等级和通行能力。

2. 完善服务体系

围绕“吃、住、行、游、购、娱”等旅游服务要素，以游客为中心，合理进行配套。依托景区打造一批“星”级型的餐饮、娱乐场所，加快建设一批时尚性的主题酒店、精品民宿和休闲农庄；开发富有地方特色的旅游商品、文化商品、养生商品。

3. 发展智慧旅游

在智慧旅游上下功夫，加强信息基础设施建设，形成信息互联互通的大数据、云计算体系。持续开展旅游软环境建设，巩固省级卫生城市创建成果，营造和谐文明的人文环境。

（三）深度挖掘文化底蕴，构建文旅融合发展新格局

1. 打好“文化”牌，站稳市场交椅

充分发挥旺苍优秀乡村传统文化、地方特色文化的独特作用，加强乡村文化研究、保护、传承、发展、利用，不断赋予其新的时代内涵。精心打造好每一个文化景点和文化建筑，让旺苍文化魅力成为旅游优势，让旺苍历史文化与现代文明在旺苍旅游市场上散发出迷人魅力。构建立体式全域旅游新模式，推动全域旅游快速发展。

2. 打好“创意”牌，挖掘市场潜力

当前创意经济无处不在，旅游发展也不例外。坚持“创新导向”，在旅游产品和旅游项目策划、规划、开发、建设、运营、管理的全过程中深化创新、创意元素的融入，以特色化提升旅游产品的吸引力。顺应游客由单纯的视觉感观向身心体验转变的特点，在增强和提升旅游项目的体验效果上下功夫，加快发展京昆高速沿线自驾游、中国红军城－木门景区旅游、米仓山红叶节等自驾自助游产品，让游客脚踏实地触摸到旺苍旅游脉搏。

五　旺苍生态康养旅游发展趋势预判

（一）建设国际研学和生态康养旅游目的地

以创建天府旅游名县和米仓山大峡谷5A级景区为引领，利用龙潭子奇潭、潜龙洞、伟人谷、靴儿岩、天生桥“五绝”地质奇观，整合打造地质观光科考研学公园；利用檬子大峡谷原始生态自然景观，开辟户外探险远足活动基地；利用“三峡两鼓一名泉”的绿色优质生态资源，开发峡谷观光、高山滑雪、温泉养生、研学旅行等文化旅游产品，打响“绿谷红城、康养旺苍”文化旅游品牌，建设国际研学和生态康养旅游目的地。

（二）茶旅融合，建设“东河记忆——广元黄茶”文创旅游目的地

依托旺苍特色黄茶资源、米仓古道遗址及稀缺的三线建设资源——原东河印制公司工业遗址，开发茶叶文化、研学旅行、工业文创等文化旅游产品，打造“东河记忆”文创一条街，建立“东河造币历史纪念馆”“旺苍三线工业企业遗址博物馆”“旺苍茶叶博物馆”，深挖米仓古道独特的文化内涵，打造米仓古道路线游，创建米仓山黄茶公园国家级田园综合体，高规格高起点打造“东河记忆——广元黄茶”县城核心文创旅游休闲度假生态康养目的地。

（三）建设中国红军城—木门寺红色文化旅游产业园

提升中国红军城景区和木门景区两个国家4A级旅游景区，巩固旺苍县近年来的旅游发展成果，抓好以彭杨军事政治学校（后扩编为红军大学）、“英安县”苏维埃等经典革命战斗遗址遗迹为主的保护利用，推出以红色文化为主题的木门会议会址—穿心店、木门会议会址—黄猫垭、木门会议会址—九龙等三条红军精神体验路线以及其他研学旅行、体验旅游、休闲旅游项目和精品旅游线路。坚持“红绿”融合，因地制宜打造“红色＋教育培训”“红色＋乡村振兴”“红色＋休闲观光”等“升级版”品牌项目，打造中国红军城－木门寺红色文化旅游产业园。

（四）打造全域旅游发展格局

将米仓山镇建成乡村旅游示范镇、民主村打造为乡村旅游扶贫的标杆，建设集孙家坝温泉、青林山道教文化园、东河现代农业园、精品民宿等为一体的省级旅游度假区。提升旺苍县—万家乡旅游公路，打通米仓山大峡谷—鼓城山—七里峡景区—金场坝旅游公路，形成北部旅游环线，夯实北部旅游连片发展基础，打造特色村落15个、生态微田园景观40余处、采摘体验园20个、垂钓基地4800余亩，配套建设山地户外运动示范区1个，开发精品路线4条、精品赛事6项，民宿400家，形成全域旅游格局。

参考文献

国务院：《关于印发“十三五”旅游业发展规划的通知》，中国政府网，http：//www. gov. cn/zhengce/content/2016 - 12/26/content_ 5152993. htm。

李星群、赵伟兵：《中国生态旅游研究》，《广西大学学报》（哲学社会科学版），2001 年第 23 卷（增刊）。

张建萍：《生态旅游理论与实践》，中国旅游出版社，2001。

B.28
青川县发展全域旅游研究报告

陈明忠　刘 琪　刘保刚　李 波*

摘　要： 青川观光休闲资源、生态旅游资源、乡村旅游资源、文物古迹资源、地质和动植物资源、红色文化资源等旅游资源丰富，品种繁多，成为其发展全域旅游的资源优势。灾后重建以来，青川以生态绿色发展为重点，以文旅融合为起点，着眼发展全域旅游，重视旅游发展的基础建设，在交通、信息、吃住、服务等基础设施建设上以促进旅游发展为宗旨，在产业发展上与旅游发展紧密结合，形成了“N＋旅游”的全域旅游发展格局。青川要在品牌打造、基础建设等全域旅游基础要素上上档升级，要在优化全域旅游产业链上下功夫，力争成为“全域旅游示范区”的标兵。

关键词： 全域旅游　文旅融合　广元青川

一　青川发展全域旅游的资源与基础分析

全域旅游，是指将旅游资源丰富、旅游品种齐全、旅游基础完善的一个区域作为整体旅游目的地来打造。换句话说，就是以旅游业为中心，突破行业、部门、区域条块局限，以旅游发展为中心，形成合力整体联动，带动和促进整个区域全面经济社会协调发展。青川的资源优势与基础优势，发展全域旅游前景看好。

* 陈明忠、刘琪、刘保刚、李波，中共青川县委宣传部。

（一）青川发展全域旅游的资源优势

旅游资源丰富，旅游品种丰盛，是全域旅游诸要素中最基础、最重要的部分。青川的旅游资源，旅游品种，不仅丰富多样，而且极具吸引力。

1. 个性化的生态文化资源

（1）独特的地质资源。青川唐家河国家自然保护区闻名遐迩，在地质结构上，与同样享誉世界的九寨沟国家级自然保护区、甘肃境内白水江国家级自然保护区为一体。青川境内出名的地质景观还有国家级风景名胜区白龙湖，有省级自然保护区东阳沟、毛寨，四川青川地震遗迹国家地质公园①等国家 4A 级旅游景区。

（2）稀有的动物资源。据国家、省、市专家实地考察统计，青川境内现有珍稀动物 440 余种，其中国家一级保护动物 13 种，如大熊猫、川金丝猴、扭角羚、绿尾虹雉等，主要集中在唐家河国家自然保护区。特别是国宝大熊猫，据最新统计数据，青川境内有 50 只野生大熊猫，2019 年，已经有 5 次游客巧遇野生大熊猫的记录，青川野生大熊猫的出镜率越来越高。

（3）古老的森林资源。青川县森林覆盖率达到 73.48%，比国家 2018 年底全国森林覆盖率 22.96% 高出两倍多。据最新统计，青川野生植物种类多达 1900 余种，国家一级保护植物就有 5 种。古老而珍稀的植物不少，如千年银杏、铁坚油杉、红豆杉、珙桐、桫椤等。有的与恐龙同一时代，如桫椤，属于古蕨类植物，被称之为植物的活化石。

（4）优良的生态环境。青川地处龙门山脉与大巴山系之间，北望秦岭，最高海拔 3837 米，最低 491 米，森林覆盖率高，气候独特，全年平均气温 13.7℃，形成了春天来得迟、夏季时间短、秋天凉爽、冬天漫长的气候环境特征。因而青川地表水质长期保持在 I 类，负氧离子每立方厘米高达 2.5 万个，优良天气保持在 360 天以上，生态环境十分优良。

---

① 2019 年 10 月 10 日国家林业和草原局宣布（新华社）。

2. 独特的历史文化资源

（1）先秦文化。1979～1980年在青川县城乔庄郝家坪发掘出土的战国古墓群，见证了青川独特的先秦文化。郝家坪战国古墓群出土的大量随葬器物中，两件木牍特别引人注目，它记载了秦武王时关于土地保护、道路桥梁维修、河道疏通等的律令，是战国中后期一部关于田地方面比较完整的律令。最有价值的发现，是出土的木牍采用隶书用墨写成，是目前发现的最早古隶标本，将隶书形成的年代延长至战国中后期，对中国文字发展史研究具有很高的文物价值。郝家坪发掘的战国古墓群，大多具有楚制的特征，证明秦灭蜀后大量移民事实的存在。郝家坪战国古墓群所在地，位于古蜀道金牛道旁，见证了中原文化与古蜀文明的交流。

（2）蜀道文化。青川是古金牛道与古阴平道交集之地，道路文化的特征十分明显。隋唐之前，金牛道上最重要的关隘白水关就设置在今天青川县营盘乡一带。从甘肃进入蜀地的阴平道和从陕西入蜀地的金牛道，在白水关交会后，一路是向南继续走金牛道经剑门关到成都，另一路是折西延续阴平道经平武到江油向成都。四通八达的交通，促进了青川的发展。公元前201年，汉高祖在白水关处置白水县，成为继葭萌县后广元境内设置的第二个县。从汉朝至三国，均有重兵把守。公元229年，蜀汉在今天的青川青溪镇新设广武县。公元553年，南北朝时梁元帝在现在的乔庄镇设秦兴县，公元583年，隋文帝改秦兴县为方维县。因为蜀道，小小青川县，历史上就曾有过3个县的建制沿革，

（3）文物古迹众多。青川的文物古迹众多，有国家重点文物保护单位郝家坪战国墓葬群，有省级重点文物保护单位青溪古城等19处。青川许多文物古迹，值得一品。古镇有白水关所在地沙州镇、鸡鸣三省姚渡镇、古县城遗址乔庄镇；古村有观音店乡的中国传统村落两河口村；古道有景谷道、马鸣阁栈道；古院落有茶坝乡韩家大院、白家乡陈家大院、姚渡镇杜家大院；古桥有青溪金桥……

3. 独特的时代精神资源

全域旅游，其中一个重要的组成部分就是旅游资源的个性与品种大而

全。青川除历史文化的丰富与厚重外，现代文化的特殊性、价值性、前沿性、引导性也具有典型性。青川是四川汶川“5·12”特大地震的极重灾区之一，是浙江省定点的对口帮扶县。今天的青川，最难忘的是抗震救灾和灾后重建精神，最流行的是感恩文化。

（1）“两幅标语”表达的灾后重建精神。在“5·12”特大地震灾后重建中，青川县黄坪乡枣树村出现了两幅标语，一幅是“有手有脚有条命，天大的困难能战胜”，另一幅是“出自己的力流自己的汗，自己的事情自己干”，充分反映了当时青川人民不等不靠自力更生重建家园的精神。2008 年 8 月 31 日，时任国务院总理温家宝第二次深入青川灾区视察，这两幅标语给温家宝总理留下深刻印象，在从青川到成都的路上反复提到。9 月 2 日在汶川举行的记者招待会上，温家宝总理再次引用了这两幅标语的内容，把这两句话归结提高为四川汶川地震灾区人民的灾后重建精神。正是靠这种精神，青川人第一个自力更生重建住房，第一个实践低碳重建的理念，第一个在废墟上重新构建产业发展蓝图……这种精神，还鼓舞着广元人民在重建中奋发向上。

（2）全域范围内形成的感恩文化。青川灾后重建，由浙江省举全省之力对口帮扶，基本上由一个地级市帮扶一个乡镇。在对口帮扶中，浙江做到把青川县当作浙江的第 101 个县来建设，三年重建任务两年完成。通过援建，从住房到环境，从基础到产业，让从废墟上重新站立起来的青川至少前进了 50 年。感恩，成为青川上下共识。青川人不仅在“5·12”这个特殊的日子邀请浙江亲人回青川看日新月异的变化，逢年过节还上门看望慰问那些当年帮助青川人民重建家园的亲人。不仅互相常回家看看，青川还在县城打造了一个感恩文化广场，一座感恩奋进墙，一座感恩桥，感恩文化成为青川一道文化风景线。

4. 独特的“三线建设”遗址资源

20 世纪 60 年代的“三线建设”中，国营新光电子管厂、国营万众机器厂先后落户青川县木鱼镇和乔庄。20 世纪 90 年代前后，根据国家对三线企业的战略调整，青川这两个三线企业分别迁往成都与重庆。三线企业迁走

后，原有厂房、生活区基础设施及部分生产设备留在了青川。这些“三线建设”旧址，见证了国防工业、国家发展和艰苦奋斗的传统，是培养爱国主义精神的活教材。

5. 独特的红色文化旅游资源

1935年4月初，红四方面军30军和31军各一部强渡嘉陵江后，按照清江渡会议精神，进入青川境内，开始实施“川陕甘计划”，即扩大创建川陕甘根据地计划。在徐向前的亲自指挥下，红军分别在摩天岭、悬马关、平台山等川甘交界处与胡宗南部队展开激战。后因接应中央红军的需要，不得不放弃“川陕甘计划”。坚持近20天，4月底，红军撤出战斗，分别从青川青溪、房石等地离开广元地区，走上长征路。

6. 独特的地震科普资源

2008年的“5·12”特大地震，青川地震爆发点为人类留下了独有的地震奇观。通俗地说，就是地震时通常表现的崩塌、地裂、隆起、断层、褶皱等多种地质破坏形态在青川的红光乡、马公乡等地方得到集中爆发，这在全球地震活动中也极为罕见。2008年11月12日，四川汶川地震灾区第一个带有纪念性、科普性的地震遗址公园在青川县红光乡东河口建成开放，得到中央、省、浙江大学等科研部门的重视与支持，成为中国地震科学研究一个重要基地。

7. 美丽乡村资源

青川另一道风景线，就是美丽乡村资源。青川对每一个村做到科学规划，精心打造，每一个村落都是美丽乡村的见证。全县268个村，不仅村村有卫生室、图书室、休闲娱乐活动等公共场所，而且做到一村一产，一产一特色，周边环境绿树成荫，鸟语花香，各有特色。沙州镇的江边村，青溪镇的阴平村，就是这样的典型。如乔庄的张家村，如今又叫初心谷，开起了民宿，办起了花苗基地，小桥流水，走廊回庭，墙墙带画，美不胜收。

（二）地理位置与交通优势

青川西北接甘肃文县，东北连陕西宁强，地处川陕甘三省结合部。四川

4 条古蜀道，就有金牛道、阴平道两条古蜀道交集于青川，见证了青川自古就是西北连接西南的重要通道。如今，交通更加发达通畅，有兰海高速、京昆高速两条高速公路过境，有宝成铁路、兰渝铁路、西成高铁 3 条铁路穿境而过。

立体交通的实现，方便了出行。从青川县城出发，到达广元机场 1 小时；坐动车到成都 1 个多小时、到西安 2 小时，到达兰州只需 4 小时；如果从广元机场乘坐飞机，到北京、上海、广州、深圳、杭州、昆明、济南等区域中心城市仅需 2 小时左右。

优越的地理位置，方便的交通条件，为青川发展全域旅游夯实了基础。

二　青川全域旅游发展现状分析

灾后重建，特别是党的十八大以来，青川立足自身旅游资源优势，以全域旅游建设为统领，坚持生态、康养、文化、旅游融合发展，走出了一条生态康养文旅融合发展的特色之路，从 2016 ~ 2018 年，青川全域旅游发展呈上升趋势，游客总量和旅游综合收入保持在 20% 以上的增速（见图 1）。

（一）抓生态旅游促全域旅游核心形成

灾后重建以来，青川以生态立县为理念，依托 73.48% 的森林覆盖率、唐家河风景区、大熊猫所在地和灾后重建的美丽乡村，突出生态旅游，掘到青川发展全域旅游的第一桶金。2017 年 4 月 11 ~ 14 日，青川在美国纽约时代广场大屏幕上推出了“绿野青川，全域旅游——世界本来的样子”宣传词，让绿色生态的青川形象、青川灵魂走出了国门，走向了世界。由于重视生态发展绿色崛起，青川获得的荣誉不断：“四川省十大最休闲县区旅游目的地”“全国百佳深呼吸小城”“中国国家旅游最佳生态旅游目的地”“全国最具魅力生态旅游县”“中国国家旅游乡村振兴旅游目的地”……这接二连三的荣誉，就是青川突出生态旅游发展全域旅游的潜力与优势表现。

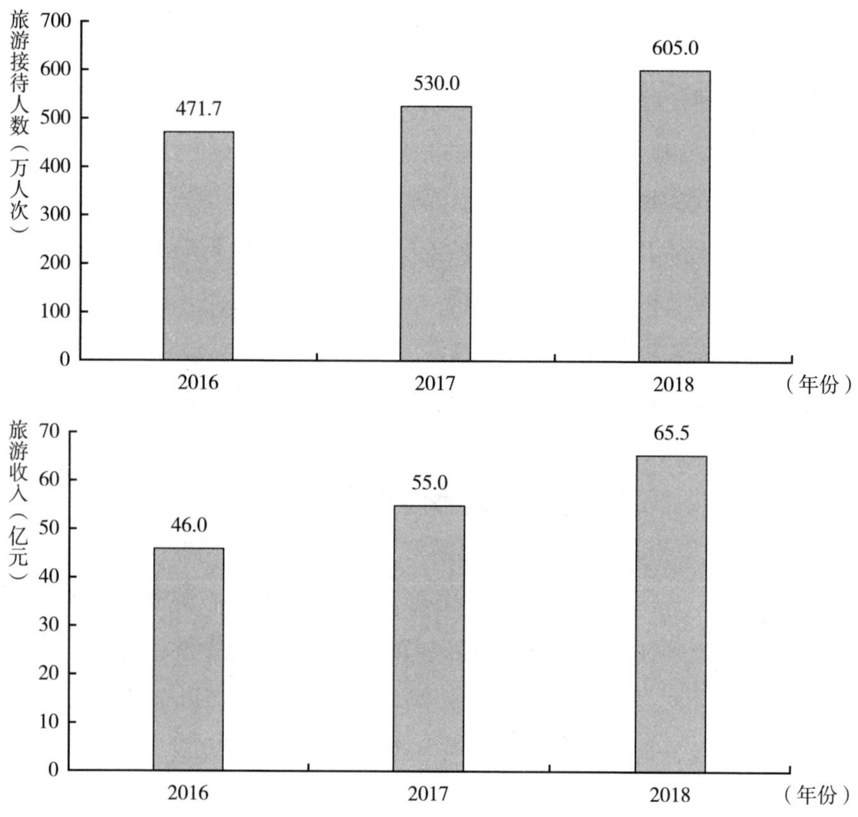

图1　2016～2018年青川旅游接待人数和旅游收入对比

资料来源：青川文化旅游和体育局提供。

（二）抓生态产品助全域旅游发展

青川的山珍有香菇、黑木耳、竹荪等；有机食品有茶叶、核桃、油橄榄等。另外青贝、天麻、乌药等名贵中药材也是青川的养生之宝。这些生态产品已经成为青川全域旅游产业链中重要的一环。目前，青川是国家认定的四川省第一个生态原产地产品保护区，青川产的竹荪、黑木耳、七佛贡茶入选国家生态原产地保护产品名单；青川的银鱼、野生蜂蜜、七佛贡茶、黑木耳、竹荪、天麻等生态产品成为国家地理标志保护产品。青川坚持生态有机无公害，喊响生态名片，产品多而优，先后获得四川省首个国家生态原产地产品保护示范区、四川省农产品质量安全监管示范县、国家生态农业试点县、全国绿色食品原料标准化生产基地、国家有机产品认证示范县等荣誉称号。

（三）发掘乡村旅游题材，增强全域旅游活力

以生态为特色的青川乡村旅游魅力无限。经过灾后重建和新村建设，青川的乡村发展因地制宜，各具特色。

青川在开发乡村旅游中，注重个性引导、品牌打造、因村而异。青川有一批特色村落，可以说是家喻户晓。被称为世外桃源的白龙湖幸福岛，含木鱼镇的文武村、沙州镇的幸福村两个村，坐落在国家风景名胜区白龙湖畔。幸福岛的特色就在依山临水，气候宜人，风景秀美、环境舒适上。两个村作为景区后，以福、乐、寿、喜等传统文化为主创元素，融入油橄榄、水果、渔业等产业元素，文旅融合，产旅融合，形成小型化全域旅游格局。幸福岛成为青川因地制宜打造特色村落的典型。

再就是根据村落特点，注重一沟一品、一沟一景、一沟一特色进行建设。如乔庄的“田缘张家”，就是依据张家村为一条沟的地势，构造田园风光这一特色，并命名为“初心谷”，意在不忘农家本色、田园本色。这一创意很得人心，不仅吸引了北京等大城市游客来此体验和康养，节假日时来游玩的人更是络绎不绝，人流如织。大坝银杏谷、仙雾茶海等乡村旅游示范点，就是依据这一特点打造而成的。对传统村落，本着不大拆大建的原则，观音乡两河村、白家乡马村两个传统特色村落得到保护，保持了百年建筑、川北民居的风格，成为最具传统文化的特色村落。

（四）突出生态康养，深化全域旅游内涵

青川重视生态康养，以文兴旅，以旅促文，以文化为载体，以旅游为平台，以康养为目的，从而形成旅游目的地。可见，康养在全域旅游发展中具有独特的地位与价值。而青川，在吃、住、行、看等多元的全域旅游要素

中，与康养有着密不可分的关系。

一是森林康养。青川森林覆盖面积大，有73.48%的覆盖率，其中原始森林所占比重高，可以说，整个青川都在森林的包围中，负氧离子含量高，空气质量优，进入青川就是进入森林，天然氧吧无处不在，最适宜康养。目前，以唐家河自然保护区为核心，加上周边配套的康养环境设施，已经形成包括吃、住、行、旅、购、医等成体系的森林康养系列产业和产品。

二是食材和中药材康养。青川的山珍，品种多、品质好，特别是木耳、香菇、竹荪等食用菌，有的还是国家生态原产地保护产品，价值不菲，闻名遐迩。从浙江引入白龙湖的银鱼、农家人工饲养的娃娃鱼、唐家河森林中产的野生蜂蜜、青川农家用粮食喂养的土鸡，天然有机无公害，是绝佳的养生食品，供不应求。青川野生天麻素来有名，资源有限，但治疗头痛、降血压、增强记忆力等效果明显，市场潜力、养生前景很大，因而青川重视人工种植天麻，已经形成规模化种植。

三是健身康养。空气好，环境美，负氧离子密度高，适宜健身。近几年来，青川配合全民健身运动，不断推出和组织开展大型健身活动，并向国际化进军，展示青川生态康养另一面的魅力。在国家体委的支持下，青川举办了常态化的“中国·青川国际半程马拉松赛”，开展了常态化的“白龙湖搏鱼大赛”，举办集观赏健身一体的“唐家河漂流”“唐家河紫荆花节”“唐家河红叶节”等节庆活动，每年都要吸引大批游客。

（五）以县城为突破口，构建全域旅游综合示范体

以青川县城乔庄为样本，将城市当作公园建，进而将公园城市化。走进城市就是走进公园；走进公园就能享受城市的所有待遇。青川以把乔庄建设成国家4A景区为目标，形成以县城为代表的全域旅游综合体，走出了一条建设新型城市的创新之路。

如今，方圆10公里左右的县城，变成了实实在在的景区。走进战国墓葬群遗址，走进青川县博物馆，你可以感受到青川2300多年历史的厚重；走进感恩奋进墙、感恩文化广场，踏上感恩桥，你能感受到中华民族大家庭

的大爱；走进人民公园、木牍公园、银杏公园、廊桥、绿荫道等大大小小的公园、广场、长廊等，你能感受到处处有景、一步一景的心旷神怡。

围绕主城区，辐射着以乡村风情支持的景区，如张家村景区、茶树村景区、大沟村景区等。以县城为中心，还分布着青川各种大小风景名胜区。向西有国家4A级唐家河旅游景区、国家4A级青溪古城旅游景区，向西南有四川省青川地震遗迹国家地质公园，向东有白龙湖国家级风景名胜区。

青川很注重县城的环境打造，对周边山林实施了绿色彩化工程，建起了登山小径环线，还鼓励支持城区内大小酒店上档升级。青川的全域旅游建设，以县城为中心，从小延伸到大延伸，从小产业链条到大产业链条，已经形成全方位立体结构，立体布局。以乔庄镇为例，足不出城，就可以享受吃、住、行、游、购、乐一条龙的服务，形成了青川全域旅游建设的特点。

三　青川全域旅游建设的问题与对策建议

青川发展全域旅游，有了不错的起色，有了好的基础，取得了一定的社会效果与经济收益。但要成为国家全域旅游示范区，还有很多问题需要去解决，还有诸多困难需要去克服。

（一）问题分析

1. 缺乏具有国际影响力的知名品牌

国家全域旅游示范区建设，青川与都江堰市、峨眉山市相比，虽有不少的优势与特色，但面临的问题与考验更多更大。都江堰市和峨眉山市都是世界自然和文化遗产所在地，旅游品牌世人皆知，国际知名度高。而青川，比起旅游资源和旅游品种，或许有一定的优势，名气和品牌却小很多。虽有不少国家4A级景区，但能享誉世界级荣誉的旅游品牌一个都没有。唐家河的大熊猫虽然有名，唐家河也是四川大熊猫公园的组成部分，但不是独立的品牌，在旅游发展上，还要受制于多种因素。其他相关旅游产业品牌上，青川的山珍、青川的茶叶等，虽有一定的知晓度，但广泛性、感染力上还比不过峨眉山的茶、都江堰的水。

2. 基础设施建设差距大

发展全域旅游，交通是关键。青川虽然有了过境的高速公路和高铁，但境内通向各景区的公路等级较低，且路线长，弯多坡多耗时长，客观上造成了旅游出行的不方便。对于青川发展全域旅游来说，县、乡镇路要做到畅通是关键。现在成都通向峨眉、都江堰、青城山的高速、高铁不止一条，还开通了城际列车、地铁等，越来越方便。而到青川，哪怕有兰渝高速、高铁、西成高铁，下高速、高铁后去青川任何旅游目的地，道路都不方便快捷。

青川目前在酒店、民宿等吃住基础建设上虽然发展很快，但档次上仍然落后于都江堰市和峨眉山市。从县城到景区景点，达到星级标准的屈指可数。青川的民宿发展很快，但民宿标准与服务质量还有待规范和提高。现今，已经进入智慧旅游的时代，青川在这方面的硬件和软件需要加大投入。特别是服务体系化建设上，要形成链条，不能各自为政，要共荣共进。

（二）对策建议

1. 立足资源优势，培育优良旅游品种，突出个性品牌

青川具有全域旅游的个性资源很多，比起都江堰市和峨眉山市，很多资源的特殊性为打造知名品牌奠定了基础。比如，大熊猫，四川其他两个示范区都没有，只有青川有，这就是资源的稀缺性。青川如何用好大熊猫这张示范区范围内的稀缺牌打出青川在全域旅游中的龙头地位，就得做好顶层设计。

别人具有的优势不能比就不比，重在出好自己的个性牌。文物古迹游，简称古游，是当今旅游热点之一。广元被旅游专家称之为古游天堂，青川文物古迹资源丰富，自然是古游天堂之一。古城有青溪古城，古墓有战国古墓群，古关有白水关，古道有金牛道、阴平道，古战场有摩天岭……这些古游资源，融入青川的全域旅游中，其价值不言而喻。

青川还有青少年喜欢的游学资源，那就是四川省青川地震遗迹国家地质公园。地震的 4 种基本形态均可以在这里实地观察体验，是不可多得的地震

科普活教材。红四方面军实施“川陕甘计划”的唯一之战是在青川开展的，这些战斗遗址，在川陕革命根据地发展史上，在红四方面军战斗史上，具有特殊的纪念性和标志性意义。再结合三线文化、感恩文化，弘扬其爱国主义主旋律，并融入青川全域旅游，也会成为青川特色鲜明亮点突出的旅游内容。

另外，青川的乡村旅游，内容丰富，价值独特，是青川全域旅游不可分割组成部分。总之，无论哪一方面的旅游资源，都是青川全域旅游资源链条不可或缺的元素，要做好顶层设计，让其独有的个性成为吸引全世界眼球的品牌。

2. 突出旅游全域融合，走好“N +旅游”路径

（1）农业＋旅游。依托青川现代农业园区、特色产业基地，乡村振兴建设范本等为基础，广植旅游元素，从农业观光、农事体验、运动休闲、果蔬采摘等着手，建起农旅融合的产业链、旅游链。

（2）文化＋旅游。青川历史悠久，风光独特，文化厚重，现代文化中的地震文化、感恩文化等，时代特征鲜明。注重发掘这些文化内涵，突出其个性，重视其传承性、交融性，展示出青川特有的文化标志，打造成知名度高的文化品牌。

（3）工业＋旅游。青川工业的特色在农产品的加工上，要紧紧围绕全域旅游产业链，在搞好园区建设的基础上，开展好创新创业活动，并将其成果与经验融入到旅游产品中去，开拓和发掘新的旅游产品亮点。在开发—生产—展销—体验的旅游活动中感受青川工业的魅力。

（4）项目＋旅游。县域内新项目立项或建设上，要做到与旅游发展挂钩，融入旅游元素，做到项目为旅游，旅游促项目。在道路建设上，要有前瞻性，在规划、设计、建设上要满足现代旅游发展的需求，宁缺毋滥。要充分发挥现代信息技术作用，重视智慧旅游建设，做到处处有旅游，旅游处处在。

（5）扶贫＋旅游。青川在脱贫攻坚工程中，探索创建的“飞地扶贫”“三资入股”“乡村助劳”等青川路径、青川方案得到国家认可，其内容可

以构成乡村旅游资源要素加以发挥。同时，扶贫中形成的典型脱贫村，可以成为旅游村模板。中国的脱贫工程，是世纪工程、世界工程，可以说脱贫脱出了发展乡村旅游的新空间，脱出了全域旅游的新天地。抓住这些全域旅游中的新元素，必将带给青川全域旅游新的动能。

参考文献

国务院：《关于促进全域旅游发展的指导意见》，http：//www. gov. cn/zhengce/content/2018 –03/22/content_ 5276447. htm。

于洁、胡静、朱磊：《国内全域旅游研究进展与展望》，《旅游研究》2016 年第 8 期。

张馨方：《湖北省英山县全域旅游发展模式研究》，《中国环境管理干部学院学报》2017 第 27 期。

张琪、奚悦：《基于全域旅游理念的旅游发展新模式》，《江苏科技信息》2017 第 12 期。

B.29

建设中国生态康养旅游名市核心区研究报告（2018）

马 骎　董红明　张天杰*

摘　要： 利州充分发挥生态康养旅游资源丰富优势，坚持文旅产业融合，加快推进重大项目建设，推进公共设施配套，创新宣传营销载体，做响“女皇故里、康养利州”品牌，建设中国生态康养旅游名市核心区取得一定成效。但在产业规划、康养旅游品质提升、重大康养旅游项目支撑等方面仍有不足，建议进一步完善康养旅游规划体系，在实施品牌带动、加大项目支撑、融合发展、配套基础设施等方面下足功夫，力争早日建成中国生态康养旅游名市核心区。

关键词： 生态康养旅游　核心区　广元利州

一　利州建设中国生态康养旅游名市核心区现状

（一）背景与成效

1. 旅游产业发展定位明确

利州地处广元主城区，区位优势得天独厚，功能定位为建设中国生态康

---

* 马骎、董红明，中共利州区委宣传部；张天杰，广元市利州区人民政府。

养旅游名市核心区。计划到2020年，全区生态康养旅游总收入达130亿元以上，康养旅游业对GDP和地方财政的综合贡献率均达到15%以上。

2. 康养旅游资源较为丰富

利州是中国历史上唯一女皇帝武则天的诞生地，是巴蜀文化的发祥地，是蜀道文化、三国历史文化重要走廊，是川陕甘革命根据地的重要组成部分，具有近1600多年的建城史。先后被评为中国优秀旅游城市、国家森林城市、中国人居环境范例奖城市、最美全域旅游取景地、省级旅游强区、省级旅游扶贫示范区，被誉为“女皇故里”“川北门户”“巴蜀金三角”“中国温泉之乡”。截至2018年，利州区已建成国家4A级旅游景区3个、3A级旅游景区3个、2A级旅游景区2个，省级旅游度假区2个，省生态旅游示范区1个，星级饭店8个。国家级重点文物保护单位1处，省级文保单位2处，市县级文物保护单位14处，国家级非物质文化遗产1个，市级非物质文化遗产6个（见表1）。

表1　利州区康养旅游品牌创建情况

类别	数量	名单
整体创建品牌	9	国家级：中国优秀旅游城市、国家森林城市、中国人居环境范例奖城市、中国温泉之乡、最美全域旅游取景地 省级：省级旅游强区、省级乡村旅游强区、省级乡村旅游示范区、省级旅游扶贫示范区
A级景区	8	4A级：天曌山、千佛崖、皇泽寺 3A级：竹子溪湿地公园、水韵井田、川北民俗文化园 2A级：青岭稻香园、菖溪河乡村生态旅游区
旅游度假区	2	女皇温泉、龙潭山地农业公园
生态旅游示范区	1	天曌山
星级饭店	8	五星级：天成大酒店 四星级：广元国际大酒店 三星级：天豪酒店、利州大酒店 二星级：丽晶商务酒店、和谐宾馆、隆达商务酒店、汉庭宾馆

资料来源：广元市利州区文化旅游和体育局统计资料。

3. 旅游人数收入持续增长

利州区旅游接待人数、旅游收入分别保持10%、20%左右的增幅，其中接待人数稳居广元县区第一，旅游收入仅次于剑阁县。2017 年，利州区旅游接待人数 1353.6 万人次，旅游总收入 78.2 亿元；2018 年，利州区旅游接待人数达到 1522 万人次、总收入达到 97.5 亿元。预计 2019 年，利州区旅游接待人数将达到 1700 万人次、总收入将达到 106 亿元（见表 2）。

表 2　利州区旅游接待人数、旅游收入情况

年度	接待游客(万人次)	同比增长(%)	旅游收入(亿元)	同比增长(%)
2015 年	1033.3	9.3	50.3	34
2016 年	1162.9	12.54	62.6	24.45
2017 年	1353.6	16.4	78.2	24.92
2018 年	1522	12.4	97.5	24.7

资料来源：广元市利州区文化旅游和体育局统计资料。

（二）措施与方法

1. 突出生态康养优势，建设康养旅游名市核心区

一是精心谋划布局。依托黄蛟山、天曌山、南山、黑石坡、白龙湖、栖凤湖“四山两湖”地理格局，构建“一心”（城区生态康养旅游综合保障中心）、“三带”（城区滨河运动、两湖水上运动、南山芳香旅游三大康养带）、“五基地”（天曌山森林康养、汤山温泉康养、赤化镇田园康养、白朝高山湿地康养和黑石坡生态康养五大基地）以及各乡镇“多组团”的生态康养旅游总体规划布局。聘请专业团队编制《广元市利州区乡村振兴规划》《广元市利州区全域旅游发展规划》《广元市利州区“四古”保护规划》《广元市利州区乡村旅游规划》等，抓好文化旅游产业布局发展。二是推进多产融合。树立“绿水青山就是金山银山”的发展理念，加快生态文明建设，大力发展康养旅游业、绿色农业、生态工业、健康服务业、文化创意产业，推进绿色发展，建设康养利州。三是完善基础配套。健全大交通建设体系、旅游接待体系、美食购物体系、智能服务体系。提升乡村旅游道路建设，开通城区到景区公交专线；在城区改造提升主题酒店和中端商务酒店，新建富

有地方特色的精品民宿酒店；深入挖掘女皇故里特色美食，开发“则天女皇筵”“一品九碗”等系列美食，打造“利州味道”；积极推进景区、园区、基地、社区、村落无线网络全覆盖，用好旅游应急管理平台，进一步完善智慧旅游服务网络体系。

2. 坚持文旅产业融合，加快推进重大项目建设

一是铆足干劲“推”项目。2017～2020年，利州区共计划实施生态康养旅游项目110个，总投资600亿元以上。2018年推进实施的59个康养旅游项目，全年完成投资30亿元以上。全面推行“清单制+责任制”，天曌山旅游区（投资20亿元）、花前月下度假区（25亿元）、鲲鹏小镇（50亿元）、智创小镇（30亿元）、大唐女儿村（10亿元）等重大康养旅游项目有序推进。一期投资1500万元的赤化花花世界花卉博览园，开园后立即成为游客“新宠”。二是科学策划“包”项目。包装策划投资100亿元的荣山二重岩国家矿山遗址公园、100亿元的三堆特色小镇等20个项目，总投资达300亿元。三是千方百计“引”项目。出台《关于支持康养旅游产业发展的十条意见》，从宣传营销、人才保障、资金支持等方面扶持康养旅游产业发展。在北京、成都、西安等地开展旅游项目推介活动，成功引进息龙谷旅游风景区开发（投资30亿元）等一批旅游项目。

3. 推进公共设施配套，全面提升旅游服务质量

一是提升服务设施建设。推进基础设施配套建设，健全旅游交通体系，切实解决中心城区至各景区景点“最后一公里”问题，构建快旅慢游的区域康养旅游交通一体化、网络化格局。推进厕所革命，按照要求和标准新建、改建旅游厕所17座，大力推进景区（景点）厕所运营管理规范化、标准化、精细化。实施交通助力旅游建设“三年攻坚”行动，下大力气解决月坝、龙潭、天曌山、黑石坡等景区道路问题。完善、规范景区标识标牌导视牌系统建设，优化旅游基础设施，提升景区旅游形象，为游客提供更人性化的服务，更便捷的体验。二是提升服务能力。健全旅游接待体系、美食、购物体系。提升辖区内乡村旅游度假酒店、星级酒店等酒店服务质量，提升月坝精品民宿档次。深挖饮食文化，新开发“则天女皇筵”等特色菜系，

推介女皇蒸凉面、则天养生卷等30余个菜品，在万达嘉华、凤台等大型酒店推广，形成“利州人家”特色品牌。加大橄榄油、利州香菇、利州红栗等地方特色旅游产品生产和包装，把农副产品转变为旅游商品。依托景区和城镇，打造了凤凰里金街、海博春天、金橄榄广场、凤街等一批旅游购物中心、特色美食街区。三是提升服务质量。组织辖区涉旅企业开展行业培训，提升旅游从业人员管理水平和服务质量，切实提高旅游从业人员的综合素质和服务水平，加速推进康养旅游、全域旅游发展新格局，全力推动乡村旅游发展，推进全区旅游服务工作。

4. 创新宣传营销载体，做响“女皇故里、康养利州”品牌

一是文艺作品高起点展示。脱贫攻坚微电影《云绣月坝》荣获中国梦－扶贫攻坚影像盛典剧情类一等奖、2018第三届美丽乡村国际微电影艺术节最佳故事片奖等3个全国大奖，成为宣传月坝乃至全区文化旅游的靓丽名片。方言小品《扶贫村的除夕夜》获得四川省第十六届戏剧小品比赛三等奖，登陆中央三台正式展播。现代舞蹈《夕阳花开》荣获香港“紫荆花”杯国际舞蹈服饰艺术节大赛一等奖，古典舞蹈《半壶纱》荣获中华新少年一等奖。二是文旅活动全覆盖开展。策划开展“康养惠民年”活动，近三年，利州区开展“风情龙潭、世外田园”、“盛世踏歌、女儿节狂欢夜”、2018四川美丽田园欢乐游暨首届利州山珍节等“康养惠民年”和群众文化活动达到300场次以上，极大地丰富了群众的文化生活，营造了浓厚的利州康养文化旅游氛围。三是媒体营销多角度推进。创新宣传营销方式，开展网络、微信、论坛营销，邀请旅游网红、社会名人进行宣传营销，切实提高营销水平；开通“利州发布”“利州文广新”“利州旅游”官方微博、微信公众号、手机旅游短信推送服务，对外发布文化旅游资讯、宣传活动等信息。成立天曌山旅游区旅游联盟，举办2018川陕渝（广元天曌山）自驾游及房车露营论坛。举办利州旅游西安营销活动。利州与西安雁塔区、成都武侯区签订了文化旅游交流合作协议。三年来，各级媒体刊发利州康养旅游宣传稿件1000余件。

二　利州建设中国生态康养旅游名市核心区存在的问题

（一）康养旅游品牌影响力不大

从品牌创建看，利州已是中国优秀旅游城市、四川省旅游强区，利州现有A级旅游景区8个、省级旅游度假区2个、省级生态旅游示范区1个，但还未成功创建为国家全域旅游示范区、天府旅游名县等新时期重要旅游品牌；从旅游产品看，景区建设、特色街区打造等特色化、差异化、精品化发展不够，缺少“留得住”“耍得好”的旅游产品，“女皇故里、康养利州”品牌在全国的知晓度不高、影响力不够大。

（二）产业融合深度和重大项目支撑不够

旅游与健康、养老、体育、研学、工业、农业、文化、商贸等产业，在规划设计、示范点打造、产品开发、线路优化、品牌创建等方面融合发展缺乏深度，产业链条较短，辐射性不强。利州谋划的项目中，缺少百亿元的大项目、好项目，新业态新产品类项目不足，引入社会资本投资推进乏力。已实施的项目中，一些项目推进较为缓慢，缺乏形象进度，拉动旅游经济作用不明显。已建成的项目中大项目不够大、小项目不够精，对游客吸引力不强，带动效益不明显。

（三）服务体系尚不健全

交通行路方面，城区到各景区的旅游交通体系还未形成，一些景区道路标准没有完全达到相应旅游道路等级，飞机场、火车站、汽车站到月坝、龙潭、天曌山等旅游地的公交专线未开通；美食购物方面，美食、购物等旅游服务体系不完善，差异化发展不够，星级酒店、民宿、农家乐等旅游接待设施亟待上档升级，提升服务质量；旅游厕所配套方面，厕所布局不科学，厕所设施有破损现象，缺少高品质厕所体验；智慧旅游方面，智慧旅游建设才起步，景区无线网络信号不稳定，覆盖不全。

三　利州建设中国生态康养旅游名市核心区的对策建议

（一）实施规划引领，完善康养旅游规划体系

1. 坚持高起点规划

坚持“高起点定位、高水平规划、高标准开发”的理念，注重特色、看点，突出“一景点一主题”，结合广元创建全域旅游示范区，高标准高起点高质量抓好生态康养旅游名市核心区规划、利州全域旅游规划，做好天曌山、花前月下度假区、鲲鹏小镇、智创小镇等重点景区景点规划，避免小而全、同质化、割裂性开发。

2. 健全旅游规划审查机制

切实发挥利州旅游产业发展规划审查委员会作用，重点审查全区旅游景区、旅游区域、重大旅游项目和旅游基础设施的规划编制、项目选址和建设方案，审查旅游景区基础设施及配套设施、城市规划区外旅游配套服务设施、旅游休闲度假区、乡村旅游示范区等项目建设规划，科学布局旅游业态。

3. 加强规划执行管理

加强规划监察执法，规划一经制定就必须执行，突出规划的引领带动和刚性约束。

（二）实施品牌带动，夯实康养旅游牢固基础

以创建国家全域旅游示范区、天府旅游名县、中国生态康养旅游名市核心区三大品牌为统领，进一步提升“女皇故里、康养利州”的品牌影响力、美誉度。具体从四个方面着力。

1. 做大女皇故里文化品牌

重点抓好天曌山旅游区、大唐女儿村等女皇故里文化项目，以文化资源景观带、自然资源景观带为基础，深入挖掘和融入女皇故里文化元素，积极

开发女皇文创产品，进一步提升女皇故里文化品牌。

2. 提升温泉山水生态旅游品牌

以“大山大水大森林”的山水生态资源优势，围绕汤山温泉、黄蛟山、南山、天曌山、黑石坡、白龙湖、嘉陵江、菖溪河、紫兰湖等温泉山水旅游景观资源，加强对汤山女皇温泉进行整体提升打造，大力推进汤山温泉旅游度假区文化旅游融合项目，加大山水景观资源开发力度，带动形成一批高品位、特色化、成规模的温泉山水旅游景区。

3. 打造田园乡村旅游品牌

以月坝典范最美乡村打造、芳香南山4A级旅游景区创建和四条乡村旅游线路为重点，深入挖掘乡村旅游文化内涵，将传统和现代元素相融合，大力塑造乡村旅游品牌，走差异化路线，避免乡村旅游同质化、低质化现象。加大乡村旅游基础设施建设的投入力度，加强道路交通、旅游标识、网络、旅游环境整治，提升乡村旅游品质，打造田园乡村旅游品牌。

4. 做实红色经典品牌

加快川陕苏区红军文化园的开发建设，早日建成川陕地区红色旅游的龙头景区。

（三）实施项目支撑，构建康养旅游发展新格局

1. 打造“留得住人”的旅游精品项目

突出康养旅游特色，加快打造游客“进得来、留得住、回得去、还想来”的精品旅游项目。加快天曌山旅游景区提升工作，打造休闲度假、康体养身、文化体验为一体的精品景区，建成国家级生态旅游示范区、国家康养旅游示范基地；加快月坝特色小镇建设和高山湿地的修复，建成省级旅游度假区、生态旅游示范区；加快蜀道花前月下度假区项目建设，打造康养旅游示范项目；加快鲲鹏小镇、芳香南山国家4A级旅游景区创建工作，建成以芳香为主题的产业融合发展景区，推动乡村旅游上档升级，建成乡村振兴示范区；按计划推进智创小镇、大唐女儿村等项目建设。

2. 创新项目投入管理模式

通过利用政策争取资金、借用银行资金、吸引民间资金等方式，拓展筹措资金渠道，极力破解旅游投入不足的难题。坚持以市场为导向，扎实抓好招商引资工作，着力引进专业化、实力强的康养旅游投资主体和管理公司，投资开发康养旅游项目，提升旅游景区景点管理服务水平。创新体制机制，在旅游景区景点推行“三权分置”模式，即景区所有权归属政府，但管理权和经营权则由企业享有，企业作为市场主体进行运营，接受旅游主管部门的监管，理顺旅游业各环节的关系。

3. 抓好项目储备

大力实施乡村振兴战略，积极谋划大项目、有前景、带动力强的项目，摸清所谋划项目的资源特点、规划及土地状况，确保招商成功后能及时落地。重点抓好三堆“三线记忆”、汤山温泉旅游度假区、三江新区康养专科医院、白龙湖、渔洞河、荣山工矿遗址开发等项目的招商工作，力争尽快签约落地（见表3）。

表3　利州2019年重大康养旅游项目

序号	项目名称	建设地址	批次	建设内容及规模	总投资（亿元）	2019年计划投资（亿元）	2019年工程形象进度	牵头部门
1	天曌山旅游区	天曌山	续建	项目占地1500亩；建设游客综合服务中心、日月栖谷、空明灵谷、青山野谷、乡田梦谷、杜鹃岭国际候鸟康养小镇、红砖坊国际创意小镇及景观主环线；总建筑面积268052平方米，景区主要道路24000米、景区次要道路38350米、景区步游道15984米	20	2	木屋酒店建成营业，开工建设森林公园核心区、候鸟度假基地、109红砖温泉小镇及旅游公路	天曌山国家森林公园管理局

续表

序号	项目名称	建设地址	批次	建设内容及规模	总投资（亿元）	2019年计划投资（亿元）	2019年工程形象进度	牵头部门
2	蜀道花前月下度假区	白朝乡	新建	1. 一期规划占地面积约72亩，首批建筑面积约9000平方米，其中生活馆5000平方米（含20间标准客房），合院19栋，多层度假洋房3栋共46套，共计85套精装度假客房等休闲、康体中心基础设施。2. 构建儿童主题公园、湿地浪漫花园、山地运动公园等配套景观。3. 登山栈道、道路等公共配套设施	25	4.5	1. 合院、洋房、公寓生活馆建成并对外开放；2. 景观示范区落成；3. 卫生院分院建成并对外开放；4. 与青川建峰、白家乡的两个连接线建成并通车；5. 员工宿舍、办公区建成并通车；6. 景区大门建成	区文化旅游和体育局
3	鲲鹏小镇	龙潭乡	新建	围绕康养旅游，打造集居住、游玩、颐养身心一体的复合型、全业态康养小镇。具体修建游客接待中心、芳香大道、中央公园、生态火锅园、花卉博览园、康养住宅示范区、唐风汉街等，项目建成后，直接旅游消费有望达数亿元，提供旅游服务就业岗位3000余个	50	8	按照规划内容，建成中央公园、花卉博览园、无花果主题公园等	区文化旅游和体育局

续表

序号	项目名称	建设地址	批次	建设内容及规模	总投资（亿元）	2019年计划投资（亿元）	2019年工程形象进度	牵头部门
4	智创小镇	赤化镇	新建	计划用地5000亩，建设乡村振兴示范项目、城乡融合发展重点项目，含线上运营和线下开发两大体系。线上运营体系包括互联网+农业、互联网+康养、互联网+旅游；线下开发体系包括农业大卫营、康养花园中心、蜀道度假营等	30	1	完成概念性规划设计；建立线上运营体系；启动土地流转、征拆工作	区文化旅游和体育局
5	大唐女儿村	上西街道	新建	建设游客中心，旅游环线公路（4公里）及其他配套设施，乡村旅游精品酒店、医养中心、康养小院、儿童游乐场、唐风文创一条街，玫瑰观光园等项目	13	0.9	完成道路建设，大唐玫瑰园建成开园，山水土湖康养中心开工建设	区农业农村局

资料来源：利州区文化旅游和体育局统计资料。

（四）实施融合发展，创新康养旅游产品体系

1. 大力发展康养旅游业

突出开发森林、特色温泉、中医药、文化、健康休闲、体育探险、研学等康养旅游产品，打造女皇故里文化游、温泉山水生态游、田园乡村休闲游、红色文化体验游，进一步优化康养旅游业态。

2. 大力发展绿色农业

树立“一个农业园区就是一个旅游景区”的理念，以创建全国休闲农业和乡村旅游示范县为目标，坚定不移地走乡村旅游引领休闲农业融合发展之路，加大农业园区的改造升级，切实增强休闲农业和乡村旅游的竞争力，把每个农业产业作为景观来规划设计打造，转变成旅游产品。

3. 大力发展生态工业

加快推进工业转型升级，建设绿色工厂，推进工业生产绿色化、工业产品旅游化、工业园区景区化。

4. 大力发展健康服务业

加强市区联动，大力推进广元康养示范产业园、广元市精神卫生中心康疗农场、道地中药材等项目建设，打造川陕甘结合部区域医疗中心，建设中医药文化街区、中医名医堂，创建全国中医养生保健基地。

5. 大力发展文化创意产业

加强文旅融合，丰富旅游业文化内涵，增强旅游业核心竞争力，推动川陕苏区红军文化园等项目建设。加快建设文化创意产业孵化园，采取政府扶持与市场引导相结合，推进文创产业集聚、创新和升级，加快发展创意设计、影视动漫、艺术创作等特色文化产业。

（五）实施基础配套，健全康养旅游服务体系

1. 健全大交通建设体系

抓紧实施好陵宝二线宝轮延伸段、学工桥至109厂道路工程、井田大桥、龙潭芳香大道等交通建设项目。加快推进西成客专配套设施建设，完善栖凤湖、白龙湖码头建设，构建完善的旅游交通体系。谋划开通飞机场、火车站、汽车站到月坝、龙潭、天曌山等地的旅游公交专线，打通“最后一公里”。

2. 健全旅游接待体系

在城区内改造提升主题酒店和中端商务酒店设施和服务，新建富有地方

特色的精品民宿酒店，同时加快天曌山国际度假酒店、花前月下度假区等景区酒店建设，持续提升月坝精品民宿档次。

3. 健全美食、购物体系

围绕“广元七绝”品牌，建强优质农产品生产基地，做大做强特色农产品加工，积极开发特色鲜明的旅游工艺品、纪念品、土特产和大众商品，满足多层次、多元化的旅游消费需求。继续加大香菇宴、山珍宴、药膳宴等名宴名菜名小吃研发力度，打造利州餐饮特色品牌。

4. 健全智能服务体系

抓住《国家信息化发展战略纲要》《数字乡村发展战略纲要》实施机遇，积极推进景区、园区、基地、社区、村落无线网络全覆盖，提升澳门湾电子商务服务中心功能，用好旅游应急管理平台，进一步完善智慧旅游服务网络体系。

（六）实施精准营销，扩大康养旅游宣传影响

1. 突出目的地营销

继续深入开展“康养惠民年”活动，实施“一乡镇一主题”活动计划，按照春天赏花、夏天避暑、秋天美食、冬天温泉的思路，开展康养惠民年系列活动，做到四季有主题、月月有活动。

2. 强化客源地营销

抓住西成高铁开通契机进行营销，巩固高铁沿线城市目标客源市场，加强川陕甘渝等传统客源地宣传营销。充分发挥集散中心服务功能，构建以自驾、高铁游客为主体，航线城市游客、旅游团队为补充的客源市场新格局，策划开展陕西汉中、甘肃陇南等地专场营销活动，大力宣传“女皇故里，康养利州”品牌。编制利州手绘旅游地图，积极参加国际国内各种展会营销活动，开通外地游客行经利州旅游短信服务。

3. 强化媒体宣传营销

将传统媒体和新兴媒体相结合，充分发挥媒体优势，适应“互联网 +”时代要求，综合运用网络、电商、社交等新媒体，邀请知名网络旅游达人、

网络“大咖”、网红直播，策划开展精准化、主题化、差异化、创意化的体验式网络营销活动。发挥智慧旅游平台作用，鼓励辖区旅游企业与携程、途牛等旅游网站合作推介利州旅游资源，提高线上营销市场占有率。

参考文献

国务院：《关于促进全域旅游发展的指导意见》，中国政府网，http：//www. gov. cn/zhengce/content/2018 –03/22/content_ 5276447. htm。

中共广元市委：《关于推进绿色发展实现绿色崛起建设中国生态康养旅游名市的决定》，《广元日报》2017 年 1 月 18 日。

叶宇、陈思宇、何夏芸：《国内康养旅游研究综述》，《旅游纵览》2018 年第 2 期。

B.30

昭化区特色文化小镇建设研究

——以昭化古城为例

肖永乐　龚贵宏　张海迪　冉 姗　喻代斌*

摘　要： 随着我国社会经济的高速增长，社会需求层次的提高，特色文化小镇的开发顺势而生，特色文化小镇不仅有高质量的历史科研价值，又基于地域文化而具备的独特文化印记，对整个区域经济发展起到重要的推动作用。报告通过对昭化古城文化旅游资源的开发研究，系统阐述了昭化古城在建设特色文化小镇上所取得的成绩，对开发建设特色文化小镇中所存在的开发意识滞后、创新意识不足、配套设施不健全等一系列问题进行了分析，提出相关对策建议。

关键词： 文化特色　文化产业　昭化古城

特色小镇是中国城市化发展的最终展示形式，是现代城市文明发展的最高阶段，是中国城市化进程中的一次创新，一次革命。特色小镇产业发展一般有三种模式：产业集聚型、市场聚集型、旅游消费聚集型。特色文化小镇的发展必然走旅游消费模式，文化是旅游的主题，是旅游的升华，旅游是文化的外显，是文化的重要表现形式。旅游失去文化是浮于表面，不能长久的，文化不结合旅游，文化的传承方式就会变得狭

* 肖永乐、冉姗、喻代斌，中共昭化区委宣传部。龚贵宏、张海迪，广元市昭化区文化旅游和体育局。

隘。而广元市昭化区昭化古城就具有发展成这种特色文化小镇的资源与基础优势。

一 昭化古城打造特色文化小镇的价值分析

（一）有助于突出昭化古城文化特色

文化是一个城市的印记。中央电视台《记住乡愁》栏目每一期介绍一个古老的城市或者乡村，都会用简简单单几个字概括这个地方千年的文脉。深度挖掘当地文化，进而总结概括，简单明了说明这个城市的文化个性，对增强特色小镇的鲜明度极其重要，不仅可以形成文化 IP，还可以传承文脉，将文化与产业融合，形成独具风格的城市名片，提高人们对城市的印象，从而塑造文化小镇的形象。

（二）有助于产业转型升级

突出昭化古城文化厚度，将文化与旅游深度融合，进行文化再创造，有利于产品的推陈出新，确保旅游产业的独一无二，增加旅游产业的文化内涵。比如，故宫文创产品，每年十几亿的销售额度。现在故宫给人们的印象不仅仅是世界文化遗产、世界最大的宫殿群，也有历史与生活息息相关的融合产品。如手机壳、手表、年画等等，这些普通的产品，在故宫文创者的手里得到升华，赋予了一定的文化元素，不仅增加了产品的附加值，更是文化和旅游的完美结合。昭化古城作为国家 4A 级旅游景区，目前文创产业的发展还处于起步阶段，应该加快对文化的挖掘，促进景区产业升级改造。

（三）有助于振兴乡村文化

特色文化小镇是城市和乡村的连接点，是新型城镇化的模式，有效推进乡村政治、经济、文化、生态等各方面的发展，也是实现乡村振兴的重要措施。乡村振兴很重要的一个方面是振兴乡村文化。乡村文化过去因交通、政策等原因，较为孤立，因此保持着文化的原真性。而旅游的发展本质是不同文化元素的相互碰撞。因此，乡村文化是小镇建设的重要组成部分，在发展特色文化小镇的同时，可以将一些乡村非物质文化遗产纳入文化小镇的文化体系范围内，通过文化 + 旅游产业的发展，为乡村文化的传承和发扬提供帮助。

（四）有助于文化 + 旅游的快速融合

旅游的行为就是两种不同文化的交流，旅游者本身就是文化的传播者，旅游目的地的文化吸引着旅游者的到来，目的地原住民也会受到旅游者自身所带文化的影响。如果原住居民的文化总是处于一个弱势的地位，那么目的地文化就会被旅游者文化所吸引、所同化，就会导致目的地文化传承的断绝。因此在发展旅游业的同时必须坚持自己文化的挖掘，让原住居民产生文化自豪感，将文化融入生活，融入旅游产品中，可以给当地居民带来丰厚收益的同时吸引更多的旅游者前来，为原住居民的文化开发提供持久的动力。

二　昭化古城建设特色文化小镇的资源与现状分析

（一）人文资源

1. 文化资源丰富

昭化，古称葭萌，是四川境内第一个建县的地方，故称“巴蜀第一县”。截至目前，昭化已有4000 余年的历史，是中国郡县政权建置的历史缩影，是三国蜀汉政权的重要发祥地，蜀先主刘备在此“厚树恩德、以收众心”，费祎开府治事、姜维兵困牛头山、张飞挑灯战马超、霍峻八百勇士胜万敌等脍炙人口的故事在昭化演绎。

2. 文化旅游资源众多

昭化古城是我国境内保存最为完好的三国古城，虽历经数千年沧桑风雨，但众多历史遗迹风貌犹存，有南门巷、县衙街等古街古巷，有昭化乐

楼、蜀道评书馆等茶舍戏楼，有县衙、龙门书院、考棚、文庙和汉砖碑刻等文物古迹。

3. 文化体验活动丰富

常态化举办刘备入城、县衙审案、文庙祭孔、秀才考试、武士巡城等体验项目，国家级非物质文化遗产射箭提阳戏表演、实景马战表演张飞战马超、三英战吕布等节目备受海内外游客青睐。

（二）文旅特色产业体系

昭化古城以建设大蜀道文化小镇为目标，坚持文化 + 旅游、农业 + 旅游、林业 + 旅游、商务 + 旅游的发展道路，不断完善产业发展，提高产业附加值，形成了“旅游 +”产业模式。一是文旅结合。依托各类文物单位、历史建筑等，修复、建成城楼城墙、县衙、龙门书院、文庙、考棚等景点近 30 处；开创景区文化创意表演，发展马战、乐楼、评书、审案等实景、情景等文化演绎项目 3 家。二是商旅结合。开发嘉陵江生态鱼、太守麻花、官渡粑粑等特色美食 40 余种，推出贡黄、腊肉、灵芝粉等 20 余种特色旅游商品，建成尚斌商行、天下蜀道购物中心、剑瓷阁等各类旅游商品购物点 200 余家，拥有特色民宿、农家乐等近 60 家、床位 1500 余个，特色餐饮、小吃店等近 50 家可供 3500 余人同时就餐。三是农旅结合。大力发展农业体验、观光、农业科技等现代农业旅游体系，建成草莓采摘园、彩云间农庄、火龙果采摘园等多个休闲农业基地。

（三）旅游基础公共服务设施

1. 交通便捷，可进入性强

京昆高速穿境而过，并设立昭化出口，完成省道 205 线昭化段道路改造提升。开通昭化古城至广元、宝轮公交车 36 趟次/日，充分满足游客及本地居民出入需求。增设扫码自行车、电动车等特色交通工具 5 类，建成生态步游道 16 千米，设置安装旅游标识标牌 260 余块。

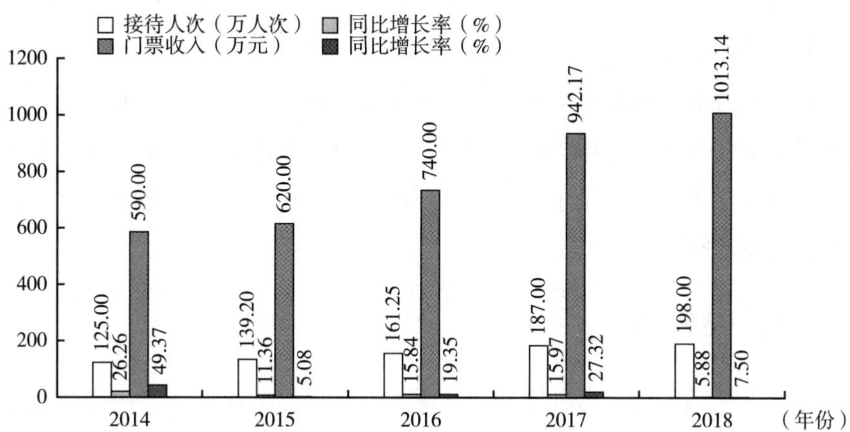

图 1　昭化古城近五年游客接待人次及门票收入

资料来源：昭化古城管理局提供统计数据。

2. 推进服务体系建设

按照汉代建筑风格建成昭化古城游客中心、昭化古城接官亭咨询服务站，昭化加油站、尚斌商行等服务场所和医疗救助、咨询服务、讲解服务、旅游购物等功能配套齐全。

3. 开展厕所革命

按照 A 级厕所标准，改造提升旅游厕所 6 座，其中 3A 级 1 座，2A 级 5 座，配备充足的卫生清扫及保洁人员，确保厕所卫生。

4. 完善智慧旅游

完成应急管理平台建设，新增游客、车位统计管理系统，全面保障游客安全，核心区域内 WIFI 全覆盖，核心景点提供电子导游解说、微信公众号网络购票、远程预定餐饮、住宿及土特产品购买等服务。

（四）市场监管和安全生产

一是组建了昭化古城管理局、昭化古城文化旅游发展公司等管理机构。二是持续开展旅游市场监督管理，结合“红盾春雷行动”，加大对无证经营旅游交通、旅游餐馆等损害旅游市场平等、公正的行为作斗争。区旅游产业发展领导小组牵头组织区公安、安监、食药、卫生、城管、建设、规划、消防等职能部门，常态化开展综合执法检查。三是发挥乡村旅游协会行业主观能动性，统筹规划旅游行业餐饮、住宿等服务标准和规范，积极组织旅游从业人员参加各种培训，增加行业素养，提高行业水准，为行业长远发展奠定基础。近 3 年来，未发生重大安全、环境资源破坏、文物安全等事故，游客投诉解决率 100%。

（五）品牌建设

昭化依托国家风景名胜区和文化保护重点单位的影响力，积极打造文化度假小镇。昭化境内有全国重点文保单位 1 处、省级文保单位 6 处、市县级文保单位 10 余处，各类景点近 30 处。分别获得国家历史文化名镇、全国环境优美乡镇、国家 4A 级旅游景区、省级旅游度假区等相关荣誉称号，也是影视拍摄基地和创作基地。四川省委十一届三次全会提出依托剑门蜀道创建“大蜀道”国际旅游品牌，昭化古城是其重要组成部分。

（六）措施与办法

1. 加大招商引资力度

文化投资是一项持久性的、投资回收期较长的工作，打造特色文化小镇必须有雄厚的社会资本参与。2017 年昭化古城与中青城投签订 270 亿的项目合作，为昭化古城发展特色文化小镇提供了充足的资金来源。此外，为吸引更多的社会资本，区委、区政府出台一系列优惠政策，进行免租、退税等，吸引个体文创经营户到昭化古城营业，有力促进古城文化的多元化，为文化的发展添砖加瓦。

2. 争取项目资金支持

昭化古城作为国家 4A 级旅游景区，拥有国家历史文化名城、剑门蜀道风景区重要组成部分等一系列荣誉称号。昭化区积极与省委、省政府对接，依法享受各种优惠政策，并成功取得昭化古城消防安保项目资金 6000 万元左右，极大地促进了昭化古城基础设施的更新，改善了昭化古城整体环境。

3. 普查旅游基础设施

2018 年，昭化区旅游发展局开展全区旅游接待能力普查，重点普查昭化古城旅游接待能力，通过摸排得知，昭化古城范围内床位约 1500 张，餐桌数约 1000 张。这对控制景区人口容量提供可靠数据，给游客提供一种舒适的旅游环境。

4. 摸排文化资源状况

首先深入了解昭化古城以及周边地域的文化资源和文化产业，为昭化特色文化小镇建设提供强有力的着力点。通过对昭化古城本地的物质文化遗产资源、非物质文化遗产资源、历史故事、地方文脉、风土人情、地理特色等文化资源进行深入了解、梳理和备案，为讲好昭化故事做足准备。其次通过了解和调查，掌握其他县区如剑阁、朝天等地的文化资源特点和特色小镇建设情况，再通过对比县区之间文化差异，区内各行政单元的文化差异，优先选出昭化古城文化的优势和劣势，为文化小镇的建设提供依据。

5. 扶持特色文化产业发展

文化产业化为特色小镇的建设提供了核心支撑。截至目前，昭化古城依托三国文化的根基，大力推进文化产业发展，如大力扶持市级非物质文化遗产陈氏彩绘、雷棚评书，为老艺人文化传承出谋划策。加快汉城博物馆、城隍庙硬件设施的改造建设，开展民俗活动，发动群众参与文化产业，让文化更加鲜活。每逢节假日，开展刘备进城、张飞战马超等参与性表演，让游客体验本地文化的魅力，形成以三国文化为主题，业态丰富、产业完善的文化小镇。

6. 深挖区域文化元素

小镇原住居民的生活方式、生产方式都是文化的外显，具有深厚的地域风格。结合昭化古城的三国文化和蜀道文化，对这些文化进行深入挖掘，从文化底蕴、文化寓意、文化产品内容、文化产品形式、配套设施服务等方面进行纵深挖掘、深度开发，将文化外显于生活中的点点滴滴。通过昭化古城房屋建筑的外观、内饰，地标性建筑的建筑风格、装修风格等方面，极具明清建筑风格的色彩，营造特色文化的大环境。同时在公共服务配套设施的规划开发和设计中融入这些文化，体现当地特色。如道路街道以和三国相关的元素命名，厕所、垃圾桶、文化小品、标识标牌等公共基础设施的设计和建设中融入本地三国文化和蜀道文化元素。举办蜀道文化论坛、开展蜀道申遗活动，常态化开展“三国文化旅游节”等活动，打造特色文化小镇名片。

7. 促进文化旅游深度融合发展

特色文化小镇的显著特征是文旅融合。如何做好文化 + 旅游产业，这就要求做旅游的时候不仅仅只考虑旅游的几大要素，满足旅游的要素还不能称作为一个合格的文化旅游地。文化是灵魂，要求景区管理者要了解自己的文化，将文化内涵融入旅游产业。截至目前，昭化区柏林古镇景区樱花客栈是比较成功的客栈，其依托樱花谷自然生态资源和川北传统夯土建筑，完美地将樱花元素和建筑文化结合，形成崭新的樱花客栈，让游客充分拥抱文化的气息。昭化古城评书表演亦是如此。喝茶听评书不仅是一种生活习惯，更是一种文化行为。过去居民的生活习惯现如今增加了游客的参与也是一种文化表演形式，更是文旅融合的具体表演。文旅融合发展，不再是简简单单地走过、路过，而是让游客参与过、体验过，让游客在玩的过程中享受文化的魅力，学习到文化知识，文旅融合必然是先有文化后有旅游，文化传承至关重要。

三　昭化特色文化小镇建设发展中存在的问题

近年来，区委、区政府着力推进昭化古城文化小镇建设，虽然进步与成果显著，取得了较好的经济、生态、社会效益。但是，在实现特色文化小镇可持续发展的同时也面临很多问题与挑战。

（一）缺少顶层设计

特色文化小镇开发建设需要顶层设计。目前昭化古城尚未出台有关文化旅游的规划文本，整个古城的文化脉络不清晰，文化主题不明确，没有代表性的文化产业，没有鲜明的文化旅游产品。游客来了不知道具体看什么，不知道买什么，所有的产业和产品与全国范围内景区大同小异，缺乏新意，游客消费欲望不足，经济效益不高，也间接影响当地居民对自己文化的认同感和荣誉感，因此加快顶层设计，才能有效促进文化产业的发展研究。

（二）文化差异性不明显

特色文化小镇强调的是特，独一无二，目前昭化古城文化主要有三国文化、蜀道文化、武则天名人文化三类，三种文化齐头并进，没有确定主导文化。这三种文化在整个广元市内都是可行的，且蜀道文化，昭化古城与剑门关相比略逊一筹，武则天名人文化与利州皇泽寺相比差距较大，因此只有三国文化强于市内其他区县。但目前昭化文化挖掘没有重心，以至于文化特色并不显著，文化发掘深度不够，基本上处于上级要求做什么就做什么，没有目标，没有主题。

（三）文化与旅游产业融合不足

近年来昭化古城依托旅游业，经济发展较快，但文化元素与旅游产业还不能有效融合。一方面，小镇在文旅产业发展中对于其文化的深挖重塑、文化标识的设计使用、文化基因的探寻培育等尚显不足，如镇内建筑民居、人文景观还不能鲜明突出文化个性；另一方面，对如何通过文化创意、“互联网+”这两大核心驱动力来提升小镇文化功能的重视也不够。同时，小镇文化产业的发展意识不强，对其重要性和紧迫性认识不足，目前昭化古城尚未形成发展文化产业的社会共识。

（四）缺乏行之有效的管理

特色小镇并非传统意义上的行政镇，因此要创新管理模式。昭化古城虽然有管理局的存在，但是只承担政府职能，不能承担起特色小镇的管理能力。特色文化小镇首先要成立文化研究团队，负责对小镇独特文化进行挖掘，寻找积极上进值得传承的优秀文化；其次要有文化创作团队，要将已知的文化与现代生活相融合，与旅游相融合，将文化产生效益；最后要将文化进行实景演艺或旅游业态实现经济价值。这就要求特色文化小镇必须采取非常规的运营模式，传统的政府主导是不可行的，可采用政府扶持，实力强劲的企业来进行投资管理。

（五）历史文化资源保护措施不力

作为三国蜀汉文化的重要发源地，昭化古城文化遗存相当丰富。但因为保护措施不到位，众多文物古迹遗产不断遭受破坏，甚至部分古迹已经消亡殆尽。昭化古城物质文化遗产和非物质文化遗产等一系列文化资源状况陷入名不符实的尴尬境界，千年历史文化名镇的称号几乎荡然无存，文化保护时不可待。例如：著名的桔柏古渡码头，地处三江交流汇合处，由于年久失修，潮水淹没，导致这一古遗址已不复存在；鲍三娘古墓被盗，破坏严重；嘉陵江河道周边生态环境遭到挖沙破坏等。

四　昭化古城建设特色文化小镇对策建议

（一）创新组织机构

昭化古城目前由昭化古城管理局和昭化镇共同管理，权责不明确，组织力量不强大，因此必须创新组织管理机构。

成立专业的管理团队。一是明确文化小镇权责主体；二是聘用专业管理团队，建立规范有效的管理机制；三是完善机构职能分工，建议下设文化研究组、规划组、资源管理组。

文化研究组职责：一是建立本土文化研究队伍，开展日常文化研究及创作；二是与省内外相关专家建立定期工作联系机制，开展文化素养培训和文化指导；三是组织开展文化创意大赛。

规划组职责：一是规划组成员必须熟读各项规划，确保各种专项规划可以落地实施；二是聘请专业团队编写特色文化小镇建设规划，坚持高标准、高水平、高质量；三是项目建设过程中坚持按规划执行。

资源管理组职责：一是摸清特色小镇文化和旅游资源，建立数据库；二是建立执法队伍，对破坏文旅资源的行为进行严厉打击；三是完善文旅资源的保护措施。

（二）完善政策保障

完善的政策保障是实施特色文化小镇建设的基础。

1. 财政政策保障

特色文化小镇规划设计、管理团队、文化创作、资源保护等建设需要大量财政资金投入，因此要明确财政专项资金。

2. 优惠的招商政策

一是对招引商户进行税收优惠，二是有目的的招引文创企业。

（三）整体布局促进产城融合发展

特色文化小镇是城乡接合发展的有效途径，有利于促进城乡一体化发展。

1. 推动文旅融合发展

旅游六要素“吃住行游购娱”，涉及生活的各方面，将文化与旅游六要素融合，做大做强文旅产业发展，形成一批有实力的餐饮、住宿、娱乐、购物等场所，推动区域经济的发展。

2. 推动文化与传统手工业的融合

寻找文化脉络，传承地域文化。将文化的基因渗透到手工业中，开展文化创作，结合传统技艺生产具有地方特色、符合现代审美的商品，注重传统与现代的结合。

昭化古城文化小镇建设势在必行，文化的发展必然促进旅游的兴起，旅游产业的发展回馈文化的传承。

参考文献

刘岚：《从特色文化到地域文化景观——特色小镇文化生态建设之思考》，《武汉理工大学学报》（社会科学版）2019 年第 3 期。

曹勐：《乡村振兴与特色小镇建设产业融合研究》，《合作经济与科技》2019 年第 11 期。

王琳琳：《乡村振兴战略背景下邯郸特色小镇建设探讨》，《农家参谋》2019 年第 11 期。

朱元秀、刘佳琴：《全域旅游背景下旅游特色小镇发展对策研究——以江苏溱潼小镇为例》，《中国集体经济》2019 年第 16 期。

李宇军、张继焦：《从历史文化遗产角度，探讨特色小镇的内源型发展》，《宁夏社会科学》2019 年第 3 期。

B.31

朝天曾家山亚高原农旅文融合发展研究报告（2018）

王国章　张清林　马　磊　张　艺*

摘　要： 朝天曾家山地理气候环境独特，有“亚高原”之称，有“溶洞王国”之赞，加上适宜无公害食品的生产环境，具有农旅文三者融合发展的特殊资源与环境，具有典型的农旅文融合发展优势和范本意义。党的十八大以来，朝天区立足曾家山亚高原资源禀赋和发展优势，打造最具特色的农旅文“三位一体”的曾家山亚高原田园产业综合体，形成农业、文化、旅游、康养产业及品牌发展战略新格局。报告从曾家山亚高原地理气候特点与开发价值、农旅文融合发展取得的成效和路径分析、问题和对策建议、趋势预测等方面进行分析研究，为贫困山区乡村振兴提供实践范例。

关键词： 农旅文融合　亚高原　朝天曾家山

一　曾家山亚高原地理气候特征与开发价值

（一）生态优越，景观独特，旅游品质不凡

朝天曾家山山域属于米仓山系，总面积 586 平方公里，平均海拔 1400

* 王国章、张清林、马磊、张艺，中共朝天区委宣传部。

米，最高海拔 1998 米，森林覆盖率达 74% 以上，空气质量全年优良率高于 90%，综合绿色植被在四川省乃至中国西部地区居于前列，优良的空气质量被远近游客所赞许，有“南方的北方、北方的南方”之美誉。

曾家山具有自身独特的自然与人文环境。曾家山全域因受岩性及地质构造的明显控制，岩溶比重高且发育强，岩溶地表出露明显，为喀斯特亚高原平台地貌，山多而不高，形成梯地，洼地和台地，人称之为“高山深丘”。地貌类别为台地、岩溶，全称为“岩溶褶皱台地”，由碳岩、局部砂、页岩、泥质碳岩组成，台地、梯地、丘壑、洼地共融。曾家山山域四周有数百个峰丛围绕，峰高 100 余米。西部峰丛较少，台面较平坦，台地内部主要是岩溶丘陵，丘高大部分在 100 米以下，比较平坦的地带被湿地、田园、果木、草地、水系、村镇所覆盖。台坎底部主要为石灰岩、砂页岩，形成了大小不一的水平溶洞及天坑，如著名的汉王洞、天星洞、明水洞和川洞庵天坑等。经专家勘验，曾家山的洞穴、天坑分布广，数量多，被誉为“溶洞王国”和“天坑之乡”，旅游品质不凡，开发价值极大。

（二）气候环境优良，是广元市著名有机食品基地，康养基础深厚

曾家山处于广元高海拔片区，垂直气候特点显著，差异分明。冬寒夏凉，空气潮湿，雨量充沛。年平均气温为 14℃，夏季平均气温 23℃ 左右，冬季平均气温零下 6℃。年总日照时数为 1100.7 小时，年均积温 4380℃（≥0℃），年平均总降雨量为 1013mm。年均相对湿度为 75% ~80% 左右，相对无霜期 185 天，夏季多为微风天气。森林草地等综合植被占地表 3/4，每立方厘米空气中的负氧离子高达 2 万个以上，5 ~8 月舒适宜游天数约达 90% 以上，是川北夏天避暑、休闲养生的首选之地。

曾家山的气候特征决定了有利于无公害有机食品的生长生产。曾家山年均气温偏低、昼夜温差大、生长周期长，土质、日照最适宜耐寒性蔬菜生长。曾家山出产的蔬菜微量元素含量高，营养丰富，达到生食蔬菜种植标准。曾家山蔬菜已创建成四川著名商标，中国驰名商标。有 4 个产品获无公害认证，有 7 个品种获国家绿色食品 A 级认证。目前，曾家山蔬菜已经直

供澳门，还销往重庆、西安、广州、福建等11个省市及内地60多个大中城市。预计到2020年，曾家山蔬菜种植面积将扩大到40万亩，总产量达到100万吨，将实现产值10亿元，正朝着“国家级高山生态蔬菜生产基地”迈进，成为曾家山吸引游客的又一增长点。

（三）文化底蕴丰厚，民俗文化特色鲜明

曾家山不仅有自然风光，更有悠久的羌族文化。经过漫长时间的融合和演绎，曾家山文化呈现出羌汉交融的特色。截至目前，曾家山有民俗文化16种，有国家级非物质文化遗产麻柳刺绣，省级非物质文化遗产麻柳刺绣、李家锣鼓，市级非物质文化遗产麻柳刺绣，川北山歌和曾家酸水豆腐制作工艺，还有区级非物质文化遗产麻柳刺绣12件。其中麻柳刺绣具有重要的文化价值和艺术价值。这些非物质形态的民俗文化丰富多彩，建立在“人”和“传统技艺”基础上，其区域文化的特色和民俗技艺的独特性，可以从康养文化展览、文化保护宣传、文化产业发展三个方面构建曾家山文化产业体系，形成多层次、多方位，彰显川北民俗独特魅力，不断扩大曾家山文化传播和影响力。

二　曾家山农旅文融合发展现状与发展路径分析

（一）曾家山农旅文融合发展现状

曾家山地区包含曾家镇、平溪乡、李家乡、两河口乡、汪家乡、麻柳乡、临溪乡、小安乡、中子镇9个乡镇，有7万余人，曾是连片深度贫困地区。党的十八大以来，朝天区坚持以曾家山为实践样本，以农促旅、以旅带农、以文兴旅，努力探寻山区的农旅文融合发展之路，加之脱贫攻坚和乡村振兴战略的不断推进，当地群众致富效应明显，贫困面貌得到彻底改变，农旅文融合发展显示出巨大潜力。

1. 农业产业蓬勃发展

截至2018年底，曾家山已建成平溪、曾家、李家、两河口4个万亩现代农业园区，在建万亩现代农业园区1个。已经建有全国绿色食品原料（蔬菜）标准化生产基地19万亩，入列全国绿色农业示范区、全国绿色食品原料（蔬菜）标准化生产基地、国家地理标志产品保护示范区，获中国农业公园、中国高山生态蔬菜之乡、中国生食蔬菜之乡等荣誉。常年种植蔬菜28万亩，总产量70万吨，产品销往全国内地60多个大中城市，并直供港澳，实现产值7.5亿元。曾家山农民靠蔬菜收入年人均就在1.4万元以上，为脱贫致富后可持续发展奠定了坚实基础。

2. 旅游产业势头强劲

曾家山主要景点由川洞庵、石笋坪、汉王洞、吊滩河、洪督关、鸳鸯池组成。曾家山属典型的喀斯特地貌，平均海拔1400米，最高海拔1980米，有“蜀道亚高原”和“川北小西藏”之称，“溶洞王国”、“石林洞乡”美誉闻名遐迩。由于以农为基础拓展旅游观光康养产业，取得了显著成绩。曾家山先后被命名为“全国农业旅游示范点”、“国家4A级旅游景区”、“中国西部生态养生基地”、“四川省首批十大消夏旅游度假区”。

2016年以来，朝天区在推动曾家山创建农旅文融合示范区工作取得了成效。先后吸引了新华联投资100亿元的曾家山国际旅游度假区项目、坤伍集团投资70亿元的荣乐国际生态康养度假区项目、投资11亿元的东方·圣莫里兹国际滑雪度假小镇项目、投资10亿元的曾家山原乡康养度假项目等7家知名企业投资，总投资额达200多亿元，目前所有项目均有序推进。

在品牌创建方面也硕果累累。先后获得中国农业公园、省级地质公园、省级旅游度假区、省级生态旅游示范区、全国农业旅游示范点、国土百佳红叶观赏地、省级生态康养旅游区、四川省首批十大消夏度假旅游区等地标性称号，还连续三年荣登“中国十大避暑名山”之榜。

3. 旅游人数和收入不断增长

自2016年以来，曾家山的旅游人数、旅游收入（在全区旅游总收入的比重）、过夜游客四项指标逐年成增长态势（见表1）。

曾家山农旅文融合发展的结果，让曾家山农民由2016年前的年人均纯收入800余元，到2018年曾家山农民年人均可支配收入逐年增加（见图1），截至2018年已达16755元。曾家山9个乡镇共有3万多人参与旅游产业发展，共培育乡村酒店、农家乐、客栈276家，中高端精品民宿53家，特色餐饮店39家，开发各类特色旅游商品167种，全域旅游格局基本形成。

表1　2016～2018年曾家山旅游情况

年份	旅游人数（万人）	同比(%)	旅游收入（万元）	同比(%)	占全区旅游收入比重（%）	过夜游客（万人）	同比(%)
2016	340.62	20.36	30.15	42.96	27.9	42.5	25
2017	432	26.83	40.05	32.84	33.4	53.8	27
2018	574.66	33.02	57.8	44.32	38.4	74.46	38.4

资料来源：朝天区文化旅游和体育局统计资料。

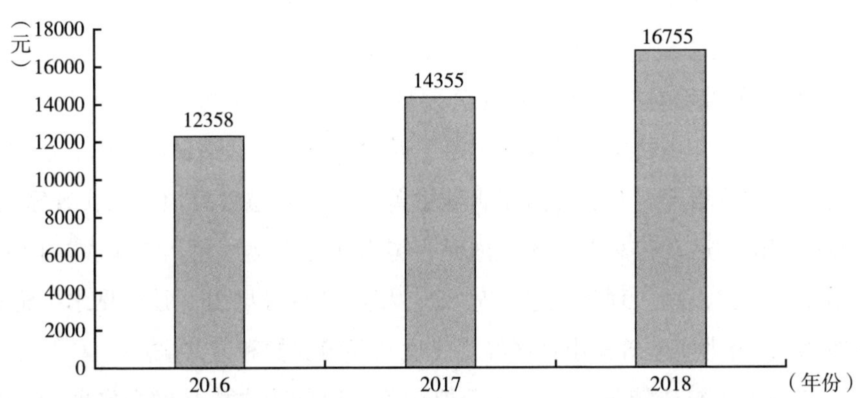

图1　曾家山2016～2018年农民人均可支配收入情况

资料来源：朝天区统计局统计资料。

（二）曾家山农旅文融合发展策略及路径分析

1. 科学谋划布局，明晰融合路径，精准目标定位

朝天区以建设曾家山中国农业公园，努力把曾家山打造成为中国最具特色的农旅文“三位一体”亚高原田园产业综合体目标，力争将曾家山建成世界级田园文化窗口和中国农旅文融合发展新样板。

坚持规划先行。朝天区将规划放在首位，强调“大产业、大融合”理念，坚持从实际出发，积极将各类产业发展规划与全区总体规划和各乡镇、村专项规划进行衔接，确保规划的前瞻性、科学性和可操作性，高标准编制了《朝天区各乡镇总体规划》，同步协调对接国土、交通、环保、文化、农业等专项规划，精心编制了《曾家山农旅文融合示范区规划》，实现了“多规合一”，确立了“一主线一环线、一心两翼多组团”总体空间布局，以建设“六个曾家山”为抓手，打造六个特色小镇，探索出了一条符合曾家山实际的田园产业综合体建设路径。

2. 强化载体建设，优化融合平台

（1）积极创建中国农业公园。朝天坚持开发与保护并重的工作思路，加强与中国国土经济发展研究中心的交流合作，高标准、高起点编制了《曾家山田园综合体——中国农业公园创建规划》，围绕环境保护、空气治理、生态建设、乡村旅游等方面制定了近期、中期、远期发展目标。在创建过程中，注重培养“多彩曾家山、养生曾家山、乡愁曾家山、文化曾家山、口福曾家山、运动曾家山”多元内涵，努力还原自然底色，增添农村特色，传承乡土文化，融入现代气息，做到让人们“望得见山、看得见水、记得住乡愁”，努力实现曾家山片区经济发展与环境保护和谐共赢。

（2）精心打造特色小镇。朝天把特色小镇作为农旅文融合发展的试验区和重要承载平台，按照“因地制宜、产镇融合、市场主导”的原则，充分利用优良的生态环境和秀美的自然风光，深度挖掘蜀道文化、三国文化等历史文化资源优势，积极打造具有较强竞争力和可持续发展特征的独特产业生态，不断创新建设模式、管理方式和服务手段，特色小镇建设取得显著成

效。曾家镇先后入选全国首批运动休闲特色小镇试点、《四川省“十三五”特色小城镇发展规划》旅游休闲小镇名单，朝天被中国国土经济学会评为“2017 百佳深呼吸小城”。

曾家山还聚焦运动休闲、体育健康等主题，成功举办全国群众登山健身大会广元曾家山挑战赛、广元市首届山地自行车赛、“MaXi Race China 曾家山国际越野赛”“超级马拉松”等大型赛事活动。如今，到曾家山进行生态康养旅游、休闲度假、冰雪运动、山地户外运动、越野营地运动已蔚然成风。

3. 坚持市场主导，培育融合主体，培育新型经营主体

曾家山高度重视农民专业合作社和家庭农场在农村产业融合发展中的基础作用，鼓励农民合作社发展农产品加工、销售，鼓励家庭农场开展农产品直销。目前，朝天发展各类家庭农场 300 余家，年接待游客达 300 万人次以上，培育农民专业合作社 350 个，涌现出李家乡清凉界农场、平溪乡严大姐蔬菜专业合作社、赵氏林下种植专业合作社等一批促农增收致富典型。朝天围绕提升产品附加值搞加工，引进有品牌、有实力、有市场的农业产业化龙头企业，重点发展绿色农产品加工，朝天经开区七盘关片农产品加工园已入驻 17 家农产品加工企业。广元梓曾食品有限公司依托曾家山蔬菜发展蔬菜鲜销和脱水蔬菜加工，年产值达 1.5 亿元以上。2018 年，朝天农产品加工转化率达到 60% 以上，农产品加工业实现产值 15 亿元。朝天鼓励社会资本投入。以曾家镇为例，2018 年全镇引入农村的社会资本规模达到 1.5 亿元，超过 60% 流向农业、旅游、文化领域。

4. 狠抓品牌创建，提升融合质量，做靓旅游品牌

朝天打造“全域旅游、智慧旅游、惠民旅游”，大刀阔斧建景区，持续完善旅游基础设施和配套服务设施，不断提升旅游品质，成为全省唯一拥有 4 个 4A 级景区的县区。同时，以四大景区为支撑点，连片建成了 5 条百里新农村走廊和 5 个现代农业示范园区，促进了乡村旅游的快速发展。成功创建为省级乡村旅游示范县（区），曾家镇响水村被评为中国乡村旅游模范村，曾家山两次入选中国十大避暑名山。成功举办了中国农业公园与休闲旅游康养产业发展论坛、中国·曾家山生态美食烹饪邀请赛、第二届四川生态

旅游博览会，连续举办曾家山避暑节、曾家山冰雪节等活动，极大地提升了朝天旅游知名度，集聚了强大发展能量。

朝天强化农产品品牌创建、监管和保护，支持各类新型农业经营主体开展“三品一标”认证登记，坚持“区域公共品牌+企业自主品牌”的发展战略，主推朝天核桃、曾家山蔬菜等优势品牌，打造区域公共品牌，有效提升了农业品牌化发展水平。

朝天全力打造蜀道文化。建成明月峡栈道文化陈列馆、蜀汉文化街、明月峡文化影视基地，深度发掘蜀道文化资源，将古栈道的历史故事、人物传奇编排成小品、诗歌、书籍等文艺作品，蜀道文化广泛传播。全力打造养生文化。全面发展生态养生文化产业，建成曾家山养生文化展览馆。深度开拓养生旅游市场，建成曾家山养生园、水磨人家等一批集居住、餐饮、娱乐、养生等功能于一体的度假型养生旅居地。全力打造民俗文化。为传承国家非物质文化遗产麻柳刺绣，曾家山建起了麻柳刺绣传习所、民间工艺大师工作室，组建了麻柳刺绣专合组织，建成麻柳刺绣科技博览园。

三　曾家山农旅文融合发展的问题与对策建议

2016年以来，曾家山在农旅文融合发展方面取得了显著成绩，但发展中存在的问题也不容忽视。

（一）问题分析

1. 交通制约，亟待改善

区域大交通有所改善，宝成铁路纵贯全境，西（安）成（都）高铁客运专线途经朝天区，并在转斗镇设置停靠站点，国道108线及二专线、G5京昆高速公路途径朝天，广元机场距朝天区也只有30分钟车程，总体上，朝天区的外部大交通环境明显改善，但是曾家山景区连接交通状态不佳和景区内部小交通情况堪忧的问题需要提上议事日程。

2. 政策制约，影响容量

旅游环境容量由环境承载能力衡量，环境承载力的大小直接影响着旅游活动的规模。据《四川省主体功能区规划》，朝天地处限制开发区，这不仅对朝天的农业和工业发展做出了限制，同时也对曾家山未来农旅文融合发展提出了新的要求。其作为一个自然保护区，对环境保护的要求较高，其环境容量受限较大，一定程度上制约了曾家山旅游资源的开发利用。

3. 基础薄弱，有待提高

曾家山水、电、交通、邮政、通信等基础设施尚不完善，服务质量有待提高，直接制约着当地的接待能力，不利于曾家山未来旅游业的开发和发展，急需加以解决。

4. 产业融合，亟待升级

曾家山的旅游大格局虽然已经初步形成，但旅游业相对封闭，融合度不高，产业整合至为关键。

（二）对策建议

1. 以点带面创建生态旅游示范区

以“绿水青山、冰天雪地”为最佳载体，高位统筹，精准谋划，顶层设计，创新发展，充分利用曾家山亚高原山地自然生态与气候特点，将全域绿色旅游作为踏春、避暑、观红、冰雪优势，转化为发展竞争力的最佳路径，走出一条产业能待续、城乡更美丽、群众更富有的发展新路。

2. 打造农文旅产科村一体化发展的田园综合体

以脱贫攻坚为第一目标，以推进农业供给侧结构性改革为主线，大力发展绿色生态农业，做强做优农业特色产业。其中，曾家山片区要充分利用亚高原冷凉气候优势，提升发展以高山反季节露地蔬菜为特色的山地农业，打造农文旅产科村一体化发展的“农业公园”田园综合体，重点规划农业公园“春看花、夏纳凉、秋赏红、冬戏雪”全年全域旅游形象，深化打造曾家山亚高原农业公园顺应物候、特色迥异、四季适游的主导旅游休闲活动，助推曾家山旅游产业快速发展。

3. 围绕六大主题深度打造曾家山避暑品牌

曾家山连续八届入选“中国避暑名山”，应该围绕多彩曾家山、运动曾家山、医养曾家山、文化曾家山、乡愁曾家山、口福曾家山等六大主题深度打造曾家山的避暑品牌。

4. 打造以避暑旅游为重点的气候旅游市场

以曾家山“春可踏青、夏宜避暑、秋能赏红、冬适滑雪”四季皆宜的布局来积极发展气候旅游经济，渐成中国西南不可多得的气候旅游经济发展目的地。近年来，曾家山山地旅游、山地避暑、山地健身、山地农业等产业复合发展，与其他避暑名山比较，形成了自身显著的差异性、特色性。区委、区政府要坚定实施绿色发展战略，以“蜀道亚高原、康养曾家山”的准确定位，以气候旅游复合优势组织市场活动，以踏青、避暑、观红、滑雪为导向大力开展对外推介活动，为曾家山避暑小镇群、避暑名山发展提供保障。

四　曾家山地区农旅文融合发展趋势预测

曾家山呈现出比一般地貌更典型的喀斯特地形地貌多样性、景观景致多样性、生物多样性、地气候多样性、地下地表资源多样性、地域民俗文化多样性、农林特色产业多样性等特点，是中国卓具生态与美学价值的喀斯特亚高原景观台，避暑康养优势明显，可发展为国土山地现代农业经济、田园生活人居、避暑气候旅游、健康益寿民生发展的样本地。

（一）可按“一主线一环线，一心两翼多组团”规划布局

1. 一主线

以南北导入口为中轴线，形成“中子镇—曾家镇—李家乡”空间联系廊道，沿线布局城镇和产业片区、节点。

2. 一环线

形成以曾家山农业旅游为中心的产业环，串联重要的城乡服务节点和特色资源区域。

3. 一心两翼多组团

一心：曾家镇农旅示范核心区；两翼：包括平溪乡“农业休闲产业综合服务翼”和李家乡“农业休闲产业发展翼”；多组团：建设两河口、李家、汪家、麻柳、临溪、小安乡6个场镇特色鲜明的旅游服务组团。

（二）可按特色单元规划布局

1. 曾家镇单元

（1）主题定位：“康养小镇”。曾家山的经济与生态服务中心，是曾家山区域产业服务、旅游接待、文化体验、养生休闲的核心区域，以生态养生休闲、地质观光考察、旅游接待服务为主的旅游型服务单元。

（2）产业发展：曾家镇的产业模式为一三产业复合型。产业发展以旅游接待服务业、大健康产业、星级农家乐、生态高效农业为主导。

（3）核心项目策划：①川洞庵景区，②石笋坪石笋庄园，③曾家镇民俗商业步行街，④滑雪庄园，⑤药王庙还童谷，⑥响水寨庄园，⑦汉王洞景区，⑧吊滩河自驾营地，⑨山峰村国际康养会议中心。

2. 中子镇高车村单元

（1）主题定位：“核桃小镇”。规划中子镇，大力发展以核桃种植业为主的农旅产业单元。

（2）产业发展：老牛坝的产业模式为一二三复合型。应大力发展特色核桃为主干的旅游接待服务业、特色种植业。

（3）核心项目策划：①曾家山山门旅游接待中心，②中子游客服务中心至曾家山山门游览索道，③老牛坝核桃庄园至曾家山山门旅游接待中心游览索道。

3. 小安乡单元

（1）主题定位：“怀古小镇”。规划小安乡产业村定位为以宗教文化、古战场文化休闲旅游及特色农业为主的农旅文化产业单元。

（2）产业发展：小安乡的产业模式为一三复合型。应大力发展以大安寺为核心的主题旅游业和以麝香基地为核心的养殖业。

（3）核心项目策划：①小安峡谷，②大安寺养心谷，③麝香养殖基地，④风垭关古遗址公园，⑤天荡山红专庄园，⑥天荡山景区（朝天塔），⑦风电场。

4. 平溪乡单元

（1）主题定位："口福小镇"。曾家山特色农业产业发展与服务中心，向南联动曾家镇生态旅游服务中心，向北联动中子镇现代农产品加工与流通服务功能，以商贸服务、农产品展销、农业教育示范及特色农产品加工为主的综合型产村单元。

（2）产业发展：平溪乡的产业模式为一二三复合型。大力发展生态灰鸡养殖业、绿色蔬菜种植业、特色农副产品加工和旅游接待服务业。

（3）核心项目策划：①口福小镇，②十里农庄微田园，③毛坝瑞士小镇，④广元灰鸡养殖园，⑤大型室内农业展示体验馆。

5. 临溪乡单元

（1）主题定位："万洞小镇"。临溪乡定位为万洞之乡，打造以洞穴地质景观旅游、经果林与特色养殖及农产品加工为主要功能的综合型产业单元。

（2）产业发展。临溪乡的产业模式为一二三复合型生态农庄型。应大力发展生态休闲梯田观光农业和特色洞穴旅游产业。

（3）核心项目策划，①临溪乡酒窝庄园，②中国田园博览园会址预留，③天空之城九彩梯田庄园，④叠洞河地质公园。

6. 麻柳乡单元

（1）主题定位："刺绣小镇"。麻柳乡定位为刺绣小镇，以发展特色旅游配套产业、麻柳刺绣文化产业为主，反季节蔬菜种植为辅的产业村单元。

（2）产业发展。麻柳乡产业村单元的产业模式为一三复合型。应大力发展以麻柳刺绣和麻柳峡为核心的旅游接待服务业，以及生态绿色种植业。

（3）核心项目策划：①麻柳峡谷旅游区，②麻柳刺绣小镇，③洪督关/新佛寺/红岩洞麻柳峡谷旅游区。

7. 两河口乡单元

（1）主题定位："深呼吸小镇"。规划两河口乡产业村单元功能定位为边贸型主题小镇。以生态农业为主，大力发展以物资集散、商贸服务为龙头，结合发达的高山水系，打造高原水乡旅游为特色的第三产业。

（2）产业发展：两河口乡产业村单元的产业模式为一三复合的规模农业型。应大力发展生态绿色蔬菜种植业、生态休闲农业和高原水乡避暑胜地。

（3）核心项目策划：①亚高原湖泊，②川北民俗文化节事体验边贸民俗集市街（凸显川北赶场文化）。

8. 李家乡单元

（1）主题定位："航空小镇"。曾家山重要的亚高原生态旅游功能组团，定位为航空小镇。以生态农业、高山吸氧和养生休闲为主导产业，大力发展以航空娱乐、高山避暑、民俗休闲为龙头的第三产业。

（2）产业发展：李家乡产业村单元的产业模式为一二三复合型。应大力发展旅游接待服务业、航空主题娱乐产业、精品休闲避暑山庄和山葵农作物特色农业经济。

（3）核心项目策划：①地龙坝避暑庄园，②云上人家避暑庄园，③鸳鸯池森林公园，④望远山生态公园，⑤森林帐篷酒店，⑥洞清河景区，⑦望远山滑雪场，⑧现代农业园（卫星村山葵庄园）。

9. 汪家乡单元

（1）主题定位："蓝调小镇"。规划汪家乡功能定位为以乡村休闲及特色农业为主的农贸型产村单元。

（2）产业发展：汪家乡的产业模式为一二三复合型。应大力发展以淖池和蓝莓庄园为核心的旅游接待服务业、特色农作物、重点发展"蓝色"果木花卉为主种植如蓝莓、薰衣草、马鞭草等。

（3）核心项目策划：①汪家乡蓝莓庄园（金桃源蓝莓采摘、花海观赏、醒狮洞），②淖池景区。

参考文献

中共广元市委：《关于全面推动高质量发展的决定》，http：//www. cngy. gov. cn/artic/show/20180815085238928. html。

田梦：《浅析我国乡村旅游发展现状与趋势》，《南方农业》2017 年第 11 卷第 16 期。

鲁延如、张江珩：《特色小镇助力乡村旅游发展研究》，《中国集体经济》2017 年第 23 期。

❖ 皮书起源 ❖

“皮书”起源于十七、十八世纪的英国，主要指官方或社会组织正式发表的重要文件或报告，多以“白皮书”命名。在中国，“皮书”这一概念被社会广泛接受，并被成功运作、发展成为一种全新的出版形态，则源于中国社会科学院社会科学文献出版社。

❖ 皮书定义 ❖

皮书是对中国与世界发展状况和热点问题进行年度监测，以专业的角度、专家的视野和实证研究方法，针对某一领域或区域现状与发展态势展开分析和预测，具备原创性、实证性、专业性、连续性、前沿性、时效性等特点的公开出版物，由一系列权威研究报告组成。

❖ 皮书作者 ❖

皮书系列的作者以中国社会科学院、著名高校、地方社会科学院的研究人员为主，多为国内一流研究机构的权威专家学者，他们的看法和观点代表了学界对中国与世界的现实和未来最高水平的解读与分析。

❖ 皮书荣誉 ❖

皮书系列已成为社会科学文献出版社的著名图书品牌和中国社会科学院的知名学术品牌。2016 年，皮书系列正式列入“十三五”国家重点出版规划项目；2013~2019 年，重点皮书列入中国社会科学院承担的国家哲学社会科学创新工程项目；2019 年，64 种院外皮书使用“中国社会科学院创新工程学术出版项目”标识。

中国皮书网

（网址：www.pishu.cn）

发布皮书研创资讯，传播皮书精彩内容
引领皮书出版潮流，打造皮书服务平台

栏目设置

关于皮书：何谓皮书、皮书分类、皮书大事记、皮书荣誉、
皮书出版第一人、皮书编辑部

最新资讯：通知公告、新闻动态、媒体聚焦、网站专题、视频直播、下载专区

皮书研创：皮书规范、皮书选题、皮书出版、皮书研究、研创团队

皮书评奖评价：指标体系、皮书评价、皮书评奖

互动专区：皮书说、社科数托邦、皮书微博、留言板

所获荣誉

2008年、2011年，中国皮书网均在全国新闻出版业网站荣誉评选中获得“最具商业价值网站”称号；

2012年，获得“出版业网站百强”称号。

网库合一

2014年，中国皮书网与皮书数据库端口合一，实现资源共享。

权威报告·一手数据·特色资源

皮书数据库

ANNUAL REPORT(YEARBOOK) DATABASE

当代中国经济与社会发展高端智库平台

所获荣誉

- 2016年，入选“‘十三五’国家重点电子出版物出版规划骨干工程”
- 2015年，荣获“搜索中国正能量 点赞2015” “创新中国科技创新奖”
- 2013年，荣获“中国出版政府奖·网络出版物奖”提名奖
- 连续多年荣获中国数字出版博览会“数字出版·优秀品牌”奖

WWW.PISHU.COM.CN

成为会员

通过网址www.pishu.com.cn访问皮书数据库网站或下载皮书数据库APP，进行手机号码验证或邮箱验证即可成为皮书数据库会员。

会员福利

- 已注册用户购书后可免费获赠100元皮书数据库充值卡。刮开充值卡涂层获取充值密码，登录并进入“会员中心”—“在线充值”—“充值卡充值”，充值成功即可购买和查看数据库内容。
- 会员福利最终解释权归社会科学文献出版社所有。

数据库服务热线：400-008-6695
数据库服务QQ：2475522410
数据库服务邮箱：database@ssap.cn
图书销售热线：010-59367070/7028
图书服务QQ：1265056568
图书服务邮箱：duzhe@ssap.cn

中国社会发展数据库（下设 12 个子库）

全面整合国内外中国社会发展研究成果，汇聚独家统计数据、深度分析报告，涉及社会、人口、政治、教育、法律等 12 个领域，为了解中国社会发展动态、跟踪社会核心热点、分析社会发展趋势提供一站式资源搜索和数据分析与挖掘服务。

中国经济发展数据库（下设 12 个子库）

基于"皮书系列"中涉及中国经济发展的研究资料构建，内容涵盖宏观经济、农业经济、工业经济、产业经济等 12 个重点经济领域，为实时掌控经济运行态势、把握经济发展规律、洞察经济形势、进行经济决策提供参考和依据。

中国行业发展数据库（下设 17 个子库）

以中国国民经济行业分类为依据，覆盖金融业、旅游、医疗卫生、交通运输、能源矿产等 100 多个行业，跟踪分析国民经济相关行业市场运行状况和政策导向，汇集行业发展前沿资讯，为投资、从业及各种经济决策提供理论基础和实践指导。

中国区域发展数据库（下设 6 个子库）

对中国特定区域内的经济、社会、文化等领域现状与发展情况进行深度分析和预测，研究层级至县及县以下行政区，涉及地区、区域经济体、城市、农村等不同维度。为地方经济社会宏观态势研究、发展经验研究、案例分析提供数据服务。

中国文化传媒数据库（下设 18 个子库）

汇聚文化传媒领域专家观点、热点资讯，梳理国内外中国文化发展相关学术研究成果、一手统计数据，涵盖文化产业、新闻传播、电影娱乐、文学艺术、群众文化等 18 个重点研究领域。为文化传媒研究提供相关数据、研究报告和综合分析服务。

世界经济与国际关系数据库（下设 6 个子库）

立足"皮书系列"世界经济、国际关系相关学术资源，整合世界经济、国际政治、世界文化与科技、全球性问题、国际组织与国际法、区域研究 6 大领域研究成果，为世界经济与国际关系研究提供全方位数据分析，为决策和形势研判提供参考。

法律声明